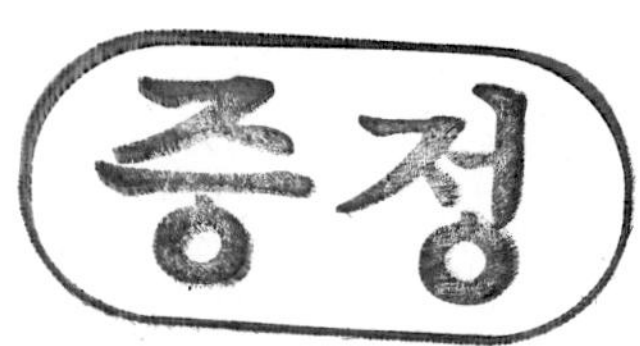

NCS

직업기초능력 10대 역량

이론 및 필기 下

NCS가 대세이다.
NCS기반 능력중심채용의 시대이다.
직업기초능력 10대 역량은 선택이 아닌 필수이다.

국가직무능력표준(NCS)에서 정하는 직업기초능력은 모든 직업군에서 필요한 공통 소양을 학습하기 위한 것으로,
의사소통능력, 수리능력, 문제해결능력, 자기관리능력, 자원관리능력, 대인관계능력, 정보능력, 기술능력, 조직이해능력, 직업윤리를 말한다.

최근 NCS의 보급과 함께 직업기초능력의 중요성이 점차 확산되고 있으나, 학교, 기업, 그리고 학습자들이 직업기초능력을 배양하거나 습득하는데 적절한 교재가 거의 없는 실정이며, 어디에서 학습자료를 찾아볼 수 있는지도 모르는 경우가 대부분이다.

본 교재는 국가가 직무능력표준(NCS)으로 개발하여 보급하고 있는 직업기초능력의 학습모듈을 요약하여, 취업을 원하는 취업준비생뿐만 아니라, 신입직원 등 직업생활에 필요한 소양을 공부하고자 하는 모든 이들에게 NCS에서 정한 직업기초능력을 학습하고 배양하는 필수 교재로 활용되는 것을 목표로 하고 있다.

특히 채용에서 있어서 공기업은 물론 민간기업에도 급속도로 보급되고 있는 NCS기반 능력중심채용의 필기시험 및 면접전형에 있어서 직업기초능력의 평가가 필수적이므로 이에 적합한 교재의 필요성이 시급함을 인식하고 집필하였다.

머리말

본 교재는 학습의 편의를 위하여 직업기초능력 10개 역량별로 학습목표를 정하고, 기본적인 이론 및 내용을 충분히 정리하였으며, 단원별 학습 후 수행평가 및 자기평가를 통해 점검하고 체크할 수 있도록 구성하였다.
그리고 실제 공공기관이나 기업의 채용현장에서 적용되고 있는 필기시험의 기출 및 예상문제를 수록하였다.

본 교재의 보급과 확산을 통하여 취업준비생뿐만 아니라 신입직원, 그리고 모든 직업인들의 직업기초능력의 향상을 위한 노력이 일상에서 생활화되길 기원해보면서, 집필 및 편집 출판을 위해 노력해주신 최인형 다솔커뮤니케이션 대표 그리고 NCS인재연구소 김세준 소장, 박정호 강사, HR연구소 고석헌 소장, NCS 편집총괄 문윤희 팀장 외 집필진 모두에게 감사를 드린다.

2016년 3월　코리아리크루트 NCS교재편찬위원회

NCS직업기초능력 10대역량
이론 및 필기 (下)

C/O/N/T/E/N/T/S

NCS직업기초능력 10대역량
이론 및 필기 (下)

C/O/N/T/E/N/T/S

NCS(국가직무능력표준)와 직업기초능력

NCS(National Competency Standards)의 이해

NCS(National Competency Standards)

✎ 정의

산업현장에서 직무를 수행하기 위해 요구되는 능력(지식, 기술, 소양)을 국가가 산업부문별, 수준별로 체계화한 것(자격기본법 제2조)으로 국가직무능력표준이라 부른다. 산업현장의 직무를 성공적으로 수행하기 위해 필요한 능력(지식, 기술, 태도)을 국가적 차원에서 표준화한 것이다.

✎ 도입배경

산업현장에는 수많은 직무들이 있고 그 직무들 마다 필요한 역량이 있기 마련이다. 최근 NCS가 도입되기 전까지 기업들은 해당 기업 자체적으로 정한 직무의 정의와 필요 역량을 설정하고 있어, 기업들마다 다른 채용방식과 교육과정을 운영해왔다.

취업준비생 입장에서는 똑같은 직무를 지원하면서도 기업마다 다른 채용방식에 맞추어 준비할 수밖에 없었다.

학교교육에 있어서도 일부 전공을 제외하고는 직무 특성에 맞는 역량 강화 중심의 교육보다는 일반적인 지식을 넓히는 교육에 치중하였다.

그러므로 기업은 스펙 중심의 채용을 할 수밖에 없었고, 채용 이후 해당 기업이 필요로 하는 직무와 역량 강화 교육을 많은 비용을 들여 따로 시킬 수밖에 없는 악순환을 반복하고 있었다.

이에 최근 국가가 나서 문제해결을 위해 NCS를 개발하여 보급하기에 이르렀다.

- 박근혜 정부는 "학벌이 아닌 능력주심사회 여건 조성하기"를 핵심 국정과제로 선정하고 국가직무능력표준 구축을 세부 이행과제로 제시
    - '14년까지 국가직무능력표준(NCS)개발 완료 (797개)
    - NCS기반으로 직업교육훈련 및 자격제도를 개편하고 능력중심 인사관리 관행 정착

국정과제 75. 학벌이 아닌 능력중심사회 여건 조성하기

협업형 개발체계 구축 국가직무 능력표준 조기개발	현장 중심의 교육과정 개발 및 보급	훈련기준 및 자격시험 출제기준 개편	과정평가형 자격제도 도입	직무능력 중심의 채용·보상 체계 도입
'13 ~ '14년	NCS 기반	NCS 기준	NCS 구축	NCS 기반

✎ NCS의 선순환

국가	모든 직무에 대한 역량(지식, 기술, 태도)을 개발 보급한다.
학교 및 직업훈련 현장	NCS에 기반한 직무 특성에 맞는 교육훈련을 실시한다.
학생 (취업준비생)	NCS에 기반한 학습의 결과 해당 직무를 수행할 수 있는 역량을 확보한다. 직무와 관련 없는 스펙을 쌓을 필요가 없다.
기업	NCS에서 정한 기준을 반영하여 신입사원을 채용한다. 별도의 직무교육을 추가로 시킬 필요 없이 바로 실무에 투입시킨다.

기업은 비용을 절감하고, 생산성을 높이며, 수익성이 좋아지고,
재투자가 늘어, 국가 경제가 활성화된다.
청년 실업문제가 해결된다.

NCS의 개념도

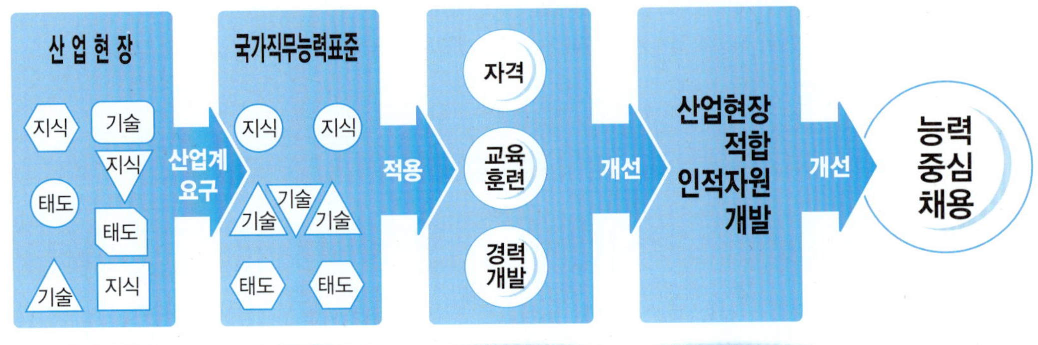

✎ NCS의 특성

한 사람의 근로자가 해당 직업 내에서 소관 업무를 성공적으로 수행하기 위하여 요구되는 실제적인 수행능력을 의미

- 직무수행능력 평가를 위한 최종 결과의 내용 반영
- 최종 결과는 '무엇을 하여야 한다' 보다는 '무엇을 할 수 있다' 는 형식으로 제시

해당 직무를 수행하기 위한 모든 종류의 수행능력을 포괄하여 제시

- 작업능력: 특정 업무를 수행하기 위해 요구되는 능력
- 작업관리 능력: 다양한 다른 작업을 계획하고 조직화하는 능력
- 돌발상황 대처능력: 일상적인 업무가 마비되거나 예상치 못한 일이 발생했을 때 대처하는 능력
- 미래지향적 능력: 해당 산업관련 기술적 및 환경적 변화를 예측하여 상황에 대처하는 능력

모듈(Module) 형태의 구성

- 한 직업 내에서 근로자가 수행하는 개별 역할인 직무능력을 능력단위(Unit)화하여 개발
- NCS는 여러 개의 능력단위의 집합으로 구성

산업계 단체가 주도적으로 참여하여 개발

- 해당 분야 산업별인적자원개발협의체(SC), 관련 단체 등이 참여하여 NCS 개발
- 산업현장에서 우수한 성과를 내고 있는 근로자 또는 전문가가 NCS 개발 단계마다 참여

✎ NCS의 활용 영역(NCS의 기능)

NCS는 인적자원개발의 핵심토대로의 기능을 한다.

산업현장의 직무수요를 체계적으로 분석하여 제시함으로써
'일-교육-훈련-자격'을 연결하는 고리이다.

대학, 직업교육훈련기관에서는

교육훈련과정, 직업능력개발 훈련기준 및 교재 개발 등에 활용되어
산업수요 맞춤형 인력양성에 기여한다.

기업에서는

신입사원의 채용의 기준으로 활용한다.
또한 채용, 배치, 전환, 승진의 체크리스트, 직무기술서 등으로 활용한다.

취업준비생 또는 근로자는

취업준비생은 NCS기반의 채용기준에 부응하여 준비하며,
근로자는 경력개발경로, 자가진단도구로 활용이 가능하다.

한국산업인력공단 등 자격검정기관에서는

자격종목설계, 개편, 검정방법, 검정문항, 출제기준 등으로 활용한다.

한국직업능력개발원에서는

NCS를 활용하여 전문대학 및 마이스터고, 특성화고 등의
교과과정을 개편한다.

NCS 분류체계

NCS는 모든 산업의 직무를 대분류 24개, 중분류 80개, 소분류 238개, 세분류 887개로 구분하여 분류체계를 마련하였다.(2016년 상반기 기준)

이는 한국고용직업분류(KECO: Korean Employment Classification of Occupations)를 중심으로, 한국표준직업분류, 한국표준산업분류 등을 참고로 하였다.

대분류	중분류	소분류	세분류
계	80	238	887
1. 사업관리	1	2	5
2. 경영 회계 사무	4	11	27
3. 금융 보험	2	9	35
4. 교육 자연과학 사회과학	3	5	13
5. 법률 경찰 소방 교도 국방	2	4	15
6. 보건 의료	2	7	34
7. 사회복지 종교	3	6	16
8. 문화 예술 디자인 방송	3	9	63
9. 운전 운송	4	7	26
10. 영업 판매	3	7	17
11. 경비 청소	2	3	6
12. 이용 숙박 여행 오락 스포츠	4	12	42
13. 음식서비스	1	3	9
14. 건설	8	26	109
15. 기계	10	29	115
16. 재료	2	7	34
17. 화학	4	11	32
18. 섬유 의복	2	7	23
19. 전기, 전자	3	24	72
20. 정보통신	3	11	58
21. 식품가공	2	4	20
22. 인쇄 목재 가구 공예	2	4	23
23. 환경 에너지 안전	6	18	49
24. 농림어업	4	12	44

NCS 구성(능력단위)

직무는 NCS 분류체계의 세분류를 의미하고, 원칙상 세분류 단위에서 표준이 개발되었다.

능력단위는 NCS 분류체계의 하위단위로서 NCS의 기본 구성요소이다.

능력단위는 능력단위분류번호, 능력단위정의, 능력단위요소(수행준거: 지식, 기술, 태도), 적

용범위 및 작업상황, 평가지침, 직업기초능력으로 구성된다.

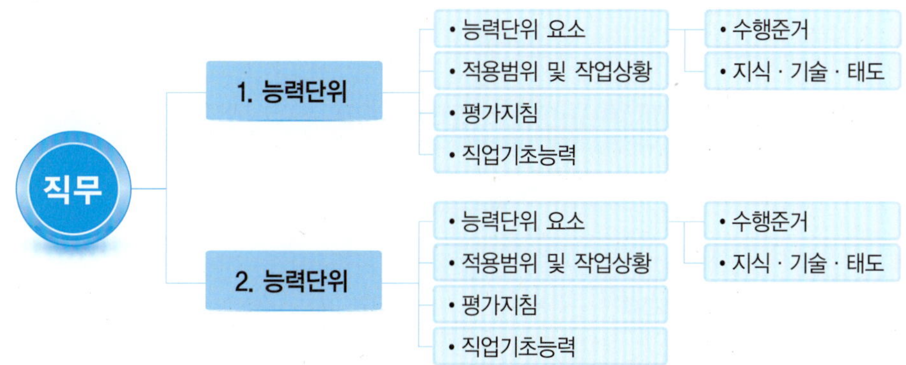

01 능력단위분류번호(competency unit code)

능력단위를 구분하기 위하여 부여되는 일련번호로서 14자리로 표현

02 능력단위명칭(competency unit title)

능력단위의 명칭을 기입한 것

03 능력단위정의(competency unit description)

능력단위의 목적, 업무수행 및 활용범위를 개략적으로 기술

04 능력단위요소(competency unit element)

능력단위를 구성하는 중요한 핵심 하위능력을 기술

05 수행준거(performance criteria)

능력단위요소별로 성취여부를 판단하기 위하여 개인이 도달해야 하는 수행의 기준을 제시

06 지식 · 기술 · 태도(KSA: Knowledge · Skill · Attitude)

능력단위요소를 수행하는 데 필요한 지식·기술·태도

07 적용범위 및 작업상황(range of variable)

능력단위를 수행하는데 있어 관련되는 범위와 물리적 혹은 환경적 조건

능력단위를 수행하는데 있어 관련되는 자료, 서류, 장비, 도구, 재료

08 평가지침 (guide of assessment)

능력단위의 성취여부를 평가하는 방법과 평가시 고려되어야 할 사항

09 직업기초능력(key competency)

능력단위별로 업무 수행을 위해 기본적으로 갖추어야 할 직업능력

✎ NCS 분류번호의 표시

국가직무능력표준의 분류번호는 국가직무능력표준의 구성단위인 능력단위에 대한 식별번호로 대분류, 중분류, 소분류, 세분류, 능력단위 및 개발연도로 구성 된다.

0101010101_12v1							
01	01	01	01	01	–	12	v1
대분류	중분류	소분류	세분류	능력단위	–	개발연도	버전

✎ NCS 능력단위 예시

**패션디자인
01. 디자인기획**

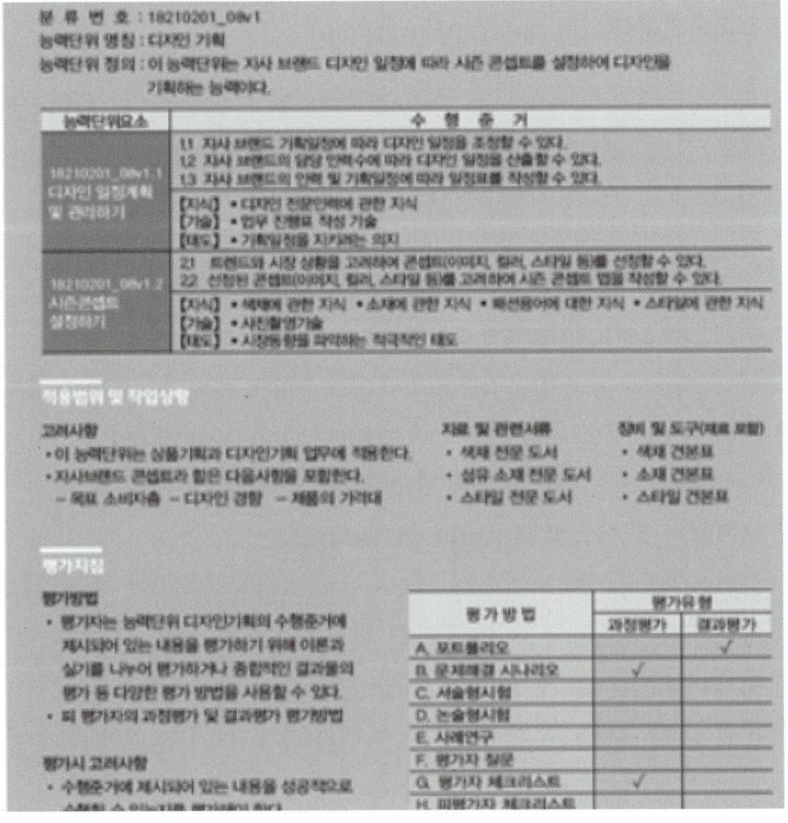

NCS 학습모듈

국가직무능력표준(NCS, National Competency Standards)이 현장의 '직무 요구서' 라고 한다면, NCS 학습모듈은 NCS의 능력단위를 교육훈련에서 학습할 수 있도록 구성한 '교수·학습 자료' 이다.

NCS학습모듈은 구체적 직무를 학습할 수 있도록 이론 및 실습과 관련된 내용을 상세하게 제시하고 있다.

- NCS학습모듈은 산업계에서 요구하는 직무능력을 교육훈련 현장에 활용할 수 있도록 성취목표와 학습의 방향을 명확히 제시하는 가이드라인 역할을 한다.

- NCS학습모듈은 특성화고, 마이스터고, 전문대학, 4년제 대학교의 교육기관 및 훈련기관, 직장교육기관 등에서 표준교재로 활용할 수 있으며 교육과정 개편 시에도 유용하게 참고할 수 있다.

- NCS학습모듈은 NCS 능력단위 1개당 1개의 학습모듈 개발을 원칙으로 한다. 그러나 필요에 따라 고용 단위 및 교과단위를 고려하여 능력단위 몇 개를 묶어서 1개의 학습모듈로 개발할 수 있으며, 또 NCS 능력단위 1개를 여러 개의 학습모듈로 나누어 개발할 수도 있다.

✎ 디자인 분야 중 시각디자인 세분류의 예시

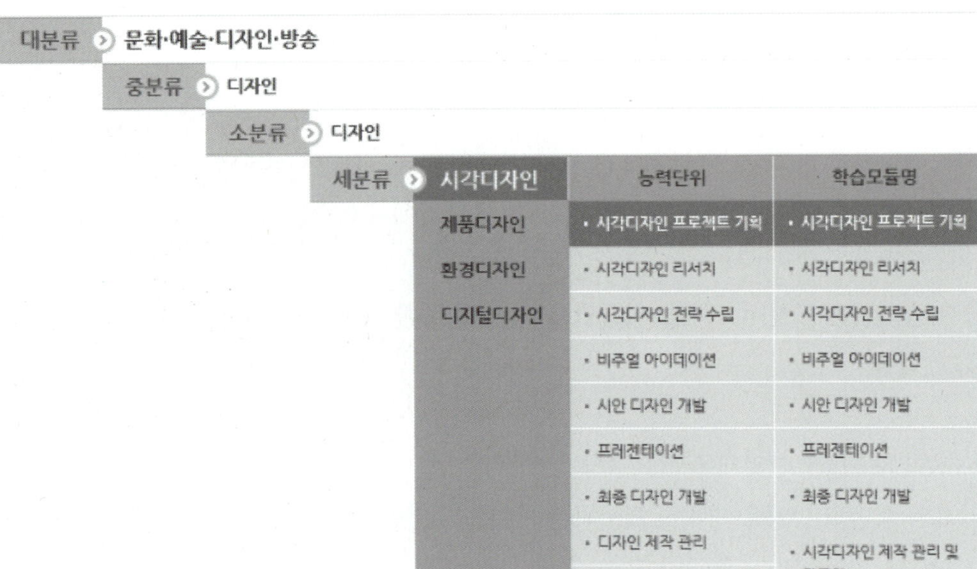

✎ NCS 학습모듈의 활용

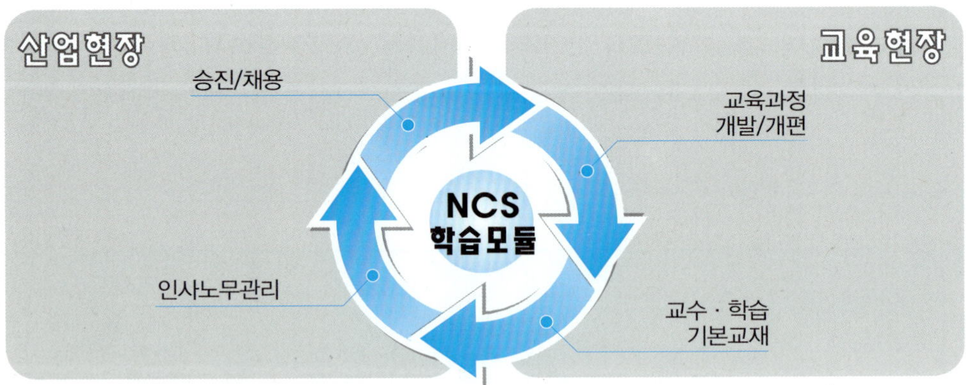

 직무수행능력과 직업기초능력

NCS에서 말하는 직무능력은 직무수행능력과 직업기초능력으로 구분할 수 있다.
직무(職務)란 직책이나 직업상에서 책임을 지고 담당하여 맡은 사무, 즉 '맡은 일'을 말한다.(표준국어대사전)

능력(能力)은 일을 감당해내는 힘을 말한다. 능력을 의미하는 영어단어를 찾자면 'Ability',와 'Competency' 이다. Ability는 단순히 객관화될 수 있는 능력을 의미한다.
Competency는 경쟁력의 의미가 가미된 능력을 의미한다. 개개인이 독립적인 행동으로 자신만의 성과를 낼 수 있는 역량의 의미이다.
최근 NCS기반의 능력중심채용에서는 객관적인 수치로 나타나는 Ability능력(스펙)보다는 직무의 적합도와 경쟁력을 보여주는 Competency능력(역량)을 채용에서 반영하라는 것이다.

NCS에서 직무수행능력은 특정한 일을 수행하는데 요구되는 전문적인 지식ㆍ기술ㆍ태도 등의 총체적인 것을 의미하며, 필수직업능력ㆍ선택직업능력ㆍ산업공통직업능력으로 나누어진다.
직무수행능력은 다수의 능력단위로 구성되어 있으며, 이들 능력단위의 조합과 연계를 통해서 훈련과 자격의 내용을 설계할 수 있다. 이러한 능력단위는 코드명, 능력단위명, 능력단위정의, 능력단위요소, 수행준거, 작업 상황, 평가지침, 직업기초능력 항목으로 이루어진다.

직업기초능력은 직무수행능력을 습득하고 개발하는데 있어서 기본적으로 갖추어야 할 능력이며, 직무수행능력과 융합되어 작업환경 내에서 직무를 수행하는데 필요한 직업능력을 말한다.
이는 모든 직업인에게 공통적으로 요구되는 능력으로서 모든 산업 및 직업에 걸쳐 직무수행을 위해 기본적으로 갖추어야 할 직업능력이다.
직업기초능력은 직종이나 직위에 상관없이 모든 직업분야에서 직무를 성공적으로 수행하는데 공통적으로 필요한 능력이다. NCS에서는 10개의 개발영역과 34개의 하위모듈을 제시하고 있다.

직무 능력	직업기초능력	직업인으로서 갖추어야할 공통역량
	직무수행능력	해당직무를 수행하는데 필요한 역량(지식, 기술, 태도)

✎ NCS에서의 10개 직업기초능력

NCS에서는 직무수행능력을 최대한 발휘하기 위해 대부분의 산업분야에서 공통적으로 요구하는 10개 직업기초능력으로서 의사소통능력, 자원관리능력, 문제해결능력, 정보능력, 조직이해능력, 수리능력, 자기개발능력, 대인관계능력, 기술능력, 직업윤리를 제시하고 있다.

그 하위단위의 능력단위로 아래와 같이 10개 개발영역으로 34개의 하위 단위능력을 제시하고 있다.

개발영역	하위단위
의사소통능력	문서이해능력, 문서작성능력, 경청능력, 언어구사력, 기초외국어능력
자원관리능력	시간자원관리능력, 예산관리능력, 물적자원관리능력, 인적자원관리능력
문제해결능력	사고력, 문제처리능력
정보능력	컴퓨터 활용능력, 정보처리 능력
조직이해능력	국제감각능력, 조직체제이해능력, 경영이해능력, 업무이해능력
수리능력	기초연산능력, 기초통계능력, 도표분석능력, 도표작성능력
자기개발능력	자아인식능력, 자기관리능력, 경력개발능력
대인관계능력	팀워크능력, 리더십능력, 갈등관리능력, 협상능력, 고객서비스능력
기술능력	기술이해능력, 기술선택능력, 기술적용능력
직업능력	근로윤리, 공동체윤리

NCS 수준체계

국가직무능력표준의 수준체계는 산업현장 직무의 수준을 체계화한 것으로, '산업현장-교육 훈련-자격' 연계, 평생학습능력 성취 단계 제시, 자격의 수준체계 구성에서 활용한다.

국가직무능력표준 개발 시 8단계의 수준체계에 따라 능력단위 및 능력단위요소별 수준을 평 정하여 제시한다.

수준	항목	내용
8수준	정의	해당분야에 대한 최고도의 이론 및 지식을 활용하여 새로운 이론을 창조할 수 있고, 최고도의 숙련으로 광범위한 기술적 작업을 수행할 수 있으며 조직 및 업무 전반에 대한 권한과 책임이 부여된 수준
	지식기술	해당분야에 대한 최고도의 이론 및 지식을 활용하여 새로운 이론을 창조할 수 있는 수준 최고도의 숙련으로 광범위한 기술적 작업을 수행할 수 있는 수준
	역량	조직 및 업무 전반에 대한 권한과 책임이 부여된 수준
	경력	수준7에서 2-4년 정도의 계속 업무 후 도달 가능한 수준
7수준	정의	해당분야의 전문화된 이론 및 지식을 활용하여, 고도의 숙련으로 광범위한 작업을 수행할 수 있으며 타인의 결과에 대하여 의무와 책임이 필요한 수준
	지식기술	해당분야의 전문화된 이론 및 지식을 활용할 수 있으며, 근접분야의 이론 및 지식을 사용할 수 있는 수준 고도의 숙련으로 광범위한 작업을 수행하는 수준
	역량	타인의 결과에 대하여 의무와 책임이 필요한 수준
	경력	수준6에서 2-4년 정도의 계속 업무 후 도달 가능한 수준
6수준	정의	독립적인 권한 내에서 해당분야의 이론 및 지식을 자유롭게 활용하고, 일반적인 숙련으로 다양한 과업을 수행하고, 타인에게 해당분야의 지식 및 노하우를 전달할 수 있는 수준
	지식기술	해당분야의 이론 및 지식을 자유롭게 활용할 수 있는 수준 일반적인 숙련으로 다양한 과업을 수행할 수 있는 수준
	역량	타인에게 해당분야의 지식 및 노하우를 전달할 수 있는 수준 독립적인 권한 내에서 과업을 수행할 수 있는 수준
	경력	수준5에서 1-3년 정도의 계속 업무 후 도달 가능한 수준

수준	항목	내용
5수준	정의	포괄적인 권한 내에서 해당분야의 이론 및 지식을 사용하여 매우 복잡하고 비일상적인 과업을 수행하고, 타인에게 해당분야의 지식을 전달할 수 있는 수준
	지식기술	해당분야의 이론 및 지식을 사용할 수 있는 수준 매우 복잡하고 비일상적인 과업을 수행할 수 있는 수준
	역량	타인에게 해당분야의 지식을 전달할 수 있는 수준 포괄적인 권한 내에서 과업을 수행할 수 있는 수준
	경력	수준4에서 1–3년 정도의 계속 업무 후 도달 가능한 수준
4수준	정의	일반적인 권한 내에서 해당분야의 이론 및 지식을 제한적으로 사용하여 복잡하고 다양한 과업을 수행하는 수준
	지식기술	해당분야의 이론 및 지식을 제한적으로 사용할 수 있는 수준 복잡하고 다양한 과업을 수행할 수 있는 수준
	역량	일반적인 권한 내에서 과업을 수행할 수 있는 수준
	경력	수준3에서 1–4년 정도의 계속 업무 후 도달 가능한 수준
3수준	정의	제한된 권한 내에서 해당분야의 기초이론 및 일반지식을 사용하여 다소 복잡한 과업을 수행하는 수준
	지식기술	해당분야의 기초이론 및 일반지식을 사용할 수 있는 수준 다소 복잡한 과업을 수행하는 수준
	역량	제한된 권한 내에서 과업을 수행하는 수준
	경력	수준2에서 1–3년 정도의 계속 업무 후 도달 가능한 수준
2수준	정의	일반적인 지시 및 감독 하에 해당분야의 일반 지식을 사용하여 절차화되고 일상적인 과업을 수행하는 수준
	지식기술	해당분야의 일반 지식을 사용할 수 있는 수준 절차화되고 일상적인 과업을 수행하는 수준
	역량	일반적인 지시 및 감독 하에 과업을 수행하는 수준
	경력	수준1에서 6–12개월 정도의 계속 업무 후 도달 가능한 수준
1수준	정의	구체적인 지시 및 철저한 감독 하에 문자이해, 계산능력 등 기초적인 일반지식을 사용하여 단순하고 반복적인 과업을 수행하는 수준
	지식기술	문자이해, 계산능력 등 기초적인 일반 지식을 사용할 수 있는 수준 단순하고 반복적인 과업을 수행하는 수준
	역량	구체적인 지시 및 철저한 감독 하에 과업을 수행하는 수준
	경력	없음

 # NCS기반 능력중심채용

✎ 왜? NCS기반 능력중심채용인가?

지금까지 기업 또는 공공기관에서는 채용 시 충분한 직무설명, 명확한 채용기준 등이 제시되지 않는 가운데 기업위주의 채용공고 및 이를 통한 채용이 이루어져 왔다.

취업준비생은 명확한 채용기준을 모르기 때문에 직무와 무관한 다양한 스펙을 쌓기 위해 많은 시간과 비용을 소모해왔다. 이른바 9대 스펙이다. (학벌·학점·토익·어학연수·자격증·공모·인턴·봉사·성형)

NCS기반 능력중심채용은 채용과정에서 사전에 채용직무 내용을 상세히 공개하고, 직무의 능력을 토대로 한 명확한 평가기준을 공지하며, 해당 평가기준을 적용하여 인재를 선발하는 채용방식을 말한다.

직무능력이란 직업인으로서 기본적으로 갖추어야 할 공통역량인 직업기초능력과 해당 직무를 수행하는데 필요한 역량(지식, 기술, 태도)인 직무수행능력으로 구성되며, NCS는 이를 제시하고 있다.(www.ncs.go.kr)

✎ 직무와 관련 없는 스펙을 쌓을 필요가 없다.

공기업이 먼저 실시하고, 그리고 많은 대기업들이 이미 적용하고 있는 NCS를 기반으로 하는 채용방식은

채용 대상 직무를 NCS 기반으로 분석하고, 이를 활용하여 해당 직무에 맞는 능력(기초직업능력+직무수행능력)을 갖춘 인재를 선발하는 채용방식(불필요한 Over스펙 ☞ 필요한 On 스펙)이다.

※ NCS는 직업인의 공통 역량인 의사소통, 수리, 문제해결, 자기개발, 자원관리, 대인관계, 정보, 기술, 조직이해, 직업윤리 등 10대 기초직업능력과 해당 직무를 수행하기 위해 필요한 직무수행능력을 모두 제시하고 있다.

✎ 취업준비생의 NCS능력중심채용 단계별 대응방법

> **NCS기반의 능력중심 채용의 기본원리는 해당 직무에서 요구하는 실제적 관점의 능력요소를 개별 채용 절차에서 검증하는 것임**

모집분야별 NCS 매핑을 통해 직무특성에 맞는 능력요소를 NCS직무기술서에서 추출하여 활용하므로, 직무에 필요한 능력요소를 지원자에게 분명하게 전달함.

NCS의 주요 능력요소와 수준체계를 활용하여 직업기초능력 및 직무수행능력의 핵심요소를 평가할 수 있는 문항을 개발하여 적용함.

NCS기반 채용공고 → **NCS기반 입사지원서** → **NCS기반 필기평가** → **NCS기반 면접평가** → **최종결정**

개인 신상 중심의 정보는 배제하고, 지원직무와 관련된 능력요소 관련 경험이나 정보를 작성하도록 지원서를 제시

다양한 면접도구를 구조화하여 직업기초능력과 직무수행능력을 평가하되, 각 기업의 특성과 현황, 핵심역량 등을 접목하여 현장에 맞게 적용.

각 단계별 결과를 수합하여 객관화된 최종 결과 산출 및 채용 의사결정.

Step1. 채용공고문 확인하기	Step2. NCS기반 서류전형 준비	Step3. NCS기반 필기전형 준비	Step4. NCS기반 면접전형 준비
⋯ 채용모집 공고문을 통해 모집분야, 채용인원, 지원자격, 근무조건, 전형일정, 우대사항 등을 확인하고, 채용분야에 대한 직무 설명자료를 통해 필요한 지식, 기술, 태도 등의 내용을 명확하게 파악한다.	⋯ 공고된 직무 설명자료를 기반으로 모집 직무별로 요구되는 내용을 기입한다. 지원자의 교육이수내용, 자격사항, 경력사항 등을 해당 직무에서 요구하는 능력과 매치시키며 강조하면 도움이 된다.	⋯ 채용공고에 제시된 필기과목을 파악하여 해당 유형을 준비하고, 직무설명자료에 제시된 직업기초능력과 직무수행능력 등을 면밀히 학습한다. 능력중심 채용사이트에 공개된 직업기초능력 샘플문항과 학습자료용 교재를 활용하면 도움이 된다.	⋯ NCS기반 구조화된 면접의 유형은 경험면접, 상황면접, PT면접, 토론면접 등이므로 이러한 유형의 면접에 대한 사전준비를 한다. 채용공고에서 면접의 유형이 제시되었는지 확인이 필요하며, 능력중심 채용 사이트에서 공개하는 면접 기출문항을 참고로 준비한다.

10대 직업기초능력 자가진단 체크리스트

본인의 평소 행동을 잘 생각해 보고, 행동과 일치하는 것에 체크해 보자. 자신의 수준을 진단한 후, 한 문항이라도 '그렇지 않은 편이다'가 나오면 그 부분이 부족한 것이기 때문에, 해당하는 학습내용을 챙겨서 학습해보자.

✎ A-1 의사소통능력

문 항	그렇지 않은 편이다.	보통의 편이다.	그런 편이다.
1. 나는 의사소통능력의 종류를 설명할 수 있다.	①	②	③
2. 나는 의사소통의 중요성을 설명할 수 있다.	①	②	③
3. 나는 의사소통의 저해요인에 대하여 설명할 수 있다.	①	②	③
4. 나는 효과적인 의사소통개발 방법을 설명할 수 있다.	①	②	③
5. 나는 문서이해의 개념 및 특성에 대하여 설명할 수 있다.	①	②	③
6. 나는 문서이해의 중요성에 대하여 설명할 수 있다.	①	②	③
7. 나는 문서이해의 구체적인 절차와 원리를 설명할 수 있다.	①	②	③
8. 나는 문서를 통한 정보 획득 및 종합 방법을 설명할 수 있다.	①	②	③
9. 나는 체계적인 문서작성의 개념 및 중요성을 설명할 수 있다.	①	②	③
10. 나는 목적과 상황에 맞는 문서의 종류와 유형을 설명할 수 있다.	①	②	③
11. 나는 문서작성의 구체적인 절차와 원리를 설명할 수 있다.	①	②	③
12. 나는 문서작성에서 효과적인 시각적 표현과 연출방법을 안다.	①	②	③
13. 나는 경청의 개념 및 중요성을 설명할 수 있다.	①	②	③
14. 나는 경청을 통해 상대방 의견의 핵심내용을 파악할 수 있다.	①	②	③
15. 나는 올바른 경청을 방해하는 요인들과 고쳐야할 습관을 알고 있다.	①	②	③
16. 나는 대상과 상황에 따른 경청법을 설명할 수 있다.	①	②	③
17. 나는 정확한 의사표현의 중요성을 설명할 수 있다.	①	②	③
18. 나는 원활한 의사표현의 방해요인을 알고, 관리할 수 있다.	①	②	③
19. 나는 논리적이고 설득력 있는 의사표현의 기본요소 및 특성을 안다.	①	②	③
20. 나는 기초외국어능력의 개념 및 중요성과 필요성을 설명할 수 있다.	①	②	③
21. 나는 비언어적 기초외국어 의사표현에 대해 설명할 수 있다.	①	②	③
22. 나는 기초외국어능력 향상을 위한 교육방법을 설명할 수 있다.	①	②	③

문 항	수 준	개 수	학습모듈
1 ~ 4번	그렇지 않은 편이다.	( )개	A-1 의사소통능력
	그저 그렇다.	( )개	
	그런 편이다.	( )개	
5 ~ 8번	그렇지 않은 편이다.	( )개	A-2-가 문서이해능력
	그저 그렇다.	( )개	
	그런 편이다.	( )개	
9 ~ 12번	그렇지 않은 편이다.	( )개	A-2-나 문서작성능력
	그저 그렇다.	( )개	
	그런 편이다.	( )개	
13 ~ 16번	그렇지 않은 편이다.	( )개	A-2-다 경청능력
	그저 그렇다.	( )개	
	그런 편이다.	( )개	
17 ~ 19번	그렇지 않은 편이다.	( )개	A-2-라 의사표현능력
	그저 그렇다.	( )개	
	그런 편이다.	( )개	
20 ~ 22번	그렇지 않은 편이다.	( )개	A-2-마 기초외국어능력
	그저 그렇다.	( )개	
	그런 편이다.	( )개	

✎ B-1 수리능력

문 항	그렇지 않은 편이다.	보통의 편이다.	그런 편이다.
1. 나는 수리능력의 중요성을 설명할 수 있다.	①	②	③
2. 나는 업무를 수행함에 있어서 수리능력이 활용되는 경우를 설명할 수 있다.	①	②	③
3. 나는 업무수행 과정에서 기본적인 통계를 활용할 수 있다.	①	②	③
4. 나는 업무수행 과정에서 도표를 읽고 해석할 수 있다.	①	②	③
5. 나는 업무수행에 필요한 수의 개념, 단위 및 체제 등을 설명할 수 있다.	①	②	③
6. 나는 사칙연산을 활용하여 업무수행에 필요한 계산을 수행할 수 있다.	①	②	③
7. 나는 검산방법을 활용하여 연산결과의 오류를 확인할 수 있다.	①	②	③
8. 나는 업무수행에 활용되는 기초적인 통계방법을 설명할 수 있다.	①	②	③
9. 나는 업무수행과정에서 기본적인 통계자료를 읽고 해석할 수 있다.	①	②	③
10. 나는 통계방법을 활용하여 업무수행에 필요한 자료를 제시할 수 있다.	①	②	③
11. 나는 도표의 종류별 장단점을 설명할 수 있다.	①	②	③
12. 나는 제시된 도표로부터 필요한 정보를 획득할 수 있다.	①	②	③
13. 나는 제시된 도표를 비교·분석하여 업무에 적응할 수 있다.	①	②	③
14. 나는 효과적인 도표작성 절차를 설명할 수 있다.	①	②	③
15. 나는 도표를 활용하여 핵심내용을 강조할 수 있다.	①	②	③
16. 나는 도표의 종류에 따른 효과적인 제시방법을 설명할 수 있다.	①	②	③

문 항	수 준	개 수	학습모듈
1 ～ 4번	그렇지 않은 편이다.	( )개	B-1 수리능력
	그저 그렇다.	( )개	
	그런 편이다.	( )개	
5 ～ 7번	그렇지 않은 편이다.	( )개	B-2-가 기초연산능력
	그저 그렇다.	( )개	
	그런 편이다.	( )개	
8 ～ 10번	그렇지 않은 편이다.	( )개	B-2-나 기초통계능력
	그저 그렇다.	( )개	
	그런 편이다.	( )개	
11 ～ 13번	그렇지 않은 편이다.	( )개	B-2-다 도표분석능력
	그저 그렇다.	( )개	
	그런 편이다.	( )개	
14 ～ 16번	그렇지 않은 편이다.	( )개	B-2-라 도표작성능력
	그저 그렇다.	( )개	
	그런 편이다.	( )개	

✎ C-1 문제해결능력

문 항	그렇지 않은 편이다.	보통의 편이다.	그런 편이다.
1. 나는 업무를 수행하는 동안 발생한 문제의 핵심을 파악한다.	①	②	③
2. 나는 업무를 수행하는 동안 발생한 문제의 해결방법을 알고 있다.	①	②	③
3. 나는 향후에 발생할지도 모르는 문제를 미리 예견하여 대비책을 세운다.	①	②	③
4. 나는 현재 당면한 문제를 세부적으로 분석하여 해결방법을 찾는다.	①	②	③
5. 나는 문제가 발생했을 때, 새로운 관점에서 해결책을 찾는다.	①	②	③
6. 나는 문제를 해결하는데 장애가 되는 요소들을 사전에 제거한다.	①	②	③
7. 나는 문제를 해결하기 위한 다양한 아이디어를 많이 생각해 낸다.	①	②	③
8. 나는 문제를 해결하기 위한 독창적인 아이디어를 많이 제시한다.	①	②	③
9. 나는 문제를 해결하기 위해서 다듬어지지 않은 아이디어를 분석하고 종합한다.	①	②	③
10. 나는 상대의 논리를 구조화하여 개선점을 찾는다.	①	②	③
11. 나는 상사의 지시를 무조건적으로 수용하지 않고 비판적으로 생각한다.	①	②	③
12. 나는 제시된 아이디어를 평가하는데 자신의 의견을 적극적으로 표현한다.	①	②	③
13. 나는 문제가 발생하였을 때 문제의 결과를 미리 예측한다.	①	②	③
14. 나는 문제가 발생하였을 때 주변 환경을 잘 분석한다.	①	②	③
15. 나는 발생한 문제 중에서 우선순위를 잘 고려해서 먼저 해결해야 하는 문제를 잘 찾아낸다.	①	②	③
16. 나는 문제해결을 위해 제시된 대안을 논리적으로 검토한다.	①	②	③
17. 나는 문제를 해결하기 위한 대안이 실제로 실현가능한지를 고려한다.	①	②	③
18. 나는 문제해결을 위한 방법을 실천하고, 그 결과를 평가한다.	①	②	③

문 항	수 준	개 수	학습모듈
1 ~ 6번	그렇지 않은 편이다.	( )개	C-1 문제해결능력
	그저 그렇다.	( )개	
	그런 편이다.	( )개	
7 ~ 12번	그렇지 않은 편이다.	( )개	C-2-가 사고력
	그저 그렇다.	( )개	
	그런 편이다.	( )개	
13 ~ 18번	그렇지 않은 편이다.	( )개	C-2-나 문제처리능력
	그저 그렇다.	( )개	
	그런 편이다.	( )개	

✎ D-1 자기관리능력

문 항	그렇지 않은 편이다.	보통의 편이다.	그런 편이다.
1. 나는 자기개발이 무엇인지 설명할 수 있다.	①	②	③
2. 나는 직업인의 자기개발이 왜 필요한지를 설명할 수 있다.	①	②	③
3. 나는 자기개발이 어떻게 이루어지는가를 이해하고, 자신을 관리하며, 경력을 개발하는 과정을 설명할 수 있다.	①	②	③
4. 나는 자기개발을 방해하는 요인에 대하여 설명할 수 있다.	①	②	③
5. 나는 나에게 적합한 자기개발 계획을 수립할 수 있다.	①	②	③
6. 나는 나를 브랜드화하기 위한 전략을 수립할 수 있다.	①	②	③
7. 나는 자아인식이 돼 중요한지에 대하여 설명할 수 있다.	①	②	③
8. 나는 나를 알아가는 여러가지 방법들을 설명할 수 있다.	①	②	③
9. 나는 직업인으로서 나의 장단점, 흥미, 적성 등을 설명할 수 있다.	①	②	③
10. 나는 자아인식에서 자기성찰이 왜 중요한지를 설명할 수 있다.	①	②	③
11. 나는 자기관리 단계별 계획을 수립할 수 있다.	①	②	③
12. 나는 나의 내면(인내심, 긍정적인 마음)을 관리할 수 있다.	①	②	③
13. 나는 여러가지 방법을 활용하여 나의 업무수행 성과를 높일 수 있다.	①	②	③
14. 나는 합리적인 의사결정과정에 따라 의사결정을 할 수 있다.	①	②	③
15. 나는 경력개발이 무엇인지 설명할 수 있다.	①	②	③
16. 나는 일반적인 경력단계가 어떻게 이루어지는지 설명할 수 있다.	①	②	③
17. 나는 경력개발 단계별 계획을 수립할 수 있다.	①	②	③
18. 나는 경력개발과 관련된 최근의 이슈가 무엇인지 설명할 수 있다.	①	②	③

문 항	수 준	개 수	학습모듈	교재 page
1 ～ 6번	그렇지 않은 편이다.	( )개	D 자기개발능력	pp.8–32
	그저 그렇다.	( )개		
	그런 편이다.	( )개		
7 ～ 10번	그렇지 않은 편이다.	( )개	D-2-가 자아인식능력	pp.33–52
	그저 그렇다.	( )개		
	그런 편이다.	( )개		
11 ～ 14번	그렇지 않은 편이다.	( )개	D-2-나 자기관리능력	pp.53–75
	그저 그렇다.	( )개		
	그런 편이다.	( )개		
15 ～ 18번	그렇지 않은 편이다.	( )개	D-2-다 경력개발능력	pp.76–97
	그저 그렇다.	( )개		
	그런 편이다.	( )개		

✎ E-1 자원관리능력

문 항	그렇지 않은 편이다.	보통의 편이다.	그런 편이다.
1. 나는 자원의 종류를 설명할 수 있다.	①	②	③
2. 나는 자원관리의 중요성을 설명할 수 있다.	①	②	③
3. 나는 자원의 낭비요인에 대하여 설명할 수 있다.	①	②	③
4. 나는 효과적인 자원관리 과정을 설명할 수 있다.	①	②	③
5. 나는 시간의 개념 및 특성에 대하여 설명할 수 있다.	①	②	③
6. 나는 시간관리의 중요성에 대하여 설명할 수 있다.	①	②	③
7. 나는 시간낭비 요인을 설명할 수 있다.	①	②	③
8. 나는 효과적으로 시간계획을 세울 수 있다.	①	②	③
9. 나는 예산관리의 개념을 설명할 수 있다.	①	②	③
10. 나는 예산관리의 중요성을 설명할 수 있다.	①	②	③
11. 나는 예산의 구성요소를 설명할 수 있다.	①	②	③
12. 나는 예산 수립에 효과적인 방법을 설명할 수 있다.	①	②	③
13. 나는 업무 수해 과정에서 적절하게 예산을 관리할 수 있다.	①	②	③
14. 나는 물적자원의 종류를 설명할 수 있다.	①	②	③
15. 나는 물적자원관리의 중요성을 설명할 수 있다.	①	②	③
16. 나는 물적자원 활용의 방해요인을 설명할 수 있다.	①	②	③
17. 나는 효과적인 물적자원관리 과정을 설명할 수 있다.	①	②	③
18. 나는 다양한 기법을 활용하여 물적자원을 관리할 수 있다.	①	②	③
19. 나는 인적자원의 개념과 의미를 설명할 수 있다.	①	②	③
20. 나는 인적자원관리의 중요성을 설명할 수 있다.	①	②	③
21. 나는 개인차원에서의 효과적인 인적자원관리 방법을 설명할 수 있다.	①	②	③
22. 나는 팀 작업에서의 효과적인 인적자원관리 방법을 설명할 수 있다.	①	②	③

문 항	수 준	개 수	학습모듈
1 ~ 4번	그렇지 않은 편이다.	( )개	E-1 자원관리능력
	그저 그렇다.	( )개	
	그런 편이다.	( )개	
5 ~ 8번	그렇지 않은 편이다.	( )개	E-2-가 시간관리능력
	그저 그렇다.	( )개	
	그런 편이다.	( )개	
9 ~ 13번	그렇지 않은 편이다.	( )개	E-2-나 예산관리능력
	그저 그렇다.	( )개	
	그런 편이다.	( )개	
14 ~ 18번	그렇지 않은 편이다.	( )개	E-2-다 물적자원관리능력
	그저 그렇다.	( )개	
	그런 편이다.	( )개	
19 ~ 22번	그렇지 않은 편이다.	( )개	E-2-라 인적자원관리능력
	그저 그렇다.	( )개	
	그런 편이다.	( )개	

✎ F-1 대인관계능력

문 항	그렇지 않은 편이다.	보통의 편이다.	그런 편이다.
1. 나는 대인관계능력의 의미와 중요성을 설명할 수 있다.	①	②	③
2. 나는 대인관계능력 향상방법을 설명할 수 있다.	①	②	③
3. 나는 팀 구성원들과 효과적으로 의사소통한다.	①	②	③
4. 나는 팀의 규칙 및 규정을 준수한다.	①	②	③
5. 나는 팀내에서 나에게 주어진 업무를 성실하게 수행한다.	①	②	③
6. 나는 팀의 목표 달성에 필요한 자원, 시간을 파악하고 있다.	①	②	③
7. 나는 조직원들을 동기화할 수 있다.	①	②	③
8. 나는 리더의 행동 특성에 맞는 행동을 한다.	①	②	③
9. 나는 조직 성과를 향상시키기 위한 전략을 제시한다.	①	②	③
10. 나는 수시로 조직원에게 코칭을 활용한다.	①	②	③
11. 나는 앞장서서 바람직한 변화를 선도한다.	①	②	③
12. 나는 타인과 의견차이가 있을 때 원인을 파악한다.	①	②	③
13. 나는 타인과 대화할 때 생각과 가치관을 배려한다.	①	②	③
14. 나는 타인과의 갈등을 줄이기 위해서 노력한다.	①	②	③
15. 나는 타인과의 갈등을 조절할 수 있는 방법을 활용한다.	①	②	③
16. 나는 대화시 쟁점사항이 무엇인지 파악한다.	①	②	③
17. 나는 대화시 상대방의 핵심요구사항을 파악한다.	①	②	③
18. 나는 대화시 상대방을 설득하기 위해서 노력한다.	①	②	③
19. 나는 협상할 때 사전에 전략을 수립한다.	①	②	③
20. 나는 고객의 유형에 따라서 대응한다.	①	②	③
21. 나는 고객의 요구를 수시로 파악한다.	①	②	③
22. 나는 고객의 불만사항을 해결하려 노력한다.	①	②	③

문 항	수 준	개 수	학습모듈
1 ~ 2번	그렇지 않은 편이다.	( )개	F-1 대인관계능력
	그저 그렇다.	( )개	
	그런 편이다.	( )개	
3 ~ 6번	그렇지 않은 편이다.	( )개	F-2-가 팀웍능력
	그저 그렇다.	( )개	
	그런 편이다.	( )개	
7 ~ 11번	그렇지 않은 편이다.	( )개	F-2-나 리더십능력
	그저 그렇다.	( )개	
	그런 편이다.	( )개	
12 ~ 15번	그렇지 않은 편이다.	( )개	F-2-다 갈등관리능력
	그저 그렇다.	( )개	
	그런 편이다.	( )개	
16 ~ 19번	그렇지 않은 편이다.	( )개	F-2-라 협상능력
	그저 그렇다.	( )개	
	그런 편이다.	( )개	
20 ~ 22번	그렇지 않은 편이다.	( )개	F-2-마 고객서비스능력
	그저 그렇다.	( )개	
	그런 편이다.	( )개	

✎ G-1 정보능력

문 항	그렇지 않은 편이다.	보통의 편이다.	그런 편이다.
1. 나는 정보와 자료가 무엇이 다른지 설명할 수 있다.	①	②	③
2. 나는 정보화 사회의 특징은 무엇인지를 설명할 수 있다.	①	②	③
3. 나는 업무수행에 있어서 컴퓨터가 활용되는 분야를 설명할 수 있다.	①	②	③
4. 나는 업무수행에 있어서 정보를 효과적으로 처리하기 위한 절차를 설명할 수 있다.	①	②	③
5. 나는 사이버 공간에서 지켜야 할 예절과 규칙을 설명할 수 있다.	①	②	③
6. 나는 업무와 관련된 중요한 정보의 유출을 방지할 수 있는 방법을 설명할 수 있다.	①	②	③
7. 나는 업무수행에 필요한 인터넷서비스의 종류를 설명할 수 있다.	①	②	③
8. 나는 인터넷을 활용하여 업무수행에 필요한 정보를 검색할 수 있다.	①	②	③
9. 나는 업무수행에 필요한 소프트웨어의 종류 및 특징을 설명할 수 있다.	①	②	③
10. 나는 업무수행에 있어서 데이터베이스 구축의 필요성을 설명할 수 있다.	①	②	③
11. 나는 업무수행에 필요한 정보를 효과적으로 수집할 수 있는 방법을 설명할 수 있다.	①	②	③
12. 나는 업무수행에 있어서 정보분석 및 가공의 중요성을 설명할 수 있다.	①	②	③
13. 나는 업무수행에 필요한 정보를 효과적으로 관리할 수 있는 방법을 설명할 수 있다.	①	②	③
14. 나는 업무수행에 유용한 정보와 그렇지 않은 것을 구분하여 효과적으로 정보를 활용할 수 있는 방법을 설명할 수 있다.	①	②	③

문 항	수 준	개 수	학습모듈
1 ~ 6번	그렇지 않은 편이다.	( )개	G-1 정보능력
	그저 그렇다.	( )개	
	그런 편이다.	( )개	
7 ~ 10번	그렇지 않은 편이다.	( )개	G-2-가 컴퓨터활용능력
	그저 그렇다.	( )개	
	그런 편이다.	( )개	
11 ~ 14번	그렇지 않은 편이다.	( )개	G-2-나 정보처리능력
	그저 그렇다.	( )개	
	그런 편이다.	( )개	

✎ H-1 기술능력

문 항	그렇지 않은 편이다.	보통의 편이다.	그런 편이다.
1. 나는 기술이란 무엇인고, 왜 중요한지 설명할 수 있다.	①	②	③
2. 나는 기술능력의 의미와 중요성에 대해 설명할 수 있다.	①	②	③
3. 나는 기술능력을 향상시키기위한 방법에는 어떠한 것이 있는지 설명할 수 있다.	①	②	③
4. 나는 기술의 원리와 절차, 그리고 기술 시스템에 대해 설명할 수 있다.	①	②	③
5. 나는 기술혁신의 의미와 중요성에 대해 설명할 수 있다.	①	②	③
6. 나는 기술의 변화와 미래에 요구되는 기술을 설명할 수 있다.	①	②	③
7. 나는 실패한 기술이 우리사회에 미치는 영향에 대해 설명할 수 있다.	①	②	③
8. 나는 일에 필요한 기술을 적용할 때 자원, 시간, 비용 등의 제반 여건을 파악할 수 있다.	①	②	③
9. 나는 일을하는 상황에 사용된 여러가지 기술에 대한 정보를 수집할 수 있다.	①	②	③
10. 나는 일과 관련된 기술을 선택할 때 다양한 기술의 사용에 따른 장단점을 비교할 수 있다.	①	②	③
11. 나는 일에 필요한 최적의 기술을 선택하여 학습할 수 있다.	①	②	③
12. 나는 일을 하는데 사용할 기술이 실제로 실현가능한 것인지를 고려하여 상황과 절차에 따라 우선적으로 필요한 기술을 적용할 수 있다.	①	②	③
13. 나는 일을 하는데 있어서 기술사용의 어려움을 겪었다면 왜 그런결과가 나왔는지 오류와 개선점을 확인할 수 있다.	①	②	③
14. 나는 일을 할 때, 기술을 적용하는데 있어서 좋은 결과가 나왔다면 그것을 유지할 수 있다.	①	②	③
15. 나는 일을 할 때, 기술을 적용한 후 새로운 기술이 요구되면 그것을 학습하고 효과적인 적용 방안을 모색할 수 있다.	①	②	③

문 항	수 준	개 수	학습모듈
1 ～ 3번	그렇지 않은 편이다.	( )개	H-1 기술능력
	그저 그렇다.	( )개	
	그런 편이다.	( )개	
4 ～ 7번	그렇지 않은 편이다.	( )개	H-2-가 기술이해능력
	그저 그렇다.	( )개	
	그런 편이다.	( )개	
8 ～ 11번	그렇지 않은 편이다.	( )개	H-2-나 기술선택능력
	그저 그렇다.	( )개	
	그런 편이다.	( )개	
12 ～ 15번	그렇지 않은 편이다.	( )개	H-2-다 기술적용능력
	그저 그렇다.	( )개	
	그런 편이다.	( )개	

✎ I-1 조직이해능력

문 항	그렇지 않은 편이다.	보통의 편이다.	그런 편이다.
1. 나는 조직의 의미를 설명할 수 있다.	①	②	③
2. 나는 조직이해가 왜 필요한 것인지 설명할 수 있다.	①	②	③
3. 나는 조직이 어떻게 운영되는 것인지 설명할 수 있다.	①	②	③
4. 나는 조직의 체제를 구성하는 요소를 구분할 수 있다.	①	②	③
5. 나는 전체 조직에서 내가 맡은 업무를 설명할 수 있다.	①	②	③
6. 나는 세계화가 직장생활에 미치는 의미를 설명할 수 있다.	①	②	③
7. 나는 조직변화 계획을 수립할 수 있다.	①	②	③
8. 나는 조직과 나와의 관계를 설명할 수 있다.	①	②	③
9. 나는 경영의 의미와 과정을 설명할 수 있다.	①	②	③
10. 나는 조직에서 의사결정이 어떻게 이루어지는지 설명할 수 있다.	①	②	③
11. 나는 내가 속한 조직의 경영전략을 설명할 수 있다.	①	②	③
12. 나는 근로자들이 조직경영에 참여하는 방법을 설명할 수 있다.	①	②	③
13. 나는 내가 속한 조직의 목표를 설명할 수 있다.	①	②	③
14. 나는 내가 속한 조직의 구조를 설명할 수 있다.	①	②	③
15. 나는 내가 속한 조직문화의 특징을 설명할 수 있다.	①	②	③
16. 나는 내가 속한 집단의 특성을 설명할 수 있다.	①	②	③
17. 나는 나의 업무 특성을 설명할 수 있다.	①	②	③
18. 나는 적절한 업무수행 계획을 수립할 수 있다.	①	②	③
19. 나는 업무수행의 방해요인을 확인할 수 있다.	①	②	③
20. 나는 국제감각을 길러야하는 필요성을 설명할 수 있다.	①	②	③
21. 나는 다른 나라 문화를 이해하는 방법을 설명할 수 있다.	①	②	③
22. 나는 국제동향을 파악하고 업무에 적용할 수 있다.	①	②	③
23. 나는 글로벌시대의 국제매너를 갖출 수 있다.	①	②	③

문 항	수 준	개 수	학습모듈
1 ~ 8번	그렇지 않은 편이다.	( )개	I-1 조직이해능력
	그저 그렇다.	( )개	
	그런 편이다.	( )개	
9 ~ 12번	그렇지 않은 편이다.	( )개	I-2-가 경영이해능력
	그저 그렇다.	( )개	
	그런 편이다.	( )개	
13 ~ 16번	그렇지 않은 편이다.	( )개	I-2-나 체제이해능력
	그저 그렇다.	( )개	
	그런 편이다.	( )개	
17 ~ 19번	그렇지 않은 편이다.	( )개	I-2-다 업무이해능력
	그저 그렇다.	( )개	
	그런 편이다.	( )개	
20 ~ 23번	그렇지 않은 편이다.	( )개	I-2-라 국제감각
	그저 그렇다.	( )개	
	그런 편이다.	( )개	

✎ J-1 직업윤리

문 항	그렇지 않은 편이다.	보통의 편이다.	그런 편이다.
1. 나는 사람과 사람 사이에 지켜야 할 도리를 지킨다.	①	②	③
2. 나는 시대와 사회상황이 요구하는 윤리규범을 알고 적절히 대처한다.	①	②	③
3. 나는 직업은 나의 삶에 있어서 큰 의미가 있다고 중요하다고 생각한다.	①	②	③
4. 나는 업무를 수행하는 중에는 개인으로서가 아니라 직업인으로서 지켜야 할 역할을 더 중요하게 생각한다.	①	②	③
5. 나는 내가 세운 목표를 달성하기 위해 규칙적이고 부지런한 생활을 유지한다.	①	②	③
6. 나는 직장생활에서 정해진 시간을 준수하며 생활한다.	①	②	③
7. 나는 이익이 되는 일보다는 옳고 유익한 일을 하려고 한다.	①	②	③
8. 나는 일을 하는데 있어 이익이 되더라도 윤리규범에 어긋나는 일은 지적하는 편이다.	①	②	③
9. 나는 조직 내에서 속이거나 숨김없이 참되고 바르게 행동하려 노력한다.	①	②	③
10. 나는 지킬 수 있는 약속만을 말하고 메모하여 지키려고 노력한다.	①	②	③
11. 나는 내가 맡은 일을 존중하고 주부심이 있으며, 정성을 다하여 처리한다.	①	②	③
12. 나는 건전한 직장생활을 위해 검소한 생활자세를 유지하고 심신을 단련하는 편이다.	①	②	③
13. 나는 내 업무보다 다른 사람의 업무가 중요할 때, 다른 사람의 업무도 적극적으로 도와주는 편이다.	①	②	③
14. 나는 평소에 나 자신의 이익도 중요하지만, 국가·사회·기업의 이익도 중요하다고 생각하는 편이다.	①	②	③
15. 나는 내가 속한 조직에 힘들고 어려운 일이 있으면 지시받기 전에 자율적으로 해결하려고 노력하는 편이다.	①	②	③
16. 나는 내가 속한 조직에 주어진 업무는 제한된 시간까지 처리하려고 하는 편이다.	①	②	③
17. 나는 속한 조직에서 책임과 역할을 다하며, 다신의 권리를 보호하기 위해 노력한다.	①	②	③
18. 나는 업무를 수행함에 있어 조직의 규칙과 규범에 따라 업무를 수행하는 편이다.	①	②	③
19. 나는 조직생활에 있어서 공과 사를 구별하고 단정한 몸가짐을 하는 편이다.	①	②	③
20. 나는 질책보다는 칭찬이나 격려 등의 긍정적인 언행을 더욱 하는 편이다.	①	②	③

문 항	수 준	개 수	학습모듈	교재 page
1 ~ 4번	그렇지 않은 편이다.	( )개	J-1 직업윤리	pp.8–29
	그저 그렇다.	( )개		
	그런 편이다.	( )개		
5 ~ 12번	그렇지 않은 편이다.	( )개	J-2-가 근로윤리	pp.30–54
	그저 그렇다.	( )개		
	그런 편이다.	( )개		
13 ~ 20번	그렇지 않은 편이다.	( )개	J-2-나 공동체윤리	pp.55–88
	그저 그렇다.	( )개		
	그런 편이다.	( )개		

Chapter **6**
대인관계능력 (직업기초능력 F-1)

A-1. 대인관계능력

A-2. 하위능력별
- 가. 팀워크능력
- 나. 리더십능력
- 다. 갈등관리능력
- 라. 협상능력
- 마. 고객서비스능력

학/습/목/표 (수행준거)

직장생활에서 협조적인 관계를 유지하고 조직구성원들에게 도움을 줄 수 있으며, 조직내부 및 외부의 갈등을 원만히 해결하고 고객의 요구를 충족시켜줄 수 있는 능력을 기를 수 있다.

- ◐ 대인관계의 의미와 중요성을 설명할 수 있다.
- ◐ 직장생활에서 대인관계를 향상시키기 위한 방법을 활용할 수 있다.

▋ 성취수준(표준)

본 성취수준은 학력과 관련되며, 상은 4년제 대학 졸업자 수준, 중은 2년제 대학 졸업자 수준, 하는 고등학교 졸업자 수준을 의미한다.

구분			성취수준
대인 관계 능력		상	팀 구성원으로서 팀의 목표 달성을 점검하고, 팀의 업무에 도움이되는 정보를 제공하며, 업무수행과정에서의 갈등상황의 원인을 종합·분석하고, 최적의 협상전략에 따라 협상에 임하며, 제공된 서비스에 대한 고객의 만족을 종합·분석하여 향후 고객서비스에 반영한다.
		중	팀 구성원으로서 팀의 목표를 공유하고, 팀의 업무에 도움이 되는 정보를 확인하며, 업무수행과정에서의 갈등상황의 원인을 파악하고, 일반적인 협상전략에 따라 협상에 임하며, 제공된 서비스에 대한 고객의 만족을 확인한다.
		하	팀 구성원으로서 팀의 목표를 확인하고, 팀의 업무 특성을 파악하며, 업무수행 과정에서의 갈등상황을 확인하고, 지시받은 협상전략에 따라 협상에 임하며, 고객의 요구에 따라 서비스를 제공한다.
하위 능력	팀워크 능력	상	팀의 구성원으로서 팀의 목표 달성을 점검하고, 부족한 부분을 보완한다.
		중	팀의 구성원으로서 팀의 목표를 공유하고 자신의 역할 및 책임에 따라 업무를 수행한다.
		하	팀의 구성원으로서 팀의 목표를 확인하고, 자신의 역할 및 책임을 확인한다.
	리더십 능력	상	팀 구성원들의 업무에 도움이 되는 정보를 제공하고, 팀구성원들을 동기화시키고 이끌며, 팀의 목표 및 비전을 제시한다.
		중	팀 구성원들의 업무에 도움이 되는 정보를 확인하고, 팀구성원들에 대한 논리적인 설득으로 업무를 할당하며, 팀의 목표 및 비전설계과정에 동참한다.
		하	팀 구성원들과 업무의 특성을 파악하고, 팀구성원들에게 업무를 할당하며, 팀의 목표 및 비전을 인식한다.
	갈등 관리 능력	상	팀 구성원들과 업무 수행과정에서 발생한 갈등상황의 원인을 종합, 분석하고, 최적의 갈등해결방법을 선택해서 적용한다.
		중	팀 구성원들과 업무 수행과정에서 발생한 갈등상황의 원인을 파악하고, 갈등해결 방법을 팀원들과 공유한다.
		하	팀 구성원들과 업무 수행과정에서 발생한 갈등상황을 인식하고, 갈등해결방법을 탐색한다.
	협상 능력	상	업무 수행과정에서 협상 쟁점 사항과 협상 상대의 전략을 평가하고, 목표와 상황을 종합해서 최적의 협상전략을 선택하여 협상에 임한다.
		중	업무 수행과정에서 협상 쟁점 사항과 협상 상대를 분석하고, 일반적인 협상전략에 따라 협상에 임한다.
		하	업무 수행과정에서 협상 쟁점 사항과 협상 상대를 확인하고, 지시된 협상전략에 따라 협상에 임한다.
	고객 서비스 능력	상	업무 수행과정에서 다양한 고객의 요구에 대한 해결책을 마련하고, 제공된 서비스에 대한 고객의 만족을 분석·종합하여 향후 서비스에 반영한다.
		중	업무 수행과정에서 다양한 고객의 요구를 분석, 종합하고, 제공된 서비스에 대한 고객의 만족을 확인한다.
		하	업무수행과정에서 다양한 고객의 요구를 확인하고 서비스를 제공한다.

 # 대인관계능력

직업기초능력으로서의 대인관계능력이란 직장생활에서 협조적인 관계를 유지하고 조직구성원들에게 도움을 줄 수 있으며 조직내부 및 외부의 갈등을 원만히 해결하고 고객의 요구를 충족시켜줄 수 있는 능력을 의미한다.

직업인이 조직 내에서 조직구성원으로서 원만한 관계를 유지하여 자신의 역할을 충실히 수행하기 위해서는 대인관계능력의 함양이 필수적이다. 직장생활을 하다 보면 많은 사람들을 만나고, 또 함께 일을 하게 된다. 그리고 요즘 같이 일의 규모가 커진 실정에 혼자서 어떤 일을 하기란 매우 힘들다. 그러므로 대인간의 관계를 원활히 유지하고, 개발하는 능력은 실로 중요하게 여겨지고 있다.

원만한 대인관계

원만한 대인관계는 개인의 성품이며 사람됨이다. 그러므로 자연스럽게 우러나오는 것이어야 한다. 다른 사람의 인간관계를 형성하기 시작하는 출발점은 자신의 내면이고, 우리 자신의 내적 성품이다. 우리가 독립적이 될 때, 즉 주도적이고 올바른 원칙에 중심을 두며 가치 지향적이고 생활에서 소중한 것부터 우선적으로 계획하고 성실하게 실행할 때에야 비로소 다른 사람들과의 관계를 풍부하고 지속적이며 생산적으로 만들 수 있다.

직장에서의 대인관계

직장에서는 상사와 부하의 관계처럼 수직적 리더십만 있는 것이 아니다. 수평적으로 나와 동료와의 관계가 있다. 내가 팀원으로서 팀 내에서 제대로 역할을 수행해내고 팀워크를 잘 하며 동료들을 배려하고 어떻게 도와주는가에 따라 팀의 성과가 좌우되는 것이 직장이다. 따라서 수평적 동료관계를 잘 유지하는 것이 매우 중요하다.

조직의 가치는 팀워크에서 나오며, 이러한 팀워크의 결정체는 긍정적인 시너지효과를 가져올 수 있는가 여부에 달려있다. 여기에서 원만한 대인관계기법이 발휘되어야 하는 것이다. 즉 상대방을 먼저 이해하고 상대방에게 나를 맞추면서 나를 보다 더 개방하는 데에서 관계관리가 이루어지기 시작한다. 상대방의 말을 잘 경청한 후 나의 의사를 정확히 전달하는 커뮤니케이션기법, 상대방을 먼저 생각하는 배려심, 동료와의 갈등이 발생하지 않도록 예방하는 갈등관리기법 등이 잘 발휘되어야 하는 것이다.

✎ 대인관계의 구성요소

대인관계의 출발은 의사소통이다. 의사소통능력은 직업기초능력 제1장에서 충분히 학습한 바 있다. 대인관계를 구성하는 3가지 요소는 소통능력, 공감능력, 자아확장력이다.

소통능력은 공유하는 것이며, 함께 나누는 것이다. 소통능력이란 자기표현을 정확히 하고 자기가 원하는 바를 타인에게 명확히 심어줄 수 있는 능력을 말한다. 상대방에게 잘 보이려고만 하는 욕심을 버리고 자신감 있게 진정성을 보이면 되는 것이다.

공감능력은 다른 사람의 심리나 감정 상태를 잘 읽어낼 수 있는 능력이다. 공감능력은 적극적인 듣기, 표정 따라하기 등의 훈련을 통해서 증진시킬 수 있다.

자아확장력이란 자기 자신이 다른 사람과 접속되어 있다고 느끼는 정도를 말한다. 자아확장력의 근본은 긍정적인 정서이다. 기쁨, 즐거움 등의 긍정적인 정서가 충만한 사람들은 인간관계가 원만하고 다른 사람들과 폭넓고 깊은 인간관계를 유지하고 있다.

〉〉〉 대인관계를 향상시키는 방법

만약 우리가 다른 사람에 대해 공손하고 친절하며, 정직하고 약속을 지킨다면 우리는 감정을 저축하는 셈이 된다. 감정은행계좌를 적립하기 위한 주요 예입 수단을 살펴보면 다음과 같다. 즉, 대인관계를 향상시키는 방법으로는 상대방에 대한 이해, 사소한 일에 대한 관심, 약속의 이행, 기대의 명확화, 언행일치, 진지한 사과 등이 있다.

상대방에 대한 이해와 양보

대인관계란 바로 이해와 양보의 미덕을 기반으로 이루어지며, 이러한 심성이 주변 사람들을 편안하게 해주고 조직을 부드럽게 하는 윤활유 같은 역할을 한다. 상대방의 입장에서 양보하고 배려하는 노력은 타인의 마음속에 저축하는 가장 중요한 예입 수단이 된다. 이 저축은 시간이 갈수록 이자가 늘어 세월이 지나면 큰 가치로 되돌아온다.

감정은행계좌에 예입을 하기 위해서는 나보다 상대방의 입장을 먼저 이해하고 배려하는 노력이 있어야 한다. 다른 사람들에 대한 이해와 양보는 그들과의 유대관계를 강화하고 당신에 대한 인격과 신뢰를 쌓게 되는 것이다. 나의 작은 희생과 양보가 계속 쌓여 나중에는 큰 이익으로 돌아올 수 있는 것이다.

사소한 일에 대한 관심

약간의 친절과 공손함은 매우 중요하다. 이와 반대로 작은 불손, 작은 불친절, 하찮은 무례 등은 막대한 인출을 가져온다. 인간관계에서의 커다란 손실은 사소한 것으로 부터 비롯된다. 사람들은 매우 상처받기 쉽고 내적으로 민감하다.

이 점은 나이나 경험과는 별 상관이 없으며, 비록 외적으로 대단히 거칠고 냉담하게 보이는 사람도 내적으로는 민감한 느낌과 감정을 누구나 갖고 있다.

약속의 이행

책임을 지고 약속을 지키는 것은 중요한 감정 예입 행위이며 약속을 어기는 것은 중대한 인출 행위이다. 사실 어떤 사람에게 대단히 중요한 약속을 해 놓고 어기는 일보다 더 큰 인출 행위는 없다. 그러한 인출 행위가 발생하고 나면 다음에 약속을해도 상대가 믿지 않게 마련이다. 사람들은 대개 약속에 대한 기대가 크게 마련이다. 만약 당신이 스스로 한 약속을 항상 지키는 습관을 갖는다면 당신과 동료 사이에 이해의 간격을 이어 주는 신뢰의 다리를 놓게 될 것이다.

기대의 명확화

거의 모든 대인관계에서 나타나는 어려움은 역할과 목표에 대한 갈등과 애매한 기대 때문에 발생한다. 우리는 새로운 상황에 직면할 때마다 자기에게 부과되는 기대를 파악하여야 한다. 신뢰의 예입은 처음부터 기대를 분명히 해야 가능하다. 이렇게하는 데는 많은 시간과 노력을 절약할 수 있다. 기대가 분명치 않고 서로 공유되지 않는다면 사람들은 감정적이 되기 쉽다.

언행일치

개인의 언행일치는 신뢰를 가져오고 감정은행계좌에 많은 종류의 예입을 가능케 하는 기초가 된다. 언행일치는 정직 그 이상의 의미를 갖는다. 정직은 사실대로 말하는 것으로 우리가 하는 말을 사실과 일치시키는 것이다.

진지한 사과

진지한 사과는 감정은행계좌에 신뢰를 예입하는 것이다. 그러나 반복되는 사과는 불성실한 사과와 마찬가지로 받아들여져 신용에 대한 인출이 된다. 또한 평소 어떤 관계였는가에 따라 사과는 예입이 될 수도 있고 인출이 될 수도 있다. 실수를 저지르는 것과 그것을 인정하지 않는 것과는 완전히 별개의 문제이다. 사람들은 실수를 기꺼이 용서하려고 한다. 왜냐하면 실수란 보통 순간적인 판단 착오로 빚어지기 때문이다. 그러나 사람들은 의도적인 실수, 즉 나쁜 취지나 나쁜 동기 혹은 처음의 실수를 덮어 버리려는 오만한 정당화 등에 대해서는 쉽게 용서하려 들지 않는다.

칭찬하고 감사하는 마음

얼마 전 "칭찬은 고래도 춤추게 한다"는 베스트셀러가 있었다. 상대방에 대한 칭찬과 감사의 표시는 상호 신뢰관계를 형성하고 사람의 마음을 움직이게 되어 중요한 감정 예입행위가 된다. 그러나 상대방에 대한 불만과 불평은 커다란 인출을 가져온다.

대인관계의 손상은 상호간에 신뢰가 무너지고 불신과 불만이 쌓일 때부터 비롯된다. 사람들은 작은 칭찬과 배려, 감사하는 마음에 감동하게 되지만, 사소한 무관심과 불만에 쉽게 상처를 받게 된다.

6.1 팀워크 능력 (하위모듈 F-2-가)

학습목표

직장생활에서 다른 구성원들과 목표를 공유하고 원만한 관계를 유지하며, 자신의 역할을 이해하고 책임감 있게 업무를 수행하는 능력을 기를 수 있다.

→ 팀워크의 의미를 설명할 수 있다.
→ 효과적인 팀의 특성을 설명할 수 있다.
→ 멤버십의 의미를 설명할 수 있다.
→ 직장생활에서 팀워크를 촉진시키기 위한 방법을 활용할 수 있다.

✎ 팀워크능력

현대와 같이 경쟁이 치열한 환경에서 팀워크를 개발하고 지속시키는 일은 매우 중요하다. 실제로 조직이 생존에 급급해할지 또는 여유롭게 성장과 발전을 구가할지 여부는 팀을 효과적으로 운영하는데 달려 있다.

이 때 모든 구성원이 조직의 주인으로서 사고하고 결정을 내리는 것은 매우 중요한 요건이다. 팀원 각자는 자신을 유용한 자원이라고 인식하고 고품질 팀을 창조하기 위해 팀워크능력 향상이 필수적이다.

✎ 팀워크의 정의

팀워크란 팀 구성원이 공동의 목적을 달성하기 위하여 상호관계성을 가지고 협력하여 업무를 수행하는 것을 말한다.

Teamwork = Team + Work

팀워크란 2명 이상의 사람이 어떠한 공동의 목표를 공유해 함께 힘을 합해 활동하는 것을 말하며, 협동(協同)을 말한다.

✎ 직장에서의 팀워크

팀워크는 소수의 무리뿐만 아니라 조직 내에서 매우 중요한 요소 중 하나이다. 특히 오늘날 대다수의 기업들이 업무의 효율성과 최대의 시너지효과를 불러일으키기 위해 가벼운 팀제로 조직을 운영하는 경우가 많다. 팀 내 개개인의 팀워크 역량은 기업 및 조직의 성과에 미치는 영향이 매우 크다.

위기와 불안감을 함께 공유하고 이를 같이 극복할 수 있는 팀워크 역량을 개발하고 이를 극복하는 리더십을 개발하는 것은 핵심인재가 갖추어야 할 필수역량인 것이다.

⟫ 응집력과 팀워크

응집력은 "사람들로 하여금 집단에 머물도록 느끼게끔 만들고, 그 집단의 멤버로서 계속 남아 있기를 원하게 만드는 힘"이라 할 수 있다. 즉, 팀워크와 응집력의 차이는 팀이 성과는 내지 못하면서 분위기만 좋은 것은 팀워크가 좋은 것이 아니고 응집력이 좋은 것이다. 단순히 모이는 것을 중요시하는 것이 아니라 목표 달성의 의지를 가지고 성과를 내는 것이 바로 팀워크다.

팀워크	응 집 력
팀 구성원이 공통의 목적을 달성하기 위해 상호관계성을 가지고 협력하여 일을 해 나가는 것	사람들로 하여금 집단에 머물도록 느끼께끔 만들고, 그 집단의 멤버로서 계속 남아 있기를 원하게 만드는 힘

⟫ 훌륭한 팀워크를 위해 팀원들이 갖추어야 할 기본 요소

- 팀원 간에 공동의 목표의식과 강한 도전의식을 갖는다.
- 팀원 간에 상호 신뢰하고 존중한다.
- 서로 협력하면서 각자의 역할과 책임을 다한다.
- 솔직한 대화로 서로를 이해한다.
- 강한 자신감으로 상대방의 사기를 드높인다.

⟫ 팀워크를 저해하는 요소

- 조직에 대한 이해 부족
- 자기중심적 이기주의

- '내가'라는 자아의식의 과잉
- 질투나 시기로 인한 파벌주의
- 그릇된 우정과 인정
- 사고방식의 차이에 대한 무시

✑ 효과적인 팀의 특성

효과적인 팀이란 팀 에너지를 최대로 활용하는 고성과 팀이다. 팀원들의 강점을 잘 인식하고 이들 강점을 잘 활용하여 팀 목표를 달성하는 자신감에 찬 팀이다. 또한 효과적인 팀은 업무 지원과 피드백, 그리고 동기부여를 위해 구성원들이 서로 의존하는 팀이다. 한마디로 말해서 효과적인 팀은 다른 팀들보다 뛰어나다.

팀의 사명과 목표를 명확하게 기술한다.

목표와 목적을 공유하면, 팀원들은 팀에 헌신하게 된다. 따라서 효과적인 팀의 리더는 팀의 목표를 규정하는데 모든 팀원을 참여시킨다.

창조적으로 운영된다.

실패를 두려워하지 않으며, 새로운 프로세스나 기법을 실행할 수 있는 기회를 추구한다. 또한 문제를 다루거나 결정을 내릴 때 유연하고 창조적으로 행동한다.

결과에 초점을 맞춘다.

필요할 때 필요한 것을 만들어내는 능력은 효과적인 팀의 진정한 기준이 된다. 이러한 팀의 구성원들은 지속적으로 시간, 비용 및 품질 기준을 충족시켜 준다.

역할과 책임을 명료화시킨다.

팀원 각자는 자신에게서 기대되는 바가 무엇인지를 잘 알고 있으며, 동료 팀원의 역할도 잘 이해하고 있다. 효과적인 팀은 변화하는 요구와 목표 그리고 첨단 기술에 뒤처지지 않도록 역할과 책임을 새롭게 수정한다.

조직화가 잘 되어 있다.

효과적인 팀은 출발에서부터 규약, 절차, 방침을 명확하게 규정한다. 잘 짜여진 구조를 가진 팀은 자체적으로 해결해야 하는 모든 업무과제의 요구에 부응할 수 있다.

개인의 강점을 활용한다.

효과적인 팀의 리더는 팀이 지닌 지식, 역량 및 재능, 약점을 정기적으로 파악 팀원 개개인의 능력을 효율적으로 활용한다.

리더십 역량을 공유하며 구성원 상호간에 지원을 아끼지 않는다.

효과적인 팀은 모든 팀원에게 각각 리더로서 능력을 발휘할 기회를 제공한다. 또한, 팀의 공식 리더가 팀 노력을 지원하고 팀원 개개인의 특성을 존중하기 때문에 팀원들은 감독자의 역할을 충분히 이해할 수 있다.

팀 풍토를 발전시킨다.

효과적인 팀의 구성원들은 높은 참여도와 집단 에너지(즉, 시너지)를 갖고서 열정적으로 함께 일한다. 팀원들은 협력하여 일하는 것이 더욱 생산적이라고 느끼며 팀활동이 흥미와 원기를 회복시킨다고 본다.

의견의 불일치를 건설적으로 해결한다.

어떤 팀에서든 의견의 불일치는 발생한다. 그러나 논쟁은 나쁘거나 파괴적이지만은 않다. 효과적인 팀은 갈등이 발생할 때 이를 개방적으로 다룬다. 팀원은 갈등의 존재를 인정하며, 상호신뢰를 바탕으로 솔직하게 토의를 함으로써 갈등을 해결한다.

개방적으로 의사소통한다.

효과적인 팀의 구성원들은 서로 직접적이고 솔직하게 대화한다. 팀원 각자는 상대방으로부터 조언을 구하고, 상대의 말을 충분히 고려하며, 아이디어를 적극적으로 활용한다.

객관적인 결정을 내린다.

효과적인 팀은 문제를 해결하고 의사결정을 하는데 있어 잘 정리되고 전향적인 접근방식을 가지고 있다. 결정은 합의를 통해 이루어진다. 따라서 모든 사람들은 내려진 결정을 준수하고 기꺼이 이를 지원하고자 한다. 팀원들은 어떠한 결정에 대해서든 각자의 생각을 자유롭게 개진한다. 이를 통해 결정을 명확하게 이해하고 수용하며, 상황별 대응계획(예비계획)을 마련한다.

팀 자체의 효과성을 평가한다.
팀은 자체의 운영방식에 대해 일상적으로 점검할 필요가 있다. '지속적인 개선'과 '전향적 관리'는 효과적인 팀의 운영원리이다. 따라서 만약 업무수행에 문제가 발생하더라도 심각한 상태가 되기 전에 해결할 수 있다.

🖋 팀의 발전 단계

팀의 발전 과정은 형성기, 격동기, 규범기, 성취기의 네 단계로 이루어진다(Bruce Tuckman).
- 1단계 : 형성기(Forming)
  리더에게 의지하고, 인정받기를 원하고, 다른 팀원들을 신뢰할 수 있는지 확인하고 싶어한다.
- 2단계 : 격동기(Storming)
  경쟁과 마찰이 일어난다. 경쟁심과 적대감이 나타난다.
- 3단계 : 규범기(Norming)
  인간관계의 응집력이 발생하고, 공동체 형성과 팀의 문제해결에 집중한다.
- 4단계 : 성취기(Performing)
  진정한 상호의존성 달성

≫ 리더십과 맴버십

리더십과 맴버십은 서로 다른 개념이며 각기 별도의 역할을 가지고 있다. 그러나 두 개념은 독립적인 관계가 아니라 상호 보완적이며 필수적인 존재이다. 조직이 성공을 거두려면 양자가 최고의 기량을 발휘해야만 한다. 즉, 리더십을 잘 발휘하는 탁월한 리더와 맴버십을 잘 발휘하는 탁월한 맴버, 둘 다 있어야만 한다.

맴버십이란 조직의 구성원으로서 자격과 지위를 갖는 것으로 훌륭한 맴버십은 팔로우어십의 역할을 충실하게, 잘 수행하는 것이다. 결국 맴버십과 팔로우어십은 같은 개념으로 볼 수 있다. 팔로우어십이란 리더를 따르는 것으로, 따르는 사람들은 헌신, 전문성, 용기, 정직하고 현명한 평가 능력이 있어야 한다.

미국에서 실시한 여론조사에서 리더에게 가장 원하는 것은 정직, 비전과 강화력, 추진력인데 비하여, 따르는 자들에게 가장 원하는 것은 정직, 나의 부족함을 보충해주는 포용력, 성실, 협동심 등이었다.

✎ 맴버십의 유형

멤버십 유형을 나누는 두 가지 축은 마인드를 나타내는 독립적 사고 축과 행동을 나타내는 적극적 실천 축으로 나누어진다. 이에 따라 멤버십 유형은 수동형, 실무형, 소외형, 순응형 등으로 구분할 수 있다.

소외형, 순응형, 실무형, 수동형 이외에 별도로 주도형이 우리가 추구하는 유형이라 할 수 있다. 주도형은 모범형이라고도 하며, 주도형 멤버란 '조직과 팀의 목적달성을 위해 독립적/혁신적으로 사고하고, 역할을 적극적으로 실천하는 사람이다.

이 주도형 멤버가 가지는 기본 특성을 두 가지 측면에서 설명하면, 첫째, 독립적/혁신적 사고 측면에서 스스로 생각하고 건설적 비판을 하며, 자기 나름의 개성이 있고 혁신적이며 창조적인 특성을 가진다. 둘째, 적극적 참여와 실천 측면에서 솔선수범하고 주인의식을 가지고 있으며, 적극적으로 참여하고 자발적이며, 기대이상의 성과를 내려고 노력하는 특성을 가진다.

구분	소외형	순응형	실무형	수동형	주도형
자아상	• 자립적인 사람 • 일부러 반대의견 제시 • 조직의 양심	• 기쁜 마음으로 과업수행 • 팀플레이를 함 • 리더나 조직을 믿고 헌신함	• 조직의 운영방침에 민감 • 사건을 균형 잡힌시각으로 봄 • 규정과 규칙에 따라 행동함	• 판단, 사고를 리더에 의존 • 지시가 있어야 행동	
동료/ 리더의 시각	• 냉소적 • 부정적 • 고집이 셈	• 아이디어가 없음 • 인기 없는 일은 하지 않음 • 조직을 위해 자신과 자족의 요구를 양보함	• 개인의 이익을 극대화하기 위한 흥정에 능함 • 적당한 열의와 평범한 수완으로 업무 수행	• 하는 일이 없음 • 제 몫을 하지 못함 • 업무 수행에는 감독이 반드시 필요	=
조직에 대한 자신의 느낌	• 자신을 인정 안해줌 • 적절한 보상이 없음 • 불공정하고 문제가 있음	• 기존 질서를 따르는 것이 중요 • 리더의 의견을 거스르는 것은 어려운 일임 • 획일적인 태도 행동에 익숙함	• 규정준수를 강조 • 명령과 계획의 빈번한 변경 • 리더와 부하간의 비인간적 풍토	• 조직이 나의 아이디어를 원치 않음 • 노력과 공헌을 해도 아무 소용이 없음	

>>> 팀워크 촉진방법

팀을 생산적으로 만들기 위해서는 많은 노력이 필요하다. 특히 팀워크을 촉진시키는 것은 매우 중요한데, 그를 위해서는 동료 피드백 장려하기, 갈등 해결하기, 창의력 조성을 위해 협력하기, 참여적으로 의사결정하기 등이 필요하다. 자세한 내용은 다음과 같다.

동료 피드백 장려하기

팀 목표를 달성하도록 팀원을 고무시키는 환경 조성을 위해서는 동료 피드백이 필요하다. 긍정이든 부정이든, 피드백이 없다면 팀원들은 개선을 이루거나 탁월한 성과를 내고자 하는 노력을 게을리 하게 된다.

다음은 동료 피드백을 장려하는데 도움이 되는 4단계 과정이다.

1 단계 : 명확하고 간명한 목표와 우선순위를 설정하라
2 단계 : 행동과 수행을 관찰하라
3 단계 : 즉각적인 피드백을 제공하라
4 단계 : 뛰어난 수행에 대해 인정해 줘라

갈등을 해결하기

성공적으로 운영되는 팀은 갈등 해결에 능숙하다. 효과적인 갈등 관리로 혼란과 내분을 방지하고 팀 진전과정에서의 방해요소를 미리 없앤다. 활력에 찬 팀은 의견의 불일치를 바로바로 해소하는 방법을 배우게 된다. 그렇지 않으면, 갈등은 시간이 지남에 따라 증폭되고, 팀 풍토는 허약해질 것이다.

팀원 사이의 갈등을 발견하게 되면, 제 삼자로서 재빨리 개입하여 중재하라. 갈등을 일으키고 있는 구성원과의 비공개적인 미팅을 통해, 그들 각자에게 다음과 같은 질문을 하고 의견은 교환하면 갈등 해결에 매우 도움이 될 것이다.

> 1) 내가 보기에 상대방이 꼭 해야만 하는 행동
> 2) 상대방이 보기에 내가 꼭 해야만 하는 행동
> 3) 내가 보기에 내가 꼭 해야만 하는 행동
> 4) 상대방이 보기에 스스로 꼭 해야만 하는 행동

참여적으로 의사결정하기

결정을 내릴 수 있다는 것은 임파워먼트를 발휘한다는 것을 의미한다. 그리고 자신있게 미래를 만들어 갈 수 있는 기회가 제공되었음을 뜻한다. 훌륭한 결정이 되기 위해서는 고려해야 할 2가지 측면이 있다. 하나는 결정의 질이며, 다른 하나는 구성원의 동참이다.

> 1) 팀원의 말에 흥미를 가지고 대하라
> 2) 상식에서 벗어난 아이디어에 대해 비판하지 말라
> 3) 모든 아이디어를 기록하라
> 4) 아이디어를 개발하도록 팀원을 고무시켜라
> 5) 많은 양의 아이디어를 요구하라
> 6) 침묵을 지키는 것을 존중하라
> 7) 관점을 바꿔 보라
> 8) 일상적인 일에서 벗어나 보라

결정의 질

양질의 결정은 올바른 추론에 의해 뒷받침되는 논리적인 결정이다. 양질의 결정을 내리기 위해서는 다음의 질문들을 고려해야 한다.

- 쟁점의 모든 측면을 다루었는가?
- 모든 팀원과 협의 하였는가?

- 추가 정보나 조언을 얻기 위해 팀 외부와 협의할 필요가 있는가?

구성원 동참

- 모든 팀원의 지지를 받는 결정은 팀원의 동참을 이끌어낸다. 결정에 대해 팀원들의 찬동을 얻기 위해서는 다음의 질문을 고려해야 한다.
  - 모든 팀원이 결정에 동의하는가?
  - 팀원들은 결정을 실행함에 있어서 각자의 역할을 이해하고 있는가?
  - 팀원들은 결정을 열성적으로 실행하고자 하는가?

창의력 조성을 위해 협력하기

성공적인 팀워크를 위해서는 언제나 협력이 필요하다. 모든 구성원의 잠재력을 최대로 활용하는 팀은 협력의 중요성을 잘 이해하고 있다. 모든 팀원이 협력하여 일할때 창의적인 아이디어가 넘쳐나며 이에 따라 혁신적인 발전도 이루어진다.

아이디어에 대해 아무런 제약을 가하지 않는 환경을 조성할 때 협력적 풍도를 조성할 수 있다. 이러한 분위기 아래서는 다른 관점을 가진 다양한 아이디어들이 자유롭게 제시되고, 어느 누구도 이의를 제기하지 않는다. 이렇게 열린 분위기에서 하는 일은 흥분으로 가득찬 것이 된다.

✎ 팀워크 개발 3요소

신뢰 쌓기

팀워크를 개발하기 위해서 가장 중요한 것은 팀원 간의 신뢰를 쌓아가는 것이다. 신뢰란 인간관계 속에서 이해된다. 상대방이 나를 억지로 신뢰하게 할 수 없으며, 나의 노력과 행동을 통하여 신뢰가 형성될 수 있다.

신뢰를 조성하면 자기와 상대방이 서로 깊이 알게 되고, 상대방과 대인관계를 할 때 자신감을 갖게 된다. 즉, 상대방과 신뢰를 조성하는 것이야말로 팀워크와 대인관계 성공의 근본이 된다.

참여하기

팀원 간에 서로를 존중하고 협력하여 성취감을 맛보게 될 때 성숙한 팀원으로서 뿌듯한 보람을 느끼게 된다. 서로를 위하여 팀의 속성과 팀 개발 단계에 대하여 이해하고 팀의 여러 활동에 참여하여야 할 것이다.

성과내기

신뢰를 쌓고 조직에 동참하였으면 궁극적인 목적은 성과를 내는 것이다. 팀의 성과를 내기 위해서는 조직의 업무 수행방법, 조직의 목표, 행동방식 등에 대하여 잘 알고 팀워크 정신을 발휘하여야 한다.

6.2 리더십 능력 (하위모듈 F-2-나)

학습목표

직장생활 중 조직구성원들의 업무향상에 도움을 주며 동기화시킬 수 있고, 조직의 목표 및 비전을 제시할 수 있는 능력을 기른다.

- ⋯ 리더십의 의미를 설명할 수 있다.
- ⋯ 리더십의 유형을 구분할 수 있다.
- ⋯ 직장생활에서 조직구성원의 동기를 부여할 수 있는 방법을 활용할 수 있다.
- ⋯ 코칭으로 리더십 역량을 강화할 수 있는 방법을 설명할 수 있다.
- ⋯ 임파워먼트의 의미를 설명할 수 있다.
- ⋯ 직장생활에서 주도적으로 변화를 이끌 수 있다.

✎ 러더십 능력

리더십이 신비롭고 무언가 특별한 것이라는 생각은 잘못된 것이다. 리더십은 카리스마와 아무 관련이 없으며, 타고난 성격과도 무관하다. 또한 선택받은 소수만이 가질 수 있는 특권도 아니다. 조직을 둘러싸고 있는 다양한 기능들을 효율적으로 다루기 위한 것이 관리이다. 반면, 리더십은 변화에 대처하는 것이다. 특히 최근과 같이 급변하는 환경에서는 리더십능력의 함양은 필수적이다.

≫ 러더십

리더십에 대해 정확히 규정된 정의는 없다. 이것을 이해하는 것이 효과적인 리더가 되는데 있어 첫 번째 단계라고 할 수 있다. 리더십에 대한 몇몇 일반적인 정의나 개념에는 다음과 같은 것들이 있다.

1. 조직성원들로 하여금 조직목표를 위해 자발적으로 노력하도록 영향을 주는 행위
2. 목표 달성을 위하여 어떤 사람이 다른 사람에게 영향을 주는 행위
3. 어떤 주어진 상황 내에서 목표 달성을 위해 개인 또는 집단에 영향력을 행사하는 과정
4. 자신의 주장을 소신 있게 나타내고 다른 사람들을 격려하는 힘

‘리더’라고 하면 은연 중 그 대답 속에 다소 어떤 직위가 있어야 한다고도 생각할 수 있다. 그러나 리더는 반드시 직위를 수반하는 것은 아니다. 직급에 따라 요구하는 리더십 역량이 다소 다를 뿐이다. 전 조직원이 각자의 위치에서 리더십으로 무장할 때 그 조직은 매우 강하며 밝은 미래를 가질 수 있을 것이다.

따라서 우리는 리더십을 다음과 같이 정의를 내려 볼 수 있을 것이다.

> 리더십이란 조직의 공통된 목적을 달성하기 위하여 개인이 조직원들에게 영향을 미치는 과정이다.

이러한 리더십의 발휘 구도는 산업 사회에서 정보 사회로 바뀌면서 아래의 그림처럼 수직적 구조에서 전방위적 구조의 형태로 바뀌게 되었다.

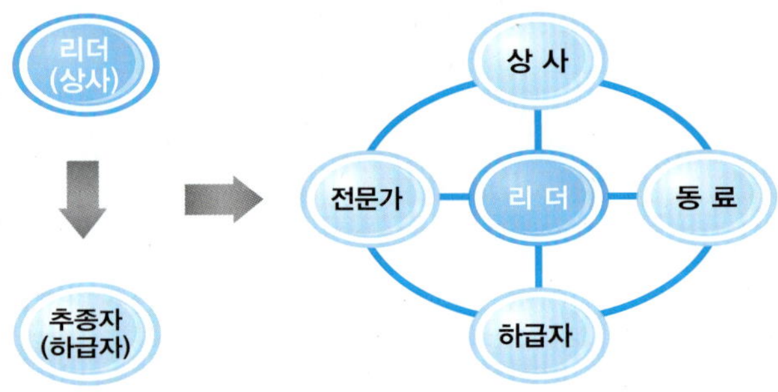

오늘날처럼 변화의 속도가 빠른 시기에는 각자의 위치에서 각각 신속하고 효율적인 의사 결정을 내려야 하기 때문에 개개인마다 별도의 주체적인 리더십이 필요한 것이다.

>>> 리더(Leader)와 관리자(Manager)

일류 리더는 매니지먼트의 기술에 리더의 능력을 부가가치로 첨가하여 가지고 있는 사람이라고 생각한다.

다소 단순한 대비를 해보면, 리더와 관리자의 최대의 차이점은 비전이 있고 없음에 있다. 그리고 관리자의 역할이 자원을 관리·분배하고, 당면한 문제를 해결하는 것이라면 리더는 비전을 선명하게 구축하고, 그 비전이 팀 멤버의 협력 아래 실현되도록 환경을 만들어 주는 것이다.

리 더	관 리 자
• 새로운 상황 창조자	• 상황에 수동적
• 혁신지향적	• 유지지향적
• 내일에 초점을	• 오늘에 초점을
• 사람의 마음에 불을 지핀다	• 사람을 관리한다
• 사람을 중시	• 체제나 기구를 중시
• 정신적	• 기계적
• 계산된 리스크를 취한다	• 리스크를 회피한다
• '무엇을 할까'를 생각한다	• '어떻게 할까'를 생각한다

>>> 직장에서의 리더십, 수평적 리더십

직장 조직에서는 상사와 부하 간의 수직적 리더십만 있는 것이 아니다. 수평적으로 나와 동료와의 관계가 있다.

조직 내에서의 갈등은 상사와 부하 간에도 발생하지만 동료 간에도 힘든 상황까지 가는 경우가 있다. 개미들도 함께 일함으로써 긍정적인 시너지효과를 7배 가까이 창출한다는 말이 있다.

한 부서나 팀 내에 독불장군 같은 동료가 있거나 팀성과 보다는 개인성과에 더 치중하거나 도를 넘는 이기적인 생각을 가진 동료가 있으면 팀 전체 분위기 저하는 물론 조직성과에도 부정적인 결과를 가져오게 된다. 따라서 수평적 리더십의 개발이 필요한 것이다. 다시 말해, 잘 어울리고 더불어 살아가면서 동료를 이해하고 배려해주는 마음이 중요한 것이다.

>>> 리더십 유형

독재자 유형

당신은 지금까지 살아오면서 강력한 독재자를 접해본 경험이 있을 것이다. 정치학에서 그 어원이 비롯된 것과 같이, 독재형은 정책의사결정과 대부분의 핵심정보를 그들 스스로에게만 국한하여 소유하고 고수하려는 경향이 있다. 전형적인 독재자 유형의 특징은 아래와 같다.

독재자 유형의 특징

···▶ **질문은 금지**
독재자는 집단의 규칙 하에 지배자로 군림하고, 동료에게는 그의 권위에 대한 도전이나 반항 없이 순응하도록 요구하며, 개개인들에게는 주어진 업무만을 묵묵히 수행 할 것을 기대한다.

···▶ **모든 정보는 내 것**
독재자는 '지식(정보)이 권력의 힘'이라고 믿는다. 이러한 까닭으로 대부분의 구성원들과 조직에 대한 핵심정보를 혼자 독점하고 유지하려고 애쓰며, 다른 구성원들에게는 기본적 수준의 정보만을 제공한다.

···▶ **실수를 용납하지 않음**
독재자 유형은 언제 어디서나 가장 최고의 질적 수준을 요구한다. 실수는 결코 용납 되지 않으며, 한번의 실수는 곧 해고로 이어지거나 다른 형태의 징계로 이어진다.

독재자 유형은 특히 집단이 통제가 없이 방만한 상태에 있을 때 혹은 가시적인 성과물이 보이지 않을 때 사용한다면 효과적일 수 있다. 이러한 경우 독재자 유형의 리더는 팀원에게 업무를 공정히 나누어주고, 그들 스스로가 결과에 대한 책임을 져야 한다는 것을 일깨울 수 있다.

민주주의에 근접한 유형

민주주의에 근접한 유형의 리더십은 독재자 유형의 리더십보다 관대한 편이다. 리더는 그룹에 정보를 잘 전달하려고 노력하고, 전체 그룹의 구성원 모두를 목표방향 설정에 참여하게 함으로써 구성원들에게 확신을 심어주려고 노력한다.

···▶ **참여**

리더는 팀원들이 한 사람도 소외됨이 없이 동등하다는 것을 확신시킴으로써 비즈니스의 모든
방면에 종사하도록 한다.

···▶ **토론의 장려**

리더는 경쟁과 토론의 가치를 인식하여야 하며, 팀이 나아갈 새로운 방향의 설정에 팀원들을
참여시켜야 한다.

···▶ **거부권**

'민주주의에 근접한'이라는 말에서 알 수 있듯이, 이 유형의 리더들이 비록 민주주 의적이긴
하지만 최종 결정권은 리더에게만 있다.

민주주의에 근접한 방식은 당신이 혁신적이고 탁월한 부하직원들을 거느리고 있고, 또
그러한 방향을 계속적으로 지향할 때 가장 효과적이다. 기발하고 엄청난 아이디어를
가졌다고 할지라도, 양적인 것이 항상 질적인 것까지 수반하는 것은 아니다. 리더에게는
옳고 그름을 결정할 책임이 있다.

파트너십 유형

파트너십은 이전까지 논의한 리더십 형태와는 전혀 다른 형태의 리더십이다. 독재자 유형과
민주주의에 근접한 유형은 리더와 집단 구성원 사이에 명확한 구분이 있다. 하지만
파트너십에서는 그러한 구분이 희미하고, 리더가 조직에서 한 구성원이 되기도한다.
파트너십 유형의 특징은 아래와 같다.

···▶ **평등**

리더는 조직 구성원들 중 한 명 일 뿐이다. 그는 물론 다른 조직 구성원들보다 경험이 더
풍부하겠지만 다른 구성원들보다 더 비중 있게 대우받아서는 안 된다.

···▶ **집단의 비전**

집단의 모든 구성원들은 의사결정 및 팀의 방향을 설정하는데 참여한다.

···▶ **책임 공유**

집단의 모든 구성원들은 집단의 행동의 성과 및 결과에 대해 책임을 공유한다.

파트너십 유형은 소규모 조직에서 풍부한 경험과 재능을 소유한 개개인들에게 적합하다.
신뢰, 정직 그리고 구성원들의 능력에 대한 믿음이 파트너십의 핵심요소이다.

변혁적 유형

변혁적 리더는 개개인과 팀이 유지해온 이제까지의 업무수행 상태를 뛰어넘으려 한다. 변혁적 리더는 전체 조직이나 팀원들에게 변화를 가져오는 원동력이다. 변혁적 유형의 특징은 아래와 같다.

변혁적 유형의 특징

⋯ **카리스마**
변혁적 리더는 조직에 명확한 비전을 제시하고, 집단 구성원들에게 그 비전을 쉽게 전달할 수 있다.

⋯ **자기 확신**
변혁적 리더는 뛰어난 사업수완 그리고 어떠한 의사결정이 조직에 긍정적으로 영향을 미치는지 예견할 수 있는 능력을 지니고 있다.

⋯ **존경심과 충성심**
변혁적 리더는 개개인에게 시간을 할애하여 그들 스스로가 중요한 존재임을 깨닫게 하고, 존경심과 충성심을 불어넣는다.

⋯ **풍부한 칭찬**
변혁적 리더는 구성원이나 팀이 직무를 완벽히 수행했을 때 칭찬을 아끼지 않는다. 사람들로 하여금 한 가지 일에 대한 성공이 미래의 여러 도전을 극복할 수 있는 자극제가 될 수 있다는 것을 깨닫게 한다.

⋯ **감화**
변혁적 리더는 사범이 되어 구성원들이 도저히 해낼 수 없다고 생각하는 일들을 구성원들로 하여금 할 수 있도록 자극을 주고 도움을 주는 일을 수행한다.

✎ 좋은 리더십(서번트 리더십)

좋은 리더십이란 다른 사람의 마음을 변화시켜 행동을 바꾸고 목표를 달성하게 하는 능력이라고 쉽게 설명할 수 있다. 진정한 리더십은 사랑을 베풀고 상대가 일을 잘하고 성과를 낼 수 있도록 하인처럼 궂은 일을 맡아서 처리해 주거나 일을 잘할 수 있게 뒷받침을 해줌으로써 구성원들의 마음을 움직이는 것이다. 이것을 서번트(Servent) 리더십이라고 한다.

내부 고객인 아래 직원(부하)에게 서비스를 잘하는 '윗사람'이란, 리더로서의 리더십 중 '서번트 리더십(Servant Leadership)'을 말한다. 서번트는 '하인, 봉사자, 섬기는 사람'을 말하며, 서번트 리더십은 '먼저 다른 사람을 섬기는 가운데 그들에게 영향력을 발휘하는 리더십 스타일'을 말한다.

기본적으로 서번트 리더십에서는 구성원들에 대한 신뢰와 존중을 기본으로, 조직의 목적을 달성하는데 있어서 가장 중요한 자원이 부하들이라고 생각하며, 다른 사람들이 업무를 잘 추진할 수 있도록 서비스를 제공하거나 지원하는 사람으로 인식하고 격려하면서 코칭과 지원을 통해 부하를 리드한다는 개념이다. 따라서 리더는 권한과 통제, 상벌보다는 경청, 감정이입, 칭찬과 격려, 설득에 그의 리더십을 의존한다.

이러한 서번트 리더십은 특히 서비스 분야에서 고객만족 경영, 서비스 경영이 대두 되면서 '최종적으로 고객에게 서비스를 제공하고 고객만족을 실현하는 사람은 조직에 속한 한 사람 한 사람의 구성원이며, 고객 만족을 위해서는 구성원 개개인을 내부고객으로 인식하고 이들에게 만족을 제공하기 위해 봉사하는 것이 리더의 역할'이다.

그린리프는 서번트 리더십, 즉 섬기는 리더의 특징을 다음과 같이 10가지를 제시하였다.

섬기는 리더의 특징 10가지

1. 남의 말을 잘 듣는다.(listening)
2. 남에게 동정심을 갖는다.(empathy)
3. 남을 치유한다.(healing)
4. 깨닫는다.(awareness)
5. 설득한다.(persuation)
6. 개념화 능력이 뛰어나다.(conceptualization)
7. 예지능력이 있다.(foresight)
8. 청지기(stewardship)로서의 삶을 산다. 청지기란 다른 사람의 물건을 위탁을 받아 관리하는 사람을 말한다.
9. 다른 사람을 성장시키는 데 몰두한다.(committment to the growth of people)
10. 공동체를 형성한다.(building community)

✎ 참여리더십

참여적 리더십이란 리더가 부하에게 정보를 요구하고 그들의 아이디어를 공유하며, 의사결정 과정에서 부하들과 정보자료 등을 많이 활용하여 부하들의 의견을 의사결정에 많이 반영시키는 형태의 리더십을 말한다. 즉, 조직의 구성원들을 조직 운영의 과정 속에서 적극적인 참여를 유도하고, 그들의 의견을 의사결정에 충분히 반영시키면서 동기부여를 일으키며, 발전적인 변화를 가져오게 하는 형태의 리더십을 말한다.

참여적 리더십의 장점

- 조직 목표에 대한 참여 동기를 증대시킨다.
- 집단의 지식과 기술 활용이 쉽다.
- 조직 활동에 더욱 헌신하게 한다.
- 개인적 가치, 신념 등을 고취한다.
- 참여를 통해 경영에 대한 사고와 기술을 익힌다.
- 자유로운 의사소통을 장려할 수 있다.

참여적 리더십의 단점

- 참여에 따르는 시간을 소모한다.
- 타협에 의한 어중간한 결정에 도달한다.
- 책임 분산으로 인해 무기력해 진다.
- 헌신적이고 선견지명을 가진 지도자를 갖기가 힘 든다.
- 참여적 스타일을 배우기가 쉽지 않다.
- 구성원들의 자격이 서로 비슷한 상황에서만 제한적으로 효과성 발휘한다.

✎ 감성리더십

감성 리더십이란 구성원들의 마음을 헤아려 그들이 가지는 감정의 주파수를 맞추어 공감대를 형성함으로써 부하들로부터 호응을 얻는 리더십을 의미한다. 마음으로 사람을 리드하는 것이다. 즉 구성원들의 공감과 호응을 바탕으로 한 리더십이라 말한다.

심리학자인 다니엘 골맨(Daniel Goleman)은 성공적인 리더와 그렇지 못한 리더 간의 차이는 기술적 능력이나 지능지수(IQ)보다 감성지능(EQ)에 의해 크게 좌우된다는 연구결과를 발표한 바 있다. 그가 말한 바로는 약 80% 정도의 감성지능과 20% 정도의 지적 능력이 적절히 조화를 이룰 때 리더는 효과적으로 리더십을 발휘할 수 있다는 것이다.

감성 또는 정서를 의미하는 "Emotion"이란 어원은 "움직이다.(to move)"라는 의미가 있다. 즉 감성은 단순히 스스로 느끼는 것이 아니라, 먼저 자신이 변하고, 느낀 것을 상대방에게 전달해 다른 사람도 변하게 할 수 있어야 한다.

리더십과 감성에 대해 많은 연구를 한 다니엘 골맨은 "리더십에서 지능지수(IQ)와 기술이 중요하지만 감성지능(EQ) 또한 필수적이다."라고 이야기하고 있다.

최근 들어 국내외적으로 앞서가는 기업들이 감성경영을 도입해 직원들의 감성 또는 기를 살리는데 많은 노력을 기울임으로써 경영 성과 향상에 효과를 보았다.

감성적 리더십을 발휘하려면 무엇보다 먼저 리더 스스로 감성지능을 구성하는 다양한 감성적 역량을 갖추도록 노력해야 한다.

냉철한 자아관찰 및 이해

감성적 리더십을 발휘하는 첫 관문은 자기 자신을 얼마나 객관적이고 냉철하게 평가하고 솔직할 수 있는가에 달렸다. 자아 인식능력(Self-Awareness)이 높아야 한다는 것이다.

이를 갖춘 리더는 자기 자신의 감성상태, 강점과 약점, 욕구, 지향점, 가치 등을 있는 그대로 파악할 수 있다.

자아인식 능력이 높을수록 강한 신념과 자신감을 지닐 수 있으며, 자신의 실수에 대해서도 솔직히 인정하는 태도를 갖출 수 있다. 그렇지 못할 때에는 구성원들에게 거짓된 모습을 보이는 경우가 많고, 결국 구성원들로부터 불신을 가져오게 된다.

자신의 감정 통제

자기 자신의 감정이나 기분을 효과적으로 통제할 수 있는 자기관리 능력(Self- Regulation)도 필요하다. 만일 리더가 부하사원들의 사소한 실수에도 쉽게 흥분하고 자신의 감정을 통제하지 못해 부하사원을 모욕하는 언사를 자주 한다면, 그러한 리더는 구성원들의 사기뿐만 아니라 창의성을 저해하는 결과를 가져올 수밖에 없다.

반면 자기 자신을 효과적으로 관리할 수 있는 능력을 갖춘 리더는 자제력이나 참을성이 강하고, 성실성과 정직성을 일관되게 보여 줄 수 있다. 따라서 업무에서 오는 스트레스나 갑작스런 변화에 대한 적응력 또한 뛰어나며, 이런 리더는 쉽게 평정을 잃지 않으며, 냉철한 판단력을 바탕으로 변화의 와중에도 구성원들이 리더를 믿고 따를 수 있게 하는 힘이 있다.

타인에 대한 배려와 애정

감성적 리더십은 자기 자신의 관찰과 이해, 스스로를 관리하는 능력을 뛰어넘어 타인에 대한 배려와 애정이 있을 때 궁극적인 효과를 발휘할 수 있다.

이를 위해서는 먼저 구성원의 감정이나 시각을 폭넓게 이해하고 적극적으로 관심을 표현할 수 있는 타인 의식능력(Social-Awareness)이 필수적이다. 이는 부하사원을 배려와 애정으로 보살핌으로써 그들의 역량 향상과 성장을 돕는 인재 육성형 관리자의 기본자질이다.

이와 함께 서로가 윈-윈(Win-Win)할 수 있다는 믿음을 구성원에게 심어 주고, 구성원들을 리드할 수 있는 타인 관리능력(Social Skill)도 필요하다.

이를 위해서는 무엇보다 리더가 구성원들을 애정으로 대해주고 있다는 친밀감을 느끼게 해주어야 한다. 또한, 구성원들이 원하는 바를 충분히 이해해 주면서, 리더의 입장을 설득력 있게 제시할 수 있는 커뮤니케이션 능력을 갖추는 것도 중요하다.

도전정신과 열정

감성적 리더십 발휘의 원천은 높은 도전정신과 열정에 있다. 열정을 갖추지 못한 리더밑의 부하들에게 조직에 대한 충성심을 기대할 수는 없다.

〉〉〉 동기부여

조직원들은 누구나 자신의 이익과 목표를 실현하고자 하는 욕망에서 프로젝트 완수의 동기를 얻는다. 즉 조직원들은 자신의 욕망(재미, 성취감, 자존심, 권력, 존경, 인정 등)을 실현하고자 프로젝트에 최선을 다하는 것이다.

따라서 리더는 조직원들이 금전적인 보상이나 편익, 승진에 의해서만 동기를 부여받을 것이라는 단순한 생각으로 그들을 대해서는 안 된다.

물론 이러한 외적인 동기유발제가 일시적으로 효과를 낼 수도 있다. 하지만 인간관계에서 이러한 전술은 전혀 먹혀들지 않는다. 이 같은 보상이 단기간에 좋은 결과를 가져오고 직원들의 사기를 끌어올릴 수 있지만, 그 효과는 오래가지 못한다. 즉 금전적인 보상이나 스톡옵션 등의 외적인 동기유발제는 조직원들에게 멋진 혜택일 수 있지만, 그들이 지속적으로 최선을 다하도록 동기를 부여하는 데는 충분하지 않다는 뜻이다.

조직원들이 지속적으로 자신의 잠재력을 발휘하도록 만들기 위해서는 외적인 동기유발제 그 이상을 제공해야 한다. 사실 모든 조직원들의 욕구를 만족시킬 수 있는 이상적인 근무환경을 만들기란 쉽지 않다. 그러나 이러한 환경이 마련된다면 조직원들은 돈이나 편익 등 비본질적인 요인이 아닌, 자기 내면의 순수한 욕망에 의해 동기를 부여받을 것이다.

긍정적 강화법을 활용한다.

목표 달성을 높이 평가하여 조직원에게 곧바로 보상하는 행위를 '긍정적 강화'라고 한다. 긍정적 강화법은 조직원들의 동기를 부여하는데 더없이 효과적이다. 높은 성과를 달성한 조직원에게는 곧바로 따뜻한 말이나 칭찬으로 보상해주는 것이 필요하다.

새로운 도전의 기회를 부여한다.

환경 변화에 따라 조직원들에게 새로운 업무를 맡을 기회를 준다면, 팀에는 발전과 창조성을 고무하는 분위기가 자연스럽게 조성된다. 즉 조직원들은 매일 해왔던 업무와 전혀 다른 일을 처리하면서 새로운 도전이 주는 자극과 스릴감을 톡톡히 맛볼 것이다. 나아가 자신의 능력을 인정받았다는 뿌듯함과 성취감을 느끼며, 권한을 가지게 되었다고도 생각한다.

창의적인 문제해결법을 찾는다.

직장생활 중 자유롭게 의사결정을 하지 못하고 자신의 소신대로 업무를 진행하지 못 할 경우, 조직원들은 자칫 피해의식에 사로잡혀 사사건건 다른 조직원들을 비난할 수도 있다. 창의적인 문제 해결법은 조직원들이 자신의 실수나 잘못에 대해 스스로 책임지도록 동기를 부여한다. 리더는 조직원이 문제를 해결하도록 지도하고 개입할 수는 있지만, 실질적인 해결책만큼은 조직원 스스로 찾도록 분위기를 조성해주는 것이 바람직하다.

책임감으로 철저히 무장한다.

자신의 잘못에 대한 책임을 다른 직원에게 전가하는 직원처럼 리더를 화나게 하고 좌절하게 하는 것은 없다. 직원들이 자신의 실수나 잘못에 대해 책임은 지지 않고, 오히려 다른 직원들에게 책임을 전가하는 일이 지속된다면 팀의 근무환경은 현저히 나빠지게 마련이다. 있는 그대로 솔직하게 커뮤니케이션할 수 있는 분위기를 만들고, 직원들이 현실적인 목표를 세워 자신의 업무에 책임을 다하도록 격려한다면 이러한 습관은 완전히 없어질 것이다. 자신의 업무에 책임을 지도록 하는 환경 속에서 일하는 직원들은 오히려 자신의 위치에서 안정감을 느낄 뿐 아니라, 자신이 의미 있는 일을 하고 있다는 긍지를 갖는다. 또한 어떤 어려움이든 극복하겠다는 의지가 강하며, 달성 가능한 목표점을 계속해서 높여 간다. 이러한 팀에서는 리더와 부하직원들이 의기투합해 의사결정과 문제 해결방법을 함께 찾아간다.

몇 가지 코칭을 한다.

코칭은 상당히 폭넓게 사용된다. 일반적으로 코칭은 문제 및 진척 상황을 직원들과 함께 자세하게 살피고 지원을 아끼지 않으며, 지도 및 격려를 하는 활동을 의미한다. 직원들을 코칭하는 리더는 직원 자신이 권한과 목적의식을 가지고 있는 중요한 사람이라는 사실을 느낄 수 있도록 이끌어주어야 한다. 또한 직원들이 자신만의 장점과 성공 전략을 활용할 수 있도록 적극 도와야 할 것이다.

변화를 두려워하지 않는다.

'안전지대(Comport Zone)'란 모든 것이 친숙하고 위험 요소가 전혀 없는 편안한 상황을 의미한다. 더욱 높은 목표를 달성하고자 한다는 것은 이러한 안전지대를 떠난다는 것을 의미한다. 그것은 위험을 감수한다는 말과 같다. 변화에 대한 두려움으로 리더나 구성원들 모두 정신적 고통에 직면할 수도 있다. 그럼에도 불구하고 리더는 부하직원들이 안전지대에서 벗어나 더욱 높은 목표를 향해 나아가도록 격려해야 한다. 위험을 감수해야 할 이유가 합리적이고 목표가 실현 가능한 것이라면 직원들은 기꺼이 변화를 향해 나아갈 것이며, 위험을 선택한 자신에게 자긍심을 가지며 좋은 결과를 이끌어내고자 지속적으로 노력할 것이다.

지속적으로 교육한다.

업무 수행에 필요한 전문성이 부족하다며 자포자기하는 직원처럼 리더를 맥 빠지게 하는 사람도 없을 것이다.

따라서 리더는 직원들에게 지속적인 교육과 성장의 기회를 제공함으로써, 직원 자신이 상사로부터 충분히 인정받고 있으며 일부 권한을 위임받았다고 느낄 수 있도록 동기를 부여해야 한다. 팀원들 개개인이 자신의 능력에 확신을 갖는다면 팀의 업무성과를 몰라보게 좋아진다.

모름지기 리더는 직원들의 일에 대한 열망과 의지를 간과해서는 안 된다. 그뿐 아니라 리더가 명확한 지침을 제공하고 적절한 교육을 하며 필요한 자원을 아낌없이 지원해줄 때 직원들은 직장생활을 성공적으로 해나간다는 사실을 알아야 한다.

✎ 코칭(Coaching)

미국의 세계 최대 글로벌 코치양성전문기관인 CCU(Corporate Coach University)는 코칭을 아래와 같이 정의하고 있다. "코칭은 코치와 발전하려고 하는 의지가 있는 개인이 잠재능력을 최대한 개발하고, 발견 프로세스를 통해 목표설정, 전략적인 행동, 그리고 매우 뛰어난 결과의 성취를 가능하게 해주는 강력하면서도 협력적인 관계이다."

즉, 코칭이란 코치가 코칭을 받는 사람에게 직업적 또는 개인적인 성과를 향상시키고, 삶의 질을 높이는 데 도움을 주는 지속적인 파트너십이다. 코치는 경청하고 관찰하는 데 있어서 고도로 훈련을 받은 사람이며, 개개인의 특성에 맞게 그들의 필요에 접근해가는 방법에 숙련된 사람들이다. 코치는 사람들이 스스로 전략과 해결책을 도출하도록 한다.

〉〉〉 코칭의 중요성

최근 코칭과 코칭의 기업문화가 이슈가 되고 있다. 이를 개인적 차원과 조직의 차원으로 나누어 간단히 살펴보면, 개인적 차원은 코치와 코치 받는 사람은 파트너십을 통해 새로운 시각으로 가능성을 창조해냄으로 성과를 낸다.
코치 받는 사람이 자신의 목표를 설정하도록 함으로써 조직의 목표에 끌려간다는 느낌대신 스스로 성취감을 느끼고, 이에 대한 성공 경험을 통해 자신감을 배양하도록 한다.
또한 지속적인 자기 개발을 통해 성공을 이룬다.

조직 차원의 코칭을 통해 당사자의 필요를 만족시켜주고, 조직과 한 방향으로 정렬하게 함으로써 기업에 최대의 성과를 가져다주는 핵심 인재를 보유, 육성하게 된다. 일방적인 지시, 명령 하달의 커뮤니케이션을 경청하고 적절하게 질문하며 지원해주는 스타일로 바꿈으로써 조직 내 인간관계를 개선하고 신뢰 문화를 구축하는데 공헌한다.

상호 존중의 문화가 구축됨으로 자신을 더욱 자유롭게 표현하게 되며, 이는 조직의 창조성과도 연결되어 막대한 성과와 연결된다. 21세기의 기업 경쟁력은 창조성, 즉 창조성 있는 인재를 보유하느냐에 달려 있다고 해도 과언이 아니다.

〉〉〉 코칭의 3가지 중요한 철학

》》 코칭의 특징 및 장단점

코칭은 일반 대화와 다르다. 코칭대화는 일반 대화와 세 가지 면에서 다르다고 볼 수 있다.

첫째, 철저히 코칭의 철학에 바탕을 둔다. 코칭대화의 의도는 상대방의 성장과 성과의 향상이라는 두 축을 항상 염두에 두고 있다.

둘째, 코칭대화는 구조화된 대화이다. 이것이 일반적인 친한 친구와의 대화와 다른 점이다. 구조와 방향성을 가지고 있는 대화이기에 성과에 직접적인 영향을 미치게 된다.

셋째, 핵심 대화기술인 경청과 질문, 메시징, 인정 및 축하 기술이 잘 조화된 대화와 커뮤니케이션의 예술이라고 할 수 있다.

코칭의 특징

- 코칭은 역동적이며 함께 하는 과정으로 행동변화에 중점을 둔다.
- 코칭은 스스로 문제를 발견하고 해결하도록 한다.
- 코칭은 양방향이다.
- 코칭은 업무에 대한 지식이 없는 사람들을 가르친다.
- 코칭은 업무지식은 가지고 있으나 업무수행이 불확실한 사람들을 지도하고 안내한다.
- 코칭은 업무지식은 우수하나 그 방법에 동기가 필요한 사람들을 격려해 나간다.

코칭의 장점

- 업무수행 성과에 직접적으로 관련되어 있다.
- 코치와 학습자의 동시 성장이 가능하다.
- 상하 간에 커뮤니케이션 능력을 향상시킬 수 있다.
- 일대일로 지도하므로 교육 효과가 높다.

코칭의 단점

- 교육의 성패가 코치의 능력에 지나치게 좌우된다.
- 일대일 방식이므로 코치의 시간이 많이 소요되며 노동집약적이다.
- 매일의 코칭은 학습자에게도 부담이 될 수 있다.
- 코치와 학습자간의 계약관계는 학습에 지장을 줄 수도 있다.

>>> 코칭의 역할

후원자(Sponsor)

성과가 뛰어난 직원을 공인해주는 역할 이외에도 그 직원이 조직 내의 중요한 정보, 의사결정자 및 다른 사람들과 접촉할 수 있도록 해준다. 후원자는 직원들이 개인적인 성장과 경력상 목표를 달성하는데 도움이 되는 업무가 무엇인지 결정하는 것을 도와주는 사람이다.

멘토(Mentor)

직원의 자기계발 프로세스에 관여하며 어떤 분야에서 존경 받는 조언자이며 또한 기업의 정치적 역학관계에 대처하는 방법 및 영향력을 행사해서 파워를 형성하는 방법도 알고 있는 사람이다.

평가자(Appraiser)

직원들이 자신의 강점, 개발이 필요한 부분, 관심, 경력 상의 목표 등을 평가하는 일을 돕는다. 평가자는 특정 상황 하에서 직원의 성과를 관찰하여 적절한 피드백이나 지원을 하기로 직원과 약속한 사람이다.

역할모델(Role Model)

역할모델은 말한 바를 행동으로 보여 주는 역할을 수행하면서 직원들의 기업문화에 적합한 리더십 유형을 보여준다.

교사(Teacher)

직원들이 자신의 업무를 효과적으로 수행할 수 있도록 업무상 비전, 가치, 전략, 서비스 및 제품, 고객 등에 관한 정보를 제공하는 중요한 역할을 한다.

>>> 코칭으로 리더십 역량강화

코칭 활동은 직원들의 능력을 신뢰하며 확신하고 있다는 사실에 기초한다. 코칭은 조직의 지속적인 성장과 성공을 만들어내는 리더의 능력이라고 말할 수 있다. 또한 직원들에게 질문을 던지는 한편 직원들의 의견을 적극적으로 경청하고, 필요한 지원을 아끼지 않아 생산성을 높이고 기술 수준을 발전시키며, 자기 향상을 도모하는 직원들에게 도움을 주고 업무에 대한 만족감을 높이는 과정이라고 말할 수 있다.

코칭 기술은 언제 필요한가?

코칭은 커뮤니케이션 과정의 모든 단계에서 활용할 수 있다. 직원들과 함께 의견을 나누고 공유하게 해 효과적인 해결책과 빠른 성과를 이끌어낸다.

시간이 지날수록 코칭은 모든 사람을 팀에 관여하도록 하고, 프로젝트 또는 업무를 훌륭하게 수행하도록 하는 데 기여한다. 또한 실수나 비효율적인 방법을 사전에 파악해서 개선하게 하므로 업무 성과를 높이고 직원들 간의 관계를 돈독하게 할 뿐 아니라, 직원 개개인이 강한 자신감과 자긍심을 갖도록 이끌어준다.

코칭은 관리가 아니다.

코칭과 관리는 대표적인 커뮤니케이션 도구이다. 그러나 둘은 전혀 다른 접근법을 특징으로 한다. 관리의 도구로 활용되는 전통적인 접근법에서는 리더가 지식이나 정보를 하달하며 의사결정의 권한을 가지고 있는 것이 당연하게 받아들여진다.

코칭은 이와 같은 전통적인 접근법과는 거리가 멀다. 리더는 이를 깊이 인식해야 하며, 자신이 가지고 있는 통제 권한을 기꺼이 버려야 한다. 코칭활동은 다른 사람들을 지도하는 측면보다 이끌어주고 영향을 미치는 데 중점을 두기 때문이다. 코칭은 지침보다는 질문과 논의를 통해, 통제보다는 경청과 지원을 통해 상황의 발전과 좋은 결과를 이끌어낸다.

코칭이 개인에게 주는 혜택

코칭은 문제가 발생하기 전에 이루어지는 커뮤니케이션(Proactive Communication)에 기초하는 것 말고도, 영향 및 리더십에 기초하고 있다. 코칭은 관리 도구가 아닌 관리스타일이다. 코칭을 하는 과정에서 리더는 직원들을 기업에 값진 기여를 하는 파트너로 인식하게 된다. 한편 성공적인 코칭을 받은 직원들은 문제를 스스로 해결하려고 노력하는 적극성을 보인다.

코칭이 조직에게 주는 혜택

- 코칭을 실천하고 있는 조직들은 다음과 같은 혜택과 결과를 누린다.
  - 동기를 부여받은 자신감 넘치는 노동력
  - 높은 품질의 제품
  - 철저한 책임감을 갖춘 직원들
  - 전반적으로 상승된 효율성 및 생산성

〉〉〉 코칭의 기본원칙

관리는 만병통치약이 아니다.

코칭의 기본은 서로가 자유롭게 논의할 수 있고 제안할 수 있어야 한다는 점이다. 리더는 '부하직원들의 창조성과 통찰력을 결코 간과해서는 안 된다'는 것을 중요시해야 한다. 문제에 좀더 가까이 있고 직접적으로 연관되어 있는 사람은 직원들이기 때문이다.

권한을 위임한다.

리더는 직원들이 어떠한 일이든 자신의 업무에 책임의식을 갖고 완전히 책임질 수 있도록 이끌어야 한다. 어떤 직원에게 프로젝트를 부여한 뒤 업무를 수행하는 동안 모든 결정을 스스로 하도록 권한을 준다면, 그 직원은 자연적으로 주인의식을 갖게 된다.

훌륭한 코치는 뛰어난 경청자이다.

코치인 리더는 적극적인 경청자답게 잡념을 떨쳐버리고 직원에게만 모든 관심을 집중해야 한다. 적극적인 경청을 통해 리더는 직원이 말하려고 하는 바를 이해하는 능력과 직원들이 느끼는 바가 무엇인지 헤아리는 능력을 향상시킬 수 있다. 리더는 부하직원들을 섣불리 판단하지 않아야 하고, 코칭하는 동안 특별한 반응을 보여서도 안 된다. 또한 부하직원들이 말하고자 하는 요점과 표현 방식에 대해 최선의 결정을 내릴 수 있도록 피드백을 적극 제공해야 한다.

목표를 정하는 것이 가장 중요하다.

리더는 서로 다른 기술과 능력을 가지고 있는 직원들에게 어떤 목표를 정해줄 것인지 확실히 판단해야 한다. 이 말은 곧 업무를 깔끔하게 처리하는 적절한 방법을 직원 스스로 개발하도록 도와주기 위해 리더 자신이 여러 가지 기술을 발휘해야 할 뿐 아니라, 직원마다 어떠한 장점을 갖고 있는지 정확히 파악하고 있어야 한다는 것을 의미한다.

✎ 코칭의 5단계

〉〉〉 임파워먼트(권한위임)

리더십의 핵심 개념 중 하나는 '임파워먼트(Empowerment)', 즉 '권한 위임'이라고 할 수 있다. 직원들에게 일정 권한을 위임함으로서 훨씬 수월하게 성공의 목표를 이룰 수 있을 뿐더러 존경받는 리더로 거듭날 수 있다.

임파워먼트(Empowerment)란 '조직성원들을 신뢰하고, 그들의 잠재력을 믿으며, 그 잠재력의 개발을 통해 High Performance 조직이 되도록 하는 일련의 행위'로 정의할 수 있다.

임파워먼트의 이점

성공적인 리더들은 단순한 임파워먼트를 해주거나 시행시키지 않는다. 대신 그들은 임파워먼트가 성장할 수 있는 여건을 조성한다. 리더와 그를 따르는 사람들 모두에 의해 임파워먼트가 일어날 수 있는 문화가 조성되면, 임파워먼트는 조직의 모든 사람들로부터 시너지적이고 창조적인 에너지를 끌어낸다. 임파워먼트를 하면 생산성이 향상되고 사람들의 좋은 기회에 대한 큰 기대를 하게 되며 진보적이고 성공적인 조직을 만들 수 있게 되는데, 임파워먼트가 잘 되어 High Performance조직이 되면 다음과 같은 이점이 나타난다.

 **임파워먼트의 이점**

가. '나는 매우 중요한 일을 하고 있으며, 이 일은 다른 사람이 하는 일보다 훨씬 중요한 일이다'
라는 자신의 일에 대한 주인의식과 자긍심을 가지게 된다.

나. 일의 과정과 결과에 나의 영향력이 크게 작용했다.

다. 나는 정말로 도전하고 있고 나는 계속해서 성장하고 있다.

라. 우리 조직에서는 아이디어가 존중되고 있다.

마. 내가 하는 일은 항상 재미가 있다.

바. 우리 조직의 구성원들은 모두 대단한 사람들이며, 다 같이 협력해서 승리하고 있다.

임파워먼트 충족 기준

진정한 임파워먼트는 혁신성과 자발성을 이끌어 내고 조직 전체의 목적에 헌신하도록 유도함으로써 방향감과 질서의식을 실제로 창출하게 한다. 대부분의 조직에 있어서 장기적으로 효과성을 극대화하려면 임파워먼트를 극대화해야 하는데, 진정한 임파워먼트를 위해서는 다음의 3가지 기준이 반드시 충족되어야 한다.

 **임파워먼트 충족 3가지 기준**

1. 여건의 조성

: 임파워먼트는 사람들이 자유롭게 참여하고 기여할 수 있는 일련의 여건들을 조성하는 것이다. 그것은 사람들에게 행해지는 어떤 행동이 아니다.

2. 재능과 에너지의 극대화

: 임파워먼트는 사람들의 재능과 욕망을 최대한으로 활용할 뿐만 아니라 더 나아가 확대할 수 있도록 하는 것이다.

3. 명확하고 의미있는 목적에 초점

: 임파워먼트는 사람들이 분명하고 의미 있는 목적과 사명을 위해 최대의 노력을 발휘하도록 해 주는 것이다.

임파워먼트의 여건

리더는 임파워먼트 환경이 가져다주는 혜택과 임파워먼트 환경을 갖춘다는 것이 의미하는 바를 잘 알고 있어야 한다. 임파워먼트 환경에서는 사람들의 에너지, 창의성, 동기 및 잠재능력이 최대한 발휘되는 경향이 있다. 반 임파워먼트 환경은 사람들이 현상을 유지하고 순응하게 만드는 경향이 있다. 높은 성과를 내는 임파워먼트 환경의 특징에는 다음과 같은 것들이 포함된다.

임파워먼트 환경의 특징

1. 도전적이고 흥미있는 일
2. 학습과 성장의 기회
3. 높은 성과와 지속적인 개선을 가져오는 요인들에 대한 통제
4. 성과에 대한 지식
5. 긍정적인 인간관계
6. 개인들이 공헌하며 만족한다는 느낌
7. 상부로부터의 지원

임파워먼트의 장애요인

리더는 임파워먼트의 여건을 마련하는 일 외에 임파워먼트에 장애가 되는 요인들에 대해서도 알고 있어야 하는 바, 4가지 차원과 관련된 장애요인들을 살펴보면 다음과 같다.

임파워먼트의 장애요인

1. 개인 차원
   : 주어진 일을 해내는 역량의 결여, 동기의 결여, 결의의 부족, 책임감 부족, 의존성
2. 대인 차원
   : 다른사람과의 성실성 결여, 약속 불이행, 성과를 제한하는 조직의 규범, 갈등처리 능력 부족, 승패의 태도
3. 관리 차원
   : 통제적 리더십 스타일, 효과적 리더십 발휘 능력 결여, 경험 부족, 정책 및 기획의 실행 능력 결여, 비전의 효과적 전달능력 결여
4. 조직 차원
   : 공감대 형성이 없는 구조와 시스템, 제한된 정책과 절차

>>> 변화관리

인생은 일련의 변화의 과정이다. 그 중에서도 질풍노도의 청소년기를 지나면서 학업과 입시, 진학, 구직과 취업, 스트레스, 질병 등 우리의 삶에 수많은 변화 상황을 맞이하면서 살아간다. 현대 비즈니스의 특징은 끊임없이 변하고 유동적이라는 점이다. 따라서 변화관리는 리더에게 있어서 매우 중요한 자질로 부각되었다. 변화를 관리하는 기술을 연마하는 데는 여러 가지 방법이 있다. 특히 리더는 열린 커뮤니케이션, 역지사지의 자세, 신뢰감 형성, 긍정적인 자세, 직원의 의견을 받아들이고 그들에게 창조적으로 권한을 위임하는 방법 등에 관심을 기울여야 한다.

변화관리 1단계 : 변화를 이해하기

리더는 변화에 대처하려는 직원들을 어떻게 도울 것인가를 고민하기에 앞서, 변화와 관련한 몇 가지 공통 기반을 마련하고 변화 과정에 어떤 것들이 있는지를 파악해야 한다. 먼저 변화의 실상을 정확하게 파악한 다음, 익숙했던 것들을 버리는 데서 오는 감정과 심리적 상태를 어떻게 다룰 것인가에 대해 심사숙고해야 한다. 변화관리에서 변화를 다루는 방법만큼 중요한 것은 없다.

변화관리 1단계

1. **변화가 왜 필요한가?**
   : 직업 세계에서 현재의 자리에 안정적으로 머물러 있겠다는 생각은 환상에 가깝다고 할 수 있다. 변화는 더디게 일어날 수도 있으며, 그날그날의 변화를 일일이 알아차릴 수는 없지만, 변화가 일어나고 있다는 사실만은 부인할 수 없다. 변화는 발전을 더욱 가속화한다. 일체의 변화 없이 시간만 흘러간다면 인생이 얼마나 따분하고 재미없겠는가?

2. **무엇이 변화를 일으키는가?**
   : 믿을 수 없을 정도로 과학기술이 발전하면서 세계적으로 경쟁이 치열해지고 있다. 이러한 경쟁에서 살아남도록 외부에서 자극을 주는 것으로부터 변화는 시작된다. 변화는 가히 역동적이다. 조직 내부에서는 위에서 아래로 이루어지며, 지위고하를 막론하고 모두에게 영향을 미친다.

3. **변화는 모두 좋은 것인가?**
   : 한마디로 말하면 그렇지 않다. 변화를 단행하기 전에는 반드시 현재의 상황을 면밀히 검토해보아야 한다. 불완전한 생각이나 형편 없는 판단, 실행에 옮기기 전에 다른 사항을 충분히 검토해야 할 필요성 등에 대해 확실히 알게 될 것이다. 이렇게 단계적으로 진행해가면 섣부르게 변화를 서둘러 실패를 초래하는 위험을 막을 수 있으며, 직원들이 변화를 자신의 일처럼 생각하게 된다.

변화관리 2단계 : 변화를 인식하라

변화가 일어나면 모든 직원들이 눈치를 채기 마련이다. 이들은 변화에 대한 소문이 돌거나 변화 내용에 대한 설명도 하기도 전에 그것을 알아차린다. 불확실하고 의심스러운 분위기가 조성되면 직원들은 두려움과 스트레스에 시달리며, 사기는 땅으로 떨어진다. 그러므로 리더가 할 수 있는 최고의 결정은 직원들에게 변화와 관련된 상세한 정보를 제공하는 것이다.

무엇보다 직원들 자신이 변화를 직접 주도하고 있다는 마음이 들도록 이끌어야 한다. 사람은 누구나 자신의 능력을 발휘하는데 도움이 되는 아이디어 및 변화에 열정적으로 대응한다. 다음은 변화에 저항하는 직원들을 성공적으로 이끄는데 도움이 되는 방법들이다.

변화관리 2단계

1. **개방적인 분위기를 조성한다.**
   : 직원들에게 되도록 많은 사실을 알려준다. 직원들이 거리낌 없이 질문하게 하고, 이에 솔직하게 답변하도록 한다.
2. **객관적인 자세를 유지한다.**
   : 가능한 객관적인 자세로 업무에 임한다. 변화를 수행하는 것이 힘들더라도 변화가 필요한 이유를 직원들이 명확히 알도록 한다. 변화의 유익성을 밝힐 수 있는 객관적인 수치 및 사례를 직원들에게 직접 확인시킬 필요가 있다.
3. **직원들의 감정을 세심하게 살핀다.**
   : 사람은 본능적으로 안정을 추구하기 때문에 자신의 안전을 해칠 것으로 생각되는 것들은 거부하려는 성향이 있다. 따라서 변화가 이루어지면 자신에게 매우 도움이 될 만한 이익이 생기는 한편, 자신이 중요하게 여기는 것을 잃거나 포기해야 할 수도 있다는 점을 직원들에게 알려야 한다.
4. **변화의 긍정적인 면을 강조한다.**
   : 직원들이 변화의 긍정적인 측면을 인식하도록 돕는다. 또한 변화를 긍정적으로 받아들이는 방법을 찾도록 용기를 준다. 변화의 잠재적인 문제점을 최소화하고 긍정적인 면을 최대한 드러냄으로써, 직원들 스스로 변화가 주는 긍정적인 영향을 깨닫게 한다.
5. **변화에 적응할 시간을 준다.**
   : 기존의 방식에 변화의 요소를 접목하는 방식도 효과적이다. 이전 방식에 새로운 것을 접목함으로써, 직원들에게 적응하는 시간을 충분히 주는 것이 중요하다. 기존의 업무를 바탕으로 직원들이 새로운 것에 집중하도록 자극하며, 긍정적인 목표들을 달성하도록 이끌어내는 것이 중요하다.

변화관리 3단계 : 변화를 수용하라

직원들은 리더가 자신들이 모르는 것을 알려주는 한편 긍정적이고 신뢰하는 태도로 대한다고 느낄 때, 리더의 방식을 신뢰하며 따른다. 그러므로 리더는 왜 변화가 일어나야 하는지를 직원들에게 상세하게 설명하고, 변화를 위한 직원들의 노력에 아낌없이 지원해야 한다.

부정적인 행동을 보이는 직원은 개별 면담을 통해, 늘 관심 있게 지켜보고 있다는 사실과 언제든지 대화를 나눌 수 있다는 점을 주지시킨다. 자신에게 관심을 가져주고 고민을 말할 수 있다는 사실에 직원들은 마음이 편해질 것이다.

변화에 스스로 대처하려는 직원들에게도 도움을 주어야 한다. 이런 직원들에게는 '인간은 자기 실현적 예언자'라는 점을 인식시키면 좋다. 자기 자신에게 긍정적인 말을 함으로써 성공을 불러오는 경우도 많기 때문이다. 스스로 동기를 부여하도록 '나는 할 수 있다'와 같은 신념이 담긴 말을 들려준다면, 변화와 성공의 가능성이 더욱 높아진다.

무엇보다도 직원들과 수시로 커뮤니케이션하는 것이 중요하다. 정기적인 회의를 하고, 변화에 대한 직원들의 반응을 계속 주지한다. 규모에 관계없이 변화는 적어도 부서의 한두 직원에게 영향을 미치게 마련이다. 시간을 내어 변화와 관련해 자주 논의하고, 직원들이 자신의 생각이나 제안을 직접 말할 수 있는 분위기를 만드는데 최선을 다하는 것이 중요하다.

6.3 갈등관리 능력 (하위모듈 F-2-다)

학습목표

직장생활에서 조직구성원 사이에 갈등이 발생하였을 경우 이를 원만히 조절하는 능력을 기를 수 있다.

- ⋯ 갈등의 의미를 설명할 수 있다.
- ⋯ 갈등의 유형을 구분할 수 있다.
- ⋯ 직장생활에서 발생한 갈등의 해결방법을 도출할 수 있다.
- ⋯ 직장생활에서 발생한 갈등을 윈-윈 갈등 관리법으로 해결할 수 있다.

✎ 갈등관리 능력

목표를 달성하기 위해 노력하는 조직이라면 갈등은 항상 일어나게 마련이다. 갈등이 해결되지 않고 방치된다면 조직의 발전을 저해할 수 있지만, 잘 관리한다면 합리적인 의사결정을 이끌어 낼 수 있다.

갈등의 원인을 파악하고, 갈등의 영향을 받은 조직원들과 함께 문제를 능동적으로 해결하기 위해서는 갈등관리능력의 함양이 필수적이다.

>>> 갈등

갈등(Conflict)의 어원은 라틴어의 코피레게(Configere)인데, 이것은 '함께'라는 의미인 콘(Con)과 '충돌이나 다툼'을 의미하는 피레게(Figere)가 합쳐진 합성어로 개인이나 집단 간에 서로 충돌한다는 뜻을 가지고 있다. 일반적으로 조직을 구성하는 개인과 집단, 조직 간에 잠재적 혹은 현재적으로 대립하고 마찰하는 사회적·심리적 상태를 말한다.

갈등이란 의견 차이가 생기기 때문에 발생하게 된다. 그러나 이러한 결과가 항상 부정적인 것만은 아니다. 목표를 달성하기 위해 노력하는 조직이라면 갈등은 항상 일어나기 마련이다. 갈등은 새로운 해결책을 만들어 주는 기회를 제공한다. 중요한 것은 갈등에 어떻게 반응하느냐 하는 것이다.

갈등이나 의견의 불일치는 불가피하며 본래부터 좋거나 나쁜 것이 아니라는 점을 인식하는 것이 중요하다. 갈등이 해결되지 않고 방치된다면 팀의 발전을 저해할 수 있다. 그러나 잘 관리한다면 갈등을 통해 합리적인 의사결정을 이끌어낼 수 있다. 결국 당신과 조직이 갈등을 어떻게 관리하느냐에 따라 결과는 달라진다.

갈등의 단서

당신은 우선 조직 내에 갈등이 존재하는지를 파악하고 깨닫는 일이 중요하다. 다음은 갈등을 파악하는데 도움이 되는 몇 가지 단서들이다.

갈등의 단서

1. 지나치게 감정적으로 논평과 제안을 한다.
2. 타인의 의견발표가 끝나기도 전에 타인의 의견에 대해 공격한다.
3. 핵심을 이해하지 못한데 대해 서로 비난한다.
4. 편을 가르고 타협하기를 거부한다.
5. 개인적인 수준에서 미묘한 방식으로 서로를 공격한다.

갈등을 증폭시키는 원인

갈등을 관리하고 해소하는 방법을 보다 잘 이해하기 위해서는 갈등을 증폭시키는 원인이 무엇인지 알 필요가 있다. 다음에 세 가지의 일반적인 원인이 제시되어 있다.

갈등의 원인

1. 적대적 행동
   - 팀원들은 '승·패의 경기'를 시작한다.
   - 팀원들은 문제를 해결하기 보다는 '승리하기'를 원한다.
2. 입장 고수
   - 팀원들은 공동의 목표를 달성할 필요성을 느끼지 않는다.
   - 팀원들은 각자의 입장만을 고수하고, 의사소통의 폭을 줄이며, 서로 접촉하는 것을 꺼린다.
3. 감정적 관여
   - 팀원들은 자신의 입장에 감정적으로 묶인다.

갈등을 즉각적으로 다루지 않는다면 나중에는 곪아터진다. 그렇게 되면, 갈등은 팀 성공을 저해하는 강력한 장애물이 될 것이다. 그러나 갈등이 존재한다는 사실을 인정하고 해결을 위한 조치를 취한다면, 갈등을 성공을 위한 하나의 기회로 전환시킬 수 있을 것이다.

당신이 갈등에 직접 관련된 팀원이든 갈등을 관찰하는 팀 리더이든 간에, 갈등을 해결하고자 한다면 갈등이 존재한다는 사실부터 인정해야 할 것이다.

갈등의 두 가지 쟁점

모든 갈등에는 두 가지 쟁점들이 교차한다. 주된 갈등이 어떤 일을 하는 방법에 기인한 것이라고 할지라도, 자존심을 위협하거나 질투를 유발하는 것과 같은 감정적인 문제들이 갈등의 강도를 높일 수 있다.

핵심 문제	감정적 문제
• 역할 모호성 • 방법에 대한 불일치 • 절차에 대한 불일치 • 책임에 대한 불일치 • 가치에 대한 불일치 • 사실에 대한 불일치	• 공존할 수 없는 개인적 스타일 • 통제나 권력 확보를 위한 싸움 • 자존심에 대한 위협 • 질투 • 분노

핵심적인 문제들(예: 업무과제에 대한 불일치)은 대부분 갈등의 밑바닥에 깔려있는 반면에, 감정적인 문제들은 갈등을 복잡하게 만든다. 예를 들어, 어느 한 사람이 특정과제(핵심문제)를 맡았을 때 다른 사람은 조직이 자신을 알아주지 않는다고 느끼고 화가 날 수 있다(감정적 문제). 갈등을 해결하기 위해서는 핵심적인 문제부터 해결해야 한다.

갈등의 두 가지 유형

• 갈등에는 두 가지 유형이 있다. 두 가지를 명확히 구별하고 그 유형들을 각기 독립적으로 다루면, 문제를 훨씬 수월하게 해결할 수 있다.

첫 번째 유형은 불필요한 갈등이다. 개개인이 저마다 문제를 다르게 인식하거나 정보가 부족한 경우, 편견 때문에 발생한 의견 불일치로 적대적 감정이 생길 때 불필요한 갈등이 일어난다.

두 번째 유형은 해결할 수 있는 갈등이다. 목표와 욕망, 가치, 문제를 바라보는 시각과 이해하는 시각이 다를 경우에 일어날 수 있는 갈등이다. 이러한 갈등은 상대를 먼저 이해하고, 서로가 원하는 것을 만족시켜주면 저절로 해결된다.

당신이 가장 중요하다고 여기는 문제가 다른 사람 때문에 해결되지 못한다고 느낄 때 불필요한 갈등이 생긴다. 불필요한 갈등은 다음과 같은 상황에서 일어날 수 있다.

- 근심걱정, 스트레스, 분노 등의 부정적인 감정
- 잘못 이해하거나 부족한 정보 등, 전달이 불분명한 커뮤니케이션
- 편견, 변화에 대한 저항, 항상 해오던 방식에 대한 거부감 등에서 나오는 의견 불일치

관리자의 신중하지 못한 태도로 인해 갈등이 발생했을 때, 불필요한 갈등이 심각한 수준에 이를 수 있다. 리더들조차 이러한 갈등을 해결하지 못할 때가 많다. 이러한 갈등을 예방하고 줄이고 통제할 수 있는 방법들을 반드시 찾아야 한다. 갈등의 원인을 먼저 확인하고 해결할 방법을 결정한 다음, 상황을 어떻게 마무리할 것인가를 정한다. 두 사람이 정반대되는 욕구나 목표, 가치, 이해에 놓였을 때는 해결 가능한 갈등이 일어난다.

〉〉〉 갈등의 과정

갈등은 다음과 같은 몇 가지 단계를 거치면서 진행된다.

- 1단계 : 의견불일치

  인간은 다른 사람들과 부딪히면서 살아가게 되는데, 서로 생각이나 신념, 가치관이 다르고 성격도 다르기 때문에 다른 사람들과 의견의 불일치를 가져온다.

- 2단계 : 대결 국면

  의견불일치가 해소되지 않으면 대결 국면으로 빠져들게 된다. 이제 새로운 해결점을 찾아야 한다.

- 3단계 : 격화 국면

  상대방에 대하여 더욱 적대적인 현상으로 발전해 나간다. 이제 의견일치는 물건너 가고 설득을 통해 문제를 해결하려고 하기보다는 강압적, 위협적인 방법을 쓰려고 하며, 극단적인 경우에는 언어폭력이나 신체적인 폭행으로까지 번지기도 한다.

- 4단계 : 진정 국면

  계속되는 논쟁과 긴장이 귀중한 시간과 에너지만 낭비하고 이러한 상태가 무한정 유지될 수 없다는 것을 느끼고 점차 흥분과 불안이 가라앉고 이성과 이해의 원상태로 돌아가려 한다.

- 5단계 : 갈등의 해소

  갈등의 당사자들은 문제를 해결하지 않고는 자신들의 목표를 달성하기 어렵다는 것을 알게 된다. 어떻게 해서든 서로 일치시키려고 한다.

>>> 갈등의 해결

- 갈등을 성공적으로 해결하기 위해서는 쟁점의 양 측면을 모두 이해해야 한다. 내성적이거나 자신을 표현하는데 서투른 팀원을 격려해주는 것이 중요하며, 이해된 부분을 검토하고 누가 옳고 그른지에 대해 논쟁하는 일은 피하는 것이 좋다.

또한, 갈등이 사람들의 수행에 어떻게 영향을 미치는지를 토의해 보는 것이 좋다. 느낌이나 성격이 아니라 사실이나 행동에 초점을 두어야 한다.

'비난'의 행동은 감정을 야기시켜서 사람들이 이에 주목하게 만든다. 비난을 피하기 위해 조직원들이 차이점보다는 유사점을 파악하도록 도움을 주는 것이 필요하다. 유사점을 강조하면 갈등의 당사자들이 공통의 토대 위에서 만날 수 있게 된 다. 차이점이 있다면 차이의 본질에 대해 이해하는 것이 필요하다.

갈등해결방법을 조직원들과 함께 모색함에 있어 다음 사항을 명심하여야 할 것이다.

조직원들과의 갈등해결방법 모색시 Tip

- 다른 사람들의 입장을 이해한다. 사람들이 당황하는 모습을 자세하게 살핀다.
- 어려운 문제는 피하지 말고 맞선다.
- 자신의 의견을 명확하게 밝히고 지속적으로 강화한다.
- 사람들과 눈을 자주 마주친다.
- 마음을 열어놓고 적극적으로 경청한다.
- 타협하려 애쓴다.
- 어느 한쪽으로 치우치지 않는다.
- 논쟁하고 싶은 유혹을 떨쳐낸다.
- 존중하는 자세로 사람들을 대한다.

✎ 갈등해결의 5가지 유형

회피형(Avoiding)

자신과 상대방에 대한 관심이 모두 낮은 경우로서, 살등 상황에 대하여 상황이 나아질때까지 문제를 덮어두거나 위협적인 상황을 피하고자 하는 경우를 말한다. 나도 지고 너도 지는 방법(I lose – You lose)이다.

경쟁형(Competing)

자신에 대한 관심은 높고 상대방에 대한 관심은 낮은 경우로서, 나는 이기고 너는 지는 방법(I win – You lose)이다. 이 방법은 제로섬(Zero sum)게임이다.

수용형(Accomodating)

자신에 대한 관심은 낮고 상대방에 대한 관심은 높은 경우로서 나는 지고 너는 이기는 방법(I lose – You win)이다.

타협형(Compromising)

자신에 대한 관심과 상대방에 대한 관심이 중간정도인 경우로서, 서로가 받아들일 수 있는 결정을 하기 위하여 타협적으로 주고받는 방식(Give and Take)을 말한다.

통합형(Integrating)

협력형이라고도 한다. 자신은 물론 상대방에 대한 관심이 모두 높은 경우로서 나도 이기고 너도 이기는 방법(I win – You win)이다. 문제해결을 위하여 서로 간에 정보를 교환하면서 모두의 목표를 달성할 수 있는 윈윈 해법을 찾는다.

>>> 윈 - 윈(Win - Win) 관리법

갈등과 관련된 모든 사람으로부터 의견을 받고자 노력한다면, 문제의 본질적인 해결책을 얻을 수 있다. 이를 '윈 - 윈(Win - Win) 관리법'이라고 한다. 서로가 원하는 바를 얻을 수 있기 때문이다. 이 방법은 성공적인 업무관계를 유지하는데 매우 효과적이다.

팀에서 특정한 갈등 해결 모델을 사용하는데 서로가 동의할 때 팀 내의 갈등이 감소하게 마련이다. 다음은 한 가지 모델에 대한 개요이다.

1단계 : 충실한 사전 준비

- 비판적인 패러다임 전환
- 자신의 위치와 관심사 확인
- 상대방의 입장과 드러내지 않은 관심사 연구

2단계 : 긍정적인 접근 방식

- 상대방이 필요로 하는 것에 대해 생각해 보았다는 점을 인정
- 자신의 '윈윈의도'명시
- 윈윈절차, 즉 협동적인 절차에 임할 자세가 되어 있는지 알아보기

3단계 : 두 사람의 입장을 명확히 하기

- 동의하는 부분 인정하기
- 기본적으로 다른 부분 인정하기
- 자신이 이해한 바를 점검하기

4단계 : 윈윈에 기초한 기준에 동의하기

- 상대방에게 중요한 기준을 명확히 하기
- 자신에게 어떠한 기준이 중요한지 말하기

5단계 : 몇 가지 해결책을 생각해내기

6단계 : 몇 가지 해결책 평가하기

7단계 : 최종 해결책을 선택하고, 실행하는 것에 동의하기

그러나 당사자들이 윈윈 해결책을 모색하려 하지 않으면, 어떤 모델도 효과가 없다. 다시 말해서 대립을 조정할 수 있으면 효과를 본 것이고, 이전과 다름 없으면 헛수고인 셈이다. 팀 리더의 영향력과 좋은 의도를 가진 동료간의 압력은 협동 정신을 토대로 문제를 해결하는 데에 동기 부여가 될 수 있다.

자신의 관심사를 직시하고, 상대의 관심사를 경청할 용의가 있으며, 상호적으로 만족할 만한 해결책을 모색하려는 굳건한 자세가 윈윈전략에 요구된다.

〉〉〉 조직의 갈등 다루기

조직의 갈등을 다루는 가장 생산적인 접근방식은 갈등이 발생하기 전에 그 잠재력을 줄이는 조치를 취하는 것이다. 간단히 소개하면 다음과 같다.

조직의 갈등 다루기

- 근심걱정, 스트레스, 분노 등의 부정적인 감정
- 잘못 이해하거나 부족한 정보 등, 전달이 불분명한 커뮤니케이션
- 편견, 변화에 대한 저항, 항상 해오던 방식에 대한 거부감 등에서 나오는 의견 불일치

맨 마지막 방법은 간단하면서도 매우 성공적인 방법이다. 팀원들이 자신의 팀에 대한 기본원칙을 알고 이해하며 동의한다면, 팀은 보다 효과적으로 운영될 것이다. 갈등을 최소화하기 위해 고려할 수 있는 기본원칙으로는 다음과 같은 것들이 있을 것이다.

갈등 최소화 기본원칙

- 먼저 다른 팀원의 말을 경청하고 나서 어떻게 반응할 것인가를 결정하라.
- 모든 사람이 거의 대부분의 문제에 대해 나름의 의견을 가지고 있다는 점을 인식하라.
- 의견의 차이를 인정하라.
- 팀 갈등해결 모델을 사용하라.
- 여러분이 받기를 원치 않는 형태로 남에게 작업을 넘겨주지 말라.
- 다른 사람으로부터 그러한 작업을 넘겨받지 말라.
- 조금이라도 의심이 날 때에는 분명하게 말해 줄 것을 요구하라.
- 가정하는 것은 위험하다. 가정을 해야 할 때에만 그렇게 하라.
- 자신의 책임이 어디서부터 어디까지인지를 명확히 하라. 또한, 다른 팀원의 책임과는 어떻게 조화되는지를 명확히 하라.
- 자신이 알고 있는 바를 알 필요가 있는 사람들을 새롭게 파악하라.
- 다른 팀원과 불일치하는 쟁점이나 사항이 있다면 다른 사람이 아닌 당사자에게 직접 말하라.

6.4 협상능력 (하위모듈 F－2－라)

학습목표

직장생활에서 협상 가능한 목표를 세우고 상황에 맞는 협상전략을 선택하여 다른 사람과 협상하는 능력을 기를 수 있다.

⋯ 협상의 의미를 설명할 수 있다.
⋯ 협상의 과정을 설명할 수 있다.
⋯ 직장생활에서 적절한 협상전략을 활용할 수 있다.
⋯ 직장생활에서 적절하게 상대방을 설득하는 방법을 활용할 수 있다.

✎ 협상능력

협상(Negotiation)이란 갈등상태에 있는 이해당사자들이 대화와 논쟁을 통해서 서로를 설득하여 문제를 해결하려는 정보전달과정이자 의사결정과정이라고 정리할 수 있다.

근대에 들어와서 생겨난 '협상하다(negotiate)'라는 단어의 고전적이면서도 기이한 본뜻을 해석해보면, '협상하다(negotiate)'라는 동사는 라틴어 'egtir'에 뿌리를 두고 있다. 여가를 뜻하는 'ir'이라는 어근에 부정의 의미를 지닌 'eg'가 붙어 '여가가 아니다'라는 의미를 담고 있다. 라틴어의 근본적인 의미만으로 따지면 '협상'이라는 단어에서 '즐거움'이라는 요소를 찾기는 사실 어렵다.

하지만 협상은 어느 한 면으로 특정 짓기에는 너무도 다양하며, 사업상의 정의에서 한 발자국만 떨어져서 보면 이 세상 어느 곳이나 협상 테이블이며, 모든 사람들이 협상가임을 알 수 있을 것이다.

미국의 학자 Cohen이 '세상은 거대한 협상 테이블이며, 우리는 모든 것을 협상할 수 있다' 라고 말한 데서 알 수 있듯이, 우리의 생활은 협상의 연속이며, 협상을 통해 의사결정을 하게 된다.

협상은 시공간을 초월하여 끊임없이 발생하고 있으며, 가정에서, 회사에서, 정부에서 또는 국가에서 어느 시간, 어느 공간에서도 협상은 전개될 수 있다. 특히 상사와 부하사이에서 끊임없이 의사결정을 해야 하는 직업인에게 협상능력의 함양은 필수적이다.

✎ 협상의미

협상의 의미는 크게 의사소통 차원, 갈등해결 차원, 지식과 노력 차원, 의사결정차원, 교섭 차원에서 살펴볼 수 있다.

의사소통 차원에서 볼 때, 협상이란

이해당사자들이 자신들의 욕구를 충족시키기 위해 상대방으로부터 최선의 것을 얻어내기 위해 상대방을 설득하는 커뮤니케이션 과정이다. 즉 협상이란 자신이 얻고자 하는 것 때문에 다른 사람들 또는 집단들과 갈등상태에 있을 때 그 사람들 또는 집단들을 설득하여 자신이 원하는 것을 쟁취하기 위한 일련의 커뮤니케이션 과정이라고 할 수 있다.

갈등해결차원에서 볼 때, 협상이란

갈등관계에 있는 이해당사자들이 대화를 통해서 갈등을 해결하고자 하는 상호작용 과정이다. 즉 협상이란 개인, 조직, 또는 국가가 가지고 있는 갈등의 문제를 해결하기 위해서 갈등관계에 있는 이해당사자들이 대화를 통해서 상반되는 이익은 조정하고 공통되는 이익은 증진시키는 상호작용과정이라 할 수 있다.

지식과 노력 차원에서 볼 때, 협상이란

우리가 얻고자 하는 것을 가진 사람의 호의를 쟁취하기 위한 것에 관한 지식이며 노력의 분야이다. 즉 협상이란 승진, 돈, 안전, 자유, 사랑, 지위, 명예, 정의, 애정 등 우리가 얻고자 원하는 것을 어떻게 다른 사람들보다 더 우월한 지위를 점유하면서 얻을 수 있을 것인가 등에 관련된 지식이며 노력의 장이라고 할 수 있다.

의사결정차원에서 볼 때, 협상이란

둘 이상의 이해당사자들이 여러 대안들 가운데서 이해당사자들 모두가 수용 가능한 대안을 찾기 위한 의사결정과정이라고도 볼 수 있고, 협상이란 공통적인 이익을 추구하나 서로 입장의 충돌 때문에 이해당사자들 모두에게 수용 가능한 이익의 조합을 찾으려는 개인, 조직, 또는 국가의 상호작용과정이라고도 볼 수 있다.

참여자들의 공통적인 의사결정을 필요로 하는 교섭관점에서 볼 때, 협상이란
선호가 서로 다른 협상 당사자들이 합의에 도달하기 위해 공동으로 의사결정하는 과정이라고 할 수 있다.

협상에 관한 이러한 주장들을 종합하여 볼 때, 협상(negotiation)이란
갈등상태에 있는 이해당사자들이 대화와 논쟁을 통해서 서로를 설득하여 문제를 해결하려는 정보전달과정이자 의사결정과정이다.

>>> 협상의 과정 모델

협상과정은 연구관점에 따라 다양한 형태로 언급될 수 있다. 협상과정을 협상 전단계, 협상개시단계, 정보공유단계, 문제해결단계, 합의단계로 설명할 수 있다.
또한 준비단계, 협상단계, 합의 후 평가단계의 순서로 협상이 진행된다고도 할 수 있다.
또는 노사협상의 경우처럼 협상기획, 협상준비, 협상진행, 협상종료, 비준 및 집행의 순서로 협상이 진행된다고도 볼 수 있다.

한편, 협상과정을 아래 그림과 같이 협상시작, 상호이해, 실질이해, 해결방안, 합의문서 등의 5단계로 구분할 수 있다.

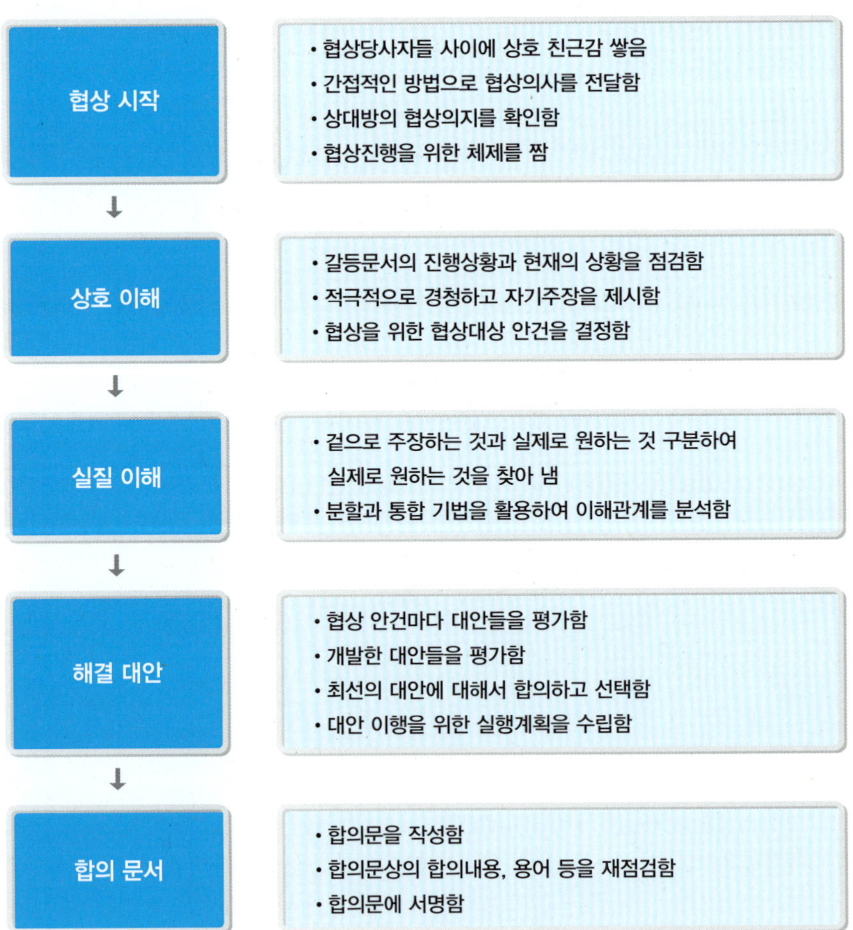

또한 협상과정을 협상진행단계를 중심으로 협상 전단계, 협상진행단계, 협상 후단계의 순서로 진행된다고 볼 수도 있다. 협상 전단계는 협상을 진행하기 위한 준비단계이고, 협상진행단계는 협상이 실제로 진행되는 단계이며, 협상 후단계는 합의된 내용을 집행하는 단계이다. 이러한 협상과정은 아래와 같은 단계와 내용으로 설명할 수 있다.

협상 전단계	• 협상기획 : 협상과정(준비, 집행, 평가 등)을 계획 • 협상준비 : 목표설정, 협상환경분석, 협상형태파악, 　　　　　　　협상팀 선택과 정보수집, 자기분석, 상대방분석, 　　　　　　　협상전략과 전술수립, 협상대표훈련
협상진행단계	• 협상진행 : 상호인사, 정보교환, 설득, 양보 등 　　　　　　　협상전략과 전술구사 • 협상종결 : 합의 및 합의문 작성과 교환
협상 후단계	• 협의내용 비준 : 비준 • 협의내용 집행 : 실행 • 분석평가 : 평가와 피드백

>>> 협상전략

협상에 사용될 전략으로서 협상전략의 형태는 다양하다. 협상 당사자는 자신의 목적과 상대방의 목적 그리고 상황적 요인에 따라서 다양하게 협상전략을 구사할 수 있다.

대체로 협상전략의 형태로는 문제해결전략, 양보전략, 무행동전략, 경쟁전략 등으로 구분 할 수 있다. 이 중 문제해결전략은 협력전략에, 양보전략은 유화전략에, 무행동전략은 회피전략에, 경쟁전략은 강압전략에 해당한다고 할 수 있다.

협력전략

협력전략(cooperative strategy)은 협상 참여자들이 협동과 통합으로 문제를 해결하고자 하는 협력적 문제해결전략이다. 문제를 해결하는 합의에 이르기 위해서 협상 당사자들이 서로 협력하는 것이다.

협력적 문제해결은 "Win-Win"전략의 정신을 가지고 있다. 즉 나도 잘되고, 상대방도 잘되어, 우리 모두가 잘되는 전략인 "Win, You Win, We Win"전략이다.
따라서 협상 당사자들은 자신들의 목적이나 우선순위에 대한 정보를 서로 교환하여 이를 통합하여 문제를 해결하고자 노력한다. 자신이 가지고 있는 것 가운데서 우선 순위가 낮은 것에 대해서는 상대방에게 양보하는 협력적 과정을 통해서 문제해결을 위한 합의에 이르게 된다.

협력전략이 성공을 거두기 위해서는 협상 참여자들은 신뢰에 기반을 둔 협력을 진행해야 한다. 이를 신뢰적 협력전략이라고도 할 수 있다. 자신에게 돌아올 결과와 상대방에게 돌아갈 결과, 그리고 우호적 인간관계의 유지 등이 모두 중요한 경우에 서로가 협력하지 않으면 안 될 것이다.

협력전략의 협상전술에는 협동적 원인탐색, 정보수집과 제공, 쟁점의 구체화, 대안개발, 개발된 대안들에 대한 공동평가, 협동하여 최종안 선택 등이 있다.

유화전략

유화전략(smoothing strategy)은 양보전략이며, 순응전략이며, 화해전략이며, 수용전략이며, 굴복전략이다. 상대방이 제시하는 것을 일방적으로 수용하여 협상의 가능성을 높이려는 전략이다.

상대방의 욕구와 주장에 자신의 욕구와 주장을 조정하고 순응시켜 굴복한다.
유화전략은 "Lose-Win"전략이다. 즉, 당신의 승리를 위해서 나는 손해를 보아도 괜찮다는
전략인 "Lose, You Win"전략이다.

유화전략은 협상으로 인해 돌아올 결과보다는 상대방과의 인간관계 유지를 선호하여
상대방과 충돌을 피하고자 할 때 사용할 수 있다. 상대방과의 우호관계를 중시하며 그
우호관계를 지속하기 위해서 자신의 입장이나 이익보다는 상대방의 이익과 입장을 고려하여
상대방에게 돌아갈 결과에 더 큰 관심을 가지고 상대방의 주장에 순순히 따르는 전략이다.

또한 단기적으로는 상대방의 얻는 결과에 순응하고 수용하더라도 자신은 잃을 것이 없고,
오히려 장기적 관점에서 볼 때 상대방과의 상호 의존성과 인간관계의 우호적인 면을
강화하여 상대방의 지원을 지속시킬 수 있다면 유화전략을 공개적으로 사용할 수 있다.
유화전략에 사용될 수 있는 전술에는 유화, 양보, 순응, 수용, 굴복, 요구사항의 철회 등이
있다.

회피전략

- 회피전략(avoiding strategy)은 무행동전략이며, 협상으로부터 철수하는 철수전략이다.
  협상을 피하거나 잠정적으로 중단하거나 철수하는 전략이다.
- 회피전략은 "Lose-Lose"전략이다. 즉 나도 손해보고 상대방도 피해를 입게 되어 모두가
  손해를 보게 되는 전략인 "Lose, You Lose, We Lose"전략이다.
- 회피전략은 상대방에게 돌아갈 결과나 자신에게 돌아올 결과에 대해서 전혀 관심을
  가지지 않을 때 사용할 수 있고, 자신이 얻게 되는 결과나 인간관계 모두에 대해서 관심이
  없을 때 상대방과의 협상을 거절할 수 있다.
- 시간과 노력을 투자할 필요가 없을 정도로 협상의 가치가 낮거나, 협상을 중단하고자 하여
  상대방을 심리적 압박감을 주어 필요한 양보를 얻어내고자 할 때, 또는 협상 이외의
  방법으로 쟁점해결을 위한 대안이 존재할 경우에 회피전략을 사용할 수 있다.
- 또한 회피전략은 협상을 더 이상 진행하는 것이 자신에게 불리하게 될 가능성이 있을 때
  또는 협상 상황이 자신에게 불리하게 전개되고 있을 때, 협상국면을 전환하기 위해서
  사용할 수 있다.
- 회피전략의 전술에는 협상을 회피, 무시, 상대방의 도전에 대한 무반응, 협상안건을
  타인에게 넘겨주기, 협상으로부터 철수 등이 있다.

강압전략

- 강압전략(forcing strategy)은 공격적 전략이며 경쟁전략이다. 자신이 상대방보다 힘에 있어서 우위를 점유하고 있을 때 자신의 이익을 극대화를 위한 공격적 전략이다. 상대방의 주장을 무시하고 자신의 힘으로 일방적으로 밀어붙여 상대방에게 자신의 입장을 강요하는 전략이다.
- 강압전략은 "Win-Lose"전략이다. 즉 내가 승리하기 위해서 당신은 희생되어야 한다는 전략인 "Win, You Lose"전략이다. 이로 인해 영합(zero-sum)적인 결과가 산출 될 수 있다.
- 명시적 또는 묵시적으로 강압적 위협이나 강압적 설득, 처벌 등의 무력시위 또는 카드 등을 사용하여 상대방을 굴복시키거나 순응시킨다. 자신의 주장을 확실하게 상대방에게 제시하고 상대방에게 이를 수용하지 않으면 보복이 있을 것이며 협상이 결렬될 것이라는 등의 위협을 가하는 경우가 발생할 수 있다. 따라서 강압전략은 일방적인 의사소통으로 일방적인 양보를 받아낸다.
- 인간관계를 중요하게 여기지 않고 어떠한 수단방법을 동원해서라도 자신의 입장과 이익극대화를 관철시키는 것에만 관심이 있다. 합의도출이 용이한 협력전략과 반대로 강압전략은 합의도출이 어렵다.
- 상대방에 비해 자신의 힘이 강하고, 상대방과의 인간관계가 나쁘고, 상대방에 대한 신뢰가 전혀 없을 때, 자신의 실질적 결과를 극대화하기 위해서 강압전략이 매우 강렬하게 사용될 수 있다.
- 강압전략이 사용될 수 있는 협상전술로는 위압적인 입장천명, 협박과 위협, 협박적 설득, 확고한 입장에 논쟁, 협박적 회유와 설득, 상대방 입장에 대한 강압적 설명요청 등이 있다.

》》 설득의 전략

See – Feel – Change 전략

'See'전략은 시각화하고 직접 보게 하여 이해시키는 전략이며, 'Feel'전략은 스스로가 느끼게 하여 감동시키는 전략이며, 'Change'전략은 변화시켜 설득에 성공한다는 전략이다.

See	Feel	Change
(시각화하여 이해시킨다)	(느끼게 하여 감동시킨다)	(변화시켜 설득에 성공한다)

상대방 이해 전략

협상상대방을 설득하기 위해서는 설득에 장애가 되는 요인들을 척결해야 한다. 협상전략에 있어서 상대방 이해란 협상과정상의 갈등해결을 위해서 상대방에 대한 이해가 선행되어 있으면 갈등해결이 용이하다는 것이다.

예컨대 상사가 부하를 설득하기 위해서는 부하에 대한 이해가 선행되어야 한다. 사용자가 노동자들을 설득하기 위해서는 노동자들에 대한 이해가 선행되어야 하며, 부처 간의 갈등에 있어서도 상대방 부처를 설득하기 위해서는 상대방 부처에 대한 이해가 선행되어야 한다.

호혜관계 형성 전략

호혜관계란 협상당사자간에 어떤 혜택들을 주고받은 관계가 형성되어 있으면 그 협상과정상의 갈등해결에 용이하다는 것이다.

예컨대 부처 간에 도움을 받으면 도움을 주어야 한다는 것이다. 이는 빚은 갚아야 한다거나 약속은 지켜야 한다는 것과 같은 사회적 의무에 관한 교육과 학습의 영향이다. 관리자와 부하간의 호의에 있어서, 이 호의에는 부하가 원했던 원치 안 했던 관계없이 모든 호의가 이에 해당된다. 따라서 부하를 일단 빚진 상태로 만들면 된다.

즉 부하를 먼저 무언가를 도와주면 된다. 시민과의 관계에서도 마찬가지다. 정부는 시민에게 먼저 어떤 호혜를 베풀면 된다. 그렇게 되면 부하와 상사 간에 또는 시민과 정부 간에 호혜관계에 놓이게 된다.

평소에 이렇게 호혜관계를 잘 형성해 놓으면 차후에 어떤 정책을 추진할 때 다른 사람으로부터 협조를 잘 받아낼 수 있다.

헌신과 일관성 전략

헌신과 일관성이란 협상당사자간에 기대하는 바에 일관성 있게 헌신적으로 부응하여 행동하게 되면 협상과정상의 갈등해결이 용이하다는 것이다.

이는 일종의 습관 같은 것으로 반복하다가 보면 존재하지 않는 것도 존재하는 것처럼 착각해서 생기게 된다.

관리자가 부하들에게 대하는 행동도 마찬가지로 적용된다. 사소한 습관에서부터 큰것으로 지속적으로 진행해야 한다. 도중에 나쁜 습관을 이것저것 허락하게 되면 헌신과 일관성의 법칙이 깨어지기 때문에 부하들은 자신들도 모르는 사이에 나쁜 버릇을 가지게 된다.

사회적 입증 전략

사회적 입증이란 어떤 과학적인 논리보다도 동료나 사람들의 행동에 의해서 상대방설득을 진행하는 것이 협상과정상의 갈등해결이 더 쉽다는 것이다.

광고에서 말하는 소위 '입 소문'을 통해서 설득하는 것이 광고를 내보내서 설득하는 것보다 더 효과가 있다는 것이다.

연결 전략

연결이란 협상과정상의 갈등상태가 발생했을 때 그 갈등 문제와 갈등관리자를 연결하는 것이 아니라 그 갈등을 야기한 사람과 관리자를 연결하면 갈등해결이 용이해진다는 것이다.

연결이란 제품(예컨대 정부정책)과 자신을 연결하는 것이 아니라 그 제품을 판매(예컨대 집행)하는 사람과 자신을 연결한다는 것이다. 따라서 어떤 정책을 집행할 때 그 정책에 이해관계를 가진 집단들에게 우호적인 사람으로 하여금 집행하게 되면 그 정책으로 인해 발생하는 갈등을 용이하게 해결할 수 있다는 것이다.

연결기술을 효과적으로 사용하기 위해서는 우호적이거나 좋은 이미지, 협력적인 행정이나 정책들을 사용하여 다른 사람을 설득시키는 것이 용이하다.

권위 전략

권위란 직위나 전문성, 외모 등을 이용하면 협상과정상의 갈등해결에 도움이 될 수 있다는 것이다.

설득기술에 있어서 권위란 직위, 전문성, 외모 등에 의한 기술이다. 사람들은 자신보다 더 높은 직위, 더 많은 지식을 가지고 있다고 느끼는 사람으로부터 설득 당하기가 쉽다.

계장의 말씀보다 국장의 말씀에 더 권위가 있고 설득력이 높다. 비전문가보다 전문가의 말에 더 동조하게 된다. 전문성이 있는 사람이 그렇지 않은 사람보다 더 권위가 설득력이 있다.

희소성 해결 전략

희소성이란 인적, 물적 자원 등의 희소성을 해결하는 것이 협상과정상의 갈등해결에 용이하다는 것이다.

그러나 이 희소성의 문제는 그 희소한 것을 강력히 소유하고자 하는 사람 또는 집단들의 소유욕이 있을 때에 한해서 통용된다. 즉 아무리 자원이 희소하더라도 그것을 소유하고자 하는 사람이 없으면 그 희소성으로 인해서 갈등이 야기되지 않는다는 것이다.

사람들은 시간적으로 희소하고 사회경제적으로 희소한 것 등에 대해서 더 강력히 소유하고자 하는 큰 욕구를 가지고 있을 때 목숨을 걸 정도로 설득을 잘 당한다는 것이다.

반항심 극복 전략

반항심이란 협상과정상의 갈등관리를 위해서 자신의 행동을 통제하려는 상대방에게 반항한다는 것에 관련된 것이다.

로미오와 줄리엣 효과는 희소성과 반항심리를 잘 묘사하고 있다. 부모들의 '하지 마라'라는 반대가 연인들로 하여금 반항심리를 불러 일으켜 더 깊은 사랑을 하게 만든다. 부모들의 반대가 심화되면 될 수록 로미오와 줄리엣에게 희소성이 더욱 강화되고 반항심을 더욱 자극하여 더 깊은 사랑에 빠지게 만들고 결국엔 자살로 이어진다는 것이다.

부하나 시민들을 설득하는데도 마찬가지이다. 억압하면 할수록 더욱 반항하게 될 가능성은 높아진다. 부하나 시민들을 비난하거나 부정하는 말이나 행동으로 설득시키려 하면 부하나 시민들로 하여금 반항심리를 유발시켜 설득에 실패하게 될 확률이 높다.

6.5 고객서비스 능력 (하위모듈 F-2-마)

학습목표

직장생활에서 고객서비스에 대한 이해를 바탕으로 실제 현장에서 다양한 고객에 대처할 수 있으며, 고객만족을 이끌어낼 수 있는 능력을 기른다.

⋯▸ 고객서비스의 의미를 설명할 수 있다.
⋯▸ 고객의 불만 표현 유형을 알고 대응방안을 마련할 수 있다.
⋯▸ 직장생활에서 불만처리 프로세스에 따라 고객의 불만을 처리할 수 있다.
⋯▸ 직장생활에서 고객만족 조사를 활용할 수 있다.

✎ 고객서비스

오늘날 많은 기업들이 고객서비스를 주요 경쟁우위 수단으로 간주하고 고객만족헌장이나 고객서비스헌장을 제정, 그 실천을 위해 노력하고 있다.

여기서 고객서비스란 다양한 고객의 요구를 파악하고, 대응법을 마련하여 고객에게 양질의 서비스를 제공하는 것을 말한다.

서비스는 인간관계의 기본이요, 기업경영의 핵심요소이다. 요즘 고객들은 기업에 대한 만족의 조건으로 서비스를 매우 중요하게 생각한다. 그러므로 고객서비스는 기업의 생존을 위해 필수적이라고 할 수 있다. 고객서비스란 다양한 고객의 요구를 파악하고, 대응법을 마련하여 고객에게 양질의 서비스를 제공하는 것을 의미한다.

「세계적인 기업이 되기 위해서는 고객서비스가 탁월해야 한다」는 말이 소비재 뿐 아니라 품질력이 최우선시 되는 반도체 부문에서도 중요시되고 있어, 이제 고객서비스가 호텔이나 백화점에서만 하는 활동이 아님을 실감할 수 있다.

이는 대부분의 경영자들이 현대사회에서 고객서비스에 문제가 있을 시에는 그들의 가장 중요한 자산인 고객이 자사를 떠나버린다는 사실을 잘 알고 있기 때문이다.

그리고 amazon.com을 최고의 인터넷 e-커머스 기업으로 이끈 제프 베이조스 회장은 고객의 경험을 중시하는 것이 성공의 비결이라고 말한 바 있다. 이처럼 적당히 서비스를 제공하는 것만으로는 고객을 다소 만족시킬 수는 있어도 그를 자사의 열렬한 전도자로는 만들 수 없다는 것이 오늘날의 실정이라 하겠다.

고객서비스를 제공하는 목적은 조달, 생산, 판매, 혹은 고객지원 등의 기업활동 중 어디에 중점을 두느냐에 따라 다르다. 여기서 고객중심 기업의 일반적 특성을 알아보면 다음과 같다.

고객중심 기업의 일반적 특성

- 내부고객, 외부고객 모두를 중요시 한다.
- 고객 만족에 중점을 둔다.
- 고객이 정보, 제품, 서비스 등에 쉽게 접근할 수 있도록 한다.
- 보다 나은 서비스를 제공할 수 있도록 하는 기업정책을 수립한다.
- 기업의 전반적 관리시스템이 고객서비스 업무를 지원한다.
- 기업이 실행한 서비스에 대해 계속적인 재평가를 실시함으로써 고객에게 양질의 서비스를 제공하도록 서비스 자체를 끊임없이 변화시키고 업그레이드한다.

고객서비스를 통해서 기업의 성장을 이루는 과정은 우선 고품위의 고객서비스를 제공하면 고객은 감동을 받고, 이로 인해 회사에 대한 충성도, 즉 애착이 생기게 된다. 이로 인해 기업에 대한 선호도가 고객들 사이에 높아져 성장과 이익을 달성할 수 있는 것이다.

✎ 고객만족경영

기업의 경영과 마케팅활동에 있어서 고객만족(CS: Customer Satifaction)이라는 용어는 이제 너무나 일상적이며 지극히 당연한 개념으로 등장하였다. '고객만족이란 고객의 요구(Needs)를 기대이상으로 충족시키는 것'이라는 정도는 시장에서의 공급자인 기업뿐만 아니라 수요자인 소비자도 너무나 잘 알고 있는 평범한 상식의 개념이 되었다.
즉, 고객만족(CS)관리란 공급자가 고객에게 제품이나 서비스를 제공하고 고객의 기대를 충족시켜 그 제품이나 서비스에 대한 선호도가 지속되도록 하는 관리(Management)를 말한다.

고객을 잃고 손상된 명성을 회복하기 위해서 조직은 엄청난 추가적 노력을 기울여야 한다. 조사에 따르면 새로운 고객을 창출하는데 소요되는 비용이 기존 고객을 유지하는 소요 비용의 4배에 이른다. 다시 말하자면 기존 고객을 잃지 않도록 노력하는 것이 기업 경쟁력의 기본이 되었다. 서비스에 만족한 고객은 재구매와 긍정적인 구전을 통해 단순한 매체광고보다 더 효과적인 광고수단으로 이어져 기업의 궁극적인 목적인 영업이익을 가져다 줄 뿐만 아니라 기업의 경쟁력을 한층 더 강하게 해준다는 뜻이다.
무한경쟁의 경영환경에서 고객의 기대를 대변하는 고객의 불만을 적극적으로 수용하여, 적절히 대응하고 해결하는 것이 곧 장기적인 고객만족을 가져오는 성공 경영의 핵심요소가 되었다.

"고객만족이란 고객에게 단순한 가치나 효용을 제공하는 것을 넘어 만족을 주는 것을 의미한다."

만족과 불만족의 기준은 "고객의 기대"
• 고객의 기대(대) > 실제 재화 / 서비스 … 고객불만
• 고객의 기대(중) = 실제 재화 / 서비스 … 고객만족
• 고객의 기대(소) < 실제 재화 / 서비스 … 고객감동

〉〉〉 고객만족의 요소

고객만족의 본원적인 요소는 고객이 돈을 내는 이유를 가지는 요소인 회계시스템, 정보/자료의 제공 등이며, 부가적인 요소는 본원적인 것을 요구하고, 부가적으로 기대하는 요소인 사용자 매뉴얼, 사용자 검색 등이 있다.

부가적 요소가 중요해지면서 서비스 활동에 대한 관심도 커지고 있다. 기업이 생산하는 제품에는 하드웨어, 소프트웨어, 중간재, 서비스 등이 있다. 서비스는 그 자체가 하나의 제품인 경우도 있는가 하면 다른 제품의 가치를 실현하는데 도움을 주는 측면을 지니고 있다.

제품의 질적 측면이 최소한의 요구사항을 만족시키는 여러 제품이 존재하는 경우, 결국 고객의 선택은 부가적 요소인 서비스에 따라 달라질 것이다.

고객만족을 결정하는 요소	
제품 또는 서비스 특징	• 제품 또는 서비스 특정인 가격수준, 품질 등에 의해 영향을 밟는다.
고객감정	• 고객의 서비스 전 감정, 소비 체험으로부터 얻은 부정적 감정과 긍정적인 감정은 서비스의 지각에 영향을 미친다.
서비스의 성공 및 실패의 원인에 대한 귀인	• 기대한 것보다 서비스에 만족 또는 불만족하였을 경우 소비자는 그 이유를 분석하여 평가한다. 이 때 평가는 고객만족에 영향을 미친다.
공평성의 지각	• 다른 고객들과 비교하여 공평한 서비스를 받았는가?는 고객만족에 영향을 미친다.
다른 고객, 가족 구성원, 동료 등	• 이웃, 주변의 구전에 의해 영향을 받는다.

〉〉〉 고객불만 처리

불만고객

보통 기업을 상대로 불만을 표현하고 해결을 요구하는 고객이 불만고객이라 정의한다. 시대가 변화함에 따라 고객의 욕구가 높아지고, 서비스 경쟁이 또한 치열해져 고객은 조금만 마음이 상해도 회사를 이용하지 않는다. 고객 불만의 시작은 아주 사소한 일로 시작된다.

예를 들면,

"여름에 이 사무실은 왜 이렇게 더워요?",

"여기 주차장 왜 이렇게 주차하기 힘들어요?",

"여기 물먹는 곳 없어요?",

"생각보다 금액이 적어요?" 등과 같이 사소한 불만에서부터 시작된다.

불평고객이 중요한 이유

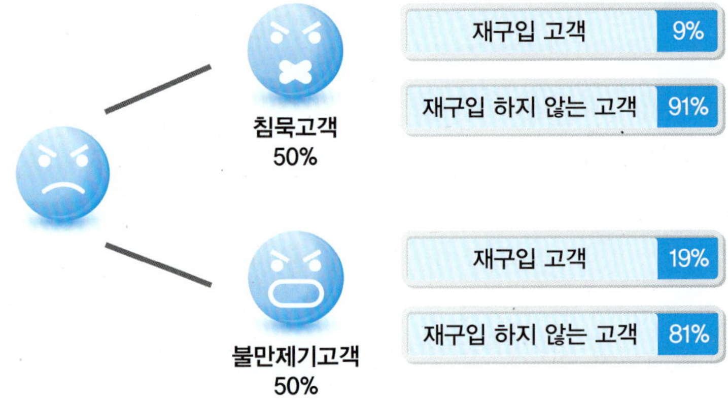

고객중심 기업의 일반적 특성

- 불만족한 고객 대부분은 불평하지 않는다. 불평하는 고객은 사업자를 도와주려는 생각에서 불평을 하는 경우가 많다. 따라서 고객의 불평을 감사하게 생각해야 한다.
- 고객의 불평은 종종 거친 말로 표현된다. 그러나 그것은 꼭 불만의 내용이 공격적이기 때문에 그런 것은 아니다.
- 대부분의 불평고객은 단지 기업이 자신의 불평을 경청하고, 잘못된 내용을 설명하고 제대로 고치겠다고 약속하면서 사과하기를 원한다.
- 미리 들을 준비를 하고 침착하게 긍정적으로 고객을 대하며, 대부분의 불평은 빠르게 큰 고통 없이 해결된다.

고객의 불만유형 및 대응방법

고객을 다루기 위해서는 고객의 유형을 알아야 한다. 회사의 제품이나 서비스에 만족하는 고객이 있는가 하면, 만족하지 못하는 고객이 있다. 고객서비스 능력을 향상시키기 위해서는 불만족한 고객을 다룰 줄 아는 것이 매우 중요하다.

불만족한 고객은 불만을 표현하는 방식이 매우 다양하다.

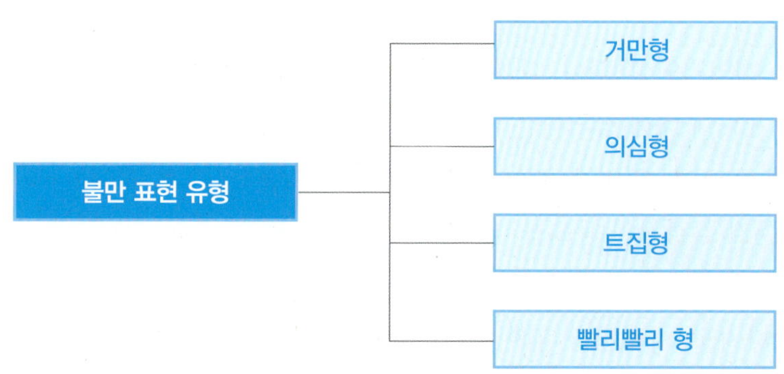

거만형은 자신의 과시욕을 드러내고 싶어 하는 사람으로, 보통 제품을 폄하하는 사람들이 많이 있다. 의심형은 직원의 설명이나 제품의 품질에 대해 의심을 많이 하는 사람이고, 트집형은 사소한 것으로 트집을 잡는 까다로운 고객을 말한다. 빨리빨리형은 성격이 급하고, 확신 있는 말이 아니면 잘 믿지 않는 고객을 말한다.

① **거만형**
- 정중하게 대하는 것이 좋다.
- 자신의 과시욕이 채워지도록 뽐내든 말든 내버려 두는 것이다.
- 의외로 단순한 면이 있으므로 일단 그의 호감을 얻게 되면 여러 면으로 득이 될 경우가 많다.

② **의심형**
- 분명한 증거나 근거를 제시하여 스스로 확신을 갖도록 유도한다.
- 때로는 책임자로 하여금 응대하는 것도 좋다.

③ **트집형**
- 이야기를 경청하고, 맞장구치고, 추켜세우고, 설득해 가는 방법이 효과적이다.
- 예: '손님의 말씀이 맞습니다. 역시 손님께서 정확하십니다.'하고 고객의 지적이 옳음을 표시한 후 '저도 그렇게 생각하고 있습니다만…'하고 설득한다.
- 잠자코 고객의 의견을 경청하고 사과를 하는 응대가 바람직하다.

④ **빨리빨리 형**
- "글쎄요" "아마…" "저…"하는 식으로 애매한 화법을 사용하면 고객은 신경이 더욱 날카롭게 곤두서게 된다.
- 만사를 시원스럽게 처리하는 모습을 보이면 응대하기 쉽다.

✎ 불만고객응대의 기본 원칙

피뢰침의 원칙

고객은 나에게 개인적인 감정이 있어서 화를 내는 것이 아니다. 일처리에 대한 불만으로 복잡한 규정과 제도에 대해 항의하는 것이다. 이것을 명확히 알고 관점을 가져야 한다.

고객이 화를 내고 거친 언어를 사용한다고 해서 그것을 나에게 화내는 것이라고 생각해 버린다면 누구든지 감정적인 동요를 일으킬 수밖에 없다.

불만고객의 상담자도 피뢰침과 같이 직접 불만 섞인 다양한 고객들을 맞이하여 몸으로 흡수하고 회사나 제도에 반영한 후 다시 땅속으로 흘려보내야 한다. 이런 피뢰침과 같은 역할을 성실히 수행함으로써 회사와 조직은 상처를 입지 않고 내용을 충만히 할 수 있을 것이다.

책임 공감의 원칙

고객의 비난과 불만이 나를 향한 것이 아니라고 하여 고객의 불만족에 대해서 책임이 전혀 없다는 말은 아니다. 우리는 조직구성원의 일원으로서 내가 한 행동의 결과이든 다른 사람의 일처리 결과이든 고객의 불만족에 대한 책임을 같이 져야만 한다.

감정통제의 원칙

직업이라는 의미는 생계의 수단이자 자기 자신을 실현할 수 있는 방법이라는 의미이다. 사람을 만나고 의사소통하고 결정하고 집행하는 것이 직업이라면 사람과의 만남에서 오는 부담감을 극복하고 자신의 감정까지도 통제할 수도 있어야 한다.

프로와 아마추어의 차이는 그것을 통제할 수 있느냐 없느냐의 차이다. 자신을 잃지 않고 끝까지 감정을 지켜나가는 사람은 최후의 승리자가 될 것이며 그렇지 않고 잠시 감정의 끈을 풀어놓은 사람은 어느 순간 타인에게 끌려가게 될 것이다.

언어절제의 원칙

우리가 상대방에게 말을 많이 하고 표현할 때 스트레스가 풀리는지 아니면 상대방의 이야기를 계속 듣고만 있을 때 스트레스가 풀리는지를 생각해보자. 당연히 상대방에게 자신을 표현할 때 스트레스가 풀리게 된다. 이것 또한 배설의 원리 중 하나로, 자신의 묵은 감정의 응어리 들을 터뜨려 배설하는 것이야 말로 자신의 건강한 감정을 되살리는 길이 된다.

고객을 잘 응대하고 싶지 않은 사람은 없다. 다만 말을 절제하는 일에는 다들 실패하고 있다. 벤자민 프렝클린은 이렇게 말했다. "만일 당신이 사람들에게 따지고 상처를 주고 반박을 한다면 때때로 승리할 수도 있을 것이다. 하지만 그것은 공허한 승리에 불과하다. 왜냐하면 당신은 결코 상대방으로부터 좋은 호의를 얻어내지 못할 것이기 때문이다."

역지사지의 원칙

우리가 역지사지의 원칙을 예측해야 하는 이유는 단 두 가지이다.

첫 번째, 고객 상담의 과정에서 누차 밝혔듯이 누구도 그 사람의 입장이 되어보지 않고서는 그의 마음을 알 수 없다는 것이다. 고객을 이해하기 위해서는 반드시 그의 입장에서 문제를 바라보아야 한다.

두 번째, 우리는 우리에게 관심을 갖는 사람에게 관심을 갖듯이 고객 또한 자신에게 관심을 가져주는 사람에게 관심을 가져주기 때문이다.

결국 불만고객응대의 5가지 원칙의 핵심은 '나는 사람을 만나고 있다.'는 사실을 시종 일관 잊어버리지 말자는데 있다.

〉〉 고객불만처리 프로세스

고객 불만 처리 프로세스는 8단계로 나누어질 수 있는데, 이는 아래의 그림과 같다.

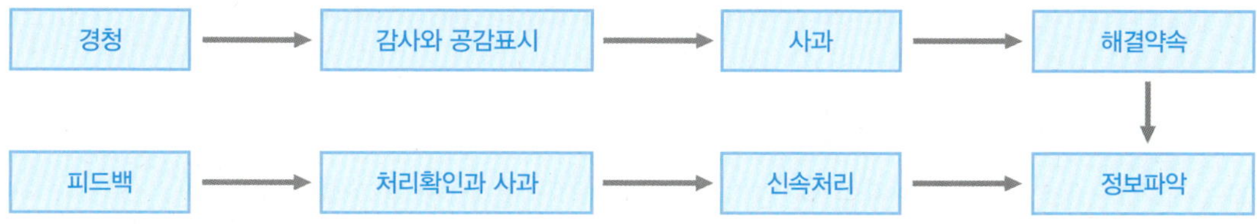

① 경청

   – 고객의 항의에 경청하고 끝까지 듣는다.

   – 선입관을 버리고 문제를 파악한다.

② 감사와 공감표시

   – 일부러 시간을 내서 해결의 기회를 준 것에 감사를 표시한다.

   – 고객의 항의에 공감을 표시한다.

③ 사과

　– 고객의 이야기를 듣고 문제점에 대한 인정과 잘못된 부분에 대해 사과한다.

④ 해결약속

　– 고객이 불만을 느낀 상황에 대해 관심과 공감을 보이며, 문제의 빠른 해결을 약속한다.

⑤ 정보파악

　– 문제해결을 위해 꼭 필요한 질문만 하여 정보를 얻는다.

　– 최선의 해결방법을 찾기 어려우면 고객에게 어떻게 해주면 만족스러운지를 묻는다.

⑥ 신속처리

　– 잘못된 부분을 신속하게 시정한다.

⑦ 처리확인과 사과

　– 불만처리 후 고객에게 처리 결과에 만족하는지를 물어본다.

⑧ 피드백

　– 고객 불만 사례를 회사 및 전 직원에게 알려 다시는 동일한 문제가 발생하지 않도록 한다.

>>> 고객만족도(고객만족지수 : CSI)

고객만족도란 고객의 만족도를 측정하여 시간경과에 따라 비교할 수 있도록 한 것으로 고객의 다양한 욕구에 대하여 고객이 기대한 만큼 기업이 어느 정도 충족시키고 있는가를 객관적인 평가를 통해 지표화한 것이다.

따라서 산출된 고객만족지수는 일정한 시간적 간격을 두고 정기적으로 조사하여 시계열적으로 관리되고 있으므로 만족지수 산출의 접근은 매우 중요하다.

신규고객을 유치하고도 그 고객을 유지하지 못한다면 오히려 기업에게는 손해이며 기존의 모든 고객을 장기적으로 유지할 수 있다면 기업의 이익은 크게 증가할 수 있다.

기업에게 신규고객을 획득하는 공격전략(Offensive Strategy) 보다 기존 고객을 유지하려는 방어전략(Defensive Strategy)이 더 중요해지는 이유는 여기에 있다. 방어전략(Defensive Strategy)에서 고객만족은 가장 중요한 열쇠가 되고 있다.

고객만족도가 기업에게 이렇게 중요한 의미를 가지고 있지만 기업에서 관리하기가 쉽지만은 않다. 고객만족관리를 위한 첫출발은 정확한 고객만족도를 측정하는 것이다. 현 상태를 파악하는 것은 고객만족 활동의 방향을 결정짓는 중요한 출발점이 되고 많은 기업들이 고객만족도를 측정하고 있다.

고객만족도 조사의 목적 및 필요성

- 일반적으로 CSI를 측정하는 목적은
  - 고객만족도의 수준을 파악하고
  - 시계열 변동의 원인을 관리함으로써
  - 수익성과 밀접한 관계가 있는 고객 유지율을 유지, 제고시키는데 있다.
  - 또한 제품 및 서비스 품질을 개선하기 위한 기업내부의 프로세스 개선을 도모하려는데 있다.

고객만족도를 측정하는 필요성은 다음과 같다.

- 자사의 경쟁 관련 품질성과(Quality Performance)연구
- 자사 및 경쟁사의 고객충성도 분석
- 고객기대가 충족되지 않은 영역평가
- 고객의 제품 및 서비스 가격 인상의 허용 폭 결정
- 경쟁사의 CS 강·약점 분석
- 잠재적인 시장진입장벽 규명
- 효율성 평가 및 불만 해소의 영향 분석
- 고객유지율의 형태로서 예측된 투자수익률(ROI; return of investment) 예측

✎ 고객만족도 측정 3가지 원칙

- 첫째, 계속성의 원칙 : 고객의 만족도를 과거 현재 미래와 비교할 수 있어야 한다.

  고객의 Needs는 주변 환경에 따라 항상 변하고 만족도 또한 제품 품질의 향상, 애프터서비스의 향상 등에 따라 달라진다. 따라서 고객만족도를 파악하기 위해서는 과거시점에 비해 고객의 만족도가 향상되었는지, 그리고 미래에 어떻게 변할 것인지에 대해서 파악할 수 있어야 하며, 그러기 위해선 한 번의 만족도 조사로 끝나는 것이 아니라 지속적으로 또 주기적으로 조사를 시행해야 한다.

- 둘째, 정량성의 원칙 : 항목별로 정량적 비교가 가능하도록 조사하는 것이 중요하다.

  "성능은 좋은데 디자인이 맘에 들지 않는다", "애프터서비스 요원의 서비스가 불만족스럽다" 등등 문자열로 된 데이터로는 항목별 비교가 불가능하다. 조사의 주요목적은 이전과 비교해서 얼마나 개선되었는가를 파악하는 것이다. 그러므로 항목별로 정량적 비교가 가능하도록 조사하는 것이 중요하다.

– 셋째, 정확성의 원칙 : 정확한 조사와 정확한 해석을 실시한다.

　　보통 만족도 조사는 설문을 통해 이루어지는 경우에 설문조사 시 설문지의 설계와 설문내용의 해석은 설문조사에서 뿐만이 아니라 인터뷰조사 또는 데이터 조사 등 모든 분석 프로세스에 있어서 매우 중요한 요소이다. 설문조사의 경우 조사 목적에 맞게 정확한 답변이 나올 수 있도록 설계해야 하며 해석에 있어서도 주관적인 생각은 배제하여야 한다.

〉〉〉 고객만족조사계획 수립 시 고려사항

조사 분야 및 대상 설정

- 시장의 다양화, 제품 및 서비스의 복잡화함에 따라서 조사 분야와 대상을 확실히 정의하는 것이 필요하다. 그렇지 않으면 정확히 측정하고자 하는 것에 대한 고객만족을 조사할 수 없게 될 것이다.
- 기업의 어떤 제품에 대한 고객만족인지, 아니면 서비스에 대한 고객들의 만족도를 조사할 것인지를 분명히 선정해야 한다.

조사목적 설정

- 고객만족 조사의 목적은 크게 4가지로 나눌 수 있다.
  - 전체적 경향의 파악

    고객만족도 수준은 어떠한 상황에 있는지, 어떻게 변화하고 있는지, 어떠한 요인에 의해 결정되는지, 고객의 심리는 어떻게 되어 있는지 등 전체적인 관점에서 조사한다. 객관성, 공평성, 과학적 합리성이 요구되는 조사가 실시되어야 한다.
  - 고객에 대한 개별대응 및 고객과의 관계유지 파악

    개별고객의 불만해소, 니즈 파악, 이 후의 비즈니스 관련 정보입수 등이 중요 조사대상의 선택은 무작위이어서는 안 된다. 중요한 고객을 우선해야 한다.
  - 평가목적

    포과적인 질문, 상세한 질문은 불필요하다.

    평균치 계산으로 많은 목적이 달성된다.
  - 개선 목적

    고객심리 및 평가의 결정요인의 해명 등이 분석의 대상

    가능한 한 고객의 감정에 따른 질문 작성이 요구, 비교적 상세한 질문 및 자유회답이 바람직하다.

조사방법 및 횟수

고객만족 조사에 사용되는 방법으로는 설문조사, 심층면접법이 있다.

- 설문조사
  - 고객만족을 측정할 수 있는 문항으로 구성된 설문지를 통하여 응답자들의 인식을 조사하는 방법이다.
  - 비교적 빠른 시간 내에 조사를 실시할 수 있다.
  - 조사결과를 통계적으로 처리할 수 있다.
  - 응답자들이 쉽게 알아들을 수 있는 말로 질문을 구성해야 한다.
- 심층면접법
  - 조사자와 응답자간의 일대일 대면접촉에 의해 응답자의 잠재된 동기, 신념, 태도 등 을 발견하는데 사용한다.
  - 30분에서 1시간 정도의 비교적 긴 시간이 소요된다.
  - 다른 방법을 통해 포착할 수 없는 심층적인 정보를 경험적으로 얻을 수 있다.
  - 독특한 정보를 얻을 수 있다.
  - 인터뷰 결과를 사실과 다르게 해석할 수 있다.

고객만족도 조사횟수는 보통 1회 조사로 고객만족 조사를 하는 경우가 많이 있지만, 1회 조사는 실패하기 쉽다. 조사방법이나 질문내용이 부적절하기도 하고, 정확한 조사결과를 얻기 어렵기 때문이다. 그래서 보통 연속조사를 하는 것을 권장한다.

조사결과 활용 계획

조사결과 활용 계획은 앞선 조사목적과 일맥상통한다. 조사결과를 평가에 반영하기위한 것인지, 아니면 서비스나 제품을 개선하기 위한 것인지에 따라 활용계획은 달라질것이다. 목적에 맞는 활용계획을 설정해 놓는 것이 조사의 방향에 일관성을 부여 할 수 있다.

✎ 고객만족 측정 모형

ACSI(American Customer Satisfacton Index)

미시간 대학의 클라스 포넬(Claes Fornell)이 개발한 지표이다.

고객만족의 선행변수로 지각된 전반적인 품질과 고객의 기대가 지각된 가치에 영향을 미쳐 고객만족으로 이어지기 때문에 소비자의 불만은 감소하고 고객충성도는 증가한다는 것이다.

이 모형의 핵심은 고객만족의 선행변수로 지각된 전반적인 품질과 고객의 기대가 지각된 가치에 영향을 미쳐 고객만족으로 이어지기 때문에 소비자의 불만은 감소하고 고객충 성도는 증가한다는 것이다.

지각된 전반적 품질은 시장 내 고객의 최근 소비 경험에서 오는 평가로 이를 측정하기 위해 고객화, 신뢰도, 전반적인 품질 평가의 세 가지 구성요소를 측정한다.

NCSI(National Customer Satisfaction Index)

국가고객만족도(NCSI)는 한국생산성본부와 미시간대학(University of Michigan이 공동으로 ACSI를 기반으로 개발하였다.

국가고객만족도는 최종 소비자에게 판매되는 제품 및 서비스에 대해 해당 제품을 직접 사용한 경험이 있는 고객이 직접 평가한 만족수준의 정도를 모델링에 근거해 측정 계량화한 지표이다.

고객만족도지수의 원조(元祖)는 미국이다. 우리나라 기업의 제품과 서비스를 평가 대상으로 하는 국가고객만족도지수(NCSI)는 미국 기업이 평가 대상인 미국고객만족도지수 (American Customer Satisfaction Index · ACSI)를 참고해 만든 것이다.

KCSI(Korean Customer Satisfaction Index)

우리나라 산업의 상품과 서비스에 대한 고객들의 만족 정도를 수치로 나타낸 지수를 말한다. 한국능률협회컨설팅이 1992년부터 매년 발표하며, 해외의 고객만족도를 참조해 자체적으로 만든 이 지수는 경제의 양적 성장을 나타내는 국민총생산(GNP)이나 국내총생산(GDP) 등의 생산성 지표와는 달리 국가 산업의 질적 성장을 평가하는 지표로 사용된다.

이 지수는 우리나라 전체 산업의 만족수준을 나타내는 한국산업의 고객만족지수, 이를 구성하는 각 산업부문 고객만족지수, 개별산업 고객만족지수, 개별기업 고객만족지수 등 총 4개의 계층구조로 되어 있다.

KSQI – 한국능률협회컨설팅(KMAC)

기업의 서비스를 고객에게 제공하는 콜센터 등에 대한 품질 수준을 매년 평가해 지수화한 것을 뜻한다. 조사는 보통 콜센터의 업무에 대한 사전 준비, 서비스, 사후 관리 등 세단계로 하며, 평가 항목은 통화 연결, 고객 맞이, 상담 태도, 업무 능력, 종료 태도 등 다섯 가지로 나뉜다. 각 항목을 백분율로 환산해 100점 만점 기준으로 산출한다.

KS–SQI – 한국표준협회(KSA)

한국표준협회(KSA)와 서울대학교 경영연구소가 대한민국 서비스산업과 소비자의 특성을 반영해 공동 개발한 것이다. 이는 기업의 제품을 구매해 본 소비자들이 서비스 품질에 대해 만족한 정도를 조사한 종합지표라고 할 수 있다. KS–SQI는 서비스 산업만을 대상으로 2000년 이후 매년 정기적으로 조사, 발표하고 있다.

NPS(Net Promoter Score : 순 추천 고객지수)

베인앤컨설팅과 프레드 라이켈트(Frederick F. Reichheld)는 쉽고 간단하면서도 기업의 미래 성장을 가늠해볼 수 있는 순 추천고객지수(NPS; Net Promoter Score)를 고안해냈다. NPS란 어떤 기업이 충성도(로열티) 높은 고객을 얼마나 보유하고 있는지를 측정하는 지표이다. 순 추천고객지수는 소비자에게 "우리 기업 또는 브랜드를 친구나 동료에게 추천하겠습니까?"라는 질문에서 출발한다.

추천고객일수록 비추천고객에 비해 더 많이, 더 자주 구매를 하며, 자신이 만족을 주변에 적극적으로 퍼트리는 충성고객이 되어, 기업의 이익실현에 기여하게 된다는 것이다.

 요점정리

01 대인관계능력이란 직장생활에서 협조적인 관계를 유지하고 조직구성원들에게 도움을 줄 수 있으며 조직내부 및 외부의 갈등을 원만히 해결하고 고객의 요구를 충족시켜줄 수 있는 능력을 의미한다.

02 대인관계를 향상시키는 방법
① 상대방에 대한 이해와 양보
② 사소한 일에 대한 관심
③ 약속의 이행
④ 칭찬하고 감사하는 마음
⑤ 언행일치
⑥ 진지한 사과

03 훌륭한 팀워크를 위해 팀원들이 갖추어야 할 기본 요소
① 팀원 간에 공동의 목표의식과 강한 도전의식을 갖는다.
② 팀원 간에 상호 신뢰하고 존중한다.
③ 서로 협력하면서 각자의 역할과 책임을 다한다.
④ 솔직한 대화로 서로를 이해한다.
⑤ 강한 자신감으로 상대방의 사기를 드높인다.

04 팀워크를 저해하는 요소
① 조직에 대한 이해 부족
② 자기중심적 이기주의
③ '내가'라는 자아의식의 과잉
④ 질투나 시기로 인한 파벌주의
⑤ 그릇된 우정과 인정
⑥ 사고방식의 차이에 대한 무시

05 팀의 발전 단계

① 1단계 : 형성기(Forming)

– 리더에게 의지하고, 인정받기를 원하고, 다른 팀원들을 신뢰할 수 있는지 확인하고 싶어 한다.

② 2단계 : 격동기(Storming)

– 경쟁과 마찰이 일어난다. 경쟁심과 적대감이 나타난다.

③ 3단계 : 규범기(Norming)

– 인간관계의 응집력이 발생하고, 공동체 형성과 팀의 문제해결에 집중한다.

④ 4단계 : 성취기(Performing)

– 진정한 상호의존성 달성

06 멤버십 유형

구분	소외형	순응형	실무형	수동형	주도형
자아상	• 자립적인 사람 • 일부러 반대의견 제시 • 조직의 양심	• 기쁜 마음으로 과업수행 • 팀플레이를 함 • 리더나 조직을 믿고 헌신함	• 조직의 운영방침에 민감 • 사건을 균형 잡힌 시각으로 봄 • 규정과 규칙에 따라 행동함	• 판단, 사고를 리더에 의존 • 지시가 있어야 행동	
동료/ 리더의 시각	• 냉소적 • 부정적 • 고집이 셈	• 아이디어가 없음 • 인기 없는 일은 하지 않음 • 조직을 위해 자신과 자족의 요구를 양보함	• 개인의 이익을 극대화하기 위한 흥정에 능함 • 적당한 열의와 평범한 수완으로 업무 수행	• 하는 일이 없음 • 제 몫을 하지 못함 • 업무 수행에는 감독이 반드시 필요	‖
조직에 대한 자신의 느낌	• 자신을 인정 안해줌 • 적절한 보상이 없음 • 불공정하고 문제가 있음	• 기존 질서를 따르는 것이 중요 • 리더의 의견을 거스르는 것은 어려운 일임 • 획일적인 태도 행동에 익숙함	• 규정준수를 강조 • 명령과 계획의 빈번한 변경 • 리더와 부하간의 비인간적 풍토	• 조직이 나의 아이디어를 원치 않음 • 노력과 공헌을 해도 아무 소용이 없음	

07 팀워크 촉진시키기 위한 요소

① 동료 피드백 장려하기　　　② 갈등을 해결하기

③ 창의력 조성을 위해 협력하기　　　④ 참여적으로 의사결정하기

⑤ 팀워크 개발의 3요소 – 신뢰 쌓기, 참여하기, 성과내기

08 동기유발의 7가지 방법

① 긍정적 강화법 활용

② 새로운 도전의 기회를 부여

③ 창의적인 문제해결법을 찾는다.

④ 책임감으로 철저히 무장

⑤ 코칭을 한다

⑥ 변화를 두려워하지 않는다.

⑦ 지속적인 교육

09 리더와 관리자

리 더	관 리 자
• 새로운 상황 창조자	• 상황에 수동적
• 혁신지향적	• 유지지향적
• 내일에 초점을	• 오늘에 초점을
• 사람의 마음에 불을 지핀다	• 사람을 관리한다
• 사람을 중시	• 체제나 기구를 중시
• 정신적	• 기계적
• 계산된 리스크를 취한다	• 리스크를 회피한다
• '무엇을 할까?'를 생각한다	• '어떻게 할까'를 생각한다

10 리더십 유형

① 독재자 유형　　　　② 민주주의에 근접한 유형

③ 파트너십 유형　　　　④ 변혁적 리더십 유형

11 코칭의 특징

① 코칭은 역동적이며 함께 히는 과정으로 행동변화에 중점을 둔다.

② 코칭은 스스로 문제를 발견하고 해결하도록 한다.

③ 코칭은 양방향이다.

④ 코칭은 업무에 대한 지식이 없는 사람들을 가르친다.

⑤ 코칭은 업무지식은 가지고 있으나 업무수행이 불확실한 사람들을 지도하고 안내한다.

⑥ 코칭은 업무지식은 우수하나 그 방법에 동기가 필요한 사람들을 격려해 나간다.

12 코칭의 장점

① 업무수행 성과에 직접적으로 관련되어 있다.

② 코치와 학습자의 동시 성장이 가능하다.

③ 상하 간에 커뮤니케이션 능력을 향상시킬 수 있다.

④ 일대일로 지도하므로 교육 효과가 높다.

13 코칭의 단점

① 교육의 성패가 코치의 능력에 지나치게 좌우된다.

② 일대일 방식이므로 코치의 시간이 많이 소요되며 노동집약적이다.

③ 매일의 코칭은 학습자에게도 부담이 될 수 있다.

④ 코치와 학습자간의 계약관계는 학습에 지장을 줄 수도 있다.

14 코칭의 기본원칙

① 관리는 만병통치약이 아니다.

② 권한을 위임한다.

③ 훌륭한 코치는 뛰어난 경청자이다.

④ 목표를 정하는 것이 가장 중요하다.

15 임파워먼트(권한위임) – 조직 구성원들을 신뢰하고, 그들의 잠재력을 믿으며, 그 잠재력의
개발을 통해 고성과 조직이 되도록 하는 일련의 행위

16 변화관리의 3단계

① 변화 이해하기　　② 변화 인식하기　　③ 변화 수용하기

17 갈등의 단서

1. 지나치게 감정적으로 논평과 제안을 한다.
2. 타인의 의견발표가 끝나기도 전에 타인의 의견에 대해 공격한다.
3. 핵심을 이해하지 못한데 대해 서로 비난한다.
4. 편을 가르고 타협하기를 거부한다.
5. 개인적인 수준에서 미묘한 방식으로 서로를 공격한다.

18 갈등의 증폭 원인

1. 적대적 행동
   - 팀원들은 '승·패의 경기'를 시작한다.
   - 팀원들은 문제를 해결하기 보다는 '승리하기'를 원한다.
2. 입장 고수
   - 팀원들은 공동의 목표를 달성할 필요성을 느끼지 않는다.
   - 팀원들은 각자의 입장만을 고수하고, 의사소통의 폭을 줄이며, 서로 접촉하는 것을 꺼린다.
3. 감정적 관여
   - 팀원들은 자신의 입장에 감정적으로 묶인다.

19 갈등의 두 가지 쟁점

핵심 문제	감정적 문제
• 역할 모호성 • 방법에 대한 불일치 • 절차에 대한 불일치 • 책임에 대한 불일치 • 가치에 대한 불일치 • 사실에 대한 불일치	• 공존할 수 없는 개인적 스타일 • 통제나 권력 확보를 위한 싸움 • 자존심에 대한 위협 • 질투 • 분노

20 갈등의 두 가지 유형

① 첫 번째 유형은 불필요한 갈등이다. 개개인이 저마다 문제를 다르게 인식하거나 정보가 부족한 경우, 편견 때문에 발생한 의견 불일치로 적대적 감정이 생길 때 불필요한 갈등이 일어난다.

② 두 번째 유형은 해결할 수 있는 갈등이다. 목표와 욕망, 가치, 문제를 바라보는 시각과 이해하는 시각이 다를 경우에 일어날 수 있는 갈등이다. 이러한 갈등은 상대를 먼저 이해하고, 서로가 원하는 것을 만족시켜주면 저절로 해결된다.

21 갈등의 진행 과정

① 의견 불일치 ② 대결 국면

③ 격화 국면 ④ 진정 국면

⑤ 갈등의 해소

22 갈등해결방법 – 회피형, 경쟁형, 수용형, 타협형, 통합형(협력형)

① 다른 사람들의 입장을 이해한다. 사람들이 당황하는 모습을 자세하게 살핀다.

② 어려운 문제는 피하지 말고 맞선다.

③ 자신의 의견을 명확하게 밝히고 지속적으로 강화한다.

④ 사람들과 눈을 자주 마주친다.

⑤ 마음을 열어놓고 적극적으로 경청한다.

⑥ 타협하려 애쓴다.

⑦ 어느 한쪽으로 치우치지 않는다.

⑧ 논쟁하고 싶은 유혹을 떨쳐낸다.

⑨ 존중하는 자세로 사람들을 대한다.

23 윈 – 윈(Win – Win) 관리법

갈등과 관련된 모든 사람으로부터 의견을 받고자 노력한다면, 문제의 본질적인 해결책을 얻을 수 있는 방법이며, 성공적인 업무관계를 유지하는데 매우 효과적이다.

1) 1단계 : 충실한 사전 준비 – ① 비판적인 패러다임 전환, ② 자신의 위치와 관심사 확인

③ 상대방의 입장과 드러내지 않은 관심사 연구

2) 2단계 : 긍정적인 접근 방식 – ① 상대방이 필요로 하는 것에 대해 생각해 보았다는 점을 인정

② 자신의 '윈윈의도' 명시

③ 윈윈절차, 즉 협동적인 절차에 임할 자세가 되어 있는지 알아보기

3) 3단계 : 두 사람의 입장을 명확히 하기

① 동의하는 부분 인정하기

② 기본적으로 다른 부분 인정하기

③ 자신이 이해한 바를 점검하기

4) 4단계 : 윈윈에 기초한 기준에 동의하기

① 상대방에게 중요한 기준을 명확히 하기

② 자신에게 어떠한 기준이 중요한지 말하기

5) 5단계 : 몇 가지 해결책을 생각해내기

6) 6단계 : 몇 가지 해결책 평가하기

7) 7단계 : 최종 해결책을 선택하고, 실행하는 것에 동의하기

24 협상전략

1) 협력전략(cooperative strategy)은 협상 참여자들이 협동과 통합으로 문제를 해결하고자 하는 협력적 문제해결전략이다.

　– 협력적 문제해결은 "Win–Win"전략의 정신을 가지고 있다. 즉 나도 잘되고, 상대방도 잘되어, 우리 모두가 잘되는 전략인 "Win, You Win, We Win"전략이다.

2) 유화전략(smoothing strategy)은 양보전략이며, 순응전략이며, 화해전략이며, 수용전략이며, 굴복전략이다. 상대방이 제시하는 것을 일방적으로 수용하여 협상의 가능성을 높이려는 전략이다.

　– 유화전략은 "Lose–Win"전략이다. 즉, 당신의 승리를 위해서 나는 손해를 보아도 괜찮다는 전략인 "Lose, You Win"전략이다.

3) 회피전략(avoiding strategy)은 무행동전략이며, 협상으로부터 철수하는 철수전략이다. 협상을 피하거나 잠정적으로 중단하거나 철수하는 전략이다.

　– 회피전략은 "Lose–Lose"전략이다. 즉 나도 손해보고 상대방도 피해를 입게 되어 모두가 손해를 보게 되는 전략인 "Lose, You Lose, We Lose"전략이다.

4) 강압전략(forcing strategy)은 공격적 전략이며 경쟁전략이다.

　– 강압전략은 "Win–Lose"전략이다. 즉 내가 승리하기 위해서 당신은 희생되어야 한다는 전략인 "Win, You Lose"전략이다. 이로 인해 영합(zero–sum)적인 결과가 산출될 수 있다.

25 협상 과정

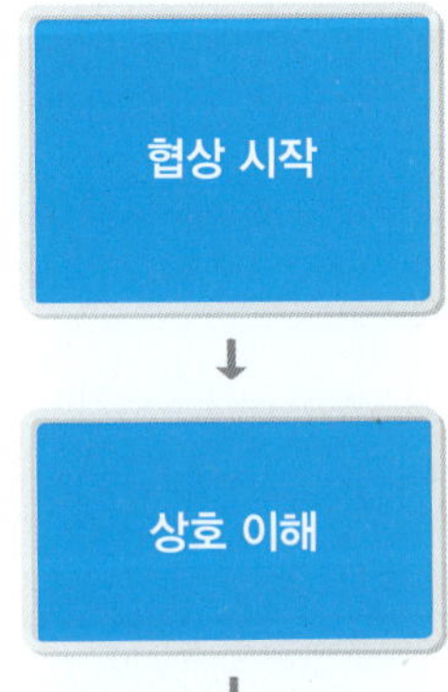

협상 시작	• 협상당사자들 사이에 상호 친근감 쌓음 • 간접적인 방법으로 협상의사를 전달함 • 상대방의 협상의지를 확인함 • 협상진행을 위한 체제를 짬
상호 이해	• 갈등문서의 진행상황과 현재의 상황을 점검함 • 적극적으로 경청하고 자기주장을 제시함 • 협상을 위한 협상대상 안건을 결정함
실질 이해	• 겉으로 주장하는 것과 실제로 원하는 것 구분하여 실제로 원하는 것을 찾아 냄 • 분할과 통합 기법을 활용하여 이해관계를 분석함

해결 대안	• 협상 안건마다 대안들을 평가함 • 개발한 대안들을 평가함 • 최선의 대안에 대해서 합의하고 선택함 • 대안 이행을 위한 실행계획을 수립함
↓	
합의 문서	• 합의문을 작성함 • 합의문상의 합의내용, 용어 등을 재점검함 • 합의문에 서명함

26 설득 전략

① See – Feel – Change 전략

② 상대방 이해 전략

③ 호혜관계 형성 전략

④ 헌신과 일관성 전략

⑤ 사회적 입증 전략

⑥ 연결 전략

⑦ 권위 전략

⑧ 희소성 해결 전략

⑨ 반항심 극복 전략

27 고객 서비스란 다양한 고객의 요구를 파악하고, 대응법을 마련하여 고객에게 양질의 서비스를 제공하는 것을 말한다.

고객서비스를 통해서 기업의 성장을 이루는 과정은 우선 고품위의 고객서비스를 제공하면 고객은 감동을 받고, 이로 인해 회사에 대한 충성도, 즉 애착이 생기게 된다.

이로 인해 기업에 대한 선호도가 고객들 사이에 높아져 성장과 이익을 달성할 수 있는 것이다.

28 고객중심 기업의 특징

- 내부고객, 외부고객 모두를 중요시 한다.
- 고객 만족에 중점을 둔다.
- 고객이 정보, 제품, 서비스 등에 쉽게 접근할 수 있도록 한다.
- 보다 나은 서비스를 제공할 수 있도록 하는 기업정책을 수립한다.
- 기업의 전반적 관리시스템이 고객서비스 업무를 지원한다.
- 기업이 실행한 서비스에 대해 계속적인 재평가를 실시함으로써 고객에게 양질의 서비스를 제공하도록 서비스 자체를 끊임없이 변화시키고 업그레이드한다.

29 고객 불만 처리 프로세스

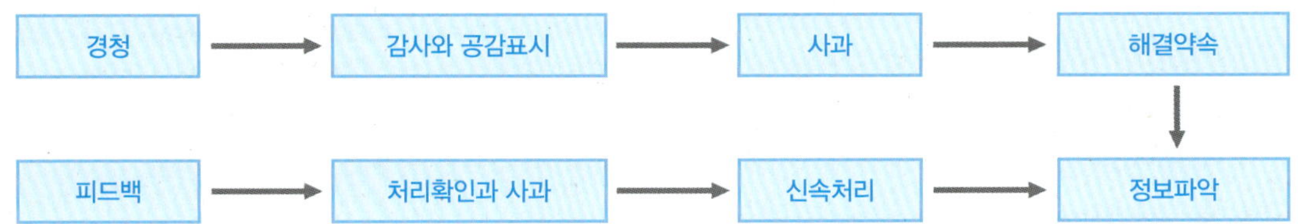

30 고객만족 조사계획에서 수행되어야 할 것

① 조사 분야 및 대상 설정

② 조사목적 설정

③ 조사방법 및 횟수

④ 조사결과 활용 계획

✎ 팀워크

다음의 문항에 대해 여러분의 팀을 평가해보고, 강점은 무엇인지? 팀워크 개선을 위한 아이디어를 도출해보자.

문항	매우 부족함 <························> 매우 우수함						
1. 팀의 사명과 목표가 명확하다.	1	2	3	4	5	6	7
2. 창조적으로 운영된다.	1	2	3	4	5	6	7
3. 결과에 초점을 맞춘다.	1	2	3	4	5	6	7
4. 역할과 책임을 명료화시킨다.	1	2	3	4	5	6	7
5. 조직화가 잘 되어 있다.	1	2	3	4	5	6	7
6. 개인의 강점을 활용한다.	1	2	3	4	5	6	7
7. 리더십 역할을 공유하며 구성원 상호간에 지원을 아끼지 않는다.	1	2	3	4	5	6	7
8. 팀 풍토를 발전시킨다.	1	2	3	4	5	6	7
9. 의견의 불일치를 건설적으로 해결한다.	1	2	3	4	5	6	7
10. 개방적으로 의사소통한다.	1	2	3	4	5	6	7
11. 객관적인 결정을 내린다.	1	2	3	4	5	6	7
12. 팀 자체의 효과성을 평가한다.	1	2	3	4	5	6	7

전체점수 : _________________ 점

점수 구분	내용 해석
75 ~ 84	축하할 만한 일이다. 당신의 팀은 거의 최고의 수행수준에 도달해 있다. 이처럼 높은 수준의 팀을 계속 유지하는 것이 당신의 목표가 될 것이다.
65 ~ 74	꽤 훌륭하다. 개선의 여지가 있기 하지만, 여러분의 팀은 바람직한 상태에 있다.
55 ~ 64	여러분의 팀은 문제를 안고 있다. 그 중 어떤 문제들은 심각하다. 문제해결을 위해서 가장 점수가 낮은 특징을 개선하는데 중점을 둘 필요가 있다.
54 이하	팀원들은 팀의 일원으로 기능을 하지 못하고 있다. 여러분의 팀은 팀빌딩의 기초부터 시작할 필요가 있다.

✐ 리더십

다음 상황에서 당신이라면 어떻게 대처할지 나름대로의 생각을 적어보도록 하자.

●● 상황1. 팀의 프로젝트 진행에 문제가 생겨서 일정이 지연되고 있다. 팀원인 미숙은 프로젝트를 일정 안에 끝내기 위해 밤늦게까지 일에 매진하고 있다. 그녀는 조금도 불평하지 않은 채, 최선을 다해 프로젝트를 수행하고 있다. 그녀의 노력에 힘입어 프로젝트는 예정된 일정대로 무사히 마무리되었고, 기대 이상의 좋은 결과도 얻었다. 당신은 어떻게 행동할 것인가?

●● 상황2. 미라의 업무 속도가 점점 나빠지고 있다. 그녀는 업무에 눈곱만큼도 관심이 없는 것 같고, 업무 자체를 지겨워하는 것처럼 보인다. 당신은 이 상황을 어떻게 해결할 것인가?

●● 상황3. 철수는 부서에서 최고의 성과를 올리는 영업사원으로 명성이 자자하지만, 서류 작업을 정시에 마친 적이 한 번도 없다. 그가 서류 작업을 지체하기 때문에 팀 전체의 생산성에 차질이 빚어지고 있다. 당신은 이 상황을 어떻게 해결할 것인가?

●● 상황4. 영희는 2년간 당신의 부하직원으로 일했는데, 업무능력이 대단히 뛰어났다. 최근 들어 당신은 그에게 회사 뉴스레터를 새로 디자인하라고 지시했는데, 결과물은 의외로 좋지 않았다. 깔끔하지 못했고 아마추어 분위기가 심하게 났다. 당신은 이 상황을 어떻게 해결할 것인가?

✎ 임파워먼트

임파워먼트 환경에서는 직원들의 에너지, 창의성, 동기 및 잠재능력이 최대한 발휘되는 경향이 있다. 그렇다면 당신이 생각할 때, 높은 성과를 내기 위해 임파워먼트 환경을 구축하려면 조직은 어떠한 조건들을 갖추어야 할 지 각자의 생각을 적어보자.

　●● 1. 조직원들에게 도전적이고 흥미로운 일을 제공해야 한다.

　●● 2. 조직원들에게 학습과 성장의 기회를 제공해야 한다.

임파워먼트에 장애가 되는 요소에는 어떠한 것들이 있을지 각자의 생각을 적어보자.

　●● 1. 기본적으로 조직원들의 역량이 부족하다.

　●● 2. 리더가 독재자형 유형의 리더십 스타일을 고집한다.

　●● 3. 조직이 공감대 형성이 없는 구조와 시스템을 가지고 있다.

✎ 변화관리

효과적으로 변화에 대처할 때 생기는 이점 중 어느 것이 자신에게 중요한지 생각해보자.

* (직업안정) 우선 직장에서 직면하게 될 3가지 변화와 대처방법을 적어보자.

가능한 변화	필요한 대처법	직업상 안전성
1)		
2)		
3)		

* (커리어 발전) 가까운 미래에 승진을 바란다면, 다음의 2가지 질문에 답을 해보자.
  – 새로운 직위에서 당면하게 될 변화는 무엇인가?
  – 그러한 변화에 대처할 수 있는 능력이 있다는 것을 어떻게 보여줄 것인가?

* (자신의 '몸값' 향상) 오늘 이력서를 쓴다고 가정하면, 융통성과 창의성을 보여줄 만한 경력에는 어떤 것이 있는가?
  예: 새로운 분야의 수업 듣기, 전직, 새로운 업무팀 소속, 수준 높은 전문과 과정 수료, 4명의 각기 다른 팀 리더 밑에서의 업무 등

* (직업 만족도 향상) 다음 직업만족도의 요소들 중 변화에 잘 대처할 경우 얻을 수 있는 것들은 무엇일까?
  ☐ 스트레스 감소 ☐ 생산성 향상 ☐ 시간 활용 개선 ☐ 능률향상 ☐ 사기 진작 ☐ 자신감 상승
  ☐ 재미 증폭 ☐ 팀에서 받는 존중 증대

✎ 고객만족 조사

직장에서 당신에게 우리 회사의 고객만족을 진단해보라는 임무가 부여되었다. 어떻게 할 것인지 계획을 작성해보자.

●● 조사 분야 및 대상

●● 조사목적

●● 조사방법 및 횟수

●● 조사결과 활용계획

학습결과 체크

기초직업능력으로서 대인관계능력을 학습한 것을 토대로 다음 표를 이용하여 자신의 수준에 해당되는 칸에 ∨표 하시오.

구분	문항	매우 미흡	미흡	보통	우수	매우 우수
F-1 대인 관계 능력	1. 나는 대인관계능력과 의미를 설명할 수 있다.	1	2	3	4	5
	2. 나는 대인관계 형성시 중요한 요소를 설명할 수 있다.	1	2	3	4	5
	3. 나는 대인관계 향상이 무엇인지 설명할 수 있다.	1	2	3	4	5
	4. 나는 다양한 대인관계 향상 방법을 설명할 수 있다.	1	2	3	4	5
	5. 나는 다양한 대인관계 향상 방법을 실제 직업생활에서 활용할 수 있다.	1	2	3	4	5
F-2-가 팀워크 능력	1. 나는 팀워크의 정의를 설명할 수 있다.	1	2	3	4	5
	2. 나는 팀워크과 응집성의 차이에 대해 설명할 수 있다.	1	2	3	4	5
	3. 나는 팀워크의 유형에 대해 설명할 수 있다.	1	2	3	4	5
	4. 나는 효과적인 팀의 특징에 대해 설명할 수 있다.	1	2	3	4	5
	5. 나는 멤버십의 정의를 설명할 수 있다.	1	2	3	4	5
	6. 나는 멤버십의 유형과 그에 따른 특징을 설명할 수 있다.	1	2	3	4	5
	7. 나는 팀워크를 촉진하기 위한 조건에 대해 설명할 수 있다.	1	2	3	4	5
	8. 나는 실제 현재 소속된 팀의 팀워크을 촉진할 수 있다.	1	2	3	4	5
F-2-나 리더십 능력	1. 나는 리더십의 의미를 설명할 수 있다.	1	2	3	4	5
	2. 나는 리더와 관리자의 차이를 설명할 수 있다.	1	2	3	4	5
	3. 나는 다양한 형태의 리더십 유형을 설명할 수 있다.	1	2	3	4	5
	4. 나는 조직구성원들에게 동기를 부여할 수 있는 방법을 설명할 수 있다.	1	2	3	4	5
	5. 나는 코칭의 의미를 설명할 수 있다.	1	2	3	4	5
	6. 나는 코칭의 기본원칙에 대해 설명할 수 있다.	1	2	3	4	5
	7. 나는 임파워먼트의 의미를 설명할 수 있다.	1	2	3	4	5
	8. 나는 임파워먼트가 잘 발휘될 수 있는 여건을 설명할 수 있다.	1	2	3	4	5
	9. 나는 변화관리의 중요성을 설명할 수 있다.	1	2	3	4	5
	10. 나는 일반적인 변화관리의 3단계를 설명할 수 있다.	1	2	3	4	5
F-2-다 갈등 관리 능력	1. 나는 갈등의 의미를 설명할 수 있다.	1	2	3	4	5
	2. 나는 갈등의 단서가 무엇인지 설명할 수 있다.	1	2	3	4	5
	3. 나는 갈등의 원인이 무엇인지 설명할 수 있다.	1	2	3	4	5
	4. 나는 갈등의 두가지 쟁점인 핵심문제와 감정적 문제를 구별할 수 있다.	1	2	3	4	5
	5. 나는 갈등해결방법을 모색하는데 있어서 중요한 사항을 설명할 수 있다.	1	2	3	4	5
	6. 나는 윈-윈 갈등 관리법이 무엇인지 설명할 수 있다.	1	2	3	4	5
	7. 나는 윈-윈 전략에 기초한 갈등해결 7단계를 설명할 수 있다.	1	2	3	4	5
	8. 나는 조직의 갈등을 줄일 수 있는 지침을 설명할 수 있다.	1	2	3	4	5
F-2-라 협상 능력	1. 나는 협상의 의미를 설명할 수 있다.	1	2	3	4	5
	2. 나는 협상의 중요성을 설명할 수 있다.	1	2	3	4	5
	3. 나는 협상과정 5단계를 설명할 수 있다.	1	2	3	4	5
	4. 나는 협상과정에서 해야 할 일을 설명할 수 있다.	1	2	3	4	5
	5. 나는 다양한 협상전략에 대해 설명할 수 있다.	1	2	3	4	5
	6. 나는 다양한 협상전략을 활용하여야 하는 경우를 설명할 수 있다.	1	2	3	4	5
	7. 나는 상대방을 설득하는 다양한 방법을 설명할 수 있다.	1	2	3	4	5
	8. 나는 상대방과 상황에 따라 적절한 방법을 활용하여 상대방을 설득시킬 수 있다.	1	2	3	4	5
F-2-마 고객 서비스 능력	1. 나는 고객서비스의 정의를 설명할 수 있다.	1	2	3	4	5
	2. 나는 고객서비스가 기업의 성장과 어떤 관계에 있는지 설명할 수 있다.	1	2	3	4	5
	3. 나는 고객의 불만 표현 유형을 설명할 수 있다.	1	2	3	4	5
	4. 나는 고객의 불만 표현 유형에 따라 대처 방법을 설명할 수 있다.	1	2	3	4	5
	5. 나는 고객의 불만 처리 프로세스를 설명할 수 있다.	1	2	3	4	5
	6. 나는 고객만족의 중요성을 설명할 수 있다.	1	2	3	4	5
	7. 나는 고객만족 조사 계획의 필수 요소를 설명할 수 있다.	1	2	3	4	5
	8. 나는 실제 고객만족 조사를 계획할 수 있다.	1	2	3	4	5

각 모듈별 점수 평균 3점 이상 우수, 3점 미만 부족. 부족한 모듈에 대해서는 심화 공부를 하세요.

기본 문제

Chapter 06 대인관계능력

01 다음 대인관계능력의 정의 중 빈칸에 알맞은 답의 묶음으로 된 것은?

> 대인관계능력이란 직장생활에서 협조적인관계를 유지하고, 조직구성원들에게 도움을 줄 수있으며, 조직내·외부의 (가)를 원만히 해결하고 고객의 (나)를 충족시켜 줄 수 있는 능력이다.

① 갈등 – 목표　　　　　　　② 갈등 – 요구
③ 과제 – 요구　　　　　　　④ 과제 – 목표

02 다음 중 효과적인 팀의 특성에 대한 설명으로 적절하지 않은 것은?

① 명확하게 기술된 팀의 사명과 목표를 가져야 한다.
② 모든 팀원의 역할과 책임을 명확히 규정한다.
③ 모든 팀원은 팀리더의 역량과 의견을 존중하고 따라야 한다.
④ 팀원들간에 개방적인 의사소통을 하고 객관적인 의사결정을 내린다.

03 다음 중 팀워크를 촉진하기 위한 노력으로 적절하지 않은 것은?

① 동료에 대한 피드백 강화　　　② 팀장주도의 의사결정
③ 팀원간의 갈등 해결　　　　　④ 협력을 통한 창의력 조성

04 다음 중 리더십의 설명으로 적절하지 않은 것은?

① 상사의 권한으로 하급자를 지휘 감독하는 활동
② 자신의 주장을 소신있게 나타내고 다른 사람들을 격려하는 힘
③ 목표 달성을 위해 어떤 사람이 다른 사람에게 영향을 주는 행위
④ 조직의 목표 달성을 위해 개인이 조직원들에게 영향력을 행사하는 과정

05 **조직원의 동기부여와 관련한 설명으로 적절하지 않은 것은?**

① 조직원들의 잠재력을 지속적으로 발휘하도록 하기 위해서는 금전적 보상이나 승진, 스톡옵션 같은 외적인 동기부여가 가장 효과적이다.

② 창의적 문제해결법은 조직원이 자신의 실수나 잘못에 대해 스스로 책임지도록 동기부여하는 것을 의미한다.

③ 공포분위기조성과 같은 부정적인 동기부여는 단기적인 효과는 거둘 수 있지만 장기적으로는 한계상황을 초래할 수 있다.

④ 긍정적 강화는 목표 달성을 높이 하여 조직원에게 곧바로 보상하는 것을 의미하며 효과적인 동기부여방법이 된다.

06 **갈등관리와 관련한 설명으로 적절하지 않은 것은?**

① 조직내 갈등은 새로운 해결책을 만들어 주는 기회가 될 수 있다.

② 조직의 갈등은 낮을수록 높은 직무성과를 나타낸다.

③ 갈등수준이 너무 높으면 조직 내부에 혼란과 분열이 발생한다.

④ 팀원들이 승패의 경기를 시작하게 되면 갈등증폭의 원인이 된다.

07 **다음 중 갈등해결유형에 대한 설명으로 적절한 것은?**

① 회피형은 자신에 대한 관심은 높고 상대방에 대한 관심은 낮은 경우를 말한다.

② 경쟁형은 자신에 대한 관심과 상대방에 대한 관심이 중간 정도인 경우를 말한다.

③ 수용형은 자신과 상대방에 대한 관심이 모두 낮은 경우를 말한다.

④ 통합형은 자신은 물론 상대방에 대한 관심이 모두 높은 경우를 말한다.

08 **다음 중 협상전략에 대한 설명으로 적절하지 않은 것은?**

① 협력전략은 협상당사자들이 자신들의 목적이나 우선순위에 대한 정보를 서로 교환하여 이를 통합적으로 문제를 해결하고자 할 때 사용한다.

② 유화전략은 자신의 주장을 견지하면서 자신과 상대방의 주장을 절충하여 서로 양보하고자 할 때 사용한다.

③ 회피전략은 상대방에게 돌아갈 결과나 자신에게 돌아올 결과에 대하여 전혀 관심을 가지지 않을 때 사용한다.

④ 강압전략은 자신의 주장을 상대방에게 확실하게 제시하고 일방적인 양보를 얻어내는 전략이다.

09 협상의 설득전략 중 어떤 과학적인 논리보다 동료나 사람들의 행동에 의해서 상대방 설득을 진행하는 전략은?

① See-Feel-Change 전략 ② 상대방 이해전략
③ 연결전략 ④ 사회적 입증전략

10 다음 중 고객불만처리 프로세스가 바르게 제시 된 것은?

① 경청 – 공감표시 – 사과 – 해결약속 – 신속처리 – 처리확인 – 피드백
② 공감표시 – 사과 – 경청 – 해결약속 – 신속처리 – 피드백 – 처리확인
③ 경청 – 공감표시 – 사과 – 해결약속 – 신속처리 – 피드백 – 처리확인
④ 공감표시 – 사과 – 경청 – 해결약속 – 신속처리 – 처리확인 – 피드백

적중 예상문제

Chapter **06** 대인관계능력

[1 ~ 2] 두 사람이 나누는 대화를 잘 읽고, 내용에 해당되는 리더십 유형을 고르시오.

01

A : K부장님은 어떤 분이셔?

B : K부장님은 부하직원들의 생각을 듣기보다는 자신의 생각에 도전이나 반항 없이 순응하도록 요구하시지. 이에 따라 부하 직원들은 자신에게 주어진 업무만을 묵묵히 수행하며, 조직에 대한 정보를 잘 알지 못해.

① 독재자유형   ② 민주주의에 근접한 유형

③ 파트너십 유형   ④ 변혁적 유형

02

A : 이번에 기획팀으로 이동한다며?

B : 맞아. 입사할 때부터 원하던 부서라서 가슴이 설레.

A : 축하해.

B : 자네 기획팀에서 근무한 적 있지? 기획팀장님에 대해서 알려줘.

A : 기획팀장님은 아침마다 정규 직원 회의를 개최하시지. 직원 회의에서 팀장님은 그 날의 협의 내용에 대한 개요 자료를 부하 직원들에게 나누어주지. 그러면, 직원들은 자신의 의견을 제시하거나 완전히 새로운 안을 제시할 수도 있어.

이 경우, 팀장님은 부하 직원들의 생각에 동의하거나 거부권을 행사하시지.

① 독재자유형   ② 민주주의에 근접한 유형

③ 파트너십 유형   ④ 변혁적 유형

03 다음은 두 사람이 직장 동료 최대리에 대해 대화를 나눈 내용이다. 이 대화에 따르면 양대리는 어떤 유형의 멤버십을 가지고 있는가?

> A : 양대리 말이야. 매사에 왜 그리 냉소적이고 부정적이야?
> B : 맞아. 고집이 센 것도 문제야.

① 소외형   ② 순응형
③ 실무형   ④ 수동형

04 다음은 두 팀장이 주고 받은 대화이다. 대화 내용은 Bruce Tuckman이 제시한 팀의 발전 과정들 중 어디에 해당되는가?

> A : 요즘 팀 분위기 어때?
> B : 팀원들 관계에 응집력이 커지고 있어. 팀원 전체의 기여에 대해 더 잘 이해하고 인정하는 분위기이지. 공동체 형성과 팀의 문제해결에 더욱 집중하기 시작했어. 다른 팀원들과 의견이 엇갈릴 때는 개인적인 사심 또는 고집을 버리고 적극적으로 논의하며, 리더십이 공유되면서 파벌도 사라졌지.
> A : 듣던 중 반가운 소리네. 팀원들이 서로를 알게 되고 파악하기 시작하면 신뢰수준이 향상되고, 이는 단결력을 심화시켜 줄 거야. 팀원들은 상호간의 마찰을 해결함에서 얻는 만족감과 공동체의식을 경험하기 시작하기도 하지. 이 단계에서도 가장 중요한 기능은 팀원간의 의사소통이야. 솔직하게 감정과 생각을 나누고, 서로간에 피드백을 주고 요청하며, 과제와 관련된 대처사항들을 체계적으로 조사하기 시작하면서 창의력과 생산성이 왕성해질 거야.

① 형성기   ② 격동기
③ 규범기   ④ 성취기

05 최근에 코칭 기법을 리더들에게 교육하는 기업들이 크게 늘고 있다. 코칭은 경청, 질문, 피드백으로 이루어지는데, 특히, 팔로워로부터 문제에 대한 해답을 이끌어내는 '효과적인 질문'은 매우 중요하다. 다음 중 코칭에서의 효과적인 질문으로 적절하지 않은 것은?

① 이번에 성과가 저조했던 원인에 대한 말씀 잘 들었습니다. 다음 분기에 성과를 올리기 위해서는 어떻게 하면 좋을까요?
② 지난 분기 업무 실적이 좋지 않았던 거 잘 아시죠? 앞으로 최선을 다 하실 거죠?
③ 동료와의 갈등으로 그 동안 많이 힘드셨겠네요. 앞으로 이와 같은 문제가 다시 발생하지 않도록 하려면 스스로 어떤 노력을 기울여야 할까요?
④ 최근 들어 지각이 잦네요. 이러한 상황이 자신이나 팀에 어떤 영향을 줄 것이라고 생각 하시나요?

06 감정은행계좌란 인간관계에서 구축하는 신뢰의 정도를 은유적으로 표현한 것이다. 만약 우리가 다른사람의 입장을 먼저 이해하고 배려하며, 친절하고 정직하게 약속을 지킨다면 우리는 감정을 적립하는 셈이 된다. 반대의 경우에는 계좌에서 인출을 하는 것이 된다. 다음 중 감정은행계좌를 인출한 사례는?

① 동아리에서 12명의 단원이 설악산에 캠핑을 갔다. 저녁 무렵에 목적지에 도착하자 할 일이 많아졌다. 짐을 옮기고 텐트를 쳐야 하고, 식사와 여흥준비도 해야 했다. 이런 일에 늘 앞장 서는 사람은 철수였다. 철수는 부지런히 짐을 나르고 땀을 흘리며 텐트를 치고 식사를 준비 하였다.

② P치과의원장은 의술이 뛰어날 뿐만 아니라 마음씨가 따뜻하고 사려심이 깊은 사람이다. 그가 입사한지 얼마 안 되는 L간호사와 주고받는 대화이다. "L간호사, 우리 병원에 온 지 얼마나 됐지?" "3개월 되었습니다." "그렇게밖에 되지 않았는데 정말 놀랍게 잘하네. 아주 마음먹고 잘해보겠다고 결심을 한모양이지? 난 L간호사가 우리병원에 와 준 것이 너무 자랑스러워."

③ 퇴근을 하려는데, 문자가 도착하였다. 직장 동료 K가 보낸 것이었다. 문자에는 "지난 번 업무 협조를 제대로 해드리지 못한 것에 대해 진심으로 사과 드려요. 제 일이 바쁘다는 핑계로 소홀히 하였는데, 마음이 계속 편치 않네요. 다음부터는 적극적으로 업무 협조하겠 습니다. 좋은 하루 되세요."

④ 직장동료H는 업무상의 문제로 나와 자주 갈등을 빚곤 한다. 처음에는 H가 "제 잘못 이었습니다."라는 식으로 사과를 하여 좋은 관계를 유지해 왔다. 하지만 같은 일이 반복 되면서 그가 사과를 하더라도 이제는 별로 신뢰가 가지 않는다.

07 귀하는 공기업의 팀장이다. 최근 팀원들이 아래와 같은 모습을 보이고 있다.

> 미라의 업무속도가 점점 나빠지고 있다. 그녀는 업무에 눈곱만큼도 관심이 없는 것 같고, 업무 자체를 지겨워하는 것처럼 보인다.
>
> 상택은 부서에서 최고의 성과를 올리는 영업사원으로 명성이 자자하지만, 서류작업을 정시에 마친 적이 한번도 없다. 그가 서류작업을 지체하기 때문에 팀전체의 생산성에 차질이 빚어지고 있다.
>
> 기용은 2년간 당신의 부하직원으로 일했는데, 업무능력이 대단히 뛰어났다. 최근 들어 당신은 그에게 회사뉴스레터를 새로 디자인하라고 지시했는데, 결과물은 의외로 좋지 않았다. 깔끔하지 못했고 아마추어 분위기가 심하게 났다.

이 상황에서 다음 중 귀하가 취해야 하는 대책으로 적절하지 않은 것은?

① 코칭을 한다.
② 새로운 도전의 기회를 부여한다.
③ 지속적으로 교육한다.
④ 면담을 통해 경고를 한다.

08 영업팀장인 귀하는 이번 주말 워크숍에서 팀원들과 아래와 같은 게임을 진행하려고 한다.

[게임명 : 팝콘 먹여주기]

1. 활동: 참가자들이 짝을 지어 둘 다 눈가리개를 한 채로 서로에게 스푼을 이용하여 팝콘을 먹여 주는 활동

2. 목적: 참가자들은 서로 협동하는 방법을 배우고, 재미있는 방법으로 의사소통 기술을 강화시킨다.

3. 사용시기 및 조건
    가. 팀원들이 여유를 가지고 집중 할 필요가 있을 때
    나. 팀원들이 문제를 해결하는데 있어 창의적이지 못할 때
    다. 느슨해진 팀분위기를 위해 재미와 웃음을 가질 필요가 있을 때

4. 게임방법
    가. 서로 짝을 짓는다.
    나. 눈가리개와 스푼, 팝콘을 나누어 갖는다. (스푼 대신 포크사용 가능)
    다. 두사람 모두 눈을 가린채로 한 사람이 파트너에게 한번에 10개의 팝콘을 스푼에 얹어 먹여준다.
    라. 성공하면, 역할을 바꾸어서 되풀이 한다.

5. 활동후 평가
    가. 눈가리개를 착용했을 때 어떤 기분이 들었는가?(긴장됐다, 혼란스러웠다 등)
    나. 서로 먹여주려고 했을 때 무슨일이 발생했는가?
      (팝콘이 스푼에서 떨어졌어요, 스푼이 내 코를 찔렀어요 등)

6. 활동을 위한 팁
    가. 팝콘 알레르기가 있는 사람은 다른 먹을거리를 요구한다.
    나. 눈가리개를 정확히 착용한다.

7. 준비물
    가. 참가자 1인당 눈가리개 1개
    나. 참가자 1인당 스푼 1개
    다. 팀당 비닐봉지 1개
    라. 팝콘

이 게임을 통해 귀하가 강화하려고 하는 것은 다음 중 어느 것인가?

① 리더십   ② 팀워크
③ 창의적 사고력   ④ 논리적 사고력

[9 ~ 10] 아래는 갈등이 발생된 상황이다. 각 문제에 제시된 사례를 잘 읽고, 갈등 해결 방법들 중 어느 유형에 해당되는지 고르시오.

09

S병원에서 외과전문의로 일하고 있는 K박사는 골절과외상에 대한 수많은 수술을 집도하면서 권위 있는 전문의사로 정평이 나있다. 그 명성을 듣고 최근 환자들이 몰려 들어 입원실이 부족할 지경이고 수술에 필요한 몰핀, 주사바늘, 수술가위 등의 재료와 의료기구가 부족하여 자재과에 열흘 전에 주문해 놓았지만 아직 입고되지 않아 두 차례나 독촉한 상태이다. 자재과를 책임지고 있는 L과장은 난감해하고 있다. 자재창고의 공간이 부족할 뿐만 아니라 각 부서별로 자재주문이 들어온 순서대로 처리하도록 규정되어 있기 때문에 K박사의 구매주문보다 빠른 주문이 아직 다섯가지나 있다. L과장이 월요일 총무부회의를 마치고 왼쪽에서 붐비는 병원 로비로 걸어 나오는데, 오른쪽 복도 끝에서 K박사가 오고 있는 것 같았다. 병원 로비로 걸어나오던 L과장은 멈칫하며 순간 어쩌나하다가 오른쪽 복도로 가지 않고 K박사를 피해서 북쪽 다른 복도를 이용하여 돌아서 자재과로 갔다.

① 회피형 (avoiding)　　　　　　② 경쟁형 (competing)
③ 수용형 (accommodating)　　　④ 통합형 (intergrating)

10

K박사의 다급한 부탁을 받고 L과장은 환자들에게 불편을 주지 않고 수술을 받을 수 있도록 하는 것이 병원이미지와 발전에 매우 중요하다는 인식을 공감하였다. 그래서 L과장은 M총무부장과 상의한 결과 외과의 긴급상황을 원장에게 보고하여 재가를 받아서 처리해보자는 답변을 받았다. 그래서 K박사는 수술환자대기 상태와 자재부족의 실태를 자세히 작성하여 결재를 받게 되었다. 비록 이틀이 걸렸지만 외과K박사와 자재과 L과장이 모두 만족하는 윈윈의 결과를 얻을 수 있었다.

① 회피형 (avoiding)　　　　　　② 경쟁형 (competing)
③ 수용형 (accommodating)　　　④ 통합형 (intergrating)

11

이번 정기 인사에서 영업2팀의 팀장이 된 귀하는 팀원들과의 면담을 통해 현재 팀이 아래와 같은 상황에 있다는 것을 알게 되었다.

조직 내에서 서로 다른 생각, 신념, 가치관, 성격 등에 의해 일상적으로 일어나는 단계이다. 상대방에 대한 오해가 사라지면 더 좋은 관계로 발전할 수 있겠지만, 방치하면 대결이 일어나는 심각한 국면을 맞게 될 수도 있다.

영업2팀은 다음 중 어떤 국면에 위치해 있는가?

① 의견 불일치 국면　　　　　　② 대결 국면
③ 격화 국면　　　　　　　　　　④ 진정 국면

12 대기업영업부장인 귀하는 기존의 재고를 처리할 목적으로 업체T와 협상중이다. 그러나 T는 자금부족을 이유로 이를 거절하였다. 그러나 귀하는 자신의 회사에서 물품을 제공하지 않으면 업체T는 매우 곤란한 지경에 빠진다는 사실을 알고 있었기에, 앞으로 T와 거래하지 않을 것이라는 엄포를 놓았다. 이에 따라 귀하는 성공적으로 협상을 이끌어 낼 수 있었다. 다음 중 귀하가 사용한 협상 전략은?

① 협력전략 ② 유화전략
③ 회피전략 ④ 강압전략

13 귀하는 가전 매장에 근무하는 신입사원으로, 최근에 노트북을 사기 위해 매장을 찾은 고객을 맞이하게 되었다. 귀하는 최선을 다해 친절하게 설명을 해 주었지만, 이 고객은 귀하의 말을 믿지 않고, 계속 의심을 품었다. 다음 중 귀하가 이 고객에게 해줄 수 있는 가장 적절한 멘트는?

① "손님께서 지적하신 사항이 맞습니다. 저도 그렇게 생각하고 있습니다만, 죄송하게도 이번에는 그 서비스를 제공해드릴 수 없습니다. 다른 고객님들께도 제공해 드리지 못하고 있습니다."
② "VVIP 고객님이신 것을 알아 뵙지 못해 정말로 죄송합니다. 이런 대단한 손님을 모시게 된 것을 영광으로 생각합니다."
③ "제품에 대해 자세한 설명이 들어 있는 매뉴얼을 가지고 왔습니다."
④ "알겠습니다. 바로 준비해 드리겠습니다."

14 두사람의 대화를 잘 읽고, 질문하는 내용에 답을 고르시오.

귀하 : 철수씨, 좋은아침입니다. 당신이 작성한 지난달 보고서를 검토해 보았는데, 수집한 데이터와 최종보고서에 아무래도 문제가 있는 것 같습니다. 이 문제에 대한 의견이나 해결방안이 있습니까?

철수 : 연구를 바탕으로 한 설문지 내용이 포괄적입니다. 전체보고서에 설문내용을 반영하는 과정에서 적절하게 조정하지 못한 것 같습니다.

귀하 : 물론 그런 일이 일어날 수도 있습니다. 하지만 철수씨의 보고서는 고객들의 구매결정 뿐아니라, 철수씨 부서의 다른 직원들이 영향을 받는다는 사실을 알고 있습니까?

철수 : 예, 죄송합니다. 미처 그 생각은 하지 못했습니다. 보고서가 정확하지 않으면 비즈니스를 망칠뿐 아니라 고객으로부터 신뢰를 잃고 말 것입니다. 이런 일이 벌어질 것이라고는 미처 생각하지 못 했습니다.

귀하 : 보고서를 정확하게 작성하는 일이 얼마나 중요한 것인가를 지금이라도 이해하셔서 정말 다행입니다. 철수씨의 업무가 얼마나 중요한지, 그리고 그것이 전체 부서의 성공에 어떠한 영향을 미치는지에 대해서 자세히 살펴봅시다. 어떤 문제가 가장 어렵다고 생각하십니까?

철수 : 질문들이 구체적인 작업유형에 맞지 않고, 다른 기준에 의해 평가되고 있다는 느낌입니다.

귀하 : 지금까지의 경험에 비추어 볼때, 어떤 문제들을 바꿔야 해결에 도움이 될 것 같습니까?

철수 : 특별한 상황에서 사용할 수 있는 단계별 인터뷰 절차를 비롯해, 보고서형식을 바꾸는 것이 좋을 것 같습니다. 포괄적인 보고서형식에 결론을 결합한다면 훨씬 정확한 최종보고서를 작성할 수 있을 것 같습니다.

> 귀하 : 철수씨가 문제의 중요성을 충분히 이해하고 있어 정말 다행입니다. 그렇다면 이와 같은 새로운 방법을 실현하는데 도움이 될 만한 계획을 세워봅시다. 매주 진행된 상황에 관한 보고서를 제출해 주었으면 합니다. 그리고 많은 질문을 해서 우리가 하고 있는 일을 완전히 이해할 수 있었으면 하는 바람이 간절합니다.

다음 중 귀하가 활용하고 있는 리더십 기술은?

① 컨설팅   ② 트레이닝
③ 권한위임   ④ 코칭

15 고객서비스팀에 근무하고 있는 귀하는 최근 신입사원들을 대상으로 교육을 진행해 달라는 요청을 받았다. 교육 자료를 만들기 위해 귀하는 아래와 같은 메모를 작성하였다.

> • 고객이 원하는 것을 알고 있다고 생각함   • 적절한 측정프로세스 없이 조사를 시작함
> • 비전문가로부터 도움을 얻음   • 포괄적인 가치만을 질문함
> • 중요도 척도를 오용함
> • 모든 고객들이 동일한 수준의 서비스를 원하고 필요하다고 가정함

귀하가 교육에서 다루려고 하는 주제는 다음 중 어느 것인가?

① 아마추어와 프로의 차이
② 고객 만족을 측정하는데 있어서 많은 사람들이 범할 수 있는 오류들
③ 진실의 순간(MOT)이 잘못 적용된 사례들
④ 고객 불만족의 원인이 되는 상황들

16 다음 중 팀이 비효율적이고 문제가 있을 때 나타나는 징후들과 관계가 없는 것은?

① 불평불만 증가   ② 냉담과 전반적인 관심 부족
③ 팀원들간의 상호 이해   ④ 리더에 대한 높은 의존도

17 아래 상황은 리더 K가 부하 직원인 철수씨를 변화시킨 과정이다.

> 〈상황A〉
> 리더 K는 철수에게 지난 몇 달 동안의 판매수치를 정리해 달라고 요청했다.
> 또한 데이터베이스를 업데이트하고, 회계부서에서 받은 수치를 반영해서 새로운 보고서를 만들라는 지시를 내렸다. 그런데 철수는 전혀 열의를 보이지 않은 채 업무를 처리했다. 리더 K는 그가 업무에 관심을

보이지 않는 이유가 무엇인지, 판매개선에 필요한 아이디어를 왜 생각해 내지 못하는지 이상하게 생각했다.

〈상황B〉
리더 K는 철수에게 지난 몇 달간의 판매수치를 정리해 달라고 요청했다. 그는 정확하게 업무를 처리했지만, 눈에 띌 정도로 열의 없이 업무를 처리했다. 리더 K는 그와 함께 판매수치를 자세하게 살핀 다음, 판매향상에 도움이 될 만한 마케팅계획을 개발하도록 그를 격려했다. 철수는 비로소 막중한 책임감을 느끼고, 새로 맡은 프로젝트에 대해 책임감을 갖는 한편 자신의 판단에 따라 효과적인 해결책을 만들었다.

리더 K가 〈상황A〉에서 〈상황B〉로 변화를 이끄는데 결정적인 기여를 한 것은 다음 중 무엇 때문인가?

① Empowerment ② Membership
③ 역량 개발 ④ Consulting

18 리더 M은 최근 교육을 통해 임파워먼트에 장애가 되는 요인들이 있다는 것을 알게 되었고, 이에 대해 대처를 하려고 한다. 다음 중 리더 M이 대처해야 하는 요인들과 가장 거리가 먼 것은?

① 주어진 일을 해내는 역량과 동기의 결여
② 성과를 제한하는 조직의 규범
③ 개방적인 리더십 스타일
④ 공감대 형성이 없는 구조와 시스템

19 신임 과장 교육을 받게 된 K는 사전에 교육 자료를 이메일로 받아보게 되었다. 교육 자료에는 아래와 같은 내용이 들어 있었다.

1. 우리의 생각을 명확히 할 '5가지행동의 선택'에 관한 질문을 활용하라
   가. 우리가 이 변화를 활용해야 할 이유는 무엇인가?
   나. 이 변화는 언제 일어날 것인가?
   다. 어떻게 이 변화를 다룰 것인가?
   라. 다른 사람에게 이 변화는 무엇을 의미하는가?
   마. 이 변화는 어떤 사람에게 영향을 미치는가?

2. 변화에 대처하는 속도를 높여라
   늦은 반응은 기업과 개인의 경력에 도움이 되지 않는다. 불필요한 절차와 과정을 생략하라.

3. 신속히 의사결정을 하라
   '망설이면 뒤쳐진다'라는 말이 요즘처럼 실감나는 때는 없다. 정확한 정보를 수집하고 능력을 최대한 발휘해 수집한 정보를 현실과 업무에 적용해라.

4. 업무를 혁신해라

뒤처지지 않으려면 변화에 따라 끊임없이 조직을 혁신하고 업무를 재편해야 한다.

5. 자기 자신을 책임져라

우리는 스스로 자신의 경력, 자기개발, 업무혁신, 사기를 관리해야 한다. 누구도 변화에서 자유롭지 않다. 새로운 기술을 습득하고 남보다 열심히 변화에 적응하려는 노력을 기울이며 새로운 역할과 기회에 준비를 해야한다.

6. 상황을 올바로 파악해 제어할 수 있고 타협할 수 있는 부분을 정해라

소귀에 경읽기식으로 변화를 인정하지 않느라 시간을 허비해서는 안 된다. 또 현실적으로 변화할 수 있는 것과 그렇지 못한 것들을 구별 할 수 있는 지혜를 가져야한다.

7. 가치를 추구해라

변화에 대처하면서 손실보다 기여를 많이 하도록 노력해라. 변화를 회피하면서 현재 지위를 유지하려 하지 말고 기여할 부분이 무엇인지 생각하는 것이다. 즉, 필요한 변화를 위해 기여할 부분을 찾아 행동하라.

8. 고객서비스기법을 연마해라

향후 고객의 요구가 어떠할지 미리 예상하고, 고객의 변화를 면밀히 관찰하면서 고객의 의견을 수렴해야 한다.

9. 빠른 변화속에서 자신을 재충전할 시간과 장소를 마련해라

이러한 재충전은 해변을 거닐거나 정원을 가꾸기, 친구와 차 마시기, 독서하기 등 다양한 방법으로 자신을 재충전 할 기회를 가져야 한다.

10. 스트레스를 해소하라

일할 때와 쉬어야 할때를 분명히 구분하고, 적당한 휴식을 통해 쌓인 스트레스와 피로를 해소하고 관리 할 수 있어야 한다. 아무리 체력이 좋아도 쉬지 않고 일만 하는 사람은 결국 건강문제가 생기고, 일의 능률과 효율성도 떨어지게 된다.

11. 의사소통을 통해 목표와 역할, 직원에 대한 기대를 명확히해라

우리뿐만 아니라 직원들도 변화에 적절히 대처할 필요가 있다. 회사직원들이 변화때문에 스트레스를 받고 있다면 회사자체가 위험에 처한다. 약점을 아는만큼 경쟁력이 높아진다.

12. 주변환경의 변화에 주목하라

새로운 추세나 행동양식의 변화가 무엇인지 세심하게 살펴야 한다. 무엇이 변하고 있는지 그 징후를 포착해야 한다. 새로운 추세를 파악하면 그 추세를 활용할 기회가 생긴다.

K는 다음 중 어떤 교육을 받게 되는가?

① 리더십   ② 커뮤니케이션
③ 건강 관리   ④ 변화 관리

20 모든 갈등에는 두 가지 쟁점, 즉, 핵심 문제와 감정적인 문제가 있다. 다음 중 핵심 문제에 해당되는 것은?

① 공존할 수 없는 개인적 스타일   ② 책임에 대한 불일치
③ 자존심에 대한 위협   ④ 통제나 권력 확보를 위한 싸움

정답 및 해설

 기본문제

01 ②

대인관계능력이란 직장생활에서 협조적인 관계를 유지하고, 조직구성원들에게 업무상의 도움을 줄 수 있으며, 조직내부 및 외부의 (갈등)을 해결하고, 고객의 (요구)를 충족시켜 줄 수 있는 능력을 포괄하는 개념이다.

02 ③

효과적인 팀이 갖는 특성은 다음과 같다. 팀의 사명과 목표의 명확한 기술, 팀원의 역할과 책임관계명료화, 팀원 간의 개방적인 의사소통, 합의에 의한 객관적 의사결정체제, 유연하고 창조적인 운영, 목표 달성을 위한 결과에 초점을 맞추는 노력, 잘 규정된 팀의 조직화, 팀원 각자의 역량과 강점활용, 리더십역량의 공유와 팀원 간의 상호지원체제, 팀원의 적극적 참여와 열정에 의한 팀 풍토 발전, 상호 신뢰를 바탕으로 한 의견불일치의 건설적 해결, 팀 자체의 운영방식과 효과성에 대한 지속적 점검과 평가 등

03 ②

팀워크를 촉진하기 위한 노력으로는 동료에 대한 피드백장려, 팀원 간의 갈등해결, 참여적 의사결정, 협력을 통한 창의적 창의력 조성 등을 들 수 있다. 보기②의 팀장주도의 의사결정은 팀원의 임파워먼트 발휘와 참여적 의사결정을 저해하게 된다.

04 ①

리더십에 대하여 명확히 규정된 정의는 없지만, 일반적인 정의나 개념은 다음과 같다.
- 자신의 주장을 소신 있게 나타내고 다른 사람들을 격려하는 힘
- 목표 달성을 위해 어떤 사람이 다른 사람에게 영향을 주는 행위
- 조직의 목표 달성을 위해 개인이 조직원들에게 영향력을 행사하는 과정
- 어떤 주어진 상황에서 목표 달성을 위해 개인 또는 집단에 영향력을 행사하는 과정

보기①의 상사가 하급자를 지휘 감독하는 활동은 리더십의 개념으로 적절하지 못하다. 리더십은 과거에는 상사가 하급자에게 발휘하는 수직적 형태를 띠었지만, 오늘날에는 하급자와 상급자, 동료에게까지 전방위적으로 발휘되는 리더십으로서 조직의 목표 달성을 위해 개인이나 집단에게 영향을 주는 행위로 정의되고 있다.

05 ①

조직원들의 잠재력을 지속적으로 발휘하도록 하기 위해서는 금전적 보상이나 승진, 편익제공, 스톡옵션과 같은 외적인 동기부여방식 그 이상을 제공해야 한다. 즉, 돈이나 편익 등 비본질적인 요인이 아닌 자기 내면의 순수한 욕구에 의해 동기를 부여받을 수 있도록 하는 것이 효과적이다. 긍정적 강화법 활용, 새로운 도전기회 부여, 창의적인 문제해결법 등이 대표적인 방법이다. 따라서 보기①의 설명은 부적절하다.

06 ②

목표 달성을 위해 노력하는 팀이라면 갈등은 항상 있게 마련이다. 갈등은 항상 부정적인 것만은 아니다. 조직 내 갈등은 새로운 해결책을 만들어 주는 기회가 될 수 있다. 조직의 갈등은 없거나 너무 낮으면 조직원들의 의욕이 상실되고 환경변화에 대한 적응력도 떨어지고 조직성과는 낮아지게 된다. 또 갈등수준이 너무 높으면 조직 내부에 혼란과 분열이 생기고 조직성과는 낮아지게 된다. 갈등수준이 적정할 때는 조직 내부적으로 생동감이 넘치고 변화지향적이며 문제해결능력이 발휘 된다. 팀원들이 승패의 경기를 시작하고 문제해결보다 승리하기를 원하면 적대적 행동이 유발되고, 이는 갈등의 증폭의 원인이 된다.

07 ④

갈등해결의 유형은 5가지로 구분된다. 회피형은 자신과 상대방에 대한 관심이 모두 낮은 경우를 말한다. 경쟁형은 자신에 대한 관심은 높고 상대방에 대한 관심은 낮은 경우를 말한다. 수용형은 자신에 대한 관심은 낮고 상대방에 대한 관심은 높은 경우를 말한다. 타협형은 자신에 대한 관심과 상대방에 대한 관심이 중간정도인 경우를 말한다. 마지막으로 통합형은 자신은 물론 상대방에 대한 관심이 모두 높은 경우를 말한다.

08 ②

협상전략은 크게 협력전략, 유화전략, 회피전략, 강압전략으로 구분되며, 보기②의 유화전략은 양보전략, 순응전략, 굴복전략이라고도 하며, 협상으로 인해 돌아올 결과보다는 상대방과의 인간관계 유지를 선호하여 상대방과 충돌을 피하고자 상대방의 주장에 대하여 자신의 욕구와 주장을 순응시켜 양보하고 굴복하는 전략을 말한다.

09 ④

협상의 설득전략 중 어떤 과학적인 논리보다 동료나 사람들의 행동에 의해서 상대방 설득을 진행하는 전략은 '사회적 입증전략'이라 한다.
See-Feel-Change 전략은 직접 보게 하여(See) 이해시키고, 스스로 느끼게 하여(Feel) 감동시키며, 변화시켜(Change) 설득하는 전략이다. 상대방 이해전략은 상대방에 대한 이해를 우선하여 갈등해결을 도모하는 전략이다. 연결전략은 협상과정에서 갈등이 발생할 때 그 갈등을 야기한 사람과 관리자를 직접 연결하여 갈등해결을 도모하는 전략이다.

10 ①

경청 - 공감표시 - 사과 - 해결약속 - 신속처리 - 처리확인 - 피드백 순이다.

적중예상문제

01 ①

독재형은 정책의사결정과 대부분의 핵심정보를 그들 스스로에게만 국한하여 소유하고 고수하려는 경향이 있다. 독재자유형은 특히 집단이 통제가 없이 방만한 상태에 있을 때 혹은 가시적인 성과물이 보이지 않을 때 사용한다면 효과적일 수 있다. 이러한 경우 독재자 유형의 리더는 팀원에게 업무를 공정히 나누어 주고,

그들 스스로가 결과에 대한 책임을 져야 한다는 것을 일깨울 수 있다.

02 ②

민주주의에 근접한 유형의 리더이다. 민주주의에 근접한 유형의 리더십은 독재자유형의 리더십보다 관대한 편이다. 리더는 그룹에 정보를 잘 전달하려고 노력하고, 전체 그룹의 구성원 모두를 목표방향 설정에 참여하게 함으로써 구성원들에게 확신을 심어주려고 노력한다. 민주주의에 근접한 방식은 당신이 혁신적이고 탁월한 부하직원들을 거느리고 있고, 또 그러한 방향을 계속적으로 지향할 때 가장 효과적이다. 기발하고 엄청난 아이디어를 가졌다고 할지라도, 양적인 것이 항상 질적인 것까지 수반하는 것은 아니다. 리더에게는 옳고 그름을 결정할 책임이 있다.

03 ①

위의 사례는 동료나 리더의 시각으로 봤을 때의 멤버십 유형과 관련된 것으로, 이를 기준으로 한 네 가지 유형은 다음과 같다.
동료/리더의 시각
- 소외형 : 냉소적
  부정적
  고집이 셈
- 순응형 : 아이디어가 없음
  인기 없는 일은 하지 않음
  조직을 위해 자신과 가족의 요구를 양보함
- 실무형 : 개인의 이익을 극대화하기 위한 흥정에 능함
  적당한 열의와 평범한 수완으로 업무 수행
- 수동형 : 하는 일이 없음
  제 몫을 하지 못함
  업무 수행에는 감독이 반드시 필요

04 ③

팀의 발전 과정은 형성기, 격동기, 규범기, 성취기의 네 단계로 이루어지는데, 대화 내용은 ③번 규범기와 관련된 내용이다.
- 형성기(forming) : 팀원들은 안전하고 예측할 수 있는 행동에 대한 안내와 지침이 필요하기 때문에 리더에게 상당히 의지한다. 팀원들을 팀에서 인정받기를 원하며, 다른 팀원들을 신뢰할 수 있는지 확인하고 싶어한다. 그들은 팀에 대한 기대를 형성하면서 팀원들 사이의 유사성과 논쟁을 피하기 위해 단순하게 유지되며, 심각한 주제들과 생각들에 대한 논의는 회피된다. 팀원들은 서로에게 뿐만 아니라 과제에 몰두하기 위해 노력한다. 논의는 주로 과제의 범위를 정하고, 그것에 접근하는 방법에

집중하여 이루어진다. 여기서 다음 단계로 성장하기 위해 팀원들은 비위협적인 주제에 안주할 생각을 접고 마찰의 가능성을 각오해야 한다.

- 격동기 : 격동기 단계의 특징은 경쟁과 마찰이다. 팀원들이 과제를 수행하기 위해 체계를 갖추게 되면서 필연적으로 마찰이 일어난다. 개인은 그룹의 기준과 기대에 맞추기 위해 고집을 꺾고, 그들의 아이디어, 태도, 감정, 믿음이 어우러지게 해야 한다. 팀원 간의 마찰이 그룹의 문제로 표면화될 수 있고 아닐 수도 있지만, 그것은 존재하기 마련이다. 어떤 일에 대한 책임을 누가 질 것인지, 규칙은 무엇인지, 보상체계는 어떠한지, 그리고 평가기준은 어떻게 되는지에 대한 질문들이 제기될 것이다. 따라서 리더십, 구조, 권한, 권위에 대한 문제 전반에 걸쳐서 경쟁심과 적대감이 나타난다. 다음 단계로 전진하기 위해 팀원들은 시험과 검증의 자세에서 문제해결의 자세로 바꿀 수 있는 길을 찾아야 한다. 그렇게 될 수 있도록 돕는 가장 효과적인 도구는 효과적으로 경청하고 의사소통을 할 수 있는 능력이다.
- 성취기 : 모든 팀들이 성취기 단계에 이르는 것은 아니다. 팀원들이 이 지점으로 전진하기 위해 그들의 역량과 인간관계의 깊이를 확장함으로써 진정한 상호의존성을 달성할 수 있어야 한다. 동등한 효율성을 발휘하는 팀 또는 총체적인 단위로서 독립적으로 일할 수 있도록 말이다. 그들의 역할과 권한들이 팀과 팀원 개개인들의 변화욕구에 역동적으로 따라주어야 한다. 이것이 가장 생산적인 팀의 모습이 될 것이다. 팀원들이 스스로 책임을 지게 되고, 전체의 인정을 받으려는 욕구는 더 이상 중요하게 생각되지 않는다. 팀원들은 대단히 과제지향적이자 인간지향적이며, 조화를 이루고 사기충천하며, 팀으로서의 충성심을 보여준다. 전체적인 목표는 문제해결과 일을 통한 생산성이며, 이는 팀이 이룰 수 있는 최적의 단계로 이끌어진다.

05 ②

코칭은 경청 → 질문 → 피드백으로 이루어진다. 이 중 효과적인 질문은 상대방으로 하여금 직접 문제를 해결할 수 있도록 유도하는 과정이다. 코칭에서는 '열린 질문'을 사용한다. 열린 질문이란 상대방이 생각을 하여야 답을 할 수 있는 질문이다. 'Yes'나 'No'같은 단답형 답변을 유도하는 질문은 적절하지 않다.

06 ④

①번부터 ③번까지는 감정은행계좌에 적립한 경우에 해당된다. 인출한 사례는 ④번 뿐이다.

07 ④

보기에서 제시된 상황들은 모든 리더들이 자주 겪는 상황으로 조직에게 부정적인 결과를 초래하게 된다. 그 이유야 어떻든 위와 같은 상황들을 해결하고, 조직원들이 지속적으로 자신의 잠재력을 발휘하도록 하고, 성과를 내도록 하기 위해서는 '동기 부여'가 필요하다. 리더는 조직원들이 금전적인 보상이나 편익, 승진에 의해서만 동기를 부여 받을 것이라는 단순한 생각으로 그들을 대해서는 안 된다. 물론 이러한 외적인 동기유발제가 일시적으로 효과를 낼 수도 있다. 하지만 인간관계에서 이러한 전술은 전혀 먹혀 들지 않는다. 이 같은 보상이 단기간에 좋은 결과를 가져오고 직원들의 사기를 끌어올릴 수 있지만, 그 효과는 오래가지 못한다. 즉 금전적인 보상이나 스톡옵션 등의 외적인 동기유발제는 조직원들에게 멋진 혜택일 수 있지만, 그들이 지속적으로 최선을 다하도록 동기를 부여 하는 데는 충분하지 않다는 뜻이다. 조직원들이 지속적으로 자신의 잠재력을 발휘하도록 만들기 위해서는 외적인 동기유발제 그 이상을 제공해야 한다. 사실 모든 조직원들의 욕구를 만족시킬 수 있는 이상적인 근무환경을 만들기란 쉽지 않다. 그러나 이러한 환경이 마련된다면 조직원들은 돈이나 편익 등 비본질적인 요인이 아닌, 자기내면의 순수한 욕망에 의해 동기를 부여 받을 것이다.

효과적인 동기 부여 방법으로 긍정적 강화법 활용, 새로운 도전 기회 부여, 창의적인 문제 해결법 찾기, 철저한 책임감 무장, 코칭, 변화 관리, 지속적인 교육 등이 있다. 면담을 통한 경고는 동기 부여 방법으로서 적절치 않다.

08 ②

팀워크을 강화하기 위한 게임이다.

09 ①

①번 회피형에 해당된다. 회피형은 I lose - You lose. 자신과 상대방에 대한 관심이 모두 낮고, 문제를 회피하거나 덮어둔다.

10 ④

④번 통합형에 해당된다. 통합형 : Win-win 방식. 문제해결을 위하여 서로 간에 적극적으로 정보를 교환하면서 모두의 목표를 달성할 수 있는 해결 방법을 찾는다.

이 외에도 다음과 같은 유형들이 있다.

- 수용형 : '나는 지고 상대방은 이기는 I lose-You win' 방법을 말한다. 수용형은 자신에 대한 관심은

낮고 상대방에 대한 관심이 높다. 상대방을 위해 자신의 관심이나 요구는 희생하면서 상대방의 의지에 따르는 경향을 가지고 있다. 나머지 네 유형에 대해서도 살펴보면.
- 경쟁형 : I win - You lose. 상대방을 희생시키면서 자신의 목표를 이루기 위해 전력을 다 한다.
- 타협형 : Give and take. 결정을 내릴 때 서로가 받아들일 수 있는 대안을 타협적으로 주고 받는 방식.

11 ①

의견 불일치 국면에 대한 설명이다. 갈등 과정의 나머지 단계들은 다음과 같다.

- **대결 국면**
  다른 해결점이 필요한 국면이다. 감정이 개입되어 상대방의 주장에서 문제점을 찾기 시작한다. 스스로의 입장에 대해서는 여러 가지 변명으로 옹호한다. 서로간에 양보란 없다. 자신만의 입장을 고수하려는 정도가 심화되면서, 감정적인 갈등이 급격히 높아진다.

- **격화국면**
  상대방에 대하여 적대적으로 발전해 나가는 국면. 문제 해결 의지는 사라지고, 강압적, 위협적인 방법을 사용하게 되며, 언어폭력이나 신체적인 폭행 상황까지 낳게 된다. 서로에 대한 반격이 이어지게 된다.

- **진정국면**
  소중한 시간과 에너지가 낭비된다는 것을 깨닫게 되어 이성적인 해결방법을 찾고자 협상이 시작되는 단계이다. 조정을 하고자 하는 제3자의 개입 등을 통해 대안이 모색되고, 문제를 해결해 나가게 된다.

- **갈등해소 국면**
  진정 국면을 통해 문제가 해결이 되어 갈등이 해소되는 국면

12 ④

주어진 사례는 강압 전략에 해당된다. 협상 전략의 네 가지 형태는 다음과 같다.
- 협력 전략 : Win-Win 전략의 정신을 가지고 있음. 협상 대상자들이 협동과 통합으로 문제를 해결하고자 하는 협력적 문제해결 전략이다. 신뢰에 기반을 둔 협력을 진행해야 하므로 '신뢰적 협력 전략'이라고도 한다.
- 유화 전략 : 'I Lose, You Win'전략이다. 상대방이 제시하는 요구 사항을 일방적으로 수용하여 협상의 가능성을 높이려는 전략이다. 상대방과의 충돌을 피하고, 우호관계를 지속하고자 할 때 사용할 수 있다.
- 회피 전략 : 'I Lose, You Lose, We Lose'전략이다. 모두가 손해를 보게 되는 무행동 전략이며, 협상 철수 전략이다. 상대방에게 돌아갈 결과나 자신에게 돌아올 결과에 대해서 전혀 관심이 없을 때 사용할 수 있다.
- 강압 전략 : 'I Win, You Lose' 전략이다. 상대방보다 힘에 있어서 우위를 점하고 있을 때 자신의 이익을 극대화하기 위한 공격적 전략이다. 상대방에 비해 자신의 힘이 강하고, 서로 간에 신뢰가 전혀 쌓여있지 않을 때, 자신의 이익을 극대화하고자 할 경우 사용할 수 있다.

13 ③

불만 표현 유형에는 거만형, 의심형, 트집형, 빨리빨리형의 네 가지가 있다. 거만형은 자신의 과시욕을 드러내고 싶어하며, 보통 제품을 폄하한다. 의심형은 직원의 설명이나 제품의 품질에 대해 의심을 많이 한다. 트집형은 사소한 것으로 트집을 잡는 까다로운 고객이다. 빨리빨리형은 성격이 급하고, 확신 있는 답변이 아니면 믿지 않는다.
제시된 사례는 의심형 고객의 사례이다. 의심형 고객에게는 분명한 증거나 근거를 제시하여 스스로 확신을 갖도록 유도하는 것이 좋다. 따라서, 이에 해당되는 것은 ③번이다.

14 ④

귀하는 철수씨에게 열린 질문을 함으로써 철수씨가 생각을 한 후 해답을 찾도록 유도하고 있고, 철수씨의 답변에 대해 피드백을 구사하고 있다. 전형적인 코칭 기법이다.

15 ②

고객만족조사는 고객서비스 향상뿐만 아니라 회사의 전체적인 호응도를 향상시키기 위해서 꼭 필요한 작업이다. 고객만족 조사의 목적은 고객의 주요 요구를 파악하여 가장 중요한 고객요구를 도출하고, 자사가 가지고 있는 자원을 토대로 경영프로세스의 개선에 활용함으로써 경쟁력을 증대시키는 것이라고 할 수 있다. 결국 기업은 수익이 증대되고 품질향상으로 인한 유형 및 무형의 가치를 창출하게 된다. 그러나,

고객만족을 측정하는데 있어서 많은 사람들이 오류를 범할 수 있는데 제시된 지문은 이러한 오류의 유형들을 정리한 것이다. 따라서, 정답은 ②번.

16 ③

팀이 비효율적이고 문제가 있을 때 나타나는 징후들은 다음과 같다.
- 생산성 하락
- 불평불만 증가
- 팀원들 간의 적대감이나 갈등
- 할당된 임무와 관계에 대한 혼동
- 결정에 대한 오해나 결정 불이행
- 냉담과 전반적인 관심 부족
- 제안과 혁신 또는 효율적인 문제해결의 부재
- 비효율적인 회의
- 리더에 대한 높은 의존도

17 ①

상황B에서 리더 K는 권한 위임과 업무 위임을 하였다. 효과적인 리더는 각 사람들의 능력을 발휘할 수 있도록 조직내의 임파워먼트 여건들을 창출해야 한다. 임파워먼트가 안된 환경에서는 많은 경우에 사람들의 능력이 발휘되지 못할 것이며, 임파워먼트 여건들은 사람들을 성장하게 하고, 사람들이 의미있는 목적을 성취하기 위해 그들이 가진 잠재력과 창의성을 최대한 발휘할 수 있을 것이다. 리더는 임파워먼트 환경이 가져다 주는 혜택과 임파워먼트 환경을 갖춘다는 것이 의미하는 바를 잘 알고 있어야 한다. 임파워먼트 환경에서는 직원들의 에너지, 창의성, 동기 및 잠재능력이 최대한 발휘되는 경향이 있다.

18 ③

개방적인 리더십 스타일은 임파워먼트의 장애 요소가 아니다. 통제적 리더십 스타일이 장애 요소가 된다.

19 ④

제시된 지문은 '비즈니스와 직업 세계에서 맞이하는 변화의 상황들에 대하여 효과적으로 대처하기 위한 12가지 전략'이다.

20 ②

두 가지 쟁점을 표로 정리해보면 다음과 같다.

구분	수동형
• 역할 모호성 • 방법에 대한 불일치 • 목표에 대한 불일치 • 절차에 대한 불일치 • 책임에 대한 불일치 • 가치에 대한 불일치 • 사실에 대한 불일치	• 공존할 수 없는 개인적 스타일 • 통제나 권력 확보를 위한 싸움 • 자존심에 대한 위협 • 질투 • 분노

Chapter 7
정보능력 (직업기초능력 G-1)

G-1. 정보능력

G-2. 하위능력별
- 가. 컴퓨터활용능력
- 나. 정보처리능력

학/습/목/표 (수행준거)

직장생활에서 기본적인 컴퓨터를 활용하여 정보를 수집, 분석, 활용하는 능력을 기를 수 있다.

- 정보란 무엇인지 설명할 수 있다.
- 정보화 사회의 특징을 설명할 수 있다.
- 컴퓨터가 활용되는 분야를 설명할 수 있다.
- 정보의 처리과정을 설명할 수 있다.

▌ 성취수준(표준)

본 성취수준은 학력과 관련되며, 상은 4년제 대학 졸업자 수준, 중은 2년제 대학 졸업자 수준, 하는 고등학교 졸업자 수준을 의미한다.

구분			성취수준
정보능력		상	업무와 관련된 정보를 다양한 매체와 방법을 통해 의미와 가치를 평가하여 활용목적에 따라 신속하게 수집·분석하고 목적에 따라 활용될 수 있도록 DB화하여 조직하며 선택·활용을 용이하게 한다. 이를 컴퓨터가 필요한 모든 부분에서 활용한다.
		중	업무와 관련된 정보를 다양한 매체와 방법을 이용하여 수집하고 활용목적에 따라 종합·관리하며 적절하게 선택·활용한다. 이러한 과정에서 컴퓨터가 필요한 대부분에서 컴퓨터를 활용한다.
		하	업무와 관련된 정보를 컴퓨터가 필요한 일부분에서 이용하여 수집하고 활용목적에 따라 분석하며 제한된 방법으로 조직하고 필요한 정보를 활용한다. 이러한 과정에서 컴퓨터가 필요한 일부분에서 컴퓨터를 활용한다.
하위 능력	컴퓨터 활용 능력	상	컴퓨터 이론에 관한 전문적 지식을 업무에 적용하고 인터넷을 통해 필요한 정보를 효과적으로 검색하여 업무에 활용하며 소프트웨어를 사용하여 업무를 효과적으로 달성한다.
		중	컴퓨터 이론에 관한 전문적인 지식을 이해하고 인터넷을 통해 필요한 정보를 검색하고 관리하며 소프트웨어를 사용하여 문서작성, 자료정리, 자료분석 등을 수행한다.
		하	컴퓨터 이론에 관한 기초적인 지식을 이해하고 인터넷을 통해 간단한 검색, 채팅, e-mail을 이용하며 간단한 문서를 작성할 수 있는 소프트웨어를 이용한다.
	정보 처리 능력	상	다양한 매체와 방법을 이용해서 정보를 신속하게 수집하고 활용목적에 따라 평가하며 DB화하여 관리하고 정보를 목적에 맞게 활용하였는지 평가한다.
		중	다양한 매체와 방법을 이용해서 정보를 수집하고 활용목적에 따라 종합하며 업무목적에 맞게 관리하고 적절한 정보를 선택·활용한다.
		하	한두 가지의 방법을 이용해서 정보를 수집하고 목적에 따라 분석하며 관리하는 방법을 이해하고 필요한 정보를 수집한다.

정보능력

정보능력이란 업무를 수행함에 있어 기본적인 컴퓨터를 활용하여 필요한 정보를 수집, 분석, 활용하는 능력을 의미한다.

이러한 정보능력은 업무 수행에 필요한 정보를 수집, 분석, 조직, 관리, 활용하는데 있어 컴퓨터를 사용하는 컴퓨터활용능력과 업무수행에 필요한 정보를 수집하고, 분석하여 의미 있는 정보를 찾아내며, 찾아낸 정보를 업무 수행에 적절하도록 조직·관리하고 활용하는 능력인 정보처리능력으로 구성되어 있다.

✎ 정보와 자료 및 지식의 차이점

정보는 전 세계에 산재해 있는 자료들 중에 필요한 것만을 골라내어 얻을 수도 있지만, 경우에 따라서는 전문가들의 손에 의해 자료들을 가공하고 처리해야만 '정보'로서의 가치를 얻을 수 있는 것들도 많다.

정보와 지식, 데이터의 고전적인 구분은 McDonough가 그의 책 '정보경제학'에서 시도하였다. 그는 비교적 단순한 방법으로 정보와 지식, 데이터를 구분하고 있다.

즉, 데이터는 '가치가 평가되지 않은 메시지', 정보는 '특정상황에서 평가된 데이터', 지식은 '정보가 더 넓은 시간·내용의 관계를 나타내는 것'이라고 정의하였다.

McDonough는 그 책의 많은 부분에서 정보와 지식을 교환 가능한 용어로 사용하고 있지만 일반적으로 데이터와 정보, 지식과의 관계는 '데이터 지식 정보'와 같은 포함관계로 나타낼 수 있다. 이러한 포함관계는 엘렌 켄트로의 지식삼각형에서 잘 표현되고 있다. 엘렌 켄트로는 가장 기본적인 하단부부터 데이터, 정보, 지식의 순으로 삼각형을 구성하도록 표현 하고 있으며, 지식 위에 특별히 지혜를 포함시키고 있다.

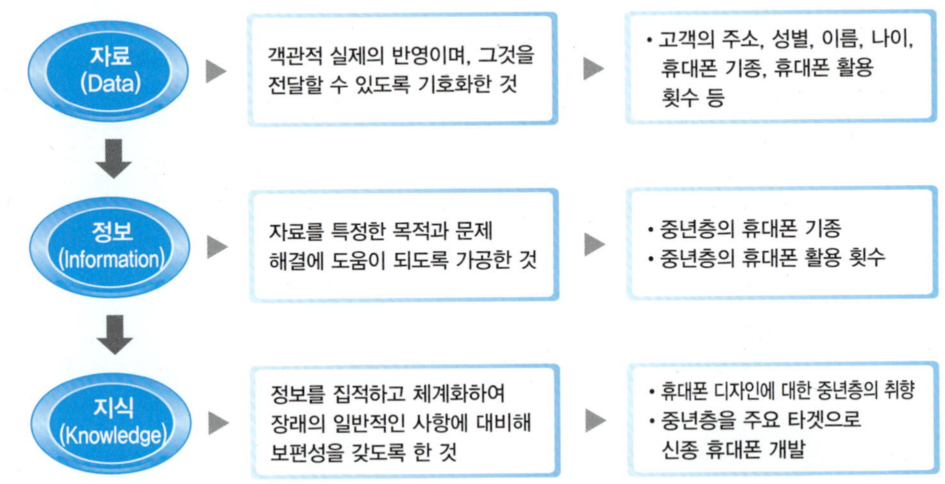

자료(Data)

'자료'란 정보 작성을 위하여 필요한 자료를 말하는 것으로, 이는 '아직 특정의 목적에 대하여 평가되지 않은 상태의 숫자나 문자들의 단순한 나열'을 뜻한다.

정보(Information)

'정보'란 데이터를 일정한 프로그램에 따라 컴퓨터가 처리·가공함으로써 '특정한 목적을 달성하는데 필요하거나 특정한 의미를 가진 것으로 다시 생산된 것'을 뜻한다.

지식(Knowledge)

'지식'이란 어떤 특정의 목적을 달성하기 위해 '과학적 또는 이론적으로 추상화되거나 정립되어 있는 일반화된 정보'를 뜻하는 것으로, 어떤 대상에 대하여 원리적·통일적으로 조직되어 객관적 타당성을 요구할 수 있는 판단의 체계를 제시한다.

✎ 정보의 가치

우리가 필요로 하는 정보의 가치는 여러 가지 상황에 따라서 아주 달라질 수 있다. 다시 말해 정보의 가치를 평가하는 절대적인 기준은 없다는 것이다. 즉, 정보의 가치는 우리의 요구, 사용 목적, 그것이 활용되는 시기와 장소에 따라서 다르게 평가된다.

이러한 점에서 볼 때, 정보의 가치는 다른 재화와 비슷한 성격을 갖는다. 예를 들어, 어느 학생의 신체 정보는 그 학생과 관련이 있거나 그 학생을 필요로 하는 소속 스포츠팀이나 양복점에서는 아주 유용한 가치의 정보가 될 수 있지만, 그 학생과 무관한 사람이나 집단에게 가치가 없는 정보가 될 수 있다.

적시성과 독점성은 정보의 핵심적인 특성이다. 따라서 정보는 우리가 원하는 시간에 제공되어야 하며, 원하는 시간에 제공되지 못하는 정보는 정보로서의 가치가 없어지게 될 것이다.

또한 정보는 아무리 중요한 내용이라도 공개가 되고 나면 그 가치가 급격하게 떨어지는 것이 보통이다. 따라서 정보는 공개 정보보다는 반공개 정보가, 반공개 정보보다는 비공개 정보가 더 큰 가치를 가질 수 있다. 그러나 비공개 정보는 정보의 활용이라는 면에서 경제성이 떨어지고, 공개 정보는 경쟁성이 떨어지게 된다. 따라서 정보는 공개 정보와 비공개 정보를 적절히 구성함으로써 경제성과 경쟁성을 동시에 추구해야 한다.

✎ 정보화 사회

정보화 사회란 이 세상에서 필요로 하는 정보가 사회의 중심이 되는 사회로서 컴퓨터 기술과 정보통신 기술을 활용하여 사회 각 분야에서 필요로 하는 가치 있는 정보를 창출하고, 보다 유익하고 윤택한 생활을 영위하는 사회로 발전시켜 나가는 것을 뜻한다.
정보화 사회는 정보의 사회적 중요성이 가장 많이 요구된다. 따라서 개인 생활을 비롯하여 정치, 경제, 문화, 교육, 스포츠 등 거의 모든 분야의 사회 생활에서 정보에 의존하는 경향이 점점 더 커질 수 밖에 없다.
정보화 사회는 컴퓨터와 전자통신 기술의 결합인 정보통신 기술의 발전과 이와 관련된 다양한 소프트웨어의 개발에 의해 네트워크화가 이루어져, 전 세계를 하나의 공간으로 여기는 수평적 네트워크 커뮤니케이션이 가능한 사회로 만들어 간다.

또, 정보화 사회는 경제 활동의 중심이 상품의 정보나 서비스, 지식의 생산으로 옮겨지는 사회라는 특징을 나타낸다. 즉, 지식정보와 관련된 산업이 부가가치를 높일 수 있는 사회로 변화되고 있다.

결국 정보화 사회는 눈으로 볼 수 있는 물질이나 에너지 이상으로 정보 자체가 중요한 자원이 되는 사회이기 때문에, 정보의 가치 생산을 중심으로 사회 전체가 움직이고 있다.

✎ 정보화의 필요성

우리나라의 정보화 구호는 '산업화는 늦었지만 정보화는 앞장서자'이다. 이런 구호아래 정부는 정보화에 매진하고 있다. 선진국에서 지하철은 우리보다 무려 100년 이상 앞서있고 산업화 역시 영국의 제임스 와트가 증기기관을 발명한 것이 1760년경이니까 무려 우리보다 200년 이상 빠르다.

지금 우리나라 경제가 발달했다고 하나 선진국에 중요기술은 종속이 되어 선진국 손에 놀아나고 있다. 예를 들면, 우리가 세계 최초로 상용화에 성공했다는 CDMA 방식의 휴대폰을 보면 휴대폰 하나 생산할 때마다 막대한 로열티를 미국 퀄컴사에 지불하고 있다. 미국은 손 하나 안대고 여유 있게 막대한 로열티를 챙기고 있다. 반도체 역시 마찬가지이다. 핵심은 다 선진국 것이다.

그래도 지식정보화라는 용어도 나오고 앞서나 가자는 구호도 나오고 있는 것이다. 기초 기술개발이 없이는 우리나라 경제는 영원히 외국의 손에 좌지우지 당하고 있을 것이다. 정보화를 이룩하여 기술 대국을 만들려는 이유는 바로 여기에 있다.

✎ 미래의 사회

부가가치 창출요인이 토지, 자본, 노동에서 지식 및 정보 생산 요소로 전환

지식·정보가 부가 가치 창출의 3/4을 차지할 것이다. 정보 기술(IT)산업의 주류를 이루고 있는 컴퓨터가 경제 체제에 미치는 영향은 막대하다. 컴퓨터 네트워크는 기존 경제 체제를 리히터 지진계로 표현할 때, 강도 10.5에 해당되는 지각 변동을 줄지도 모른다.

정보기술(IT) 이후 차세대 대표적인 주력 산업은 생명공학(BT)이다. 배아줄기세포를 위시해서 생명공학 발전의 주도권을 쥐는 자가 미래 사회 장악하게 될 것이다.

생명공학 못지않게 미래 산업을 끌어갈 분야는 나노(NT) 분야이며, 환경보전을 위한 기술(ET)도 독일 본에서 개최된 '04 유네스코 국제직업기술교육전문가 대회에서 Learning for Work, Citizenship and Sustainability, Work Skills for Sustainable Development'를 선언할 만큼 중요한 산업분야이다.

문화 산업(CT)의 대표적 예로 영화 "주라기 공원"을 국내외에 상영하고 수출 한 결과로 얻은 순이익은 우리나라 모든 자동차 회사가 일년 동안 생산·수출하여 얻은 순이익과 비슷하다고 하다. 우리나라의 경우 드라마 "겨울연가"는 19억원의 제작비가 투입되었는데 '04년말 까지 부가상품 판매액이 2000억을 넘었다.

우주항공기술(ST) 역시 새로운 삶의 세계를 개척하고 있다.

이상의 6T는 미래를 이끌어갈 주요 산업으로 토지, 노동, 자본 보다는 새로운 지식과 기술을 개발·활용·공유·저장할 수 있는 지식근로자를 요구하고 있다.

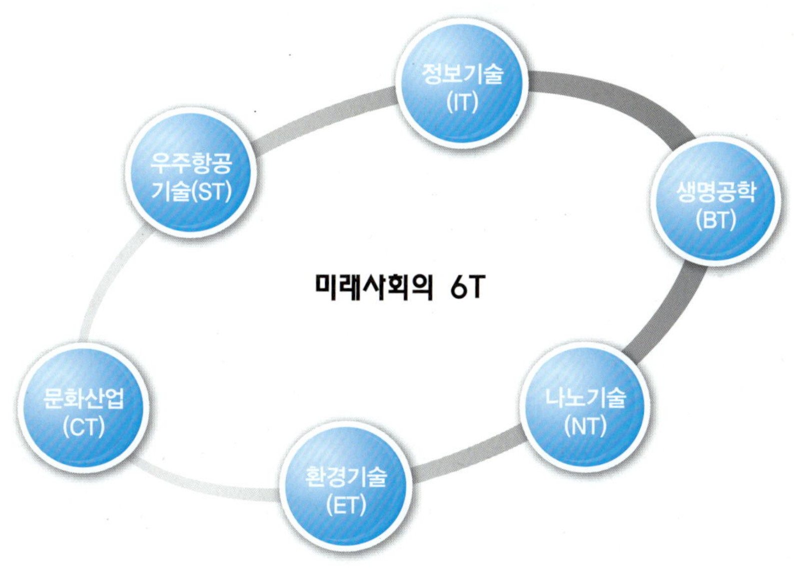

세계화의 진전

세계화는 모든 국가의 시장이 국경 없는 하나의 세계 시장으로 통합됨을 의미한다.

이때 세계 시장에는 실물 상품뿐만 아니라 노동, 자본, 기술 등의 생산 요소와 교육과 같은 서비스의 국제 교류도 모두 포함된다. 세계화의 예로는 WTO, FTA에 등에 의한 무역 개방화, 국가 간의 전자 상거래(electronic commerce: EC), 가상은행, 사이버 백화점, 사이버 대학교, 한국 기업의 외국 공장 설립, 다국적 기업의 국내설치 및 산업 연수생들의 국내산업체 근무, 외국 대학 및 학원의 국내 설치 등을 들 수 있다.

지식의 폭발적인 증가

미래사회에서는 지식 특히, 과학적 지식이 폭발적으로 증가할 것이다. 2000년 포드자동차 기술 담당 이사는 지식과 기술이 빠른 속도로 변하고 있기 때문에 산업 사회(포드자동차 회사)에서 공학사의 학위를 인정할 수 있는 유효 기한이 2년 정도에 불과하다고 한다. 2020년이 되면 지식은 73일을 한 주기로 2배씩 증가한다고 OECD보고서는 밝히고 있으며, 2050년경이 되면 지식이 급증하여 지금의 지식은 1% 밖에 사용할 수 없게 될 것이라고 전망하는 미래학자도 있다.

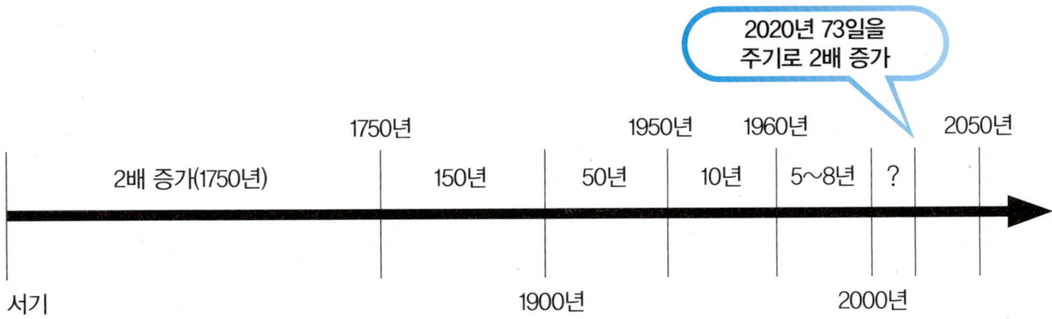

✎ 정보화 사회에서 필수적으로 해야 할 일

- 첫째, 정보검색이다. 인터넷에는 수많은 사이트가 있다. 여기서 내가 원하는 정보를 찾는 것을 정보검색, 즉 소위 말하는 인터넷서핑이라는 것이다. 인터넷에는 수많은 사이트가 있다. 그 많은 사이트에서 내가 원하는 것을 찾기란 그렇게 만만치 않다. 지금은 다행히도 검색방법도 발전하여 문장검색용 검색엔진도 나오고, 자연어 검색방법도 나와서 네티즌들로부터 대환영을 받고 있다. 무엇보다도 검색이 그만큼 쉬워졌다는 것이다.

  그러나 궁극적으로는 타인의 힘을 빌리지 않고 내가 원하는 정보는 무엇이든지 다 찾을 수가 있도록 돼야 한다. 즉, 당신은 자신이 가고 싶은 곳이라든지 궁금한 사항을 해결할 정도는 돼야한다는 것이다. 예를 들면, 대학생이 미국으로 이번 여름방학 때 배낭여향을 간다고 할 때 자기가 방문할 행선지에 대한 모든 정보, 즉 숙박, 교통, 기후, 지리, 음식 등에 대한 것을 사전에 파악할 정도는 되어야 한다.

- 둘째, 정보관리이다. 인터넷에서 어렵게 검색하여 찾아낸 결과를 관리를 못하여 머리속에만 입력하고 컴퓨터를 끄면 잊어버리는 것은 정보관리를 못하는 것이다.

자기가 검색한 내용에 대하여 파일로 만들어 보관하든 프린터로 출력하여 인쇄물로
보관하든 언제든지 필요할 때 다시 볼 수 있을 정도가 되어야 한다.

- 셋째, 정보전파이다. 이것은 정보관리를 못한 사람은 어렵다. 오로지 입을 이용해서만
  전파가 가능하다. 요즘은 전자우편을 사용해서 정보를 전파하기 때문에 매우 쉽다.
  참으로 편리한 세상이 아닐 수 없다. 인터넷만 이용하면 편안히 서울에 앉아서 미국
  에도 논문을 보낼 수가 있다.

✎ 기업 경영에서의 컴퓨터의 활용

기업 경영에서는 생산에서부터 판매, 회계, 재무, 인사 및 조직관리는 물론 금융 업무까지도
컴퓨터를 널리 활용하고 있다.

경영정보시스템(MIS; Mamagement Information System)이나 의사결정지원시스템(DSS;
Decision Support System) 등은 기업경영에 필요한 정보를 효과적으로 활용할 수 있도록
지원해 주어 경영자가 신속한 의사결정을 할 수 있도록 해 준다.

또한, 사무 자동화(OA; Office Automation)가 이루어져 문서 작성과 보관은 물론 컴퓨터로
업무를 결재하는 전자 결재 시스템이 도입되어 업무 처리의 효율을 높이고 있다.

최근에는 정보 통신 기술의 발달로 생산에서 소비까지 전 과정을 컴퓨터로 처리하는 전자
상거래(EC; Electronic Commerce)가 활성화되어 기업은 물류 비용을 줄이고, 소비자는
값싸고 질 좋은 제품을 집에서 구매할 수 있어 소비자와 기업 모두에게 이익을 주고 있다.

〉〉〉 행정 분야에서의 활용

행정기관에서는 민원처리, 각종 행정 통계 등의 여러 가지행정에 관련된 정보를 데이터
베이스를 구축하여 활용하고 있다.

행정 업무의 사무 자동화가 이루어져 있고, 모든 민원 서류를 정보 통신망을 이용하여
원격지에서 발급하고 있다. 특히 행정 서비스 분야에서 가상 우체국과 전자 주민 카드 등이
곧 실용화되면 보다 편리하게 될 전망이다.

전자 주민 카드는 반도체 칩이 부착되어 있어 주민 등록, 의료보험, 운전 면허증의 신분을
확인할 수 있는 수단을 제공할 뿐만 아니라 향후에는 신용카드를 대신하여 물품 구매에서
지하철 개찰까지 대신하게 될 것이다.

>>> 산업 분야에서의 활용

컴퓨터는 공업, 상업 등 각 분야에서 널리 활용될 뿐만 아니라 중요한 역할을 담당하고 있다. 공업에서는 컴퓨터를 이용하여 제품의 수주에서부터 설계, 제조, 검사, 출하에 이르기까지의 모든 제품 공정 과정을 자동화하여 생산성 향상과 원가 절감, 불량품 감소 등으로 제품의 경쟁력을 높이고 있다. 공장 자동화의 대표적인 예로는 컴퓨터 이용 설계(CAD)와 컴퓨터 이용 생산(CAM)이 있다.

또한, 산업 현장에서 사람이 하기 힘든 위험한 일이나 비위생적인 작업, 정교한 일 등에 이용하고 있는 산업용 로봇도 컴퓨터를 이용한 기술 분야이다. 그리고 편의점이나 백화점 등에서 상품의 판매 시점관리(POS)시스템을 이용해서 매출액 계산, 원가 및 재고 관리 등에 컴퓨터가 활용되고 있다.

>>> 기타 분야에서의 활용

컴퓨터는 교육, 연구소, 출판, 가정, 도서관, 예술 분야 등에서도 널리 활용되고 있다.
교육에서의 컴퓨터 이용은 컴퓨터 보조 교육(CAI)과 컴퓨터 관리 교육(CMI)로 구분해볼 수 있다. 컴퓨터 보조 교육은 강의나 학습에 컴퓨터를 이용하는 것으로, 학습자가 프로그램을 이용하여 개인차에 따라 학습 속도와 학습 시간을 조절하여 학습하는 방식이다. 컴퓨터 관리교육은 학습 지도 자료의 정리, 성적 관리, 진로 지도, 교육 계획 등에 활용된다.

복잡한 계산이나 정밀한 분석 및 실험 등의 연구 분야에서 여러 가지 형태로 이용하여 정확도와 정밀도를 높이고 있다. 많은 작가들이 직접 개인용 컴퓨터로 워드 프로세서와 그래픽 소프트웨어 등을 이용해서 책을 저술하고 있으며, 인터넷을 통해 독자들에게 분배하고 있다. 신문, 잡지 등의 출판물이 컴퓨터를 이용해서 제작되고 있기 때문에 인터넷을 통해서 필요한 검색 단어와 날짜 등을 입력하면 필요한 기사를 쉽게 얻을 수 있다. 가정에서는 보안, 냉·난방 조절, 생활 정보 검색, 홈 뱅킹과 홈쇼핑 등에 이용되고 있다. 또한, 정보 통신의 발달로 집에서 컴퓨터를 이용해서 업무를 보는 재택 근무가 점차 일반화되고 있다.

✎ 정보처리과정

정보는 일정한 절차에 따라 활용하는 것이 효과적이다. 일반적으로 기획, 수집, 관리, 활용의 절차에 따라 처리된다.

정보의 기획

정보의 전략적 기획이란 정보활동의 가장 첫 단계로서 정보관리의 가장 중요한 단계이며 보통은 5W2H에 의해 기획을 한다.

- ⋯ WHAT(무엇을?) : 정보의 입수대상을 명확히 한다.
- ⋯ WHERE(어디에서?) : 정보의 소스(정보원)를 파악한다.
- ⋯ WHEN(언제까지) : 정보의 요구(수집)시점을 고려한다.
- ⋯ WHY(왜?) : 정보의 필요목적을 염두에 둔다.
- ⋯ WHO(누가?) : 정보활동의 주체를 확정한다.
- ⋯ HOW(어떻게) : 정보의 수집방법을 검토한다.
- ⋯ HOW MUCH(얼마나?) : 정보수집의 비용성(효용성)을 중시한다.

정보의 수집

정보의 수집은 다양한 정보원으로부터 목적에 적합한 정보를 입수하는 것이라 할 수 있다. 정보 수집의 목적에는 여러 가지가 있겠지만, 최종적으로는 '예측'을 잘하기 위해서다. 과거의 정보를 모아 연구하는 것도 결국 장래가 어떻게 될까를 예측하기 위해서다.

정보수집은 어떤 의미에서 공부와도 같다. 공부는 매일 조금씩 조금씩 해나가는 것이 중요하다. 벼락치기로 하는 공부는 결국 머릿속에서 사라지고 만다. 따라서 정보수집에 지름길은 없다. 스스로 땀을 흘려 정보를 접하는 기회를 많이 가지는 것만이 정보를 모으기 위한 유일한 길이다.

정보의 관리

'구슬이 서말이라도 꿰어야 보배'라는 속담이 있다. 여러 가지 채널과 갖은 노력 끝에 입수한 정보가 우리가 필요한 시점에 즉시 활용되기 위해서는 모든 정보가 차곡차곡 정리되어 있어야 한다.

정보의 관리란 수집된 다양한 형태의 정보(보통 생정보)를 어떤 문제해결이나 결론도출에 사용하기 쉬운 형태로 바꾸는 일이다. 정보를 관리할 때에는 특히 다음의 세가지를 고려하여야 한다.

정보관리의 3원칙

⋯▸ 목적성 : 사용목적을 명확히 설명해야 한다.
⋯▸ 용이성 : 쉽게 작업할 수 있어야 한다.
⋯▸ 유용성 : 즉시 사용할 수 있어야 한다.

정보의 활용

산업사회에서 문맹을 결정하는 기준이 문자에 대한 이해를 바탕으로 한다면 지식정보사회에서 문맹을 결정하는 기준은 정보활용능력에 해당한다. 정보활용능력은 정보기기에 대한 이해나 최신 정보기술이 제공하는 주요 기능, 특성에 대한 지식을 아는 능력만 포함되는 것이 아니라 정보가 필요하다는 문제 상황을 인지할 수 있는 능력, 문제 해결에 적합한 정보를 찾고 선택할 수 있는 능력, 찾은 정보를 문제해결에 적용할 수 있는 능력, 그리고 윤리의식을 가지고 합법적으로 정보를 활용할 수 있는 능력 등 다양한 능력이 기반되어야 한다.

🖋 인터넷의 역기능

인터넷 초고속망 이용의 일반화와 함께 여러 가지 편리함을 추구할 수 있게 되었지만 정서를 해칠 수 있는 오락이나 음란물의 접속, 채팅 과정에서 나타나는 언어폭력, 비어, 속어의 사용 등 역기능도 적지 않다.

• 불건전 정보의 유통

음란 사이트, 엽기 사이트, 도박 사이트, 폭력 사이트, 반사회적 사이트 등 우리에게 유해한 불건전 정보가 유통될 수 있다.

• 개인 정보 유출

해킹이나 바이러스 감염 등으로 개인정보가 누출되어 사생활에 침해를 받을 수 있다.

• 사이버 성폭력

채팅이나 게시판을 통해 성적으로 수치심을 주는 사이버 성폭력이 일어나고 있으며, 실제 성폭력으로 이어지는 경우도 있다.

• 사이버 언어폭력

사이버 성폭력과 마찬가지로 서로 얼굴을 볼 수 없기 때문에 욕설이나 비방, 유언비어 등 언어폭력이 많이 일어나고 있다.

• 언어 훼손

보다 쉽게, 보다 빠르게, 또는 단순히 재미로 줄여 쓰고, 이어 쓰고, 발음 나는 대로 쓰는 등 올바른 언어를 사용하지 않아 실제 생활에서 언어 사용의 문제를 가져올 수 있다.

• 인터넷 중독

인터넷 이용이 보편화되면서 인터넷에 지나치게 빠져 생활의 곤란을 겪게 되는 경우도 많이 생기고 있다. 특히 청소년은 온라인 게임이나 음란물에 지나치게 몰입하여 중독이 되는 경우가 많다.

• 불건전한 교제

채팅이나 메신저를 이용하여 불건전한 교제의 가능성이 있다.

• 저작권 침해

불법으로 복제된 소프트웨어 파일 등을 배포하거나 저작권자의 동의 없이 공개하기도 한다.

사이버 공간에서 지켜야 할 예절

네티켓(Netiquette)은 사이버 공간에서 지켜야 하는 예절을 뜻한다. 네티켓은 통신망을 뜻하는 네트워크(Network)와 예절을 뜻하는 에티켓(Etiquette)의 합성어로, 네티즌이 사이버 공간에서 지켜야 할 비공식적인 규약이라고 할 수 있다.

네티켓은 법적인 제재에 의존하는 타율적 해결보다는 네티즌 스스로 자율적으로 사이버 공간의 문제를 미리 방지하고 이성적으로 해결해 나가자는 적극적 의미를 가지고 있다.

인터넷이라는 가상공간은 익명성과 쌍방향성이라는 특성에 의해 오해를 사거나 다른 사람들의 감정을 해칠 수도 있다. 따라서 현실공간에 비해 오히려 더욱 더 예절이 필요한 공간이 가상공간이다.

• 전자우편(e-mail)을 사용할 때의 네티켓

- 메시지는 가능한 짧게 요점만 작성한다.
- 메일을 보내기 전에 주소가 올바른지 다시 한번 확인한다.
- 제목은 메시지 내용을 함축해 간략하게 써야 한다.
- 가능한 메시지 끝에 signature(성명, 직위, 단체명, 메일주소, 전화번호 등)을 포함시키되, 너무 길지 않도록 한다.
- 메일 상에서 타인에 대해 말할 때는 정중함을 지켜야 한다. 메일은 쉽게 전파될 수 있기 때문이다.
- 타인에게 피해를 주는 언어(비방이나 욕설)는 쓰지 않는다.

• 온라인 대화(채팅)를 할 때의 네티켓

- 마주보고 이야기하는 마음가짐으로 임한다.
- 대화방에 들어가면 지금까지 진행된 대화의 내용과 분위기를 경청하라.
- 엔터키를 치기 전에 한번 더 생각하라.
- 광고, 홍보 등을 목적으로 악용하지 말라.
- 유언비어, 속어와 욕설 게재는 삼가고, 상호비방의 내용은 금한다.

• 게시판을 사용할 때의 네티켓

- 글의 내용은 간결하게 요점만 작성한다.
- 제목에는 글의 내용을 파악할 수 있는 함축된 단어를 쓴다.
- 글을 쓰기 전에 이미 같은 내용의 글이 없는지 확인한다.
- 글의 내용 중에 잘못된 점이 있으면 빨리 수정하거나 삭제한다.
- 게시판의 주제와 관련 없는 내용은 올리지 않는다.

✐ 개인정보

개인정보란 생존하는 개인에 관한 정보로서 정보에 포함되어 있는 성명, 주민등록번호 등의 사항에 의하여 개인을 식별할 수 있는 정보를 말한다. 또한, 해당 정보만으로는 특정 개인을 식별할 수 없더라도 다른 정보와 용이하게 결합하여 식별할 수 있는 것들도 모두 포함하여 개인정보라고 한다.

✐ 개인정보의 종류

최근에는 여러 가지 방법을 동원하여 개인정보를 수집하고 분석하는 마케팅 기술이 개발되고 있는 실정이므로 앞으로는 개인정보의 침해를 프라이버시 침해라는 관점에서 보다는 일종의 재산보호 차원에서 다루고 있는 추세이다. 다양한 분야에서 사용할 수 있는 개인정보에는 다음과 같은 것들이 있다.

분 류	내 용
일반정보	이름, 주민등록번호, 운전면허정보, 주소, 전화번호, 생년월일, 출생지, 본적지, 성별, 국적 등
가족정보	가족의 이름, 직업, 생년월일, 주민등록번호, 출생지 등
교육 및 훈련 정보	최종학력, 성적, 기술자격증/전문면허증, 이수훈련 프로그램, 서클 활동, 상벌사항, 성격/행태보고 등
병역 정보	군번 및 계급, 제대유형, 주특기, 근무부대 등
부동산 및 동산 정보	소유주택 및 토지, 자동차, 저축현황, 현금카드, 주식 및 채권, 수집품, 고가의 예술품, 보석 등
소득 정보	연봉, 소득의 원천, 소득세 지불 현황 등
기타 수익 정보	보험가입현황, 수익자, 회사의 판공비 등
신용 정보	대부상황, 저당, 신용카드, 담보설정 여부 등
고용 정보	고용주, 회사주소, 상관의 이름, 직무수행 평가 기록, 훈련기록, 상벌기록 등
법적 정보	전과기록, 구속기록, 이혼기록 등
의료 정보	가족병력기록, 과거 의료기록, 신체장애, 혈액형 등
조직 정보	노조가입, 정당가입, 클럽회원, 종교단체 활동 등
신용 및 취미 정보	흡연/음주량, 여가활동, 도박성향, 비디오 대여기록 등

✎ 개인정보 유출 방지

개인정보에 대한 보안이나 유출을 방지하기 위한 여러 가지 방법이 있을 수 있다. 다음에 소개된 방법을 잘 활용하면 최대한 개인정보의 유출을 막을 수 있을 것이다.

개인정보 유출 방지 방법

- **회원 가입 시 이용 약관을 읽어라!**
  이용 약관에 기재된 항목 중 개인정보보호와 이용자 권리에 대한 조항은 유심히 읽어야 하며, 혹 3자에게 정보를 제공할 수 있다고 명시된 부분이 있는지 재확인해야 한다.

- **이용 목적에 부합하는 정보를 요구하는지 확인하라!**
  정보를 수집할 때에는 수집 및 이용목적을 제시해야 한다. 특별한 설명 없이 학력, 결혼여부, 월급, 자동차 소유 여부 등을 요구한다면 가입여부를 재고해봐야 한다.

- **비밀번호는 정기적으로 교체하라!**
  평상시 비밀번호는 주기적으로 바꾸는 것이 좋다. 대부분의 경우 동일한 ID와 비밀번호를 몇 년씩 사용하는 경우가 많은데 이럴수록 비밀번호와 ID가 노출되기 쉽다.

- **정체불명의 사이트는 멀리하라!**
  수많은 사이트에서 경품 이벤트를 통해 회원가입을 권유하고 있다. 정체가 불분명한 사이트에서 지나치게 개인정보를 입력하면 가입여부를 다시 한 번 생각해 보는 것이 좋다.

- **가입 해지 시 정보 파기 여부를 확인하라!**
  가입만 해지해선 소용이 없다. 개인정보도 탈퇴 즉시 해지하는지 여부를 확인하자. 일부 사이트는 해지 후에도 몇 개월간 개인정보를 파기하지 않는다는 조항이 있다.

- **뻔한 비밀번호를 쓰지 말라!**
  생년월일이나 전화번호 등 남들이 쉽게 유추할 수 있는 비밀번호는 자제해야 한다. 또한 동일한 번호를 연속적으로 사용하는 것도 바람직하지 않다.

7.1 컴퓨터활용능력 (하위모듈 G-2-가)

직장생활에서 컴퓨터 관련이론을 이해하여 업무수행을 위해 인터넷과 소프트웨어를 활용하는 능력을 기른다.

- ⋯ 다양한 인터넷 서비스의 종류를 설명할 수 있다.
- ⋯ 인터넷을 활용하여 원하는 정보를 획득할 수 있다.
- ⋯ 업무에 필요한 소프트웨어를 활용할 수 있다.
- ⋯ 데이터베이스 구축의 필요성을 설명할 수 있다.

✎ 컴퓨터활용능력

컴퓨터활용능력은 업무 수행에 필요한 정보를 수집, 분석, 조직, 관리, 활용하는데 있어 컴퓨터를 사용하는 능력이다.

오늘날 정보화사회가 도래한 결정적인 것은 컴퓨터 기술의 발전이었다. 따라서 정보화 사회에서 남녀노소를 불문하고 컴퓨터를 통해 필요한 정보를 얻고 자신에게 잠재되어 있는 재능을 발휘할 수 있는 기회를 제공한다는 측면에서 컴퓨터활용능력의 함양은 필수적이다.

최근 인터넷은 우리의 삶 속에서 차지하는 비중이 커지고 있다. 대부분의 직장인들은 업무 수행을 위해 컴퓨터를 활용하고 있다. 그러나 인터넷 서비스를 제대로 활용하지 못하면 컴퓨터의 사용 범위는 제한적일 수밖에 없다.

우리가 업무 수행 및 일상 생활 속에서 활용하고 있는 인터넷 서비스는 전자우편, 웹메일, 웹하드, 전자상거래 등 매우 다양하다.

>>> 전자우편(e-mail)서비스

전자우편(e-mail)은 정보 통신망을 이용하여 다른 사용자들과 편지나 여러 정보를 주고받는 통신 방법을 말한다. 전자우편은 편지나 정보를 주고받는다는 점에서 일반우편과 유사하다. 그러나 일반우편은 사람에 의해 전달되지만, 전자우편은 정보 통신망을 통하여 전달되므로 빠르고 정확하게 전달될 수 있다.

전자우편의 주소는 일반우편의 주소와 비슷하다. 전자우편의 주소는 3개의 기본요소를 가지고 있다. 이름과 @, 그리고 도메인 이름이 그것이다. 이름은 사용자가 메일 서버에 로그인할 때 사용하는 ID를 의미한다. 그리고 도메인 이름은 메일 서버의 도메인 이름을 나타낸다. 사용자 ID가 guest, 도메인 이름이 daehan.hs.kr인 사용자가 있다면 이 사람의 인터넷 전자우편 주소는 guest@daehan.hs.kr가 된다.

〉〉〉 인터넷 디스크/웹 하드

인터넷 디스크(Internet Harddisk)란 웹 서버에 대용량의 저장 기능을 갖추고 사용자가 개인용 컴퓨터(PC)의 하드디스크와 같은 기능을 인터넷을 통하여 이용할 수 있게 하는 서비스를 뜻한다. 초기에는 대용량의 파일 작업을 하는 디자이너, 설계사, 건축가들이 빈번하게 이루어지는 공동 작업과 자료 교환을 용이하게 하기 위해 각 회사 나름대로 인터넷 하드 디스크 역할을 하는 웹 디스크(Web-disk)를 구축하게 되었는데, 이와 똑같은 시스템을 사용자에게 무료로 제공하는 웹 사이트들이 생겨나기 시작하면서, 일반인들도 인터넷 디스크를 이용하게 된 것이다.

현재 웹 메일 서비스를 제공하고 있는 곳에서는 거의 대부분 웹 하드 서비스도 함께 무료로 제공하고 있다. 메일 서비스에 접속하여 웹 하드, 파일박스, 마이박스, 저장공간 등의 용어가 있는지 잘 살펴보고, 이러한 서비스를 잘 이용하면 디스켓이나 USB와 같은 이동 장치를 들고 다니는 불편함을 덜 수 있다.

메신저

- 메신저란 인터넷에서 실시간으로 메시지와 데이터를 주고 받을 수 있는 소프트웨어이다. 메신저를 사용하면 다음과 같은 장점이 있다.

  첫째, 메신저를 사용하면 인터넷에 접속해 있는지를 확인할 수 있으므로 응답이 즉시 이루어져서 전자우편보다 훨씬 속도가 빠르다.

  둘째, 컴퓨터로 작업을 하면서 메시지를 주고받을 수 있다.

  셋째, 여러 사람과의 채팅과 음성채팅도 지원하며, 대용량의 동영상 파일은 물론 이동 전화에 문자 메시지도 보낼 수 있다.

  넷째, 뉴스나 증권, 음악 정보 등의 서비스도 제공받을 수 있다.

메신저는 프로그램을 갖춘 사이트에 접속하여 회원으로 등록한 뒤 해당 프로그램을 다운로드 받아 컴퓨터에 설치하여 사용하면 된다. 다운로드받지 않고 로그인과 동시에 사용할 수 있는 사이트도 있다. 회원가입과 사용료는 대부분 무료이다.

전자상거래

좁은 뜻으로의 전자상거래란 인터넷이라는 전자적인 매체를 통하여 상품을 사고팔거나, 재화나 용역을 거래하는 사이버 비즈니스를 뜻한다. 넓은 뜻으로의 전자상거래는 소비자와의 거래뿐만 아니라 거래와 관련된 공급자, 금융기관, 정부기관, 운송기관 등과 같이 거래에 관련되는 모든 기관과의 관련행위를 포함하는 뜻이다. 거래되는 상품에는 전자부품, 컴퓨터, 의류, 책 등과 같은 물리적 상품이 있고, 주식 정보, MP3 파일, 전자책(e-Book), 보험 정보, 재테크 정보, 소프트웨어 등과 같은 디지털 상품이 있다.

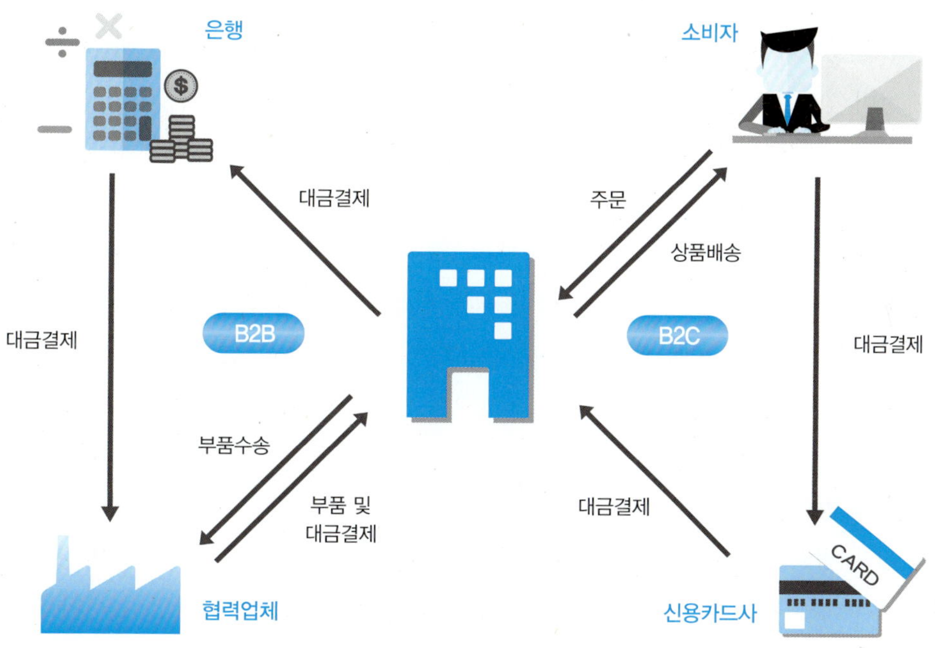

정보검색

정보검색이란 여러 곳에 분산되어 있는 수많은 정보 중에서 특정 목적에 적합한 정보만을 신속하고 정확하게 찾아내어 수집, 분류, 축적하는 과정을 뜻한다. 인터넷에는 세상 사람들이 필요로 하는 정보가 너무나 많기 때문에 잘못 하다가는 정보의 바다에 빠져서 허우적거리느라 시간만 낭비하고 원하는 것은 하나도 얻지 못하는 경우도 많이 있다.

일반적인 정보검색의 단계는 다음과 같다.

① 검색주제 선정

② 정보원 선택

③ 검색식 작성

④ 결과 출력

✎ 검색엔진의 유형

키워드 검색 방식

키워드 검색 방식은 찾고자 하는 정보와 관련된 핵심적인 언어인 키워드를 직접 입력하여 이를 검색 엔진에 보내어 검색 엔진이 키워드와 관련된 정보를 찾는 방식이다. 사용자 입장에서는 키워드만을 입력하여 정보 검색을 간단히 할 수 있는 장점이 있는 반면에, 키워드가 불명확하게 입력된 경우에는 검색 결과가 너무 많아 효율적인 검색이 어려울 수 있는 단점이 있다.

주제별 검색 방식

주제별 검색 방식은 인터넷상에 존재하는 웹 문서들을 주제별, 계층별로 정리하여 데이터베이스를 구축한 후 이용하는 방식이다. 사용자는 단지 자신이 원하는 정보를 찾을 때까지 상위의 주제부터 하위의 주제까지 분류되어 있는 내용을 선택하여 검색하면 원하는 정보를 발견하게 된다.

통합형 검색 방식

통합형 검색 방식의 검색은 키워드 검색 방식과 매우 유사하다. 그러나 통합형 검색방식은 키워드 검색 방식과 같이 검색 엔진 자신만의 데이터베이스를 구축하여 관리하는 방식이 아니라, 사용자가 입력하는 검색어들이 연계된 다른 검색 엔진에게 보내고, 이를 통하여 얻어진 검색 결과를 사용자에게 보여주는 방식을 사용한다.

– 둘째,

✐ 정보 검색 연산자

하나의 단어(키워드)로 검색을 하면 검색 결과가 너무 많아져서, 이용자가 원하는 정보와 상관없는 것들이 많이 포함된다. 따라서 검색과 관련 있는 2개 이상의 단어를 연산자로 조합하여 키워드로 사용하는 것이 가장 일반적인 검색 방법이다. 연산자는 대/소문자의 구분이 없으며, 앞뒤로 반드시 공백(space)을 넣어주어야 한다. 가장 공통적으로 사용하는 연산자의 종류와 검색 조건을 비교하면 다음과 같다.

기 호	연산자	검색조건
*, &	AND	두 단어가 모두 포함된 문서를 검색 예) 인공위성 and 자동차, 인공위성 * 자동차
|	OR	두 단어가 모두 포함되거나, 두 단어 중에서 하나만 포함된 문서를 검색 예) 인공위성 or 자동차, 인공위성 | 자동차
−, !	NOT	'—'기호나 '!'기호 다음에 오는 단어는 포함하지 않는 문서를 검색 예) 인공위성 not 자동차, 인공위성 ! 자동차
~, near	인접검색	앞/뒤의 단어가 가깝게 인접해 있는 문서를 검색 예) 인공위성 near 자동차

✐ 검색엔진의 종류 및 특징

검색엔진(Search Engine)이란 인터넷상에 산재해 있는 정보를 수집한 후, 이를 체계적으로 데이터베이스로 구축하여 사용자가 원하는 정보를 쉽게 찾을 수 있도록 안내자 역할을 해주는 도와주는 웹 사이트 또는 프로그램을 뜻한다. 포털 사이트(Portal Site)란 사용자가 인터넷에서 어떤 정보를 찾으려고 할 때 가장 먼저 접속하는 사이트를 뜻한다.

포털 사이트의 가장 대표적인 예로는 구글, 네이버, 다음 등과 같은 검색사이트 와 언론매체 뉴스 사이트를 들 수 있다. 최근 대부분의 포털 사이트에서는 정보검색 뿐만 아니라 뉴스, 웹 메일, 블로그, 미니홈피, 커뮤니티 형성 등 매우 다양한 인터넷 서비스를 제공하고 있다.

》〉 인터넷 정보 검색을 할 때의 주의 사항

인터넷상에는 많은 정보가 존재하고 있다. 이 중에는 우리가 원하는 정보도 있지만 그렇지 않은 정보가 대부분이라고 할 수 있다. 이런 정보의 홍수 속에서 우리가 원하는 정보를 빠르게 찾아서 이용하려면 몇 가지 검색 기술이 필요하다.

- 인터넷에서 정보 검색을 하려면 검색 엔진을 사용하게 되는데, 검색 엔진을 사용할 경우 각각의 검색 엔진에서 사용할 수 있는 기능들에 대한 도움말을 사전에 반드시 읽어서 검색 엔진의 특징을 알아두어야 한다.

- 일반적인 검색 이외에 특정한 데이터(논문, 특허 등)는 나름대로의 검색 방법이 따로 존재하므로 적절한 검색 엔진의 선택이 중요하다. 한 검색 엔진을 이용하여 원하는 검색 결과가 나오지 않았을 경우에는 다른 검색 엔진을 이용하여 검색한다.

- 키워드의 선택이 중요하다. 키워드가 너무 짧으면 원하는 결과를 쉽게 찾을 수 없는 경우가 많으므로 키워드는 구체적이고 자세하게 만드는 것이 좋은 방법이다.
  또, 특정한 키워드에 대하여 검색 결과가 너무 많이 나오는 경우에는 검색 엔진에서 결과내 재검색 기능을 지원하도록 하면 이를 활용하여 검색 결과의 범위를 좁힐 수 있으므로 검색 시간을 단축할 수 있다.

- 검색 엔진마다 검색 연산자가 약간씩 다르므로 이를 정확히 숙지한 후 키워드와 검색 연산자를 조합하여 작성한 검색식을 정보 검색에 이용한다.

- 검색 속도가 매우 느린 경우에는 웹 브라우저에서 그림 파일을 보이지 않도록 선택하면 보다 빠르게 검색할 수 있다.

- 웹 검색이 정보 검색의 최선은 아니다라는 사실에 주의한다. 웹 검색 이외에도 각종 BBS, 뉴스 그룹, 메일링 리스트도 이용하고, 도서관 자료와 정보를 가지고 있는 사람에게 직접 전자우편으로 부탁하는 등의 다른 방법도 적극 활용하여야 한다.

- 웹 검색 결과로 검색 엔진이 제시하는 결과물의 가중치를 너무 신뢰해서는 안된다.
  검색 엔진 나름대로 정확성이 높다고 판단되는 데이터를 화면의 상단에 표시하지만 실제 그렇지 않은 경우가 많이 발생하므로 사용자 자신이 직접 보면서 검색한 자료가 자신이 원하는 자료인지 판단해야 한다.

✎ 업무에 필요한 소프트웨어 활용하기

워드프로세서

- 우리가 보는 책이나 신문, 잡지 등은 여러 가지 형태의 문자와 그림, 표, 그래프 등이 조화 롭게 구성되어 만들어진 것이다. 이와 같이 여러 형태의 문서를 작성, 편집, 저장, 인쇄할 수 있는 프로그램을 워드프로세서라고 한다.
  워드프로세서는 글이나 그림을 입력하여 편집하고, 작업한 문서를 저장하고 인쇄할 수 있다. 워드프로세서의 주요기능은 다음과 같다.

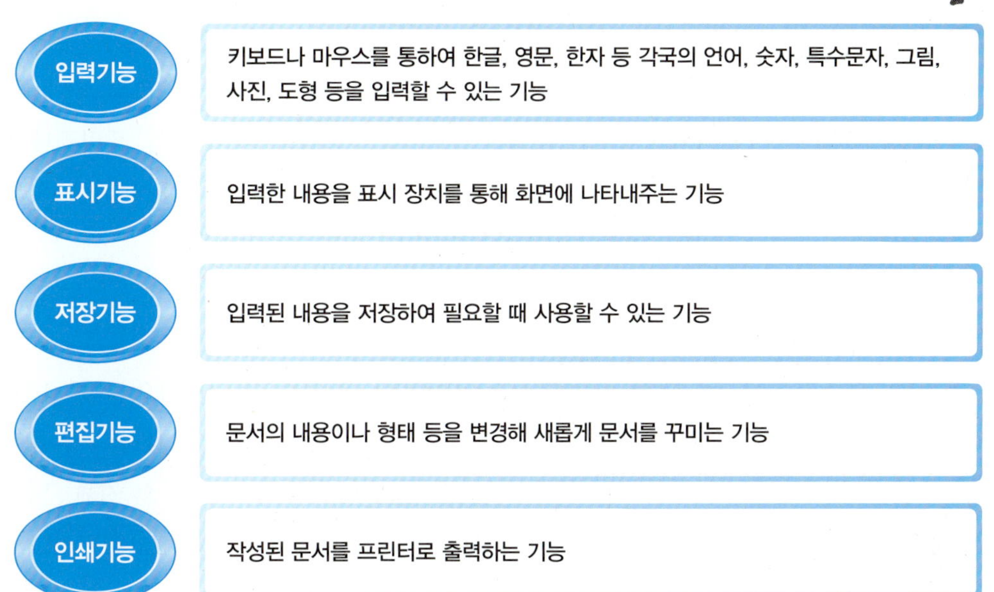

스프레드시트(엑셀)

- 스프레드시트(Spread Sheet)는 전자 계산표 또는 표 계산 프로그램으로 워드프로세서와 같이 문서를 작성하고 편집하는 기능 이외에 수치나 공식을 입력하여 그 값을 계산해내고, 계산 결과를 차트로 표시할 수 있는 특별한 기능을 가지고 있다.

원래 스프레드시트는 미국인들이 경리, 회계 상 사용하던 일정한 형태의 계산용지를 일컫는 말로 이것을 화면 그대로 옮겨 계산식 등을 첨가한 것이 스프레드시트의 시작이었으며, 틀린 부분만 수정해 주면 해당 부분이 자동적으로 계산되어 큰 환영을 받았다.

최초의 스프레드시트는 몇 개의 셀만을 이용해서 단순 계산만 할 수 있는 프로그램이었으나, 오늘날의 스프레드시트는 작업 능력의 향상과 함께 데이터베이스 및 그래픽 기능이 추가되고 다양한 함수를 제공해주며 통신 기능까지 갖추게 되었다.

스프레드시트 기술은 눈부시게 발전하여 파일 간을 서로 연결시켜 내용의 복사, 이동, 연산을 할 수 있으며 메모리가 허용하는 한도의 파일을 동시에 불러들여 한꺼번에 볼 수도 있다. 또한 2차원과 3차원 그래프 등 다양한 형태의 그래프를 작성할 수 있다.
스프레드 시트의 대표적 제품으로는 엑셀을 들 수 있다.

프리젠테이션

• 프리젠테이션(Presentation)은 컴퓨터나 기타 멀티미디어를 이용하여 그 속에 담겨 있는 각종 정보를 사용자 또는 대상자에게 전달하는 행위를 의미한다. 프리젠테이션 프로그램은 보고, 회의, 상담, 교육 등에서 정보를 전달하는데 널리 활용되는 것으로 파워포인트, 프리랜스 그래픽스 등이 있다.

유틸리티 프로그램

• 사용자가 컴퓨터를 좀더 쉽게 사용할 수 있도록 도와주는 소프트웨어(프로그램)를 '유틸리티 프로그램'이라고 하고 통상 줄여서 '유틸리티'라고 한다. 사용자가 컴퓨터를 사용하면서 처리하게 되는 여러 가지 작업, 예를 들면 압축해제, 바이러스 치료, 텍스트 편집, 이미지 편집 등의 일을 편리하게 할 수 있도록 도와주는 소프트웨어를 의미한다.

  – 파일 압축 유틸리티

    파일의 크기를 압축하거나 줄여준다. 파일을 압축하면 하드 디스크 또는 이동식 디스크의 저장용량을 적게 차지하므로 디스크의 저장 공간을 넓혀 주고, 파일을 전송하거나 내려 받을 때 걸리는 시간을 단축할 수 있다. 파일 압축 유틸리티 프로그램으로는 ALzip, Winzip 등이 있다.

  – 바이러스 백신 프로그램

    컴퓨터 바이러스란 컴퓨터 프로그램이나 실행 가능한 부분을 변형하여, 여기에 자기자신 또는 자신의 변형을 복제하여 컴퓨터 작동에 피해를 주는 명령어들의 조합을 뜻한다. 바이러스 백신 프로그램이란 컴퓨터 바이러스를 찾아내고 기능을 정지시키거나 제거하여 손상된 파일을 치료하는 기능을 가진 소프트웨어를 뜻한다.

    따라서 백신 프로그램은 일종의 치료제 역할을 하는 프로그램으로, 사전에 바이러스 프로그램의 감염을 막지는 못한다. 항상 새로운 바이러스 프로그램이 나타나면 이를 치료하는 기능을 추가하는 것을 반복하므로, 바이러스 프로그램을 뒤쫓아 가는 형편이라고 할 수 있다. 대표적인 바이러스 백신 프로그램으로는 V3, V3+Neo, 알약 등이 있다.

✎ 업무에 필요한 소프트웨어 활용하기

대부분의 기업에서 데이터 또는 그것이 제공해주는 정보는 매우 중요한 자산이다. 매출실적, 경쟁업체의 제품과 서비스, 생산공정 등의 정보는 기업을 성공적으로 유지하는 데 효과적으로 이용될 수 있다.

그러나 많은 경우 이러한 데이터가 한 조직 내에서 부서별로 서로 다른 파일로 구성되어서 담당자만이 내용을 알고 이용하곤 했었다. 이런 경우 어떠한 정보가 다른 부서에는 알려져 있지 않고, 알고 있다고 하더라도 효율적으로 검색할 수가 없기 때문에 정보의 효용성은 매우 떨어지게 마련이다. 이러한 불편을 없애고 정보를 효과적으로 조작하고 효율적인 검색을 할 수 있게 하기 위해 데이터베이스를 이용하기 시작하였다.

데이터베이스란 파일시스템에서는 하나의 파일은 독립적이고 어떤 업무를 처리하는데 필요한 모든 정보를 가지고 있다. 파일도 데이터의 집합이므로 데이터베이스라고 볼 수도 있으나 일반적으로 데이터베이스라 함은 여러 개의 서로 연관된 파일을 의미한다. 이런 여러 개의 파일이 서로 연관되어 있으므로 사용자는 여러 개의 파일에 있는 정보를 한번에 검색해 볼 수 있다. 데이터베이스 관리시스템은 데이터와 파일, 그들의 관계 등을 생성하고, 유지하고 검색할 수 있게 해주는 소프트웨어이다. 반면에 파일관리시스템은 한번에 한 개의 파일에 대해서 생성, 유지, 검색을 할 수 있는 소프트웨어다.

〉〉〉 데이터베이스의 필요성

데이터 중복을 줄인다

데이터베이스 시스템을 이용하면 데이터의 중복이 현저하게 줄어든다. 여러 곳에서 이용되는 데이터를 한 곳에서만 가지고 있으므로 데이터 유지비용을 줄여 줄 수 있다.

데이터의 무결성을 높인다

데이터가 중복되지 않고 한 곳에만 기록되어 있으므로 데이터의 무결성, 즉 결함이 없는 데이터를 유지하는 것이 훨씬 쉬워졌다. 데이터가 변경되면 한 곳에서만 수정하면 되므로 해당 데이터를 이용하는 모든 어플리케이션은 즉시 최신의 데이터를 이용할 수 있다.

검색을 쉽게 해준다

한 번에 여러 파일에서 데이터를 찾아내는 기능은 원하는 검색이나 보고서 작성 등을 쉽게 할 수 있게 해준다.

데이터의 안정성을 높인다

대부분의 데이터베이스 관리시스템은 사용자가 정보에 대한 보안등급을 정할 수 있게 해준다. 예를 들어 어떤 부서의 관리자는 급여데이터에 대해서 읽기권한만을 가질 수 있다. 그 관리자는 해당 데이터를 읽어 볼 수는 있으나 변경할 수는 없는 것이다. 그러나 급여부서의 총책임자에게는 읽기와 쓰기 권한을 모두 부여하여 데이터를 변경할 수 있게 할 수 있다. 일반 사원에게는 읽기와 쓰기 권한 모두 허용되지 않으므로 급여사항에 대한 보안을 유지할 수 있다.

개발기간을 단축한다

데이터가 훨씬 조직적으로 저장되어 있으므로 이러한 데이터를 이용하는 프로그램의 개발이 훨씬 쉬워지고 기간도 단축된다.

〉〉〉 데이터베이스의 기능

- 입력기능
- 데이터의 검색기능
- 데이터의 일괄 관리
- 보고서 기능

7.2 정보처리능력 (하위모듈 G-2-나)

학습목표

직장생활에서 필요한 정보를 수집하고 분석하여 의미있는 정보를 찾아내며, 찾아낸 정보를 업무수행에 적절하도록 조직·관리하고 활용하는 능력을 기를 수 있다.

··· 효과적인 정보수집 방법을 설명할 수 있다.
··· 정보분석 및 가공의 중요성을 설명할 수 있다.
··· 효율적인 정보관리 방법을 설명할 수 있다.
··· 효율적인 정보활용 방법을 설명할 수 있다.

✎ 정보처리능력

정보처리능력은 직장생활에서 필요한 정보를 수집하고, 분석하여 의미있는 정보를 찾아내며, 찾아낸 정보를 업무수행에 적절하도록 조직·관리하고 활용하는 능력을 말한다.

오늘날 정보가 기하급수적으로 증가하고 있는 실정에서, 문제해결에 적합한 정보를 찾고 선택할 수 있는 능력과 찾은 정보를 문제해결에 적용할 수 있는 능력의 함양은 필수적이다. 직장인으로서 업무를 수행하는데 있어 목적에 적합한 정보를 수집하는 것은 무엇보다도 중요한 일이다. 목적에 적합한 정보를 수집한다는 것은 문제와 관련이 있는 정보에 초점을 맞춘다는 의미일 것이다. 우리는 무엇을 위해 정보를 수집하는지, 정보를 수집함으로써 얻을 수 있는 결과는 무엇인지를 명확히 설정해야만 효율적으로 정보를 수집할 수 있을 것이다.

✎ 정보의 활용

정보의 활용은 의사결정을 하거나 문제의 답을 알아내고자 할 때, 가지고 있는 정보로는 부족하여 새로운 정보가 필요하다는 상황을 인식하는 순간부터 시작된다. 지금 처한 상황을 해결하기 위해서 특정 정보가 필요하다는 것을 알아야만 정보를 찾으려는 시도를 하게 될 것이기 때문이다.

✎ 정보의 수집

우리는 흔히 필요한 정보를 수집할 수 있는 원천을 정보원(sources)이라 부른다. 정보원(sources)은 정보를 수집하는 사람의 입장에서 볼 때 공개된 것은 물론이고 비공개된 것도 포함되며 수집자의 주위에 있는 유형의 객체 가운데서 발생시키는 모든것이 정보원이라 할 수 있다.

단행본, 학술지와 학술지 논문, 학술회의자료, 연구보고서, 학위논문, 특허정보, 표준 및 규격자료, 레터, 출판 전 배포자료, 신문, 잡지, 웹 정보자원 등

사전, 백과사전, 편람, 연감, 서지데이터베이스 등

이러한 정보원은 크게 1차 자료와 2차 자료로 구분할 수 있다. 1차 자료는 원래의 연구성과가 기록된 자료를 의미한다. 2차 자료는 1차 자료를 효과적으로 찾아보기 위한 자료 혹은 1차 자료에 포함되어 있는 정보를 압축·정리해서 읽기 쉬운 형태로 제공하는 자료를 의미한다. 정보원은 가급적 전문가나 이해당사자를 대상으로 하는 것이 좋으며, 구축되는 정보원은 정기적으로 관리하는 것이 중요하다. 특히 중요한 정보원에 대해서는 별도로 관리하는 것이 필요하다.

〉〉〉 효과적인 정보수집

필요한 정보를 효과적으로 수집하려면 다음과 같은 사항에 항상 관심을 가지고 주의하는 것이 필요하다.

정보는 인간력이다.

우선 정보(情報)란 두 글자를 자세히 보도록 하자. 그것은 '인정 정'에 '보답할 보'를 쓰는데 이것은 상당히 깊은 뜻을 갖는다. 왜냐하면 정말로 중요한 정보는 신뢰관계가 좋은 사람에게만 전해지기 때문이다. 정보기술의 발달로 TV회의나 원격조정 미팅등을 통해서도 어느 정도 정보를 얻을 수 있지만 역시 정보는 얼굴을 마주해야만 전해지는 것이다. 당연히 중요한 정보를 수집하기 위해서는 우선적으로 신뢰관계가 전제가 되어야 할 것이다.

인포메이션(정보) vs 인텔리전스(지식)

우리에게는 정보라는 단어가 하나밖에 없지만, 영어에는 정보에 해당하는 단어가 2개가 있다. 하나는 일반적으로 정보라고 번역되는 '인포메이션(information)'이고, 다른 하나는 '인텔리전스(intelligence)'다. 그렇다면 인포메이션과 인텔리전스에는 어떤 차이가 있을까? 인포메이션은 하나하나의 개별적인 정보를 나타낸다. 이에 반해 인텔리전스란 정보의 홍수라고 불리는 사회의 무수히 많은 인포메이션 중에 몇 가지를 선별해 그것을 연결시켜 뭔가 판단하기 쉽게 도와주는 하나의 정보 덩어리라고 할 수 있다.

결국 우리는 단순한 인포메이션을 수집할 것이 아니라 직접적으로 도움을 줄 수 있는 인텔리전스를 수집할 필요가 있다.

선수필승(先手必勝)

'공격은 최대의 방어'라는 말이 있다. 정보에 있어서도 마찬가지다. 다른 사람보다 1초라도 빨리 정보를 쥔 사람이 우위에 서게 된다. 예를 들어, 2시간 후면 누구라도 알 수 있는 내용을 다른 사람에게 말해줄 수 있다면 '와! 이 사람 정보가 빠른 사람이네'하며 다르게 보게 될 것이다.

때로는 질이나 내용보다는 정보를 남보다 빠르게 잡는 것만으로도 앞설 수 있다. 더욱이 격동의 시대에는 그것이 결정적인 효과를 가져 올 가능성이 있을 것이다.

머릿속에 서랍을 많이 만들자

정보수집에 있어서 얼렁뚱땅 쉽게 얻어지는 것은 절대 없을 것이다. 자신에게 맞는 방법을 찾아 꾸준히 노력하다보면 언젠가는 큰 것을 얻을 수 있을 것이다. 그러나 아무리 정리 박스라는 물리적인 것을 사용한다 해도 자기 머릿속에 서랍을 만들어 두지 않으면 정리도 되지 않을뿐더러 정보수집을 효과적으로 할 수 없을 것이다.

머릿속에 서랍을 만들어 자기 나름대로 정리를 해놓으면, 신문을 읽더라도 사람들의 얘기를 듣다 가도 '이건 쓸 만하다', '이건 관계가 있다'라는 식으로 구분이 갈 수 있을 것이다.

정보수집용 하드웨어 활용

사람의 기억력이란 한계가 있기 마련이다. 그래서 중요한 큰 봉투만을 머릿속 서랍에 두고, 세세한 정보들은 정리 박스, 스크랩 등을 활용하여 수집하는 것이 필요할 것이다. 또한, 지금 당장은 유용하지 않은 정보일지라도 향후 유용한 정보가 될 수 있는 것들은 이러한 물리적인 하드웨어를 활용하여 수집하는 것이 필요할 것이다.

✎ 정보분석

정보분석이란 여러 정보를 상호관련지어 새로운 정보를 생성해내는 활동이다. 정보를 분석함으로서 한 개의 정보로써 불분명한 사항을 다른 정보로써 명백히 할 수 있으며, 서로 상반되거나 큰 차이가 있는 정보의 내용을 판단해서 새로운 해석을 할 수도 있다.

일반적인 정보분석의 절차는 다음과 같다.

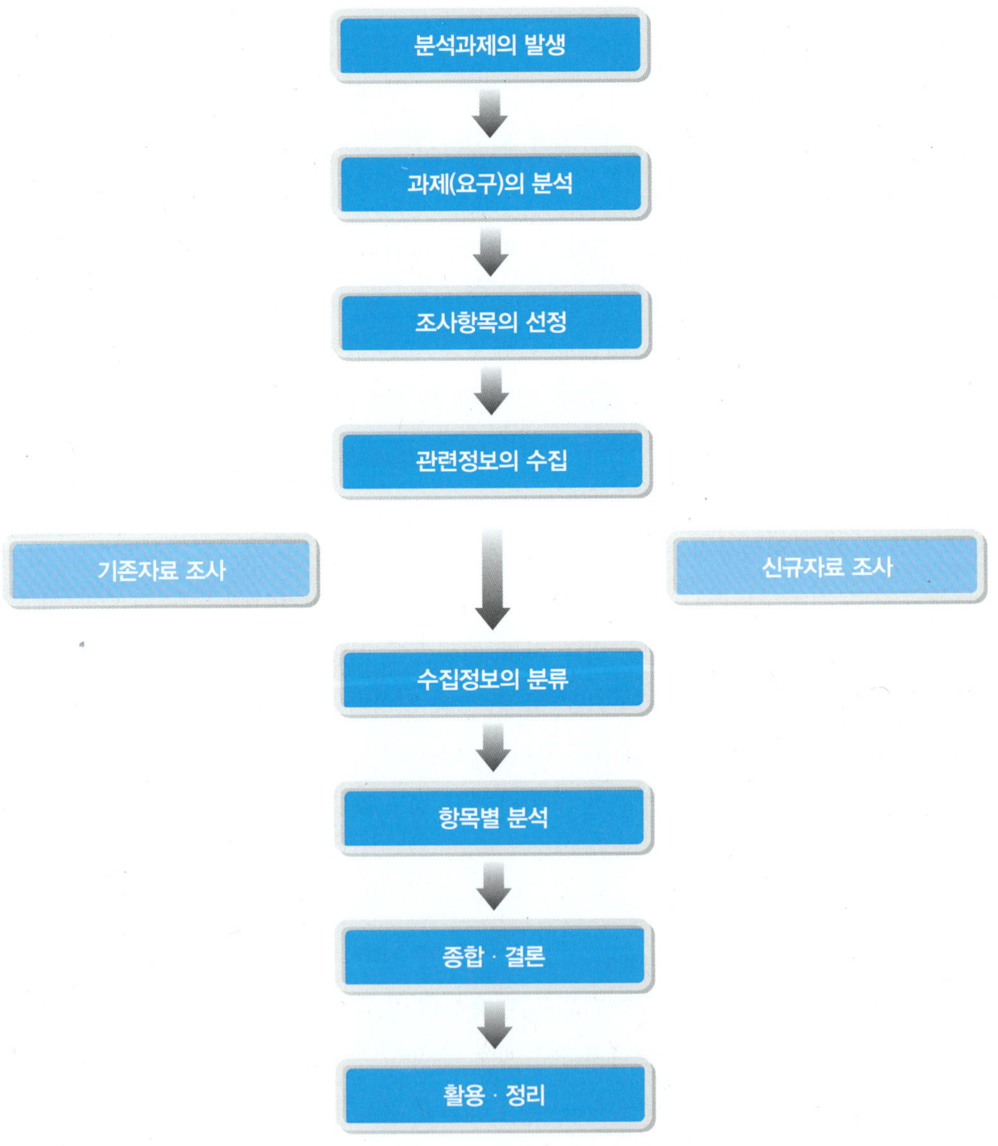

이와 함께 훌륭한 정보분석의 의미를 정확하게 이해하는 것도 매우 중요하다. 훌륭한 분석은 아래의 그림에서도 볼 수 있듯이 좋은 데이터(자료)가 있다고 해서 항상 훌륭한 분석이 되는 것은 아니다.

훌륭한 분석이란 하나의 메커니즘을 그려낼 수 있고, 동향, 미래를 예측할 수 있는 것이어야 한다. 그러나 반드시 고도의 수학적 기법을 요구하는 것만은 아니다.

이렇게 1차 정보를 분석하고 압축·가공하여 2차 정보를 작성하게 된다. 먼저 1차 정보가 포함하는 내용을 몇 개의 설정된 카테고리로 분석하여 각 카테고리의 상관관계를 확정한다. 그리고 1차 정보가 포함하는 주요 개념을 대표하는 용어(key word)를 추출하며, 이를 간결하게 서열화 및 구조화하여야 한다.

✎ 정보관리의 필요성

특히 직장인처럼 특정 업무 분야가 정해져 있다면 특정 주제 분야의 정보를 지속적으로 이용하게 될 것이다. 따라서 한번 이용했던 정보를 이용한 후에 버리는 것이 아니라 정보관리를 잘 하는 것은 정보활용의 중요한 과정에 속한다.

지식정보사회가 되면서 유통되는 정보가 점차 늘어나 개인에게 축적되는 정보가 증가하는 환경에서는 개인의 정보관리를 얼마나 잘 하는지 그 여부는 문제해결 및 새로운 지식 생산능력에 큰 영향을 미친다. 같은 정보를 필요할 때마다 찾고, 또 찾는다면 정보를 찾는데 드는 시간과 노력은 낭비이며 정보를 찾는 시간만큼 뒤처지게 된다.

〉〉〉 목록을 이용한 정보관리

정보목록은 정보에서 중요한 항목을 찾아 기술한 후 정리하면서 만들어진다. 예를 들어 업무보고서를 쓰기 위해 책을 10권 찾았을 경우, 찾은 책을 저자, 출판일, 제목, 출판사 순으로 기술한 후 저자의 가나다순으로 배열을 한다면 10권의 책을 목록으로 만든 것이다. 이렇게 한번 목록을 만들기 시작한 다음 한글이나 워드, 엑셀 같은 프로그램을 이용해서 목록파일을 저장해 놓으면, 후에 다른 정보를 찾았을 때 저자의 가나다 순에 맞춰 추가하는 것은 간단한 일이다.

〉〉〉 색인을 이용한 정보관리

정보 내에 포함되어 있는 키워드나 단락과 같은 세부적인 요소나 정보의 주제, 사용했던 용도로 정보를 찾고자 할 때는 목록을 가지고서 쉽게 찾을 수가 없다. 예를 들어 '정보사회의 이해'라는 책 속에서 '정보과잉'이라는 현상이 설명되어 있다면 나중에 '정보과잉리스크'라는 정보를 찾고 싶을 때 어느 책에서 봤는지 기억하는 것은 쉽지 않다.

이런 문제를 해결하기 위해 주요 키워드나 주제어를 가지고 소장하고 있는 정보원을 관리하는 방식이 색인을 이용한 정보관리이다. 목록은 한 정보원에 하나만 만드는 것이지만 색인은 여러개를 추출하여 한 정보원에 여러 색인어를 부여할 수 있다.

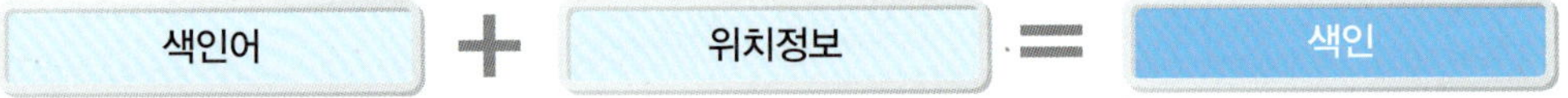

디지털 파일에 색인을 저장할 경우 추가와 삭제, 변경이 쉽다는 점에서 정보관리에 효율적이다.

〉〉〉 분류를 이용한 정보관리

개인이 가지고 있는 정보를 유사한 것끼리 모아 체계화하여 정리를 해두면 나중에 저장해 놓은 정보를 찾을 때 검색시간을 단축할 수 있고 관련 정보를 한 번에 찾을 수 있다.
개인이 정보를 관리할 때 분류를 사용하는 대표적인 사례는 컴퓨터 폴더를 생성하여 디렉토리를 만들 때나 웹 브라우저에서 즐겨찾기를 만들 때이다.

정보를 분류할 때는 나름대로 기준을 가지고 체계적으로 정리하는 것이 좋다. 예를 들어, 디지털 카메라로 찍은 사진 파일을 정리한다고 생각해보자. 한 번은 사진을 시간별로 폴더를 만들어 저장해놓고 다음에는 촬영장소로 폴더를 만들어 저장해놓는다면 1~2년만 지나도 이전 사진파일을 찾는 것이 쉽지 않을 것이다. 디렉토리를 만들거나 즐겨찾기 항목을 만들 때에는 몇 가지 기준을 가지고 만드는 것이 좋다.

기 준	내 용	예
시간적 기준	정보의 발생 시간별로 분류	2002년 봄, 7월 등
주제적 기준	정보의 내용에 따라 분류	정보사회, 서울대학교 등
기능적/용도별 기준	정보가 이용되는 용도나 기능에 따라 분류	참고자료용, 강의용, 보고서 작성용 등
유형적 기준	정보의 유형에 따라 분류	도서, 비디오, CD 한글파일, 파워포인트 파일 등

 정보활용 형태

정보를 수집·관리하였다고 하여 모두 활용할 수 있는 것은 아닐 것이며, 모두 유용한 것은 아니다. 정보활용은 물론 수집한 정보를 그대로 활용하는 경우도 있지만, 일정한 형태로 표현하여 장래에 활용될 정보까지 활용 형태가 매우 다양하다.

정보활용 형태

- 수집한 정보를 그대로 활용한다.
- 수집한 정보를 그대로 활용하되 일정한 형태로 표현하여 활용한다.
- 수집한 정보를 정리, 분석, 가공하여 활용한다.
- 수집한 정보를 정리, 가공하여 활용하되 일정한 형태로 표현하여 활용한다.
- 생산된 정보를 일정한 형태로 재표현하여 활용한다.
- 일정한 형태로 표현한 정보, 한번 이용한 정보를 보존 정리하여 장래에 활용한다.

그렇다면 모든 정보는 유용하며 활용가능한 것인가? 정보는 크게 동적정보와 정적정보로 구분할 수 있다. 동적정보는 시시각각으로 변화하는 정보를 의미한다. 반대로 보존되어 멈추어 있는 정보를 정적정보(저장정보)라고 한다.

신문이나 텔레비전의 뉴스는 상황변화에 따라 수시로 변하기 때문에 동적정보이다. 반면에 잡지나 책에 들어있는 정보는 정적정보이다. CD-ROM이나 비디오테이프 등에 수록되어 있는 영상정보도 일정한 형태로 보존되어 언제든지 동일한 상태로 재생할 수 있기 때문에 정적정보로 간주할 수 있다.

우리에게 문제가 되는 것은 동적정보이다. 밀려와서 쌓이기만 하는 정보의 대부분은 동적정보이다. 이들 정보는 미련없이 버려도 아무 상관없다. 오히려 정보를 입수한 그 자리에서 판단해 처리하면 미련없이 버릴 수 있다는 점이 동적정보의 특징이다.

그런 줄도 모르고 보통의 사람들은 물건과 마찬가지로 아깝다고 생각한 나머지 모아두는 경우가 보통이다.

예를 들면 신문기사 오려두기가 있다. 인터넷을 활용하기 전까지 대부분의 사람들은 매일 많은 신문기사를 저장했다. 이러한 행위는 직장상사로부터는 칭찬을 받을지 모르지만 실제 업무에는 거의 활용가능성이 없다. 동적정보는 유통기한이 있기 마련이다. IT시대를 사는 비즈니스맨의 입에서는 '모아 둔 정보가 아깝다'는 말이 나와서는 곤란하다.

 요점정리

01 자료(Data)

자료란 정보 작성을 위하여 필요한 자료를 말하는 것으로, 이는 아직 특정의 목적에 대하여 평가되지 않은 상태의 숫자나 문자들의 단순한 나열을 뜻한다.

02 정보(Information)

정보란 데이터를 일정한 프로그램에 따라 컴퓨터가 처리, 가공함으로써 특정한 목적을 달성하는데 필요하거나 특정한 의미를 가진 것으로 다시 생산된 것을 뜻한다.

03 지식(Knowledge)

지식이란 어떤 특정의 목적을 달성하기 위해 과학적 또는 이론적으로 추상화되거나 정립되어 있는 일반화된 정보를 뜻하는 것으로, 어떤 대상에 대하여 원리적, 통일적으로 조직되어 객관적 타당성을 요구할 수 있는 판단의 체계를 제시한다.

04 미래사회의 6T

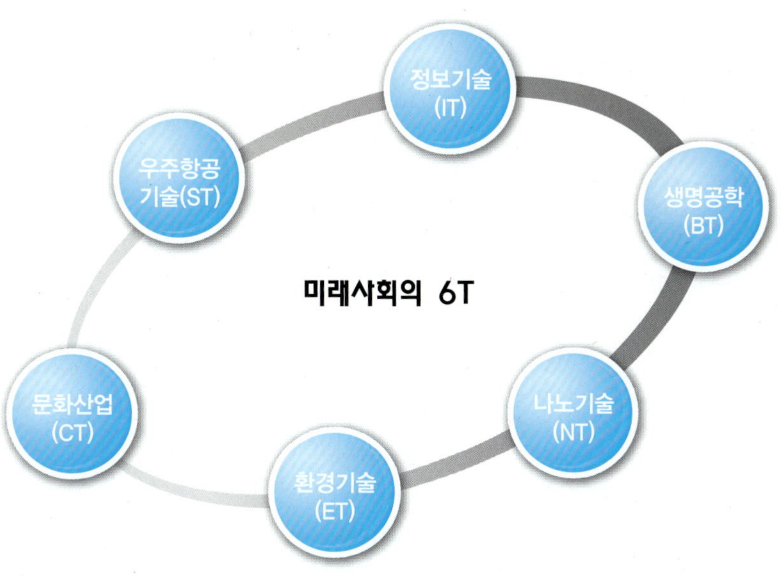

05 지식의 폭발적인 증가

미래사회에서는 지식 특히, 과학적 지식이 폭발적으로 증가할 것이다. 2000년 포드자동차 기술 담당 이사는 지식과 기술이 빠른 속도로 변하고 있기 때문에 산업 사회(포드자동차회사)에서 공학사의 학위를 인정할 수 있는 유효 기한이 2년 정도에 불과하다고 한다. 2020년이 되면 지식은 73일을 한 주기로 2배씩 증가한다고 OECD보고서는 밝히고 있으며, 2050년경이 되면 지식이 급증하여 지금의 지식은 1% 밖에 사용할 수 없게 될 것이라고 전망하는 미래학자도 있다.

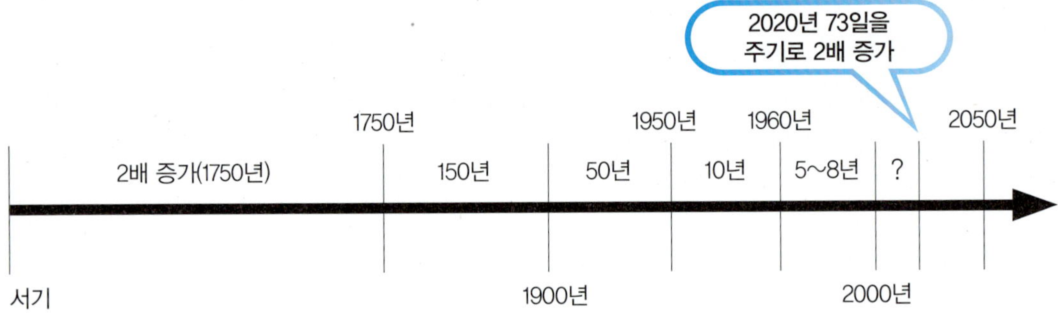

06 정보처리과정

정보는 일정한 절차에 따라 활용하는 것이 효과적이다. 일반적으로 기획, 수집, 관리, 활용의 절차에 따라 처리된다.

07 정보의 기획

정보의 전략적 기획이란 정보활동의 가장 첫 단계로서 정보관리의 가장 중요한 단계이며 보통은 5W2H에 의해 기획을 한다.

[5W2H]
WHAT(무엇을?) : 정보의 입수대상을 명확히 한다.
WHERE(어디에서?) : 정보의 소스(정보원)를 파악한다.
WHEN(언제까지) : 정보의 요구(수집)시점을 고려한다.
WHY(왜?) : 정보의 필요목적을 염두에 둔다.
WHO(누가?) : 정보활동의 주체를 확정한다.
HOW(어떻게) : 정보의 수집방법을 검토한다.
HOW MUCH(얼마나?) : 정보수집의 비용성(효용성)을 중시한다.

08 정보관리의 3원칙

- **목적성** : 사용목적을 명확히 설명해야 한다.
- **용이성** : 쉽게 작업할 수 있어야 한다.
- **유용성** : 즉시 사용할 수 있어야 한다.

09 인터넷의 역기능

① 불건전 정보의 유통

음란 사이트, 엽기 사이트, 도박 사이트, 폭력 사이트, 반사회적 사이트 등 우리에게 유해한 불건전 정보가 유통될 수 있다.

② 개인 정보 유출

해킹이나 바이러스 감염 등으로 개인정보가 누출되어 사생활에 침해를 받을 수 있다.

③ 사이버 성폭력

채팅이나 게시판을 통해 성적으로 수치심을 주는 사이버 성폭력이 일어나고 있으며, 실제 성폭력으로 이어지는 경우도 있다.

④ 사이버 언어폭력

사이버 성폭력과 마찬가지로 서로 얼굴을 볼 수 없기 때문에 욕설이나 비방, 유언비어 등 언어폭력이 많이 일어나고 있다.

⑤ 언어 훼손

보다 쉽게, 보다 빠르게, 또는 단순히 재미로 줄여 쓰고, 이어 쓰고, 발음 나는 대로 쓰는 등 올바른 언어를 사용하지 않아 실제 생활에서 언어 사용의 문제를 가져올 수 있다.

⑥ 인터넷 중독

인터넷 이용이 보편화되면서 인터넷에 지나치게 빠져 생활의 곤란을 겪게 되는 경우도 많이 생기고 있다. 특히 청소년은 온라인 게임이나 음란물에 지나치게 몰입하여 중독이 되는 경우가 많다.

채팅이나 메신저를 이용하여 불건전한 교제의 가능성이 있다.

⑧ 저작권 침해

불법으로 복제된 소프트웨어 파일 등을 배포하거나 저작권자의 동의 없이 공개하기도 한다.

10

네티켓(Netiquette)은 사이버 공간에서 지켜야 하는 예절을 뜻한다. 네티켓은 통신망을 뜻하는 네트워크(Network)와 예절을 뜻하는 에티켓(Etiquette)의 합성어로, 네티즌이 사이버 공간에서 지켜야 할 비공식적인 규약이라고 할 수 있다.

11 개인정보 유출을 방지하기 위한 방법

① 회원 가입 시 이용 약관을 읽어라

② 이용 목적에 부합하는 정보를 요구하는지 확인하라

③ 비밀번호를 정기적으로 교체하라

④ 정체불명의 사이트를 멀리하라

⑤ 가입 해지 시 정보 파기 여부를 확인하라

⑥ 뻔한 비밀번호를 쓰지말라

12 전자우편(E-mail)을 사용할 때의 네티켓

- 메시지는 가능한 짧게 요점만 작성한다.
- 메일을 보내기 전에 주소가 올바른지 다시 한번 확인한다.
- 제목은 메시지 내용을 함축해 간략하게 써야 한다.
- 가능한 메시지 끝에 signature(성명, 직위, 단체명, 메일주소, 전화번호 등)을 포함시키되, 너무 길지 않도록 한다.
- 메일 상에서 타인에 대해 말할 때는 정중함을 지켜야 한다. 메일은 쉽게 전파될 수 있기 때문이다.
- 타인에게 피해를 주는 언어(비방이나 욕설)는 쓰지 않는다.

13 온라인 대화(채팅)를 할 때의 네티켓

- 마주보고 이야기하는 마음가짐으로 임한다.
- 대화방에 들어가면 지금까지 진행된 대화의 내용과 분위기를 경청하라.
- 엔터키를 치기 전에 한번 더 생각하라.
- 광고, 홍보 등을 목적으로 악용하지 말라.
- 유언비어, 속어와 욕설 게재는 삼가고, 상호비방의 내용은 금한다.

14 게시판을 사용할 때의 네티켓

- 글의 내용은 간결하게 요점만 작성한다.
- 제목에는 글의 내용을 파악할 수 있는 함축된 단어를 쓴다.
- 글을 쓰기 전에 이미 같은 내용의 글이 없는지 확인한다.
- 글의 내용 중에 잘못된 점이 있으면 빨리 수정하거나 삭제한다.
- 게시판의 주제와 관련 없는 내용은 올리지 않는다.

15 전자상거래

좁은 뜻으로의 전자상거래란 인터넷이라는 전자적인 매체를 통하여 상품을 사고팔거나, 재화나 용역을 거래하는 사이버 비즈니스를 뜻한다. 넓은 뜻으로의 전자상거래는 소비자와의 거래뿐만 아니라 거래와 관련된 공급자, 금융기관, 정부기관, 운송기관 등과 같이 거래에 관련되는 모든 기관과의 관련행위를 포함하는 뜻이다. 거래되는 상품에는 전자부품, 컴퓨터, 의류, 책 등과 같은 물리적 상품이 있고, 주식 정보, MP3 파일, 전자책(e-Book), 보험 정보, 재테크 정보, 소프트웨어 등과 같은 디지털 상품이 있다.

16 정보검색 단계

① 검색주제 선정

② 정보원 선택

③ 검색식 작성

④ 결과 출력

17 검색엔진의 유형

① 키워드 검색 방식

키워드 검색 방식은 찾고자 하는 정보와 관련된 핵심적인 언어인 키워드를 직접 입력하여 이를 검색 엔진에 보내어 검색 엔진이 키워드와 관련된 정보를 찾는 방식이다. 사용자 입장에서는 키워드만을 입력하여 정보 검색을 간단히 할 수 있는 장점이 있는 반면에, 키워드가 불명확하게 입력된 경우에는 검색 결과가 너무 많아 효율적인 검색이 어려울 수 있는 단점이 있다.

② 주제별 검색 방식

주제별 검색 방식은 인터넷상에 존재하는 웹 문서들을 주제별, 계층별로 정리하여 데이터베이스를 구축한 후 이용하는 방식이다. 사용자는 단지 자신이 원하는 정보를 찾을 때까지 상위의 주제부터 하위의 주제까지 분류되어 있는 내용을 선택하여 검색하면 원하는 정보를 발견하게 된다.

③ 통합형 검색 방식

통합형 검색 방식의 검색은 키워드 검색 방식과 매우 유사하다. 그러나 통합형 검색방식은 키워드 검색 방식과 같이 검색 엔진 자신만의 데이터베이스를 구축하여 관리하는 방식이 아니라, 사용자가 입력하는 검색어들이 연계된 다른 검색 엔진에게 보내고, 이를 통하여 얻어진 검색 결과를 사용자에게 보여주는 방식을 사용한다.

18 인터넷 정보 검색을 할 때의 주의 사항

① 검색 엔진의 특징을 알아두어야 한다.

② 적절한 검색 엔진의 선택이 중요하다.

③ 키워드의 선택이 중요하다.

④ 검색 엔진마다 검색 연산자가 약간씩 다르므로 이를 정확히 숙지한 후 키워드와 검색 연산자를 조합하여 작성한 검색식을 정보 검색에 이용한다.

⑤ 검색 속도가 매우 느린 경우에는 웹 브라우저에서 그림 파일을 보이지 않도록 선택하면 보다 빠르게 검색할 수 있다.

⑥ 웹 검색이 정보 검색의 최선은 아니다라는 사실에 주의한다. 웹 검색 이외에도 각종 BBS, 뉴스 그룹, 메일링 리스트도 이용하고, 도서관 자료와 정보를 가지고 있는 사람에게 직접 전자우편으로 부탁하는 등의 다른 방법도 적극 활용하여야 한다.

⑦ 웹 검색 결과로 검색 엔진이 제시하는 결과물의 가중치를 너무 신뢰해서는 안 된다.

19 워드 프로세서의 주요기능

입력기능	키보드나 마우스를 통하여 한글, 영문, 한자 등 각국의 언어, 숫자, 특수문자, 그림, 사진, 도형 등을 입력할 수 있는 기능
표시기능	입력한 내용을 표시 장치를 통해 화면에 나타내주는 기능
저장기능	입력된 내용을 저장하여 필요할 때 사용할 수 있는 기능
편집기능	문서의 내용이나 형태 등을 변경해 새롭게 문서를 꾸미는 기능
인쇄기능	작성된 문서를 프린터로 출력하는 기능

20 데이터베이스란 파일시스템에서는 하나의 파일은 독립적이고 어떤 업무를 처리하는데 필요한 모든 정보를 가지고 있다. 파일도 데이터의 집합이므로 데이터베이스라고 볼 수도 있으나 일반적으로 데이터베이스라 함은 여러 개의 서로 연관된 파일을 의미한다. 이런 여러 개의 파일이 서로 연관되어 있으므로 사용자는 여러 개의 파일에 있는 정보를 한 번에 검색해 볼 수

있다. 데이터베이스 관리시스템은 데이터와 파일, 그들의 관계 등을 생성하고, 유지하고 검색할 수 있게 해주는 소프트웨어이다. 반면에 파일관리시스템은 한 번에 한 개의 파일에 대해서 생성, 유지, 검색을 할 수 있는 소프트웨어다.

21 데이터베이스의 필요성

① 데이터 중복을 줄인다.

② 데이터의 무결성을 높인다.

③ 검색을 쉽게 해준다.

④ 데이터의 안정성을 높인다.

⑤ 개발기간을 단축한다.

22 데이터베이스의 작업 순서

시작 – 데이터베이스 만들기 – 자료 입력 – 저장 – 자료검색 – 보고서 인쇄 – 종료

23 정보원(sources)

우리는 흔히 필요한 정보를 수집할 수 있는 원천을 정보원(sources)이라 부른다. 정보원(sources)은 정보를 수집하는 사람의 입장에서 볼 때 공개된 것은 물론이고 비공개된 것도 포함되며 수집자의 주위에 있는 유형의 객체 가운데서 발생시키는 모든 것이 정보원이라 할 수 있다.

1차 자료	단행본, 학술지와 학술지 논문, 학술회의자료, 연구보고서, 학위논문, 특허정보, 표준 및 규격자료, 레터, 출판 전 배포자료, 신문, 잡지, 웹 정보자원 등
2차 자료	사전, 백과사전, 편람, 연감, 서지데이터베이스 등

24 정보수집을 잘 하려면?

① 정보는 인간력이다.

② 인포메이션(정보) vs 인텔리전스(지식)

③ 선수필승(先手必勝)

④ 머릿속에 서랍을 많이 만들자

⑤ 정보수집용 하드웨어 활용

25 정보의 활용 형태

- 수집한 정보를 그대로 활용한다.
- 수집한 정보를 그대로 활용하되 일정한 형태로 표현하여 활용한다.
- 수집한 정보를 정리, 분석, 가공하여 활용한다.
- 수집한 정보를 정리, 가공하여 활용하되 일정한 형태로 표현하여 활용한다.
- 생산된 정보를 일정한 형태로 재표현하여 활용한다.
- 일정한 형태로 표현한 정보, 한번 이용한 정보를 보존 정리하여 장래에 활용한다..

26 정보 분석의 절차

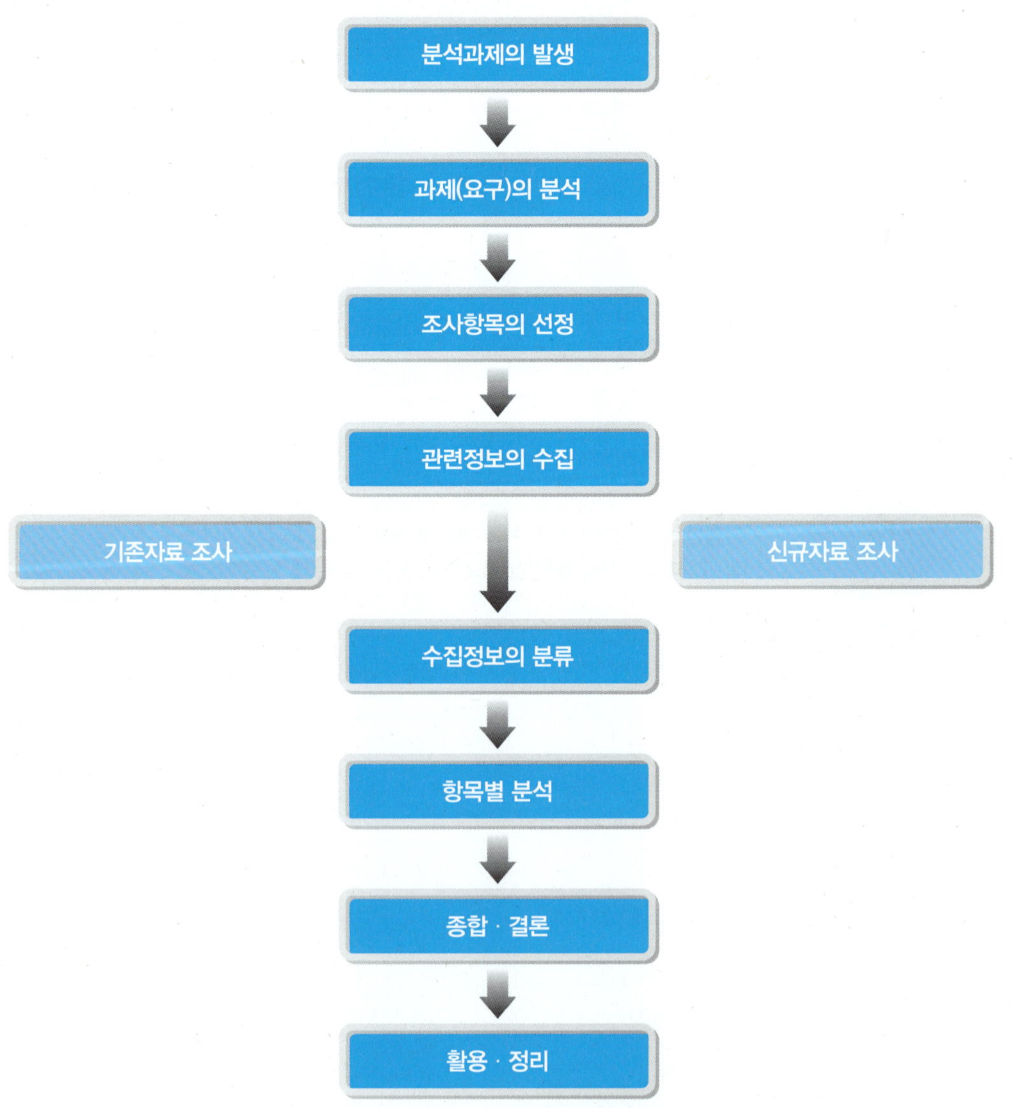

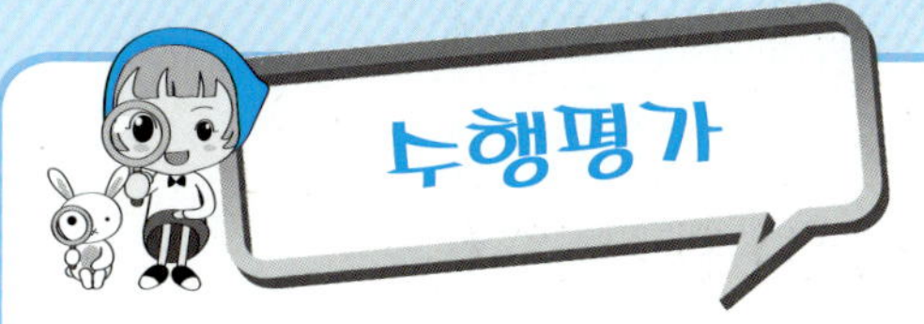

✎ 정보화 사회

현대사회를 '정보혁명', '컴퓨터 혁명' 또는 '커뮤니케이션 혁명'으로부터 파급된 정보화 사회라고 부른다. 정보화 사회의 도래에 가장 결정적인 영향을 미친 것은 아마도 컴퓨터기술과 통신기술의 발전일 것이다. 당신도 업무수행 혹은 일상생활에서 10년 전과 현재는 많이 다르다는 것을 느낄 것이다. 그렇다면 10년 후의 모습은 어떻게 될까?

●● 업무수행 혹은 일상생활에서 10년 전과 현재를 비교해보았을 때, 달라진 점은 무엇인지 각자의 생각을 적어보도록 하자.

●● 업무수행 혹은 일상생활에서 10년 후에는 어떻게 변화하게 될지 각자의 생각을 적어 보도록 하자.

✎ 인터넷 예절

●● 인터넷의 문제점(역기능)에는 어떠한 것들이 있는지 각자의 생각을 적어보고, 그 원인은 무엇인지 적어 보자.

●● 인터넷을 활용하면서 지켜야 할 규칙에는 어떠한 것들이 있는지 각자 적어 보자.

✎ 다양한 인터넷 서비스 활용

●● 업무 수행 혹은 일상생활 중, 활용하고 있는 인터넷 서비스에 √표를 해보자.

□ 전자우편(E-mail) 서비스

□ 인터넷 디스크/웹 하드

□ 메신저

□ 전자상거래(인터넷을 통해 물건 사기)

□ 기타(   )

●● 업무 수행 중 전자우편(E-mail)을 활용하는 경우를 적어보자.

①
②
③
④
⑤

●● 업무 수행 중 인터넷 디스크/웹하드를 사용하면 어떤 점에서 좋을까?

●● 메신저 프로그램의 특징에는 어떠한 것이 있을까?

①
②
③
④
⑤

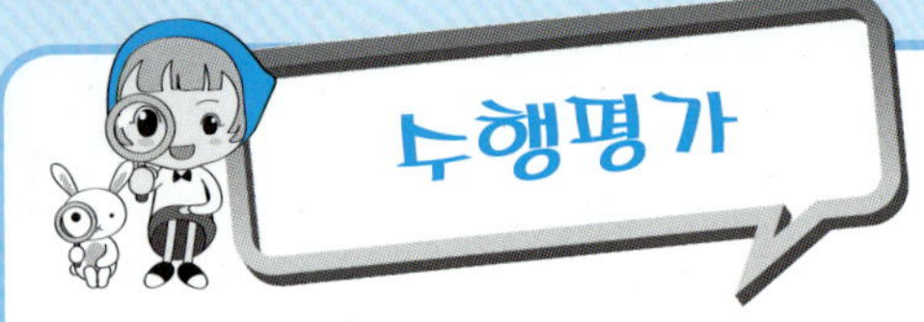

✎ 정보수집

●● 당신은 출퇴근용으로 자동차를 하나 구입하려고 한다. 가장 효율적으로 자동차를 구입하려면 어떤 사항들을 고려하여 결정을 내려야 할까? 가장 적당한 차를 사기 위해서 어떤 의사결정을 해야 하고 그 의사결정을 하기 위해서 무슨 정보를 알아야 하는지 생각해보고 구체적으로 필요한 정보를 제시해보도록 하자.

●● 당신은 회사에 입사하여 첫 번째 과제로 '당신의 회사에 속한 조직원들이 생각하는 회사에 대한 태도의 직급별 차이'에 대하여 보고서를 작성해서 제출해야 한다. 당신은 어떻게 이 문제 상황을 해결해서 좋은 결과를 얻을 수 있는지 생각해보도록 하자.

– 보고서를 작성하기 위해 해야 할 일과 과정을 나열해 보자.

– 보고서 작성을 위해 당신이 필요로 하는 정보를 모두 나열해 보자.

– 위에서 분석된 사항을 가지고 의사결정에 해당되는 사항과 필요한 정보를 연결해보자.

✎ 정보분석

다음은 '하늘은 푸르다'라는 하나의 현황으로부터 전략적 의미를 도출하여 구체적으로 실행하여야 할 것들을 도출해나가는 과정이다. 각자의 생각을 빈칸에 채워 넣어보도록 하자.

현황 파악	▶	전략적 의미 도출	▶	구체적 실행의 표현
하늘은 푸르다.	▶	비는 내리지 않는다.	▶	우산을 놔두고 간다.
			▶	도로는 혼잡하지 않으므로 차로 간다.
	▶		▶	
			▶	
	▶		▶	
			▶	
	▶		▶	
			▶	

학습결과 체크

기초직업능력으로서 정보능력을 학습한 것을 토대로 다음 표를 이용하여 자신의 수준에 해당되는 칸에 ∨표 하시오.

구분	문항	매우 미흡	미흡	보통	우수	매우 우수
G-1 정보 능력	1. 나는 자료와 정보의 차이점을 설명할 수 있다.	1	2	3	4	5
	2. 나는 정보의 핵심적인 특성에 대해서 설명할 수 있다.	1	2	3	4	5
	3. 나는 정보화 사회의 특성을 설명할 수 있다.	1	2	3	4	5
	4. 나는 정보화 사회에서 내가 필수적으로 해야 할 일이 무엇인지 설명할 수 있다.	1	2	3	4	5
	5. 나는 업무수행을 위해 컴퓨터가 활용되는 분야를 설명할 수 있다.	1	2	3	4	5
	6. 나는 업무수행 중에 컴퓨터를 활용하여 필요한 정보를 찾아낼 수 있다.	1	2	3	4	5
	7. 나는 업무에 필요한 정보를 효과적으로 활용하기 위한 정보처리 절차를 설명할 수 있다.	1	2	3	4	5
	8. 나는 업무에 필요한 정보를 수집하기 앞서서 필요한 정보의 전략적 기획에 대해 설명할 수 있다.	1	2	3	4	5
	9. 나는 인터넷의 문제점(역기능)에 대해서 설명할 수 있다.	1	2	3	4	5
	10. 나는 사이버 공간에서 지켜야 할 예절에는 어떠한 것들이 있는지 설명할 수 있다.	1	2	3	4	5
	11. 나는 나에게 중요한 개인정보가 무엇인지 설명할 수 있다.	1	2	3	4	5
	12. 나는 나의 개인정보를 보호하기 위한 방법을 설명할 수 있다.	1	2	3	4	5
G-2-가 컴퓨터 활용 능력	1. 나는 업무생활에 필요한 인터넷 서비스의 종류 및 특징을 설명할 수 있다	1	2	3	4	5
	2. 나는 업무를 효과적으로 하기 위해 다양한 인터넷서비스를 활용할 수 있다.	1	2	3	4	5
	3. 나는 인터넷을 활용하여 필요한 정보를 검색할 수 있다.	1	2	3	4	5
	4. 나는 인터넷 정보 검색을 효율적으로 하기 위한 방법을 설명할 수 있다.	1	2	3	4	5
	5. 나는 업무수행에 필요한 응용 소프트웨어의 특징 및 종류를 설명할 수 있다.	1	2	3	4	5
	6. 나는 응용 소프트웨어를 활용하여 필요한 문서를 제작할 수 있다.	1	2	3	4	5
	7. 나는 데이터베이스 관리시스템이란 무엇인지 설명할 수 있다.	1	2	3	4	5
	8. 나는 데이터베이스 구축의 필요성에 대해서 설명할 수 있다.	1	2	3	4	5
G-2-다 정보 처리 능력	1. 나는 업무를 수행하는데 필요한 정보를 수집하기 위한 정보원(source)를 알고 있다.	1	2	3	4	5
	2. 나는 업무를 수행하는데 필요한 정보를 효과적으로 수집하기 위한 방법을 설명할 수 있다.	1	2	3	4	5
	3. 나는 업무를 수행하는데 필요한 정보를 분석 및 가공하는 것의 중요성을 설명할 수 있다.	1	2	3	4	5
	4. 나는 업무를 수행하는데 필요한 정보를 효과적으로 분석하기 위한 절차를 설명할 수 있다.	1	2	3	4	5
	5. 나는 업무를 수행하는데 필요한 정보를 관리하는 것의 필요성을 설명할 수 있다.	1	2	3	4	5
	6. 나는 업무를 수행하는데 필요한 정보를 효과적으로 관리하기 위한 방법을 설명할 수 있다.	1	2	3	4	5
	7. 나는 수집한 정보가 활용되는 다양한 형태를 설명할 수 있다.	1	2	3	4	5
	8. 나는 업무수행에 유용한 정보와 그렇지 않은 정보를 구분하여 효과적으로 정보를 활용할 수 있다.	1	2	3	4	5

각 모듈별 점수 평균 3점 이상 우수, 3점 미만 부족. 부족한 모듈에 대해서는 심화 공부를 하세요.

01 다음 기사에 나타난 협연을 하기 위해 필요한 기술로 적절한 것을 〈보기〉에서 고른 것은?

> 서울의 △△문화회관에서는 국악 연주 팀이 연주를 하고, 부산의 ○○극장에서는 보컬밴드 팀이 동시에 연주를 한다. 그런데 이 공연은 별도의 연주가 아니라 한 지휘자의 지휘에 따르는 협연이다. 두 팀은 각 공연장에 설치된 화상 회의시스템을 활용하여 고화질 대형 화면과 스피커를 통해 서로의 공연 모습을 보고 연주를 들으며 하나의 작품을 만들어 청중들에게 제공한다. 하지만 지금까지는 영상이 도중에 끊기거나, 화질이 떨어져 어려움이 많았다.

[보 기]

ㄱ. 영상 압축 및 복원	ㄴ. 초고속 인터넷 통신망
ㄷ. CAD(Computer Aided Design)	ㄹ. GPS(Global Positioning System)

① ㄱ, ㄴ　　② ㄱ, ㄷ　　③ ㄴ, ㄷ　　④ ㄴ, ㄹ　　⑤ ㄷ, ㄹ

02 다음은 컴퓨터의 기억장치를 계층 구조로 나타낸 것이다. 이에 대한 설명으로 옳은 것만을 〈보기〉에서 있는 대로 고른 것은?

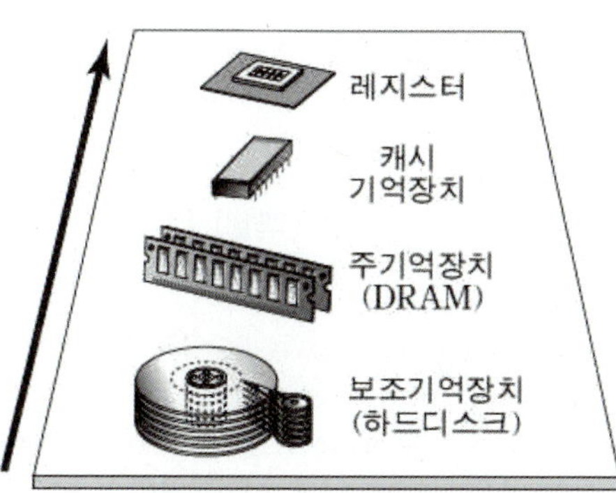

ㄱ. 캐시 기억장치는 주기억장치의 적은 용량을 확장하기 위해 사용된다.
ㄴ. 하드디스크에 저장된 프로그램은 실행을 위해 주기억장치로 적재된다.
ㄷ. 하드디스크의 일부는 가상 메모리 기법을 이용하면 주기억장치의 확장된 공간처럼 사용될 수 있다.
ㄹ. 화살표 방향으로 갈수록 평균 접근 속도는 빠르지만 기억용량은 줄어든다.

① ㄱ, ㄷ   ② ㄱ, ㄹ   ③ ㄴ, ㄹ   ④ ㄱ, ㄴ, ㄷ   ⑤ ㄴ, ㄷ, ㄹ

03 다음은 워드프로세서로 문서를 작성하는 화면이다. 이에 대한 설명으로 옳은 것을 〈보기〉에서 고른 것은?

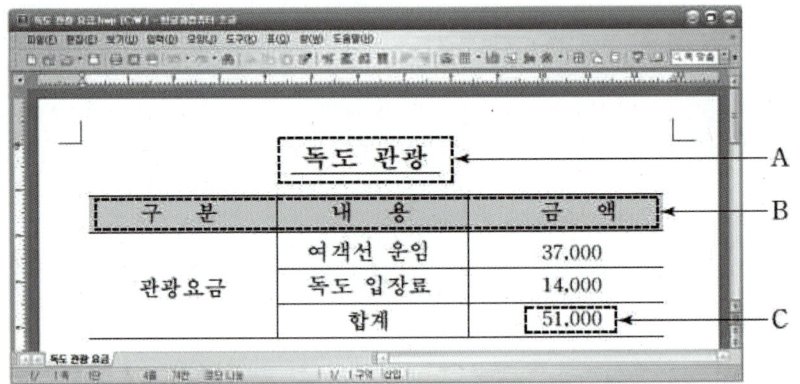

[보 기]

ㄱ. A는 [글자모양]에서 취소선을 적용하였다.
ㄴ. B는 [셀 테두리/배경]에서 배경색으로 지정할 수 있다.
ㄷ. C는 [스타일] 기능을 이용하여 합계 값을 구할 수 있다.
ㄹ. [보기]-[쪽 윤곽]이 설정된 화면이다.

① ㄱ, ㄴ   ② ㄱ, ㄷ   ③ ㄴ, ㄷ   ④ ㄴ, ㄹ   ⑤ ㄷ, ㄹ

04 다음은 [조건]에 따라 작성한 스프레드시트(엑셀) 문서이다. 이에 대한 설명으로 옳은 것을 〈보기〉에서 고른 것은?

[조 건]

· 과제1~과제5는 '○'(제출)와 'X'(미제출)로 표시하고 점수는 제출한 과제당 20점으로 계산한다.
· 판정은 과제1이 '○'이고 점수가 80이상이면 '합격', 그렇지 않으면 공백이다.

[조 건]

- 시험 일자, 점수, 순위, 판정은 함수를 이용한다.
- 순위는 점수를 기준으로 한다.
- [G4:14]셀에 수식을 각각 입력한 후 [G4:18]셀은 '자동채우기'를 실행한다.

	A	B	C	D	E	F	G	H	I
1	△△과목 과제 채점 결과								
2					시험 일자		2010-06-10		
3	성 명	과제1	과제2	과제3	과제4	과제5	점수	순위	판정
4	조수현	○	×	×	○	○	60	3	
5	신민지	○	×	○	○	○	80	1	합격
6	박민주	×	×	○	×	○	40	5	
7	이소라	○	×	○	×	○	60	3	
8	최정훈	×	○	○	○	○	80	1	

[보 기]

ㄱ. [G2] 셀 값은 = TODAY(2010. 6. 10)로 구할 수 있다.
ㄴ. [G4] 셀 값은 = COUNT(B4:F4, "○") * 20로 구할 수 있다.
ㄷ. [H4] 셀 값은 = RANK(G4, $G$4:$G$8)로 구할 수 있다.
ㄹ. [I4] 셀 값은 = IF(AND)(B4="○", G4>=80, "합격", " ")로 구할 수 있다.

① ㄱ, ㄴ ② ㄱ, ㄷ ③ ㄴ, ㄷ ④ ㄴ, ㄹ ⑤ ㄷ, ㄹ

05 다음은 워드프로세서로 작성한 문서이다. A~D에 대한 설명으로 옳은 것을 〈보기〉에서 고른 것은?

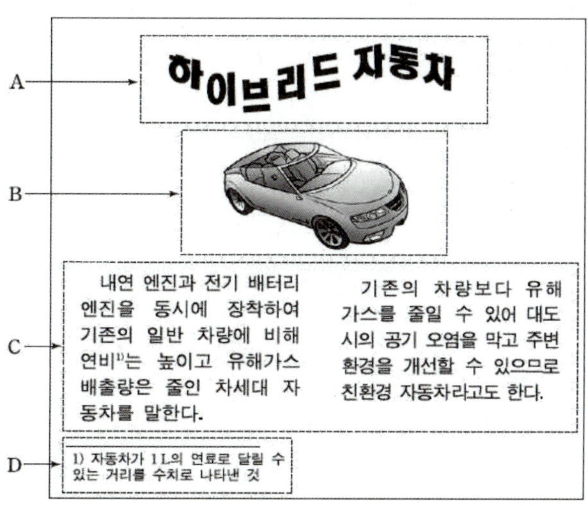

[보 기]

ㄱ. A는 '글맵시'를 이용하여 작성할 수 있다.　　ㄴ. B를 '모양 복사'하면 같은 그림을 추가할 수 있다.

ㄷ. C는 '다단'을 이용하여 작성할 수 있다.　　ㄹ. D는 '책갈피'를 이용하여 작성할 수 있다.

① ㄱ, ㄴ　　　② ㄱ, ㄷ　　　③ ㄴ, ㄷ　　　④ ㄴ, ㄹ　　　⑤ ㄷ, ㄹ

06 표는 스마트폰의 기능을 비교해 놓은 것이다. A~C에 대한 설명으로 옳은 것만을 〈보기〉에서 있는 대로 고른 것은?

	A	B	C
GPS	X	○	○
블루투스	○	X	○
와이파이	○	○	○

[보 기]

ㄱ. A, B는 무선 헤드셋을 사용할 수 있다.　　ㄴ. B, C는 현 위치 정보를 알아볼 수 있다.

ㄷ. A, B, C는 주변 무선중계장치(AP)를 이용하여 인터넷을 사용할 수 있다.

① ㄱ　　　② ㄷ　　　③ ㄱ, ㄴ　　　④ ㄴ, ㄷ　　　⑤ ㄱ, ㄴ, ㄷ

07 다음은 네트워크 관리자에게서 받은 이메일이다. (가)의 내용으로 가장 적절한 것은?

보낸 사람: 네트워크 관리자
날짜: 2010년 6월 9일 수요일 오전 09:05
받는 사람: xxx@yyy.com
제목: DDoS 공격 알림
첨부: □□□

　　귀하의 컴퓨터는 현재 ○○사를 대상으로 DDoS(분산 서비스 거부)공격을 하고 있습니다. 귀하는 이 사실을 모를 수 있겠지만, 이것은 귀하의 책임입니다. 더 이상 귀하의 컴퓨터가 공격을 하지 않도록 빠른 시간 내에 첨부된 프로그램을 실행하여 그 원인을 제거해 주십시오. 그리고 이러한 사태의 재발을 방지하기 위해 다음과 같은 조치를 취해 주시기 바랍니다.

(가)

감사합니다.

네트워크 관리자
△△네트워크 관리 서비스

① 중요한 개인 정보는 USB 메모리에 저장하십시오.
② 최신 버전의 보안 패치를 수시로 업데이트하십시오.
③ 자료실에 파일을 올릴 때에는 압축해서 용량을 줄여 주십시오.
④ 인터넷 게시판에 악성 댓글을 달거나 허위 사실을 유포하지 마십시오.
⑤ 출처가 불분명한 이메일의 첨부 파일을 먼저 저장한 후 내용을 확인하십시오.

08 다음 중 Windows에서 사용하는 USB(Universal Serial Bus)에 대한 설명으로 옳은 것은?

① USB는 범용 병렬 장치를 연결할 수 있게 해 주는 컴퓨터 인터페이스이다.
② 핫 플러그인(Hot Plug In) 기능은 지원하지 않으나 플러그 앤 플레이(Plug &Play)기능은 지원한다.
③ USB 3.0은 이론적으로 최대 5Gbps의 전송속도를 가지며, PC 및 연결기기, 케이블 등의 모든 USB 3.0 단자는 파랑색으로 되어 있어 이전 버전과 구분이 된다.
④ 허브를 이용하여 하나의 USB 포트에 여러 개의 주변 기기를 연결할 수 있으며, 최대 256개까지 연결할 수 있다.
⑤ 최대 64개까지 연결 가능하며, 플러그&플레이(Plug& Play) 지원가능하다.

09 다음 중 1994년 스웨덴의 에릭슨에 의하여 최초로 개발된 근거리통신 기술로 휴대폰, PDA, 노트북과 같은 휴대 가능한 장치들 사이의 양방향 정보 전송을 목적으로 하는 것은?

① TCP/IP
② CDMA
③ Bluetooth
④ USN
⑤ USB

10 다음 중 인터넷을 이용한 FTP(File Transfer Protocol)에 관한 설명으로 옳지 않은 것은?

① 멀리 떨어져 있는 컴퓨터로부터 파일을 전송 받거나 전송하는 서비스를 의미한다.
② 익명의 계정을 이용하여 파일을 전송할 수 있는 서버를 Anonymous FTP 서버라고 한다.
③ FTP 서버에 계정을 가지고 있는 사용자는 FTP 서버에 있는 프로그램을 다운로드 없이 실행시킬 수 있다.
④ 일반적으로 텍스트 파일의 전송을 위한 모드는 ASCII 모드이다.
⑤ 실행 파일의 전송을 위한 모드는 Binary 모드로 구분하여 수행한다.

적중 예상문제   Chapter **07**   정보능력

01 다음은 두 사람이 직장 동료 최대리에 대해 대화를 나눈 내용이다. 이 대화에 따르면 양대리는 어떤 유형의 멤버십을 가지고 있는가?

① 인트라넷(Intranet)
② 원거리 통신망(WAN)
③ 엑스트라넷(Extranet)
④ 근거리 통신망(LAN)
⑤ 포스트(POST)

02 다음 중 옳지 않은 설명은 무엇인가?

① MP3 : 소리에 대한 사람의 청각 특성을 잘 살려 압축하는 기법으로 CD 수준의 음질을 들을 수 있는 고음질 오디오 압축 표준 형식이다.
② MIDI : 실시간으로 사운드를 보내기 위해 만들어진 압축방식으로 인터넷을 통해 데이터를 계속 받으면서 동시에 이미 다운로드 받은 데이터를 재생한다.
③ AIFF : 비압축 무손실 압축 포맷으로 Mac OS에서 표준으로 사용되는 오디오 파일형식이다.
④ WAVE : 마이크로소프트사와 IBM이 개발한 PC용 오디오 파일 형식으로 낮은 레벨의 모노에서부터 CD 수준의 스테레오에 이르기까지 다양한 수준으로 저장할 수 있다.
⑤ AVI : MS사가 개발한 Windows의 표준 동영상 파일 형식이다.

03 다음은 정보 통신 기술의 이용 사례들이다. (가)~(다)에 해당하는 기술로 적절한 것을 〈보기〉에서 고른 것은?

(가) 가입자가 원하는 시간에 인기 드라마나 영화를 선택해서 볼 수 있다.
(나) 자동차에 내비게이션을 장착하여 운전자가 원하는 목적지를 찾아갈 수 있다.
(다) 전자칩이 내장된 학생증을 가진 학생이 학교에 도착하여 태그 리더기를 지나가면 출석여부를 확인할 수 있다.

ㄱ. 증강현실(Augmented Reality)
ㄴ. 주문형비디오(Video On Demand)
ㄷ. 위성위치확인시스템(Global Positioning System)
ㄹ. 무선주파수인식(Radio Frequency IDentification)

	(가)	(나)	(다)		(가)	(나)	(다)
①	ㄱ	ㄷ	ㄹ	②	ㄱ	ㄹ	ㄴ
③	ㄴ	ㄱ	ㄷ	④	ㄴ	ㄷ	ㄹ
⑤	ㄷ	ㄹ	ㄴ				

04 로컬 디스크(C:)를 분석한 보고서 화면의 일부이다. (가)~(다)에 대한 설명으로 옳은 것 만을 〈보기〉에서 있는 대로 고른 것은?

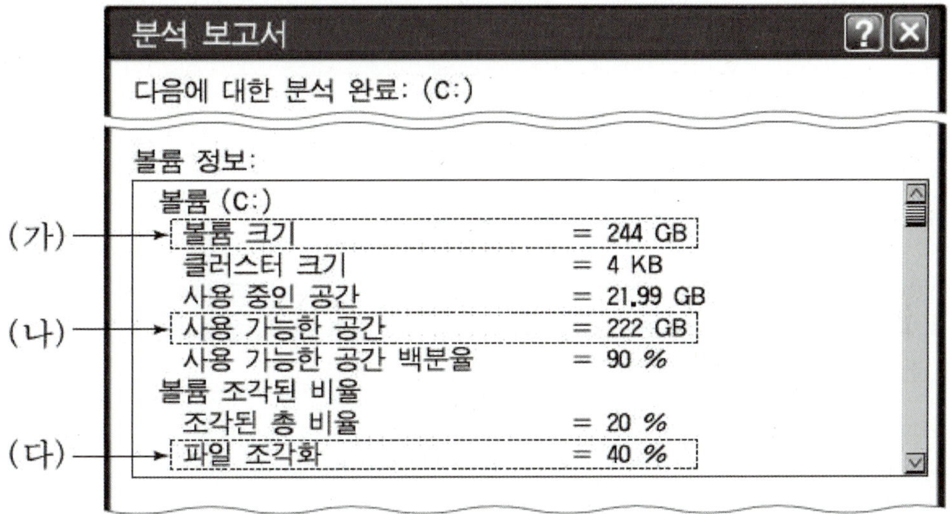

ㄱ. (가)는 로컬 디스크(C:)의 저장 용량이다.
ㄴ. (나)는 '디스크 정리'를 이용하여 불필요한 파일을 삭제하면 늘어날 수 있다.
ㄷ. (다)는 '디스크 조각 모음'을 이용하여 조각을 모으면 비율이 낮아질 수 있다.

① ㄱ   ② ㄷ   ③ ㄱ, ㄴ   ④ ㄴ, ㄷ   ⑤ ㄱ, ㄴ, ㄷ

05 그림은 두 종류 허브의 내부 구성도를 나타낸 것이다. (가), (나)에 대한 설명으로 옳은 것만을 〈보기〉에서 있는 대로 고른 것은?

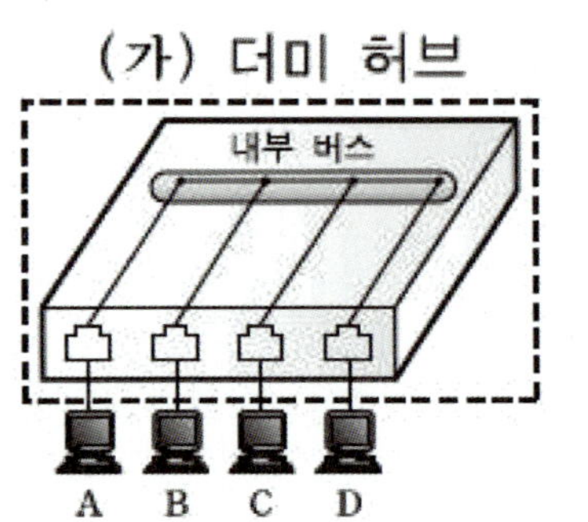

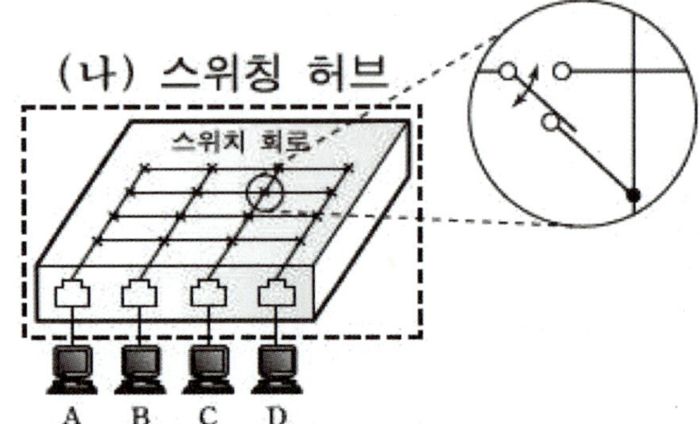

[보 기]

ㄱ. (가)에서 A가 전송한 데이터는 B~D에 전송된다.
ㄴ. (나)에서 A가 C로 데이터를 전송하는 동안에 B가 D로 데이터를 전송할 수 있다.
ㄷ. (가)와 (나)는 라우팅 기능을 제공하는 장비이다.

① ㄱ　　② ㄷ　　③ ㄱ, ㄴ　　④ ㄴ, ㄷ　　⑤ ㄱ, ㄴ, ㄷ

06 인터넷 사기 수법으로 합법적으로 소유하고 있던 사용자의 도메인을 탈취하거나 DNS(Domain Name System) 이름을 속여 사용자들이 진짜 사이트로 오인하도록 유도한 뒤 개인정보를 훔치는 신종 컴퓨터 범죄 수법은?

① 피싱(fishing)
② 디도스(DDOS)
③ 텔렉스(telex)
④ 파밍(pharming)
⑤ 포페이팅(forfeiting)

07 다음 중 컴퓨터에서 사용하는 일반 하드디스크에 비하여 속도가 빠르고 기계적 지연이나 에러의 확률 및 발열소음이 적으며, 소형화, 경량화할 수 있는 하드 디스크 대체 저장 장치로 옳은 것은?

① DVD
② HDD
③ SSD
④ ZIP
⑤ USB

08 다음 중 컴퓨터 시스템을 효율적으로 관리하기 위한 유의사항으로 적절하지 않은 것은?

① 컴퓨터를 이동하거나 부품을 교체할 경우에는 전원을 끄고 작업한다.
② 주기적으로 시스템을 재부팅하여 부품의 수명을 연장시킨다.
③ 컴퓨터를 끌 때에는 사용 중인 프로그램을 먼저 종료한다.
④ 정기적으로 시스템 최적화 프로그램을 사용하여 컴퓨터를 점검한다.
⑤ 불필요한 프로그램을 주기적으로 제어판을 통해 제거한다.

09 다음 중 컴퓨터 소프트웨어에서 셰어웨어(Shareware)에 관한 설명으로 옳은 것은?

① 정해진 금액을 지불하고 정식으로 사용하는 프로그램이다.
② 사용 기간과 일부 기능을 제한하여 정식 제품의 구입을 유도하기 위한 프로그램이다.
③ 사용 기간의 제한 없이 무료 사용과 배포가 가능한 프로그램이다.
④ ROM에 저장되며, BIOS와 관련이 있는 시스템 프로그램이다.
⑤ 매달 일정 요금을 지불해야 사용할 수 있는 프로그램을 의미한다.

10 다음 중 소프트웨어 자체에 광고를 포함하여 이를 보는 대가로 무료로 사용하는 소프트웨어는?

① 스파이웨어(Spyware)　　　　② 애드웨어(Adware)
③ 프리웨어(Freeware)　　　　④ 셰어웨어(Shareware)
⑤ 오픈소스

11 다음 중 한글 Windows의 바탕화면에서 [Ctrl]+[Esc] 키를 누를 경우에 수행되는 작업으로 옳은 것은?

① 시작 메뉴가 나타난다.
② 실행 창이 종료된다.
③ 작업 중인 항목의 바로 가기 메뉴가 나타난다.
④ 창 조절 메뉴가 나타난다.
⑤ 실행되고 있는 창의 크기가 절반으로 줄어든다.

12 다음 중 엑셀의 작업 환경 설정을 위한 [Excel 옵션]의 각 메뉴에 대한 설명으로 옳지 않은 것은?

① [기본 설정]–[Excel에서 가장 많이 사용하는 옵션] : '실시간 미리 보기 사용'을 선택하면 선택 사항을 커서로 가리킬 때 해당 기능이 문서에 어떻게 영향을 주는지 결과를 미리 보여 준다.

② [수식]–[수식 작업] : '수식에 표 이름 사용'을 선택하면 데이터가 입력된 범위에 행 또는 열 레이블이 있을 경우, 이 레이블을 정의된 이름처럼 수식에 이름으로 사용할 수 있다.

③ [저장]–[통합 문서 저장] : '다음 형식으로 파일 저장'에서 통합 문서의 기본 저장 파일 형식을 지정할 수 있다.

④ [고급]–[이 통합 문서의 계산 대상] : '다른 문서에 대한 링크 업데이트'를 선택하면 워크시트와 연결된 외부 문서에 포함된 결과 값의 복사본을 저장한다.

⑤ 리본 메뉴를 최소화하거나 원래 상태로 되돌리려면 〈Ctrl+F10〉을 누른다.

13 하나 이상의 기본 테이블로 부터 유도되어 만들어 지는 가상 테이블은?

① 뷰(VIEW) ② 유리창(WINDOW)
③ 스키마(SCHEMA) ④ 도메인(DOMAIN)
⑤ 슬라이드(SLIDE)

14 다음 중 정보를 전송하기 위하여 송 · 수신기가 같은 상태를 유지하도록 하는 프로토콜의 기능을 의미하는 것은?

① 연결 제어 ② 흐름 제어
③ 오류 제어 ④ 동기화
⑤ 리피터(Repeater)

15 다음 중 셀 서식의 표시 형식 기호가 "₩#,###;–₩#,##0"으로 설정된 셀에 6345.678을 입력하였을 때의 표시 결과로 옳은 것은?

① ₩6340 ② ₩6,346
③ ₩6,345 ④ 6,346
⑤ –6,346

16 다음 중 엑셀의 시트 선택에 대한 설명으로 옳지 않은 것은?

> 가. 모든 시트를 한 번에 선택할 때는 시트 탭에서 마우스 오른쪽 단추를 눌러 [모든 시트 선택] 메뉴를 선택한다.
> 나. 떨어져 있는 여러 개의 시트를 선택할 때는 〈Alt〉 키를 누른 채 시트 탭을 클릭하면 된다.
> 다. 연속된 여러 개의 시트를 선택 할 때는 첫 번째 시트를 선택하고 〈Ctrl〉 키를 누른 상태에서 마지막 시트 탭을 클릭하면 된다.
> 라. 워크시트를 삽입하거나 삭제할 때 한 번에 여러 개의 시트를 대상으로 작업할 수는 없다.

① 나, 다, 라 　　　　　　② 가, 나, 다
③ 가, 다, 라 　　　　　　④ 가, 다
⑤ 나, 라

17 다음 중 수식의 실행 결과가 같게 나타나는 것은?

> 가. = POWER(2, 5) 　　　　나. = SUM(3, 11, 25, 0, 1, −8)
> 다. = MAX(32, −4, 0, 12, 42) 　　라. = INT(32.2)

① 가, 나 　　　　　　② 가, 나, 다
③ 나, 다, 라 　　　　　　④ 가, 나, 라
⑤ 가, 나, 다

18 다음 중 데이터 정렬 기능에 대한 설명으로 옳지 않은 것은?

① 원칙적으로 숨겨진 행이나 열에 있는 데이터는 정렬에 포함되지 않는다.
② 정렬은 기본적으로 왼쪽에서 오른쪽으로 열 단위로 정렬한다.
③ 영문자는 대/소문자를 구분하여 정렬할 수 있다.
④ 빈 셀은 오름차순/내림차순 정렬 방법에 상관없이 항상 가장 마지막으로 정렬된다.
⑤ 편집하려는 데이터가 입력되어 있는 셀을 두 번 클릭한다.

19 다음 중 '학번', '이름', '전화번호' 필드로 동일하게 구성되어 있는 [재학생] 테이블과 [졸업생] 테이블을 통합하여 나타내는 쿼리문으로 옳은 것은?

① Select 학번, 이름, 전화번호 From 재학생, 졸업생
　 Where 재학생. 학번 = 졸업생. 학번;
② Select 학번, 이름, 전화번호 From 재학생
　 JOIN Select 학번, 이름, 전화번호 From 졸업생;
③ Select 학번, 이름, 전화번호 From 재학생
　 OR Select 학번, 이름, 전화번호 From 졸업생;
④ Select 학번, 이름, 전화번호 From 재학생
　 UNION Select 학번, 이름, 전화번호 From 졸업생;
⑤ Select 학번, 이름, 전화번호 From 재학생
　 OUTER Select 학번, 이름, 전화번호 From 졸업생;

20 아래 워크시트에서 [B2:D6] 영역을 참조하여 [C8] 셀에 표시된 바코드에 대한 단가를 [C9] 셀에 표시하였다. 다음 중 [C9] 셀의 수식으로 옳은 것은?

	A	B	C	D
1		바코드	상품명	단가
2		351	CD	1,000
3		352	칫솔	1,500
4		353	치약	2,500
5		354	종이쪽	800
6		355	케이스	1,100
7				
8		바코드	352	
9		단가	1,500	
10				

① =VLOOKUP(C8,$B$2:$D$6,3,0)
② =HLOOKUP(C8,$B$2:$D$6,3,0)
③ =VLOOKUP($B$1:$D$6,C8,3,1)
④ =HLOOKUP($B$1:$D$6,C8,3,1)
⑤ =KLOOKUP($B$1:$D$6,C8,3,1)

정답 및 해설

 기본문제

01 ①

동영상을 실시간으로 전송하려면 용량이 많으므로 기본적으로 압축 및 복원기술이 필요하고 기존의 문제점이 영상끊김, 화질이었으므로 통신망도 고속이어야 한다.

02 ⑤

캐시기억장치는 CPU와 주기억장치의 속도차이를 극복하기 위해 사용하는 기억장치이다. 즉, 속도 때문에 사용하는 것이지 용량의 부족 때문에 사용하는 장치가 아니다.

03 ④

취소선을 사용하게 되면 독도관광과 같이 되고 스타일 기능은 글자의 모양, 색깔 등을 미리 지정하여 편리하게 같은 스타일을 적용시킬 때 사용한다.

04 ⑤

ㄱ. 옳게 표현하려면 =TODAY()로 하거나 =DATE (2010,6,10)으로 해야 한다.

ㄴ. COUNT함수는 숫자가 있는 셀의 숫자를 세는 것이므로 COUNTIF로 수정해야 한다.

05 ②

모양복사로는 그림 자체를 복사할 수 없다. 그림을 복사하기 위해서는 해당 그림을 선택한 후 Ctrl을 누른 상태에서 이동하거나, 복사하기(Ctrl+C)와 붙이기(Ctrl+V)를 이용한다.

- 글맵시 : 문자를 꾸미는 기능으로, 아이콘을 이용한다.
- 모양복사 : 커서 위치의 글자 모양이나 문단모양, 스타일 등을 다른 곳으로 간편하게 복사
- 다단 : 문서를 여러 개의 단으로 나누어 입력하는 기능이다.
- 각주 : 본문 내용에 대한 보충 자료를 구체적으로 제시하거나, 인용한 자료의 출처 등을 밝히는 주석으로 각주 번호를 매긴 본문 쪽(페이지)의 아래에 각주 내용이 놓인다.
- 책갈피 : 문서를 편집하는 도중에 본문의 여러 곳에 표시를 해 두었다가 현재 커서의 위치에 상관없이 표시해 둔 곳으로 커서를 곧바로 이동시키는 기능이다.

06 ④

- GPS(Global Positioning System) : 인공위성을 이용하여 본 장비를 부착한 물체의 위치를 정확히 알 수 있는 시스템
- 블루투스(Bluetooth) : 휴대폰과 휴대폰 또는 휴대폰과 PC간에 사진이나 벨소리 등 파일을 전송하는 무선전송기술로 PC와 휴대폰 및 각종 디지털기기 등을 하나의 무선통신 규격으로 통일한다는 의미
- 와이파이(Wireless Fidelity:Wi-Fi) : 802.11b 무선 인터넷 표준으로 무선 데이터 전송 시스템이다. 무선중계장치(AP)를 이용하여 인터넷을 사용할 수 있다.

07 ②

DDos는 헤커의 공격 수법 중 분산 서비스 거부에 해당된다. 서비스 거부는 하나의 시스템에 대량의 메시지를 보내어 해당 시스템의 기능을 마비시키는 공격이다. 개인이 DDos의 공격으로부터 보호받기 위해서는 최신 버전의 보안 패치를 수시로 업데이트하는 것이 가장 중요하다.

08 ③

최대 127개까지 연결 가능하며, 플러그& 플레이(Plug& Play) 지원 – USB 2.0–최대 480 Mbit/초 (Hi-Speed) 속도 – 2000년 4월 출시 – USB 3.0 – Super-speed

(초당 5 기가비트, 파랑색) – 2010년 출시
그리고 핫 플러그인 기능도 지원한다. 범용 직렬 장치를
연결한다.

09 ③

- Bluetooth : 근거리 무선접속을 지원하기 위해 사용되는 대표적인 통신기술이다.
  ① TCP/IP : 인터넷 표준 프로토콜(무선표준 : WAP)
  ② CDMA(코드분할 다원접속) : 동일 주파수대와 동일 시간대에 복수 개의 신호 중 순간적으로 한 개 신호를 인지하여 기본 정보를 추출 해내는 기법
  ④ USN(Ubiquitous Sensor Network) : 필요한 모든 사물에 전자태그를 부착해(Ubiquitous) 사물과 환경을 인식하고(Sensor) 네트워크(Network)를 통해 실시간 정보를 구축, 활용토록 하는 통신망.

10 ③

FTP(File Transfer Protocol)는 멀리 떨어져 있는 컴퓨터로부터 파일을 전송 받거나(다운로드) 전송하는 (업로드) 서비스로서 다운로드 없이 실행은 불가능하다.

적중예상문제

01 ①

- 인트라넷(Intranet) : 기업 내부망
- 엑스트라넷(Extranet) : 기업 외부망

02 ②

해당 설명은 스트리밍기술을 말한다. MIDI는 전자악기 간의 디지털신호에 의한 통신이나 컴퓨터와 전자악기 간의 통신규약을 말하는 오디오데이터이다. 음성이나 효과음은 저장이 불가능하고, 연주정보만 저장되므로 크기가 작다. 시퀀싱작업을 통해 작성되며, 16개 이상의 악기를 동시에 연주할 수 있다.

03 ④

(가)는 VOD, (나)는 GPS, (다)는 RFID기술을 이용한 사례이다. VOD는 통신망 연결을 통하여, 사용자가 필요로 하는 영상을 원하는 시간에 제공해주는 맞춤영상정보 서비스이다. GPS는 인공위성을 이용해 위치를 탐색할 수 있는 기술이다. RFID는 전파를 이용해 먼 거리에서도 정보를 인식하는 기술로 반도체 칩이 내장된 태그(Tag), 라벨(Label), 카드(Card) 등의 저장된 데이터를 무선주파수를 이용하여 비접촉으로 읽어내는 인식시스템이다. 증강현실은 사용자가 눈으로 보는

현실세계에 가상 물체를 겹쳐 보이게 하는 기술이다. 현실세계에 실시간으로 부가정보를 갖는 가상세계를 합쳐 하나의 영상으로 보여주므로 혼합현실(Mixed Reality, MR)이라고도 한다. 현실 환경과 가상환경을 융합하는 복합형 가상현실 시스템(hybrid VR system)이다.

04 ⑤

제시된 화면은 [시작]–[보조프로그램]–[시스템도구]– [디스크조각모음]에서 분석을 클릭한 후 "보고서 보기"를 클릭했을 때 나타나는 분석보고서의 일부이다. 디스크 정리는 휴지통이나 임시 인터넷 파일들을 삭제해서 하드디스크의 사용 가능한 공간을 늘릴 수 있다. 디스크의 조각난 부팅 파일을 모아줌으로써 파일 조각화 비율을 낮추어 시스템의 속도를 향상시킬 수 있다.

05 ③

더미 허브는 하나의 단말기가 데이터 전송 시 다른 단말기는 데이터를 전송할 수 없다. 반면에 스위칭 허브는 동시에 데이터 전송이 가능하다. 허브는 집선 장치이다. 라우팅 기능을 제공하는 장비는 라우터이다.

06 ④

포페이팅은 현금을 대가로 채권을 포기하거나 양도하는 것을 말한다. 텔렉스는 전자의 자동 교환이나 인쇄 전신의 기술을 이용한 기록 통신 방식이다. 디도스는 서버가 처리할 수 있는 용량을 초과하는 정보를 한꺼번에 보내 과부하로 서버를 다운시키는 공격 방식이다. 피싱은 금융기관을 가장해 인터넷사이트에서 보안카드 일련번호를 입력하도록 요구해 금융정보를 몰래 빼가는 수법이다.

07 ③

SSD는 Solid State Drive의 영문 앞글자를 딴 약자로, 데이터를 입출력 할 수 있으면서도 기계적 지연이나 실패율이 매우 적다. 또한 외부의 충격으로 데이터가 손실되지 않으며, 발음, 소음 및 전력소모가 적고, 소형화, 경량화할 수 있는 장점이 있다.

08 ②

부품의 수명을 연장하기 위해서는 과도한 사용을 자제하고 사용 중 충격을 가하거나 하는 행위를 하지 않아야 한다. 단순히 재부팅을 한다고 하여 부품의 수명이 연장되는 것은 아님을 주의해야 한다. 또한 컴퓨터는 열이 많이 발생하므로 쿨링팬이 잘 작동 하는지 수시로 확인하여야 하며 컴퓨터 부품에 쌓인 먼지를 주기적으로 제거해야 한다.

09 ②

①번 보기는 상용 소프트웨어에 대한 설명이다.
③프리웨어는 사용기간의 제한이 없이 무료사용과
배포가 가능한 프로그램이다.

10 ②

애드웨어 : 사용기간의 제한이 없이 무료사용과 배포가
가능하나 광고를 보는 것을 전제로 사용이
허용되는 프로그램

11 ①

〈윈도우 단축키〉단축키 : 작업할 때 마우스 대신
키보드의 조합으로 명령을 실행하는 키. 바로 가기 키를
사용하여 시작 메뉴. 바탕 화면. 메뉴. 대화 상자 및 웹
페이지를 열고 닫으며 탐색할 수 있음
• 시작메뉴 나타내기 – Ctrl + Esc , 윈도우 로고키
• 실행 창 종료하기 – Alt + F4
• 작업 중인 항목의 바로가기 메뉴 – Shift + F10.
응용프로그램키
• 창 조절 메뉴 나타내기 – Alt + Space

12 ④

다른 문서에 대한 링크 업데이트 ▶ 다른 응용
프로그램에 대한 참조가 있는 수식을 계산하고
업데이트한다.
외부 연결값 저장 ▶ Excel 워크시트와 연결된 외부
문서에 포함된 값의 복사본을 저장한다. 워크시트가
외부 문서의 큰 범위에 연결되어 있어 워크시트를 여는
데 시간이 오래 걸리거나 디스크 공간이 많이 필요할
경우 외부 연결값 저장 확인란의 선택을 취소하면
워크시트를 여는 데 필요한 시간과 디스크 공간을 줄일
수 있다.

13 ①

• 뷰(VIEW) : 가상의 테이블
• 스키마(SCHEMA) : 데이터베이스에 관한 제약조건을
기술하는 것
• 도메인(Domain) : 하나의 속성이 취할 수 있는 속성
값들의 집합(범위)

14 ④

서로 같은 신호에 따라서 같은 상태로 맞추는 것을
동기화라 합니다.

15 ②

양수;음수;0;테스트 순서로 “₩#,###;–₩#,##0” 서식은

양수와 음수만을 설정한 것이다.보기 1,2,3,4는 모두
양수이므로 첫 번째 설정인 ₩#,### 을 따른다.이때
정수만 표시해야 하므로 소수 이하에서 자동 반올림
적용된다. 따라서 ₩6,346 된다.

16 ①

나. 떨어져 있는 여러 개의 시트를 선택할 때는 〈CTRL〉
키를 누른 채 시트탭을 클릭하면 된다.
다. 연속된 여러 개의 시트를 선택 할 때는 첫 번째
시트를 선택하고 〈Shift〉키를 누른 상태에서 시트
탭을 클릭하면 된다.
라. 워크시트 삽입 시 비연속적인 여러 개의 시트를
선택 후에 시트를 삽입할 수 없다.

17 ④

가. 2×2×2×2×2=32　　　나. 모두 더하면 32
다. 최대값은 42　　　라. 절사값 32

18 ②

정렬은 기본적으로 위에서 아래로 행단위로 정렬한다.

19 ④

UNION이 통합을 의미한다.

20 ①

[C8]셀에 352를 [B2:D6]영역의 세로방향에서 찾아야
하므로 기본적으로 VLOOKUP함수를 사용해야한다.
=VLOOKUP(찾을 값. 찾을 범위를 포함한 참조영역,
찾을 열번호, 옵션) 형식이므로 ‘찾을 값’은 C8, ‘찾을
범위를 포함한 참조영역’은 B2:D6, ‘찾을 열번호’는
단가를 찾아야 하므로 3번째 열이 된다.

Chapter 8

기술능력 (직업기초능력 H-1)

H-1. 기술능력

H-2. 하위능력별
- 가. 기술이해능력
- 가. 기술선택능력
- 나. 기술적용능력

학/습/목/표 (수행준거)

직장생활에서 쉽게 접하는 기술을 이해하고, 선택하여, 다양한 상황에 기술을 적용할 수 있다.

- 직장생활에 필요한 기술이 무엇인지 설명할 수 있다.
- 직장생활에 필요한 기술능력에는 무엇이 있는지 설명할 수 있다.
- 직장생활에 필요한 기술능력 향상 방법에 대해 설명할 수 있다.
- 기술의 변화와 미래에 요구되는 기술을 설명할 수 있다.
- 지속가능한 발전과 기술에 대해 설명할 수 있다.
- 산업재해의 의미와 예방대책에 대해 설명할 수 있다.

▍성취수준(표준)

본 성취수준은 학력과 관련되며, 상은 4년제 대학 졸업자 수준, 중은 2년제 대학 졸업자 수준, 하는 고등학교 졸업자 수준을 의미한다.

구분			성취수준
기술능력		상	업무에 필요한 복잡한 기술을 이해하고, 자신의 객관적 판단에 따라 기술을 선택하고, 다양한 상황에 기술을 적용한다.
		중	업무에 필요한 기본적인 기술을 이해하고, 상사의 지시에 자신의 생각을 적용하여 기술을 선택하고, 업무와 관련된 상황에 기술을 적용한다.
		하	업무에 필요한 간단한 기술을 이해하고, 상사의 지시에 따라 기술을 선택하여, 한 가지 상황에 기술을 적용한다.
하위 능력	기술 이해 능력	상	업무수행에 필요한 복잡한 기술의 원리 및 절차를 확실하게 이해한다.
		중	업무수행에 필요한 기본적인 기술의 원리 및 절차를 대략적으로 이해한다.
		하	업무수행에 필요한 단순한 기술의 원리 및 절차를 부분적으로 이해한다.
	기술 선택 능력	상	업무수행에 필요한 기술을 자신이 비교·분석한 후 장·단점을 파악하여 선택한다.
		중	업무수행에 필요한 기술을 기존에 적용된 것 중에서 자신이 선택한다.
		하	업무수행에 필요한 기술을 상급자의 지시대로 선택한다.
	기술 적용 능력	상	업무수행에 필요한 기술을 실제로 여러 가지 상황에 적용하고, 그 결과를 분석한다.
		중	업무수행에 필요한 기술을 실제로 몇 가지 상황에 적용하고, 그 결과를 이해한다.
		하	업무수행에 필요한 기술을 실제로 한 가지 상황에 적용하고, 그 결과를 있는 그대로 확인한다.

기술능력

기술능력이란 직업인으로서 일상적인 직장 생활에 요구되는 수단, 도구, 조작 등에 관한 기술적인 요소들을 이해하고, 적절한 기술을 선택하며, 적용하는 능력을 의미한다. 이러한 직업인이 직장생활에서 일상적으로 접하는 기술을 이해하고, 효율적인 기술을 선택하여 다양한 상황에 기술을 적용하기 위해서는 기본적인 기술능력의 함양은 필수적이다.

최근 글로벌 경쟁시대에서는 조직이 어떠한 기술을 획득하고 활용할 것인가 하는 문제가 기업의 경쟁력을 결정한다고 보고 있기 때문에 주어진 시간과 자원의 제약 하에서 선택 가능한 기술 중 최적의 기술을 선택하는 것을 매우 중요시 여기고 있다.

기술능력은 직장 생활에 필요한 기본적인 기술의 원리 및 절차를 이해하는 기술이해능력, 필요한 기술을 선택하는 기술선택능력, 그리고 선택한 어떤 기술을 실제 적용하는 기술적용능력으로 구성되어 있다.

✎ 기술

기술의 의미는 거대한 산의 정상과 같아서 보는 사람의 관점에 따라 서로 다른 정의를 내릴 수 있다. 몇몇 학자들은 기술을 "물리적인 것뿐만 아니라 사회적인 것으로서 지적인 도구를 특정한 목적에 사용하는 지식체계" "인간이 주위환경에 대한 통제를 확대시키는 데 필요한 지식의 적용"등으로 정의하였다.

보다 구체적인 개념으로는 "제품이나 용역을 생산하는 원료, 생산공정, 생산방법, 자본재 등에 관한 지식의 집합체"라고 정의하기도 하였다.

기술은 노하우(know-how)와 노와이(know-why)로 나눌 수 있으며, know-how란 흔히 특허권을 수반하지 않는 과학자, 엔지니어 등이 가지고 있는 체화된 기술이다.
know-why는 어떻게 기술이 성립하고 작용하는 가에 관한 원리적 측면에 중심을 둔 개념이다.

이 두 가지 지식은 획득과 전수방법에 차이가 있다.
- know-how는 경험적이고 반복적인 행위에 의해 얻어지는 것이며, 이러한 성격의 지식을 흔히 technique, 혹은 art라고 부른다.
- 반면, know-why는 이론적인 지식으로서 과학적인 탐구에 의해 얻어진다.

기술은 원래 know-how의 개념이 강하였으나 시대가 지남에 따라 know-how와 know-why가 결합하게 되었으며, 현대적 기술은 주로 과학을 기반으로 하는 기술(science-based technology)이 되었다.

〉〉〉 기술의 특징
일반적으로 기술에 대한 특징은 다음과 같이 정의될 수 있다.
- 첫째, 하드웨어나 인간에 의해 만들어진 비자연적인 대상, 혹은 그 이상을 의미한다.
- 둘째, 기술은 '노하우(know-how)'를 포함한다. 즉, 기술을 설계하고, 생산하고, 사용하기 위해 필요한 정보, 기술, 절차를 갖는데 노하우(know-how)가 필요한 것이다.
- 셋째, 기술은 하드웨어를 생산하는 과정이다.
- 넷째, 기술은 인간의 능력을 확장시키기 위한 하드웨어와 그것의 활용을 뜻한다.
- 다섯째, 기술은 정의 가능한 문제를 해결하기 위해 순서화되고 이해 가능한 노력이다.

기술은 두 개의 개념으로 구분될 수 있으며,
- 하나는 모든 직업 세계에서 필요로 하는 기술적 요소들로 이루어지는 광의의 개념이며,
- 다른 하나는 구체적 직무 수행 능력 형태를 의미하는 협의의 개념이다.

〉〉〉 기술과 과학

20세기 중엽 이후 1970년대까지는 기술이 과학의 응용이라는 인식이 지배적이었다. 즉, 과학이라는 지식이 응용되면 기술 인공물(artifacts)을 낳는다고 보는 것이었다.

그러나 1970년대 들어서는 "기술도 과학과 마찬가지로 지식이다"라는 시각으로 변화하였다. 과학과 기술의 상호작용은 지식이 사물에 응용되는 것이 아니라, 지식과 지식사이의 상호작용이라는 것이다.

✎ 기술능력

기술능력은 직업에 종사하기 위해 모든 사람들이 필요로 하는 능력이며, 이것을 넓은 의미로 확대해 보면 기술교양(technical literacy)이라는 개념으로 사용될 수 있으며, 기술교양의 개념을 보다 구체화시킨 개념으로 볼 수 있다.

일반적으로 기술교양을 지닌 사람들은,
- 기술학의 특성과 역할을 이해한다.
- 기술체계가 설계되고, 사용되고, 통제되어지는 방법을 이해한다.
- 기술과 관련된 이익을 가치화하고 위험을 평가할 수 있다.
- 기술에 의한 윤리적 딜레마에 대해 합리적으로 반응할 수 있다.

본질적으로 그것은 실천적 문제(practical problem)를 해결할 수 있는 생산력, 체계, 환경을 설계하고 개발해야 할 때, 비판적 사고를 갖게 되는 것을 포함한다. 즉 기술교양은 기술을 사용하고 운영하고 이해하는 능력이다.

〉〉〉 기술능력이 뛰어난 사람

- 실질적 해결을 필요로 하는 문제를 인식한다.
- 인식된 문제를 위한 다양한 해결책을 개발하고 평가한다.
- 실제적 문제를 해결하기 위해 지식이나 기타 자원을 선택, 최적화시키며, 적용한다.
- 주어진 한계 속에서, 그리고 제한된 자원을 가지고 일한다.
- 기술적 해결에 대한 효용성을 평가한다.
- 여러 상황 속에서 기술의 체계와 도구를 사용하고 배울 수 있다.

》》》 기술능력의 중요성

기술능력은 인간 행위의 혁신을 가져오며, 지식의 생성능력을 포함하고, 문제 해결을 위한 도구를 개발하는 인간의 능력을 확장시킨다. 이와 같은 능력을 향상시키는 것은 기술교양의 향상을 통해 이루어질 수 있다.

기술교양을 지닌 사람은 기술적 과정과 혁신에 대해 비판적으로 조사하고 질문한다. 새로운 기술의 창조와 사용에 대한 의사결정은 인간, 사회적/환경적 이슈를 포함한다. 가치는 또한 지적 과정에 영향을 주며, 비판적 판단능력은 학생의 능력을 증가 시키는 기술을 포함한다.

》》》 직업기초능력으로서의 기술능력

일반적으로 기술능력은 제조업을 비롯한 기능·기술직 종사자들에게 많이 해당될 것이라고 생각하기 쉽지만, 기술능력은 반드시 기술직 종사자에게만 해당되는 것은 아니라고 보기 때문에 기술능력을 보다 확대하여 이해하는 것이 바람직하다. 즉, 기술능력을 일반적으로 사용되는 기술교양(Technological Literacy)의 개념을 보다 구체화시킨 개념으로 보는 것이 바람직하다.

결국 기술을 사회의 모든 체계에서 필요로 하는 분야라고 이해한다면, 사회 모든 직업인이 지녀야 할 능력으로 이해할 수 있다. 이것은 모든 직업에 종사하는 사람들이 지녀야 할 직업기초능력으로서 기술능력을 지녀야 한다는 것이다.

✎ 기술능력의 향상

최근 많은 사람들이 급변하는 기술변화에 적응하고 새로운 기술을 습득하기 위해 다양한 방법을 통해 새로운 기술을 익히고 있다. 이러한 방법에는 전문연수원에서 제공하고 있는 기술과정 연수, e-learning을 활용한 기술교육, 상급학교 진학을 통한 기술교육, OJT 등이 있다.

전문 연수원을 통한 기술과정 연수

전문 연수원을 통한 기술과정 연수를 실시할 경우에는 일반적으로 다음과 같은 장점이 있다.
- 첫째, 연수 시설이 없어 체계적인 교육을 받기 어려운 회사의 경우, 전문적인 교육을 통해 양질의 인재양성 기회를 제공한다.

- 둘째, 각 분야의 전문가들로 구성하여 이론을 겸한 실무중심의 교육을 실시할 수 있다.
- 셋째, 다년간에 걸친 연수 분야의 노하우를 가지고 체계적이고 현장과 밀착된 교육이 가능하다.
- 넷째, 최신 실습장비, 시청각 시설, 전산시설 등 교육에 필요한 각종 부대시설을 활용 할 수 있다.
- 다섯째, 산학협력연수 및 국내외 우수연수기관과 협력한 연수도 가능하다.
- 여섯째, 연수비가 자체적으로 교육을 하는 것보다 저렴하며, 고용보험환급을 받을 수 있어 교육비 부담이 적다.

E-learning을 활용한 기술교육

E-learning을 활용한 기술연수는 일반적으로 다음과 같은 장점이 있다.

- 첫째, 정해진 시간, 장소에 모여서 학습을 할 필요가 없고 원하는 시간과 장소에서 컴퓨터만 연결돼 있다면 학습이 가능하기 때문에 시간적 · 공간적으로 독립적이다.
- 둘째, 원하는 내용을 원하는 순서에 맞게 원하는 시간만큼 학습이 가능하며, 개개인의 요구에 맞게 개별화, 맞춤화가 가능하기 때문에 학습자 스스로가 학습을 조절 및 통제할 수 있다.
- 셋째, 칠판 판서 및 책이 아니라 비디오, 사진, 텍스트, 소리, 동영상 등 멀티미디어를 이용한 학습이 가능하다.
- 넷째, 이메일, 토론방, 자료실 등을 통해 의사교환과 상호작용이 자유롭게 이루어질 수 있다.
- 다섯째, 한번 출판되면 새로운 내용을 반영하기 어려운 책에 비해 업데이트를 통해 새로운 내용을 반영하기 쉽기 때문에 새로운 교육에의 요구나 내용을 신속하게 반영할 수 있어 교육에 소요되는 비용을 절감할 수 있다.

반면에 직접적으로 교수자와 동료들 간의 인간적인 접촉이 상대적으로 적고, 중도탈락율이 높으며, 기술교육의 특성상 현장 중심의 실무 교육이 중요함에도 불구하고 현장중심의 교육이 힘든 단점이 있다.

상급학교 진학을 통한 기술교육

폴리텍대학, 인력개발원과 같은 실무중심 전문교육기관이나 전문대학, 대학 및 대학원과 같은 상급학교 진학을 통한 교육은 학문적이면서 최신의 기술의 흐름을 반영하고 있는 기술교육이 가능하다.

또한 관련 산업체와의 프로젝트활동이 가능하기 때문에 실무 중심의 기술교육이 가능하다. 그리고 관련분야에서 종사하고 있는 사람들과 함께 하기 때문에 인적 네트워크 형성에 도움이 되고, 경쟁을 통하여 학습효과를 향상시킬 수 있는 장점이 있다.

반면e-learning을 통한 교육과 달리 원하는 시간에 학습을 할 수 없고 일정 시간을 할애해야 하며, 학습자 스스로가 학습을 조절하거나 통제할 수 없다는 단점이 있다.

OJT를 활용한 기술교육

OJT란 조직 안에서 피교육자인 종업원이 직무에 종사하면서 받게 되는 교육 훈련방법으로 집합교육으로는 기본적·일반적 사항 밖에 훈련시킬 수 없다는 반성에서 나온 것으로 피교육자인 종업원이 '업무수행의 중단되는 일이 없이 업무수행에 필요한 지식·기술·능력·태도를 교육훈련 받는 것'을 말하며, 직장훈련·직장지도·직무상 지도 등이라고도 한다.

모든 관리자·감독자는 업무수행상의 지휘감독자이자 업무수행 과정에서 부하직원의 능력향상을 책임지는 교육자이어야 한다는 생각을 기반으로 직장 상사나 선배가 지도·조언을 해주는 형태로 훈련이 행하여지기 때문에, 교육자와 피교육자 사이에 친밀감을 조성하며 시간의 낭비가 적고 조직의 필요에 합치되는 교육훈련을 할 수 있다는 장점이 있다.

그러나 지도자의 높은 자질이 요구되며 교육훈련 내용의 체계화가 어렵다는 등의 단점이 있다. 이에 따라 OJT의 대상은 비교적 기술직을 대상으로 하지만, 관리직이나 전문직에도 점점 적용시켜나가고 있다.

✎ 미래에 유망한 기술

미래학자, 과학기술자, 경제학자, 정치인, 사업가 등 각 분야의 전문가들은 축적된 지식과 경험, 전문가적 직관, 초현실적 영감까지 총동원하여 미래 사회의 모습을 감지하고자 노력하고 있다. 이들은 지식산업 사회, 하이테크 사회, 정보화 사회 등 학문적 배경이나 활동 분야에 따라 다양한 용어로 미래사회를 규명하고 있다. 이러한 다양한 정의에도 불구하고 한 가지 공통점은 미래 사회가 과학기술, 혹은 첨단기술이 중심이 되는 첨단산업 사회가 될 것이라는 점이다.

전기전자정보공학분야

전기전자정보공학분야에서 유망한 기술로 전망되는 것은 지능형 로봇 분야이다. 지능형 로봇이란 외부 환경을 인식하여 스스로 상황을 판단하여 자율적으로 동작하는 기계시스템을 말한다. 지능형 로봇 분야는 자동차 산업 규모 이상의 성장 잠재력을 가지고 있으며 기술 혁신과 신규투자가 유망한 신산업으로, 국내 로봇 산업은 2020년 국내 시장 규모 100조 원을 달성할 것으로 예측되고 있다.

기계공학분야

기계공학분야에서는 하이브리드 자동차 기술이 유망할 것으로 전망되고 있다. 기존 자동차는 엔진에서 발생된 운동에너지를 변속기를 통해 바퀴에 전달하는 구조이지만, 하이브리드 자동차는 엔진과 모터에서 발생된 에너지를 변속기를 통해 조합해 자동차를 구동한다.

건설환경공학분야

건설환경공학분야에서 유망한 기술로 떠오르고 있는 것은 "지속 가능한 건축 시스템기술"이다. 건축산업은 총 CO_2 배출량의 36%를 차지하며, 이중 1/3은 건물의 신축과 개·보수가 차지하고 있어 이 분야에서의 CO_2 배출량의 저감은 생산업 활동을 위축시키지 않고 효율적으로 CO_2 배출량의 감소를 구현할 수 있는 좋은 방법 중 하나이다.

건축시스템 기술 분야의 CO_2 배출량 저감 기여방안은
- 첫째, 에너지 소비가 적고, 폐기물 물량이 적은 재료및 공법의 사용,
- 둘째, 건축물의 수명을 장수명화하는 내구성 설계,
- 셋째, 철거 건축물의 재사용 및 재이용이 가능토록 하는 모듈화 및 유닛화 설계 등이다.

화학생명공학분야

화학생명공학분야에서 유망한 기술로 떠오르고 있는 것은 재생에너지 산업이다. 재생에너지 기술 개발은 21세기 에너지, 환경 문제 해결, 에너지 자원산업의 종언과 신에너지 산업의 등장, 에너지 공급망의 국제화와 기후 변화 협약 대비 및 재생 에너지원의 경제성 제고를 위하여 필수적이다. 또한, 재생에너지 산업은 안정적 차세대 에너지 공급원이며 동시에 추출이 가능한 성장 동력 산업이다.

재생 에너지는 그 기술과 최종 에너지의 형태에 따라 태양열, 풍력발전, 소수력 발전, 폐기물 소각 열 및 발전, 바이오메스 에너지, 지열에너지, 해양 에너지 등 여러 가지로 나눌 수 있지만, 1차 에너지원인 태양(빛, 열), 바람, 물, 바다의 자연 에너지원을 이용하여 청정한 에너지를 얻는 것이므로 자원의 부존량은 거의 무한대이다.

✎ 지속가능한 발전

지속가능한 발전(sustainable development)이라는 개념은 1970년대를 통해 기업과 정부 일각에서 인구와 산업의 발전이 무한히 계속될 수 없다는 문제를 제기하면서 등장했고, 1987년의 세계경제발전위원회(WCED)의 보고서가 "환경보호와 경제적 발전이 반드시 갈등 관계에 있는 것만은 아니다"라고 하면서 널리 퍼지게 되었다.

지속가능한 발전은 의식주만을 해결하는 상태를 바람직하다고 보지 않는다. 지금 지구의 전 인구가 선진국 수준의 풍요를 누리려면 지구에서 사용 가능한 모든 자원의 세배 이상을 소모해야 한다. 그런데 만약 그렇게 자원을 소모한다면, 그런 발전은 지속가능한 발전이 아니다. 그렇기 때문에 우리는 지속가능한 발전을 가능케 하는 기술에 대해서 관심을 가져야 한다. 지속가능한 발전을 가능케 하는 기술을 '지속가능한 기술(sustainable technology)' 이라고 정의할 수 있다.

✎ 지속가능한 기술

지속가능한 기술 중에는 풍력발전, 조력발전, 태양열 발전처럼 지금의 주된 발전기술과는 상당히 차이를 보이는 기술도 있다. 그렇지만 많은 지속가능한 기술들은 지금 우리가 가진 기술과 그 형태에서 크게 다르지 않다. 더 중요한 것은 그 기술이 디자인될 때 얼마나 더 많이 사회적, 환경적 연관에 중심을 두는 가이다.

지속가능한 기술은
- 이용 가능한 자원과 에너지를 고려하고,
- 자원이 사용되고 그것이 재생산되는 비율의 조화를 추구하며,
- 이러한 자원의 질을 생각하고,
- 자원이 생산적인 방식으로 사용되는가에 주의를 기울이는 기술이라고 할 수 있다.

즉, 지속가능한 기술은 되도록 태양 에너지와 같이 고갈되지 않는 자연 에너지를 활용하며, 낭비적인 소비 형태를 지양하고, 기술적 효용만이 아닌 환경효용(eco-efficiency)을 추구한다.

✎ 산업 재해

산업 재해란 산업 활동 중의 사고로 인해 사망하거나 부상을 당하고, 또는 유해 물질에 의한 중독 등으로 직업성 질환에 걸리거나 신체적 장애를 가져오는 것을 말한다.

우리나라 산업 안전 보건법에서는 근로자가 업무에 관계되는 건설물 · 설비 · 원재료 · 가스 · 증기 · 분진 등에 의하거나, 직업과 관련된 기타 업무에 의하여 사망 또는 부상하거나 질병에 걸리게 되는 것을 산업 재해로 정의하고 있다.

산업 재해의 기본적 원인

- 교육적 원인: 안전 지식의 불충분, 안전 수칙의 오해, 경험이나 훈련의 불충분과 작업 관리자의 작업 방법의 교육 불충분, 유해 위험 작업 교육 불충분 등이 있다.
- 기술적 원인: 건물 · 기계 장치의 설계 불량, 구조물의 불안정, 재료의 부적합, 생산 공정의 부적당, 점검 · 정비 · 보존의 불량 등이 있다.
- 작업 관리상 원인: 안전 관리 조직의 결함, 안전 수칙 미제정, 작업 준비 불충분, 인원배치 및 작업 지시부적당 등이 있다.

산업 재해의 직접적 원인

- 불안전한 행동: 위험 장소 접근, 안전 장치 기능 제거, 보호 장비의 미착용 및 잘못사용, 운전 중인 기계의 속도 조작, 기계 · 기구의 잘못된 사용, 위험물 취급 부주의, 불안전한 상태 방치, 불안전한 자세와 동장, 감독 및 연락 잘못 등이 있다.
- 불안전한 상태: 시설물 자체 결함, 전기 기설물의 누전, 구조물의 불안정, 소방기구의 미확보, 안전 보호 장치결함, 복장 · 보호구의 결함, 시설물의 배치 및 장소 불량, 작업 환경 결함, 생산 공정의 결함, 경계 표시설비의 결함 등이 있다.

산업 재해가 개인과 기업에 끼치는 영향

- 개인에게 끼치는 영향: 재해를 당한 본인 및 가족의 정신적 · 육체적 고통, 일시적 또는

영구적인 노동력 상실, 본인과 가족의 생계에 대한 막대한 손실
- 기업에 끼치는 영향: 재해를 당한 근로자의 보상 부담, 재해를 당한 노동 인력 결손으로 인한 작업 지연, 재해로 인한 건물, 기계, 기구 등의 파손, 재해로 인한 근로 의욕 침체와 생산성 저하

산업 재해의 예방과 대책

산업 재해를 예방하기 위해서는 사고의 원인이 되는 불안전한 행동과 불안전한 상태의 유형을 이해하고, 이들을 잘 분석하여 적절한 대책을 수립해야 한다. 산업 재해의 예방 대책은 다음의 5단계로 이루어진다.

① 안전 관리 조직: 경영자는 사업장의 안전 목표를 설정하고, 안전 관리 책임자를 선정해야 하며, 안전 관리책임자는 안전 계획을 수립하고, 이를 시행·후원· 감독해야 한다.

② 사실의 발견: 사고 조사, 안전 점검, 현장 분석, 작업자의 제안 및 여론 조사, 관찰 및 보고서 연구, 면담 등을 통하여 사실을 발견한다.

③ 원인 분석: 재해의 발생 장소, 재해 형태, 재해 정도, 관련 인원, 직원 감독의 적절성, 공구 및 장비의 상태 등을 정확히 분석한다.

④ 시정책의 선정: 원인 분석을 토대로 적절한 시정책, 즉 기술적 개선, 인사 조정 및 교체, 교육, 설득, 호소, 공학적 조치 등을 선정한다.

⑤ 시정책 적용 및 뒤처리: 안전에 대한 교육 및 훈련 실시, 안전 시설과 장비의 결함개선, 안전 감독 실시 등의 선정된 시정책을 적용한다.

불안전한 행동 방지 및 불안전한 상태 제거를 위한 방법

- 불안전한 행동 방지 방법: 근로자의 불안전한 행동을 지적할 수 있는 안전 규칙 및 안전수칙을 제정한다. 근로자 상호간에 불안전한 행동을 지적하여 안전에 대한 이해를 증진시킨다. 정리·정돈, 조명, 환기 등을 잘 수행하여 쾌적한 작업 환경을 조성한다.
- 불안전한 상태를 제거하는 방법: 각종 기계·설비 등을 안전성이 보장되도록 제작하고, 항상 양호한 상태로 작동되도록 유지 관리를 철저히 해야 한다. 또한 기후, 조명, 소음, 환기, 진동 등의 환경요인을 잘 관리하여 사고 요인을 미리 제거한다.

8.1 기술이해능력 (하위모듈 H-2-가)

기본적인 직장 생활에 필요한 기술의 원리 및 절차를 이해하는 능력을 기를
수 있다.

⋯▸ 기술시스템이 무엇인지 설명할 수 있다.
⋯▸ 기술혁신이 무엇인지 설명할 수 있다.
⋯▸ 실패한 기술이 우리사회에 미치는 영향에 대해 설명할 수 있다.

✎ 기술이해능력

기술이해능력은 기본적인 직장생활에서 필요한 기술의 원리 및 절차를 이해하는
능력이다. 기술이해능력을 향상시키기 위해서는 기술의 개념, 관련용어, 가정, 직장 및
사회에 미치는 긍정적·부정적 영향, 유형별 기초기술, 기술과 인간, 기술과 환경 등의
관계, 기술의 선택과정에 대한 이해가 선행되어야 한다.

오늘날에는 기술 변화의 속도가 매우 빠르기 때문에 지금의 최첨단기술이 몇 년 후에는
아무 쓸모없는 기술로 될 가능성이 높다. 그렇다고 해서 빠르게 변화하는 모든 기술을 다
알고 있어야 할 필요는 없을 것이다. 오히려 미래에는 가장 기본이 되는 기술의 원리나
절차, 그리고 기술의 시스템을 알고 있는 것이 더욱 중요하게 될 것이다.

⫸ 기술 시스템

기술 시스템(technological system)은 현대 기술의 특성을 이해하는 데 있어서 매우 중요한
개념이다. 개별 기술이 네트워크로 결합해서 기술 시스템을 만드는 점은 과학에서는 볼 수
없는 기술의 독특한 특성이기도 하다. 기술이 발전하면서 이전에는 없던 연관이 개별 기술들
사이에서 만들어지고 있다.

예를 들어 광산의 물을 손쉽게 퍼내기 위해 개발된 증기기관이 그 기능을 넘어 열차, 선박
등의 운송수단의 발전으로, 증기기관 엔진의 성능개선의 노력은 오늘날과 같은 가솔린,
디젤 등의 내연기관뿐만 아니라, 제트엔진 개발로까지 연결된다.

기술이 연결되어 시스템을 만든다는 점을 파악하고 '기술 시스템'이란 개념을 주장한 사람이 미국의 기술사학자 휴즈(Thomas Hughes)이다. 휴즈는 에디슨의 전력 시스템을 예로 들면서, 에디슨의 전력 시스템이 발전하는 과정을 일반화하여 기술 시스템의 특성을 일반화했다.

기술 시스템은 인공물의 집합체만이 아니라 회사, 투자회사, 법적 제도, 정치, 과학, 자연자원을 모두 포함하는 것이기 때문에, 기술 시스템에는 기술적인 것(the technical)과 사회적인 것(the social)이 결합해서 공존하고 있다. 이러한 의미에서 기술 시스템은 사회기술시스템(sociotechnical system)이라고 불리기도 한다.

〉〉〉 기술 시스템의 발전 단계

기술 시스템은 다음과 같이 대략 4단계를 거쳐 발전한다.

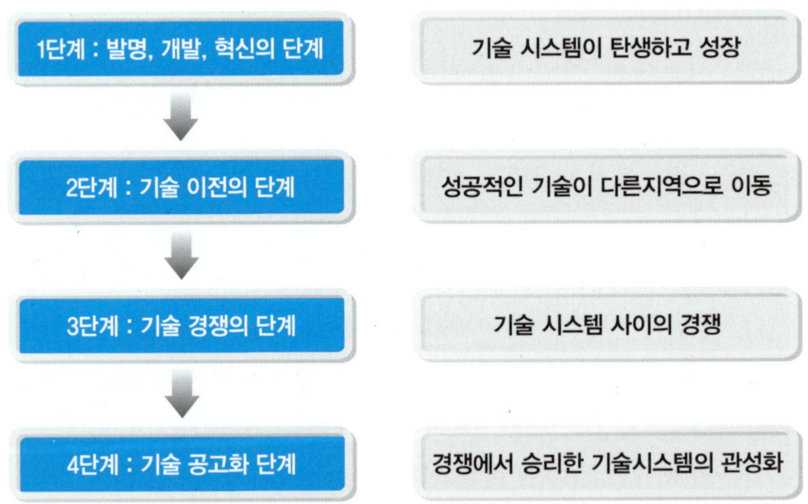

무엇보다도 중요한 것은 각 단계에서 핵심적인 역할을 하는 사람들이 다르다는 것이다. 첫 번째와 두 번째 단계에서는 시스템을 디자인하고 초기 발전을 추진하는 기술자들의 역할이 중요하다.

에디슨과 같은 기술자들은 발명에도 능하고 동시에 사업에도 능한 사람이었는데, 그래서 이런 기술자들을 "발명가 겸 기업가" 라고 부른다. 반면에 기술시스템의 경쟁 단계에서는 기업가들의 역할이 더 중요하게 부상하며, 시스템이 공고해지면 자문 엔지니어와 금융전문가의 역할이 중요해진다.

〉〉〉 기술혁신의 특성

기술혁신은 그 과정 자체가 매우 불확실하고 장기간의 시간을 필요로 한다.

새로운 기술을 개발하기 위한 아이디어의 원천이나 신제품에 대한 소비자의 수요, 기술 개발의 결과 등은 예측하기가 어렵다. 따라서 기술 개발의 목표, 일정, 비용 지출, 수익 등에 대한 사전계획을 세우기 어렵다. 기술혁신의 성공이 사전의 의도나 계획보다는 우연에 의해 이루어지는 경우도 많다. 또한 기술 개발에 대한 기업의 투자가 가시적인 성과로 나타나기까지는 비교적 장시간을 필요로 한다.

기술혁신은 지식 집약적인 활동이다.

인간의 개별적인 지능과 창의성, 상호학습을 통해 새로운 지식과 경험은 빠른 속도로 축적되고 학습되지만, 기술개발에 참가한 엔지니어의 지식은 문서화되기 어렵기 때문에 다른 사람들에게 쉽게 전파될 수 없다. 따라서 연구개발에 참가한 연구원과 엔지니어들이 그 기업을 떠나는 경우 기술과 지식의 손실이 크게 발생하여 기술 개발을 지속할 수 없는 경우가 종종 발생한다.

혁신 과정의 불확실성과 모호함은 기업 내에서 많은 논쟁과 갈등을 유발할 수 있다.

기술혁신은 기업의 기존 조직 운영 절차나 제품구성, 생산방식, 나아가 조직의 권력 구조자체에도 새로운 변화를 야기함으로써 조직의 이해관계자간의 갈등이 구조적으로 존재하게 된다. 이 과정에서 조직 내에서 이익을 보는 집단과 손해를 보는 집단이 생길 수 있으며, 이들 간에 기술 개발의 대안을 놓고 상호대립하고 충돌하여 갈등을 일으킬 수 있다.

기술혁신은 조직의 경계를 넘나드는 특성을 갖고 있다.

기술혁신은 연구개발 부서 단독으로 수행될 수 없다. 새로운 제품에 관한 아이디어는 마케팅 부서를 통해 고객으로부터 수집될 필요도 있으며, 구매 부서를 통해 원재료나 설비 공급업체로부터 얻어질 수도 있다. 또한 기술을 개발하는 과정에서도 생산부서나 품질관리 담당자 혹은 외부 전문가들의 자문을 필요로 하기도 한다. 그리고 기술혁신은 상호의존성을 갖고 있어서 하나의 기술이 개발되면 그 기술이 다른 기술 개발에 영향을 미칠 수 있다.

〉〉〉 기술혁신의 과정과 역할

아이디어 단계에서부터 시작하여 상업화 단계에 이르기까지 기술혁신의 전 과정이 성공적으로 수행되기 위해서는 다섯 가지 핵심적인 역할이 혁신에 참여하는 핵심 인력들에 의해 수행되어야 한다. 그 역할은 다음과 같은 아이디어 창안, 챔피언, 프로젝트 관리정보 수문장, 후원 등의 역할이다.

기술 혁신 과정	혁신 활동	필요한 자질과 능력
아이디어 창안 (idea generation)	• 아이디어를 창출하고 가능성을 검증 • 일을 수행하는 새로운 방법 고안 • 혁신적인 진보를 위한 탐색	• 각 분야의 전문지식 • 추상화의 기념화 능력 • 새로운 분야의 일을 즐김
챔피언 (entrepreneuring or championing)	• 아이디어의 전파 • 혁신을 위한 자원 확보 • 아이디어 실현을 위한 헌신	• 정력적이고 위험을 감수함 • 아이디어의 응용에 관심
프로젝트 관리 (project leading)	• 리더십 발휘 • 프로젝트의 기획 및 조직 • 프로젝트의 효과적인 진행 감독	• 의사결정 능력 • 업무 수행 방법에 대한 지식
정보 수문장 (gate keeping)	• 조직외부의 정보를 내부 구성원들에게 전달 • 조직 내 정보원 기능	• 높은 수준의 기술적 역량 • 원만한 대인 관계 능력
후원 (sponsoring coaching)	• 혁신에 대한 격려와 안내 • 불필요한 제약에서 프로젝트 보호 • 혁신에 대한 자원 획득을 지원	• 조직의 주요 의사결정에 대한 영향력

〉〉〉 실패의 원인과 10가지 교훈

일본에서 '실패학'을 처음으로 제창했던 하타무라 요타로는 실패의 원인을 10가지로 분류하였다.

실패의 원인 10가지

① 무지   ⑥ 조건의 변화
② 부주의   ⑦ 기획불량
③ 차례 미준수   ⑧ 가치관 불량
④ 오판   ⑨ 조직운영 불량
⑤ 조사 · 검토부족   ⑩ 미지

여기서 보듯이 실패의 원인은 무수히 많은 데, 이중에는 우리가 일을 하는 과정에서 어쩔 수 없이 일어나거나 직면하는 원인이 있는 반면에, 태만이나 고의적 부정처럼 의도적인 행위에 의한 원인도 있다.

그는 또 수많은 실패 사례를 연구한 뒤에 얻어낸 '실패 관련 10가지 교훈'을 다음과 같이 제시하고 있다.

① 성공은 99%의 실패로부터 얻은 교훈과 1%의 영감으로 구성된다.
② 실패는 어떻게든 감추려는 속성이 있다.
③ 방치해 놓은 실패는 성장한다.
④ 실패의 하인리히 법칙－ 엄청난 실패는 29건의 작은 실패와 300건은 실수를 저지른 뒤에 발생한다.
⑤ 실패는 전달되는 중에 항상 축소된다.
⑥ 실패를 비난, 추국할수록 더 큰 실패를 낳는다.
⑦ 실패 정보는 모으는 것보다 고르는 것이 더 중요하다.
⑧ 실패에는 필요한 실패와 일어나선 안 될 실패가 있다.
⑨ 실패는 숨길수록 병이되고 드러낼수록 성공한다.
⑩ 좁게 보면 성공인 것이 전체로 보면 실패일 수 있다.

>>> 기술적 실패 또는 실패한 기술

기술적 실패에는 다양한 유형이 있고, 기술이 실패하는 데에는 다양한 이유가 있다. 실패에 다양한 유형이 있듯이 역으로 기술이 성공하는 데에도 다양한 유형이 있고 다른 이유들이 있다. 혁신적인 기술능력을 가진 사람들은 성공과 실패의 경계를 유동적인 것으로 만들어, 실패의 영역에서 성공의 영역으로 자신의 기술을 이동시킬 줄 아는 사람이다.

개개인은 연구 개발과 같이 지식을 획득하는 과정에서 항상 실패를 겪는다. 이러한 실패는 용서받을 수 있고, 오히려 바람직한 실패이다. 그렇지만 실패를 은폐하거나 과거의 실패를 반복하는 것은 어떤 의미에서도 바람직하지 않다. 특히 실패를 은폐하다보면 실패가 계속 반복될 수 있고, 이러다보면 실패는 커다란 재앙을 낳기도 한다.

✎ 미래사회의 유망기술

지능형로봇

지능형로봇은 인간과 로봇이 자연스럽게 서로를 인지하고 정서적으로 공감하며 상호 작용할 수 있는 것이다. 지능형로봇은 우리의 생활에 도움을 주는 로봇에서 더 나아가 인간과 함께 살아가는 동반자적 역할을 하게 될 것이다.

지능형로봇은 소득 2만 달러 시대를 선도할 미래 유망산업으로 발전할 것이며, 타 분야에 대한 파급 효과가 큰 첨단 기술의 복합체이다.

친환경 자동차 기술

친환경 자동차 기술은 CO_2로 인한 환경오염을 방지하고, 화석연료의 고갈에 대비하여 새로운 대체에너지원을 찾고자 하는 기술이다. 친환경 자동차 기술 중 대표적인 것은 하이브리드 기술과 연료전지 기술이다.

하이브리드 기술은 엔진과 전기모터를 상황에 따라 효율적으로 사용하는 기술이다. 연료전지는 차량에 적재된 수소와 외부 공기를 통해 유입되는 산소를 이용하여 전기에너지를 생산한다. 연료전지의 이용에 따른 배기가스는 수증기뿐이어서 오염물질을 배출하지 않는 혁신적인 장점이 있다. 그러나 수소탱크의 적재는 폭발의 위험이 있고 대량생산의 제한성 등으로 인해 약점으로 인식되고 있다.

CO_2배출량 저감의 건축 시스템 기술

건축산업은 총 CO_2배출량의 36%를 차지하며, 이중 1/3은 건물의 신축과 개·보수가 차지하고 있어 이 분야에서의 CO_2배출량의 저감은 산업 활동을 위축시키지 않고 효율적으로 CO_2배출량의 감소를 구현할 수 있는 좋은 방법의 하나이다.

CO_2배출량 저감을 위한 지속 가능한 건축 시스템 기술이란 장수명화가 가능하도록 건축물의 구조 성능이 향상되고, 리모델링이 용이하며, 건물 해체 시 구조의 재사용이 가능하여 친환경적이고 에너지 절약이 가능한 건축을 구현할 수 있는 건축 시스템 기술이다.

화학생명공학 분야 기술

'혈관 청소용 나노로봇'은 자동차 정비공이 수리를 하듯이 사람의 몸속 혈관에서 깨끗이 청소하고 손상된 부위를 수리한다.

스마트 약이라는 '나노 캡슐'은 몸 안을 헤엄치고 다니다가 특정 질병의 바이러스를 만나면 역물을 내보내 물리친다. 이것을 약물 전달 시스템이라고 한다.

2025년경에 등장하는 알약 형태의 '바이오 칩'은 가정에서도 손쉽게 의료 서비스를 받을 수 있게 한다. 이 알약을 먹게 되면 그 사람의 건강 상태를 체크해 무선으로 병원에 검사 결과를 전송하게 된다. 장기가 노화되어 더 이상 구실을 못한다고 판단되면, 자신의 줄기세포를 가지고 배양한 새 장기로 대체할 수 있게 된다.

8.2 기술선택능력 (하위모듈 H-2-나)

학습목표

기본적인 직장생활에 필요한 기술을 선택하는 능력을 기를 수 있다.

→ 기술선택을 위한 의사결정을 할 수 있다.
→ 벤치마킹의 특징과 중요성에 대해 설명할 수 있다.
→ 매뉴얼의 특징과 중요성에 대해 설명할 수 있다.
→ 지식재산권에 의한 기술의 보호에 대해 설명할 수 있다.

✎ 기술선택능력

기술선택능력은 기본적인 직장생활에 필요한 기술을 선택하는 능력이다. 기술선택능력을 향상시키기 위해서는 기술 선택의 의미와 중요성, 매뉴얼 활용방법, 벤치마킹을 이용한 기술 선택 방법, 상황에 따른 기술의 장·단점, 상황별 기술 선택과 활용에 대한 이해가 선행되어야 한다.

우리는 기술을 선택하고 활용함에 있어 다양한 여건들을 확인해야 한다. 시장의 상황, 고객의 반응, 비용, 새로운 기술에 따른 위험부담, 성공여부 등을 확인하고 기술을 선택해야 실패할 수 있는 확률을 최소화하고 성공의 확률을 높일 수 있을 것이다.

≫ 기술선택을 위한 의사결정

기술선택이란 기업이 어떤 기술을 외부로부터 도입하거나 자체 개발하여 활용할 것인가를 결정하는 것이다. 기술을 선택하는데 따른 의사결정은 크게 다음과 같은 두 가지 방법이 있을 수 있다.

상향식 기술선택(bottom up approach)

기업 전체 차원에서 필요한 기술에 대한 체계적인 분석이나 검토 없이 연구자나 엔지니어들이 자율적으로 기술을 선택하는 것이다. 이러한 방법은 기술 개발 실무를 담당하는 기술자들의 흥미를 유발하고, 그들의 창의적인 아이디어를 활용할 수 있다는 장점이 있다. 반면, 기술자들이 자신의 과학기술 전문 분야에 대한 지식과 흥미만을 고려하여 기술을 선택할 경우, 시장의 고객들이 요구하는 제품이나 서비스를 개발하는데 부적합한 기술이 선택되거나, 경쟁기업과의 경쟁에서 승리할 수 없는 기술이 선택될 수 있는 단점이 있다.

하향식 기술선택(top down approach)

기술경영진과 기술기획담당자들에 의한 체계적인 분석을 통해 기업이 획득해야 하는 대상기술과 목표기술수준을 결정하는 것이다.

〉〉〉 기술선택의 절차

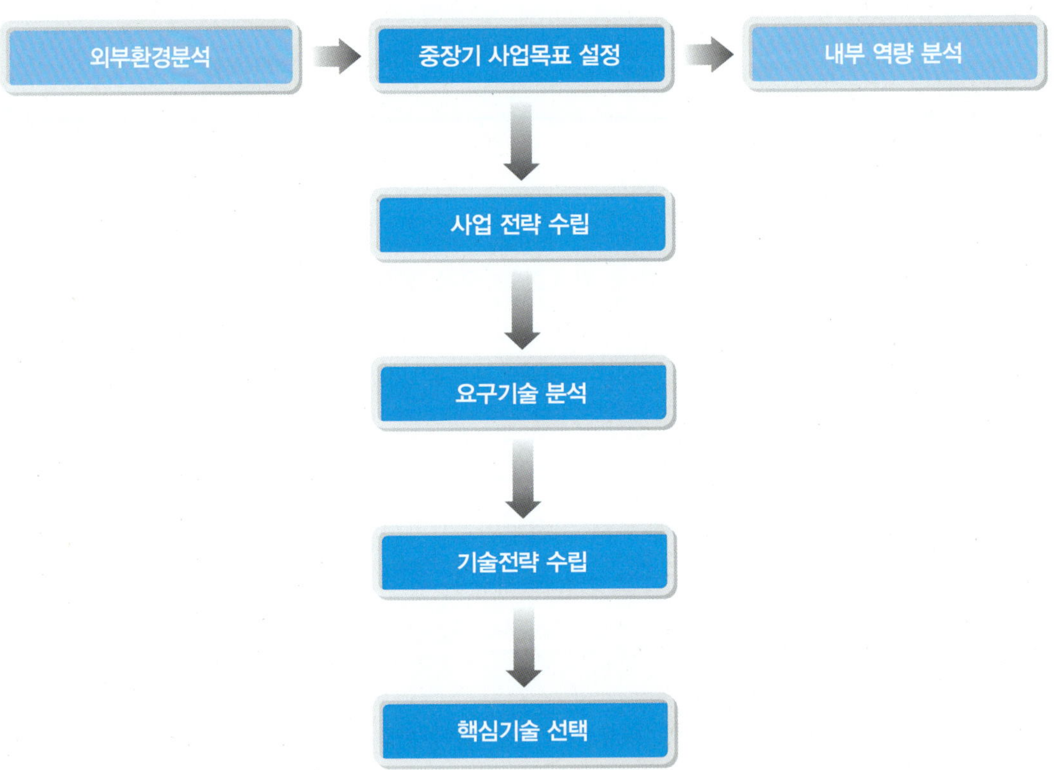

- 외부환경분석: 수요변화 및 경쟁자 변화, 기술 변화 등 분석
- 중장기 사업목표 설정: 기업의 장기비전, 중장기 매출목표 및 이익목표 설정
- 내부 역량 분석: 기술능력, 생산능력, 마케팅/영업능력, 재무능력 등 분석
- 사업 전략 수립: 사업 영역결정, 경쟁 우위 확보 방안 수립
- 요구기술 분석: 제품 설계/디자인 기술, 제품 생산공정, 원재료/부품 제조기술 분석
- 기술전략 수립: 기술획득 방법 결정

〉〉〉 기술선택을 위한 우선순위 결정

① 제품의 성능이나 원가에 미치는 영향력이 큰 기술

② 기술을 활용한 제품의 매출과 이익 창출 잠재력이 큰 기술

③ 쉽게 구할 수 없는 기술

④ 기업 간에 모방이 어려운 기술

⑤ 기업이 생산하는 제품 및 서비스에 보다 광범위하게 활용할 수 있는 기술

⑥ 최신 기술로 진부화될 가능성이 적은 기술

✎ 벤치마킹

벤치마킹이란 특정 분야에서 뛰어난 업체나 상품, 기술, 경영 방식 등을 배워 합법적으로 응용하는 것을 의미한다.

단순한 모방과는 달리 우수한 기업이나 성공한 상품, 기술, 경영 방식 등의 장점을 충분히 배우고 익힌 후 자사의 환경에 맞추어 재창조하는 것이다. 쉽게 아이디어를 얻어 새상품을 개발하거나 조직 개선을 위한 새로운 출발점의 기법으로 많이 이용된다.

〉〉〉 벤칭마킹의 종류

· 비교대상에 따른 분류

- 내부 벤치마킹 : 같은 기업 내의 다른 지역, 타 부서, 국가 간의 유사한 활용을 비교대상으로 함. 이 방법은 자료 수집이 용이하며 다각화된 우량기업의 경우 효과가 큰 반면 관점이 제한적일 수 있고 편중된 내부 시각에 대한 우려가 있다는 단점을 가지고 있음.

- 경쟁적 벤치마킹 : 동일 업종에서 고객을 직접적으로 공유하는 경쟁기업을 대상으로 함. 이 방법은 경영성과와 관련된 정보 입수가 가능하며, 업무/기술에 대한 비교가 가능한 반면 윤리적인 문제가 발생할 소지가 있으며, 대상의 적대적 태도로 인해 자료 수집이 어렵다는 단점이 있음.

- 비경쟁적 벤치마킹 : 제품, 서비스 및 프로세스의 단위 분야에 있어 가장 우수한 실무를 보이는 비경쟁적 기업 내의 유사 분야를 대상으로 하는 방법임. 이 방법은 혁신적인 아이디어의 창출 가능성은 높은 반면 다른 환경의 사례를 가공하지 않고 적용할 경우 효과를 보지 못할 가능성이 높음.

    – 글로벌 벤치마킹: 프로세스에 있어 최고로 우수한 성과를 보유한 동일업종의 비경쟁적 기업을 대상으로 함. 접근 및 자료 수집이 용이하고 비교 가능한 업무/기술 습득이 상대적으로 용이한 반면, 문화 및 제도적인 차이로 발생 되는 효과에 대한 검토가 없을 경우, 잘못된 분석결과의 발생 가능성이 높음.

- **수행 방식에 따른 분류**
  - 직접적 벤치마킹: 벤치마킹 대상을 직접 방문하여 수행하는 방법. 이 방법은 필요로 하는 정확한 자료의 입수 및 조사가 가능하며 Contact Point의 확보로 벤치마킹의 이후에도 계속적으로 자료의 입수 및 조사가 가능한 장점이 있는 반면 벤치마킹수행과 관련된 비용 및 시간이 많이 소요되며 적절한 벤치마킹 대상 선정에 한계가 있다는 단점이 있음.
  - 간접적 벤치마킹: 인터넷 및 문서형태의 자료를 통해서 수행하는 방법임. 이 방법은 벤치마킹 대상의 수에 제한이 없고 다양하며, 비용 또는 시간적 측면에서 상대적으로 많이 절감할 수 있다는 장점이 있는 반면 벤치마킹 결과가 피상적이며 정확한 자료의 확보가 어렵고, 특히 핵심자료의 수집이 상대적으로 어렵다는 단점이 있음.

〉〉〉 벤치마킹의 주요 단계들

- 범위결정: 벤치마킹이 필요로 되는 상세 분야를 정의하고 목표와 범위를 결정하며 벤치마킹을 수행할 인력들을 결정함.
- 측정범위 결정: 상세분야에 대한 측정항목을 결정하고, 측정항목이 벤치마킹의 목표를 달성하는 데 적정한가를 검토함.
- 대상 결정: 비교분석의 대상이 되는 기업/기관들을 결정하고, 대상 후보별 벤치마킹 수행의 타당성을 검토하여 최종적인 대상 및 대상별 수행방식을 결정
- 벤치마킹: 직접 또는 간접적인 벤치마킹을 진행
- 성과차이 분석: 벤치마킹 결과를 바탕으로 성과차이를 측정항목별로 분석함.
- 개선계획 수립: 성과차이에 대한 원인 분석을 진행하고 개선을 위한 성과목표를 결정하며, 성과목표를 달성하기 위한 개선계획을 수립함.
- 변화 관리: 개선목표 달성을 위한 변화사항을 지속적으로 관리하고, 개선 후 변화 사항과 예상했던 변화 사항을 비교함.

✎ 매뉴얼

자동차의 수동식 변속기어를 영어로는 매뉴얼(manual)이라고 부른다.

사전적인 의미로 매뉴얼은 어떤 기계의 조작 방법을 설명해 놓은 사용 지침서, 즉 '사용서' '설명서' '편람' '안내서'를 의미한다. 또한 군대에서 는 '교범(敎範)'을 뜻한다.

자동차의 매뉴얼, 즉 기어는 시동을 건 뒤 1단에서 출발하는 것이 가장 좋다. 3단에서 첫 출발하려면 엔진이 멈추거나 엄청난 매연을 내고서야 겨우 전진할 수 있다.

자신의 업무, 기업도 이와 마찬가지다. 아직 3단의 속도에 이르지 않은 채 3단 기어를 먼저 넣으면 무리가 따른다. 그래서 기술혁신 전문가들은 "우리 회사는 오토매틱이니까"라고 자만하지 말 것을 경고한다. 기업경영엔 아직 오토매틱이 없기 때문에 자만하다간 회사의 엔진을 다 망치게 된다는 것이다.

〉〉〉 매뉴얼의 종류

• 제품 매뉴얼

- 사용자를 위해 제품의 특징이나 기능 설명, 사용방법과 고장 조치방법, 유지 보수 및 A/S, 폐기까지 제품에 관련된 모든 서비스에 대해 소비자가 알아야할 모든 정보를 제공하는 것.
- 제품에 대한 모든 것(제조 회사 확인부터 제품의 특징, 사용과 A/S, 폐기까지)을 명확하게 확인할 수 있어야 함.
- 제품 사용자의 유형과 사용 능력을 파악하고 혹시 모를 사용자의 오작동까지 고려하여 만들어져야 함.
- 제품의 의도된 안전한 사용과 사용 중 해야 할 일 또는 하지 말아야할 일까지 정의해야 함.
- 제품의 설계상 결함이나 위험 요소를 대변해서는 안 됨.

• 업무 매뉴얼

- 어떤 일의 진행 방식, 지켜야할 규칙, 관리상의 절차 등을 일관성 있게 여러 사람이 보고 따라할 수 있도록 표준화하여 설명하는 지침서.
- 예를 들면 프랜차이즈 점포의 경우 '편의점 운영 매뉴얼' '제품 진열 매뉴얼' 기업의 경우 '부서 운영 매뉴얼' '품질 경영 매뉴얼' 등이 있음.
- 올림픽이나 스포츠의 경우 '올림픽 운영 매뉴얼' '경기 운영 매뉴얼' 등이 있으며, 재난대비 매뉴얼인 '재난대비 국민행동 매뉴얼' 등도 있음.

>>> 매뉴얼 작성을 위한 Tip

내용이 정확해야 한다.

매뉴얼의 서술은 가능한 한 단순하고 간결해야 하며 비전문가도 쉽게 이해할 수 있어야 한다. 매뉴얼 내용 서술에 애매모호한 단어 사용을 금지해야 한다. 매뉴얼 개발자는 제품에 대해 충분한 지식을 습득해야 하며 추측성 기능의 내용 서술은 절대 금물이다. 추측성 기능 설명은 문장을 애매모호하게 만들 뿐만 아니라 사용자에게 사고를 유발시켜 신체적 재산적 손실을 가져다 줄 수도 있다.

사용자가 알기 쉽게 쉬운 문장으로 쓰여야 한다.

한 문장은 통상 단 하나의 명령, 또는 밀접하게 관련된 몇 가지 명령만을 포함하여야 한다. 의미전달을 명확하게 하기 위해서는 수동태보다는 능동태의 동사를 사용하며, 명령을 사용함에 있어서 약한 형태보다는 단정적으로 표현하고, 추상적 명사보다는 행위동사를 사용한다.

사용자의 심리적 배려가 있어야 한다.

"어디서? 누가? 무엇을? 언제? 어떻게? 왜"라는 사용자의 질문들을 예상하고 사용자에게 답을 제공하여야 한다. 그리고 사용자가 한번 본 후 더 이상 매뉴얼이 필요하지 않도록, 빨리 외울 수 있도록 배려하는 것도 필요하다.

사용자가 찾고자 하는 정보를 쉽게 찾을 수 있어야 한다.

사용자가 필요한 정보를 빨리 찾기 쉽도록 구성해야 한다. 사용자가 원하는 정보를 빠른 시간 내에 찾지 못한다면 어려운 매뉴얼이 된다. 짧고 의미 있는 제목과 비고(note)는 사용자가 원하는 정보의 위치를 파악하는 데 도움이 될 수 있다.

사용하기 쉬어야 한다.

매뉴얼의 내용이 아무리 훌륭하게 만들어 졌다 해도 사용자가 보기 불편하게 크다거나 혹은 작거나, 복잡한 구조의 일부 전자 매뉴얼처럼 접근하기 힘들다면 아무소용이 없다. 사용이 용이하도록 하는 것은 매뉴얼의 제작형태에 따라 달라진다.

✎ 지식재산권(Intellectual property)

지식재산권은 인간의 창조적 활동 또는 경험 등을 통해 창출하거나 발견한 지식·정보·기술이나 표현, 표시 그 밖에 무형적인 것으로서 재산적가치가 실현될 수 있는 지적 창작물에 부여된 권리를 말한다. 지적 소유권이라고도 한다.

지식재산권의 특징은 다음과 같다.
- 국가 산업발전 및 경쟁력을 결정짓는 '산업자본'이다.
- 눈에 보이지 않는 무형의 재산이다.
- 지식재산권을 활용한 다국적기업화가 이루어지고 있다.
- 연쇄적인 기술개발을 촉진하는계기를 마련해 주고 있다.

지식재산권은 ① 산업분야의 창작물과 관련된 산업재산권(특허권, 실용신안권, 상표권,디자인권 등) 또는 공업소유권, ② 문화예술분야의 창작물과 관련된 저작권, ③ 반도체 배치설계나 온라인디지털콘텐츠와 같이 경제·사회·문화의 변화나 과학기술의 발전에 따라 새로운 분야에서 출현하는 '신지식 재산권'으로 구분한다.

8.3 기술적용능력 (하위모듈 H-2-다)

학습목표

기본적인 직장 생활에 필요한 기술을 적용할 수 있는 능력을 기를 수 있다.

- ⋯ 기술적용의 의미 및 기술적용 시 고려사항에 대해 설명할 수 있다.
- ⋯ 기술경영자의 역할에 대해 설명할 수 있다.
- ⋯ 네트워크 혁명의 특징에 대해 설명할 수 있다.
- ⋯ 기술 융합이 어떻게 이루어지는지 설명할 수 있다.

✎ 기술적용능력

기술적용능력은 기본적인 직장생활에 필요한 기술을 실제로 적용하고 결과를 확인하는 능력이다. 기술적용능력을 향상시키기 위해서는 기술 적용의 문제점을 찾고, 기술유지와 관리방법, 새로운 기술에 대한 학습, 최신 기술의 동향 등에 대한 이해가 선행되어야 한다.

오늘날 직장인에게 있어 기술을 활용하거나 적용하는 능력은 기술을 이해하고 선택하는 능력만큼이나 중요한 활동 중의 하나이다. 직장인들은 새로운 기술의 적용을 통해 업무의 효율성을 높이기도 하고, 상과 향상에 도움이 되기도 하고, 크고 작은 위험을 사전에 예방할 수도 있다. 따라서 기술을 이해하고, 선택한 후 효율적으로 적용하는 것이 성공의 열쇠가 됨은 두 말할 필요가 없다.

✎ 기술 적용

- 선택한 기술을 그대로 적용한다.
- 선택한 기술을 그대로 적용하되, 불필요한 기술은 과감히 버리고 적용한다.
- 선택한 기술을 분석하고, 가공하여 활용한다.

우리가 기술을 적용할 때에는 선택한 기술을 어떻게 적용할 것인가에 먼저 초점을 두고 생각해야 한다.

- 먼저 선택한 기술을 그대로 적용하는 경우, 시간을 절약할 수 있고 쉽게 받아들여 적용할 수 있으며, 비용 측면에서도 절감의 효과를 거둘 수 있다. 그러나 선택한 기술이 적합하지 않은 경우, 실패로 돌아갈 수 있는 위험부담이 큰 단점이 있다.
- 둘째, 선택한 기술을 그대로 적용하되, 불필요한 기술은 과감히 버리고 적용하는 경우에도 시간을 절약할 수 있고 비용측면에서도 절감의 효과를 누릴 수 있으며, 프로세스의 효율성을 기할 수 있으나, 마찬가지로 부적절한 기술을 선택할 경우 실패로 돌아갈 수 있는 위험부담이 있으며, 과감하게 버린 기술이 과연 불필요한가에 대한 문제점이 있을 수 있다.
- 셋째, 선택한 기술을 분석하고, 가공하여 활용하는 경우, 그대로 받아들여 적용하는 것보다는 시간적인 부담이 있을 수 있지만, 자신의 직장에 대한 여건과 환경 분석 그리고 업무 프로세스의 효율성을 최대화할 수 있는 장점이 있음.

〉〉〉 기술 적용 시 고려 사항

기술 적용에 따른 비용이 많이 드는가?

좋은 기술이란 자신의 직장생활에서 반드시 요구됨과 동시에 업무 프로세스의 효율성을 높이고 성과를 향상시키면서 기술을 적용하는 데 요구되는 비용이 합리적이어야 한다.

기술의 수명 주기는 어떻게 되는가?

지금 현재 자신의 직장생활에서 요구되는 기술이라 할지라도 단기간에 기술이 진보하거나 변화할 것이라고 예상되는 기술을 적용하는 것은 바람직하지 못하다. 그 기술을 적용하는 데 비용이 드는 것은 물론이고 그것을 익숙하게 활용할 수 있도록 적응하는 데에도 일정한 시간이 요구되는데, 만약 그 기간 동안에 또 다른 새로운 기술이 등장하게 된다면 현재 활용하고 있는 기술의 가치는 떨어지게 될 것이다.

기술의 전략적 중요도는 어떻게 되는가?

새로운 기술의 도입은 대개의 경우 환경의 변화를 시도하거나 경영혁신을 꾀하기 위해 이루어지는 경우가 많기 때문에 회사의 전략과 얼마나 조합을 이루느냐를 판단하는 것은 매우 중요한 일이다.

잠재적으로 응용 가능성이 있는가?

새롭게 받아들여 활용하고자 하는 기술이 단순한 기술인지, 아니면 가까운 미래에 또 다른 발전된 기술로 응용 가능성이 있는지를 검토하는 것은 매우 중요한 일이다.

기술이라는 것은 보다 발전된 방향으로 변화하고자 하는 특성이 있기 때문에 끊임없이 연구하고 개발해야 한다.

〉〉〉 기술 적용 형태

기술경영자는 일반적으로는 기술개발이 결과 지향적으로 수행되도록 유도하는 능력을 갖추어야 하고, 기술개발 과제의 세부 사항까지 파악할 수 있도록 치밀해야 하며, 기술개발 과제의 전 과정을 전체적으로 조망할 수 있는 능력을 가져야 한다고 볼 수 있다. 그러나 이러한 능력만으로는 충분하지 못하다. 사람이 중심이 되어 진행되며, 기계적인 관리보다는 조직 및 인간 행동상의 요인들이 더 중요하게 작용하기 때문이다. 기술경영자에게 필요한 능력에 대해 살펴보면 다음과 같이 정리할 수 있다.

기술경영자에게 필요한 능력

- 기술을 기업의 전반적인 전략 목표에 통합시키는 능력
- 빠르고 효과적으로 새로운 기술을 습득하고 기존의 기술에서 탈피하는 능력
- 기술을 효과적으로 평가할 수 있는 능력
- 기술 이전을 효과적으로 할 수 있는 능력
- 새로운 제품개발 시간을 단축할 수 있는 능력
- 크고 복잡하고 서로 다른 분야에 걸쳐 있는 프로젝트를 수행할 수 있는 능력
- 조직 내의 기술 이용을 수행할 수 있는 능력
- 기술 전문 인력을 운용할 수 있는 능력

기술경영자는 기술의 성격 및 이와 관련된 동향, 사업 환경 등을 이해해야 통합적인 문제해결과 함께 기술혁신을 달성할 수 있다. 기술경영자는 기술적인 전문성을 갖추었을 때 비로써 팀원들 간의 대화를 효과적으로 이끌어 낼 수 있다.

중간급 매니저라고 할 수 있는 기술 관리자는 기술경영자와는 조금 다른 능력이 필요하다. 기술 관리자에게 요구되는 능력에는 무엇이 있는지 살펴보면 다음과 같다.

기술 관리자에게 요구되는 능력

- 기술을 운용하거나 문제 해결을 할 수 있는 능력
- 기술직과 의사소통을 할 수 있는 능력
- 혁신적인 환경을 조성할 수 있는 능력
- 기술적, 사업적, 인간적인 능력을 통합할 수 있는 능력

- 시스템적인 관점
- 공학적 도구나 지원방식에 대한 이해 능력
- 기술이나 추세에 대한 이해 능력
- 기술팀을 통합할 수 있는 능력

그 밖의 중요한 역할은 아니지만 기술적인 능력 외에 추가적으로 요구되는 것은 계획서 작성, 인력, 예산, 일정 관리 등을 포함하는 행정능력이라고 할 수 있는데, 구체적인 능력들은 다음과 같다.

- 다기능적인 프로그램을 계획하고 조직할 수 있는 능력
- 우수한 인력을 유인하고 확보할 수 있는 능력
- 자원을 측정하거나 협상할 수 있는 능력
- 타 조직과 협력할 수 있는 능력
- 업무의 상태, 진행 및 실적을 측정할 수 있는 능력
- 다양한 분야에 걸쳐 있는 업무를 계획할 수 있는 능력
- 정책이나 운영 절차를 이해할 수 있는 능력
- 권한 위임을 효과적으로 할 수 있는 능력
- 의사소통을 효과적으로 할 수 있는 능력

✎ 네트워크 혁명의 특징

정보통신 네트워크가 전 지구적이기 때문에 네트워크 혁명도 본질적으로 전 지구적이다. 인터넷과 미디어는 전 세계의 정보와 지식을 거대한 하나의 네트워크로 연결하고있다. 금융 자본은 밤도 없이 24시간 전 세계를 돌아다니고, 생산과 시장은 범세계적 네트워크의 이점을 쫓아 이동하고 있다. 전 세계의 사람들과 이들의 지식, 활동이 연결되면서 나의 지식과 활동이 지구 반대편에 있는 사람에게 미치는 영향의 범위와 정도가 증대되고, 반대로 지구 저쪽에서 내려진 결정이 내게 영향을 미칠 수있는 가능성도 커졌다. 이 중에는 내가 예측할 수 있고 내게 도움이 되는 것도 있지만, 그렇지 못한 것도 많다. 범세계적인 상호 영향이 보편화 되면서 사회의 위험과 개인의 불안이 증가한다.

사람과 사람이 연결되는 방식이 혁신적으로 바뀌는 네트워크 혁명의 사회는 연계와 상호의존으로 특징 지워지는 사회이다. 이러한 성숙한 사회에서는 '이타적 개인주의'라는 새로운 공동체 철학의 의미가 부각된다. 네트워크를 풍성하게 만들고 그 열매를 같이 나누는 것이 함께 사는 방식이다. 기업과 기업 사이에, 개인과 공동체 사이에, 노동자와 기업가 사이에 새로운 창조적인 긴장 관계가 만들어지는 것이다.

✎ 네트워크 혁명의 3가지 법칙

• 무어의 법칙

컴퓨터의 파워가 18개월마다 2배씩 증가한다는 법칙. 인텔의 설립자 고든 무어(Gordon Moore)가 처음으로 주장했고, 지금까지도 들어맞고 있다.

• 메트칼피의 법칙

네트워크의 가치는 사용자 수의 제곱에 비례한다는 법칙으로, 근거리 통신망 이더넷(ethernet)의 창시자 로버트 메트칼피(Robert Metcalfe)에 의해 주장되었다. 네트워크에 기반한 경제활동을 하는 사람들이 특히 주목해야 할 법칙이다.

• 카오의 법칙

창조성은 네트워크에 접속되어 있는 다양한 지수함수로 비례한다는 법칙으로 경영컨설턴트 존 카오(John Kao)가 주장한 법칙이다.

✎ 네트워크 혁명의 역기능

네트워크 혁명은 순기능만이 아니라 역기능도 수반된다. 디지털 격차(digital divide), 정보화에 따른 실업의 문제, 인터넷 게임과 채팅 중독, 범죄 및 반사회적인 사이트의 활성화, 정보기술을 이용한 감시 등이 네트워크 혁명의 대표적인 역기능들이다.

그러나 이러한 문제들을 잘 살펴보면, 이러한 문제들이 반드시 인터넷 때문에 생겼다고 보기는 힘들다. 그 전에도 정보 격차, 기술이 야기하는 실업 문제, TV 중독, 범죄자들 간의 네트워크 악용 등이 있었기 때문이다.

문제는 인터넷이 사람들은 연결하고 정보의 유통을 용이하게 함으로써 이러한 역기능이 쉽게 결합되고 증폭되었다는 데 있다. 또한 이러한 역기능은 네트워크의 순기능과도 잘 분리가 되지 않기 때문에 해결책을 더욱 어렵게 만들고 있다.

예를 들어 나이스(Neis)는 정보의 중앙 집권과 이를 통한 통제와 감시를 용이하게 하지만, 또 행정적인 효율을 높이는 것도 사실이다. 또한 반사회적인 사이트들을 없애겠다고 법률과 단속을 강화하면, 인터넷 곳곳에서 이루어지는 자유로운 의견 교환을 위축시키기 쉽다. 따라서 네트워크의 역기능을 없애는 것은 쉬운 일이 아니며, 이에 대한 심사숙고가 필요하다.

✎ 기술 융합

기술 융합은 사회 전반의 관심사로 확산되는 추세이다. 이러한 분위기를 결정적으로 촉발시킨 것은 2001년 12월 미국 상무부가 학계, 산업계, 행정부의 과학기술 전문가들이 참여한 워크숍을 개최하고 작성한 '인간 활동의 향상을 위한 기술의 융합(Converging Techologies for Improving Human Performance)'이라는 제목의 보고서이다.

이 보고서는 4대 핵심기술, 곧 나노기술(NT), 생명공학기술(BT), 정보기술(IT), 인지과학 (Cognitive science)이 상호 의존적으로 결합되는 것(NBIC)을 융합기술(CT)이라 정의하고 기술융합으로 르네상스 정신에 다시 불을 붙일 때가 되었다고 천명하였다.

융합기술은 미래사회의 경제·사회적 다양한 수요를 충족시키기 위해 과학, 기술, 문화 등 과의 창조적 융합이 강조되는 개념으로 변전되고 있다. 따라서 융합기술의 새로운 정의는 NT, BT, IT 등의 신기술간 또는 이들과 기존 산업·학문 간의 상승적 결합을 통해 새로운 창조적 가치를 창출함으로써 미래 경제와 사회·문화의 변화를 주도하는 기술이다.

✎ 4대 핵심기술의 융합

2020년까지 인간 활동의 향상을 위해 특별히 중요한 융합기술로는 다음 4가지가 언급되었다.

- 제조, 건설, 교통, 의학, 과학기술 연구에서 사용되는 새로운 범주의 물질, 장치, 시스템
- 나노 규모의 부품과 공정의 시스템을 가진 물질 중에서 가장 복잡한 생물 세포
- 유비쿼터스 및 글로벌 네트워크 요소를 통합하는 컴퓨터 및 통신시스템의 기본 원리
- 사람의 뇌와 마음의 구조와 기능

 # 요점정리

01 know-how와 know-why

① know-how :

- 흔히 특허권을 수반하지 않는 과학자, 엔지니어 등이 가지고 있는 체화된 기술

- 경험적이고 반복적인 행위에 의해 얻어지는 것이며, 이러한 성격의 지식을 흔히 technique, 혹은 art라고 부른다.

① know-why :

- 어떻게 기술이 성립하고 작용하는 가에 관한 원리적 측면에 중심을 둔 개념

- 이론적인 지식으로서 과학적인 탐구에 의해 얻어진다.

02 기술능력이 뛰어난 사람

① 실질적 해결을 필요로 하는 문제를 인식한다.

② 인식된 문제를 위한 다양한 해결책을 개발하고 평가한다.

③ 실제적 문제를 해결하기 위해 지식이나 기타 자원을 선택, 최적화시키며, 적용한다.

④ 주어진 한계 속에서, 그리고 제한된 자원을 가지고 일한다.

⑤ 기술적 해결에 대한 효용성을 평가한다.

⑥ 여러 상황 속에서 기술의 체계와 도구를 사용하고 배울 수 있다.

03 기술능력의 중요성

① 기술능력은 인간 행위의 혁신을 가져오며, 지식의 생성능력을 포함하고, 문제 해결을 위한 도구를 개발하는 인간의 능력을 확장시킨다. 이와 같은 능력을 향상시키는 것은 기술교양의 향상을 통해 이루어질 수 있다.

② 기술교양을 지닌 사람은 기술적 과정과 혁신에 대해 비판적으로 조사하고 질문한다. 새로운 기술의 창조와 사용에 대한 의사결정은 인간, 사회적/환경적 이슈를 포함한 다. 가치는 또한 지적 과정에 영향을 주며, 비판적 판단능력은 학생의 능력을 증가시키는 기술을 포함한다.

04 기술능력의 향상

① 전문 연수원을 통한 기술과정 연수의 장점

첫째, 연수 시설이 없어 체계적인 교육을 받기 어려운 회사의 경우, 전문적인 교육을 통해 양질의 인재양성 기회를 제공한다.

둘째, 각 분야의 전문가들로 구성하여 이론을 겸한 실무중심의 교육을 실시할 수 있다.

셋째, 다년간에 걸친 연수 분야의 노하우를 가지고 체계적이고 현장과 밀착된 교육이 가능하다.

넷째, 최신 실습장비, 시청각 시설, 전산시설 등 교육에 필요한 각종 부대시설을 활용할 수 있다.

다섯째, 산학협력연수 및 국내외 우수연수기관과 협력한 연수도 가능하다.

여섯째, 연수비가 자체적으로 교육을 하는 것보다 저렴하며, 고용보험환급을 받을 수 있어 교육비 부담이 적다.

② E-learning을 활용한 기술교육의 장점

첫째, 정해진 시간, 장소에 모여서 학습을 할 필요가 없고 원하는 시간과 장소에서 컴퓨터만 연결돼 있다면 학습이 가능하기 때문에 시간적·공간적으로 독립적이다.

둘째, 원하는 내용을 원하는 순서에 맞게 원하는 시간만큼 학습이 가능하며, 개개인의 요구에 맞게 개별화, 맞춤화가 가능하기 때문에 학습자 스스로가 학습을 조절 및 통제할 수 있다.

셋째, 칠판 판서 및 책이 아니라 비디오, 사진, 텍스트, 소리, 동영상 등 멀티미디어를 이용 한 학습이 가능하다.

넷째, 이메일, 토론방, 자료실 등을 통해 의사교환과 상호작용이 자유롭게 이루어질 수 있다.

다섯째, 한번 출판되면 새로운 내용을 반영하기 어려운 책에 비해 업데이트를 통해 새로운 내용을 반영하기 쉽기 때문에 새로운 교육에의 요구나 내용을 신속하게 반영할 수 있어 교육에 소요되는 비용을 절감할 수 있다.

반면에 직접적으로 교수자와 동료들 간의 인간적인 접촉이 상대적으로 적고, 중도탈락율이 높으며, 기술교육의 특성상 현장 중심의 실무 교육이 중요함에도 불구하고 현장중심의 교육이 힘든 단점이 있다.

③ 상급학교 진학을 통한 기술교육의 장점

폴리텍대학, 인력개발원과 같은 실무중심 전문교육기관이나 전문대학, 대학 및 대학원과 같은 상급학교 진학을 통한 교육은 학문적이면서 최신의 기술의 흐름을 반영하고 있는 기술교육이 가능하다.

또한 관련 산업체와의 프로젝트활동이 가능하기 때문에 실무 중심의 기술교육이 가능하다. 그리고 관련분야에서 종사하고 있는 사람들과 함께 하기 때문에 인적 네트워크형성에 도움이 되고, 경쟁을 통하여 학습효과를 향상시킬 수 있는 장점이 있다.

반면 e-learning을 통한 교육과 달리 원하는 시간에 학습을 할 수 없고 일정 시간을 할애해야 하며, 학습자 스스로가 학습을 조절하거나 통제할 수 없다는 단점이 있다.

④ OJT를 활용한 기술교육의 장점

OJT란 조직 안에서 피교육자인 종업원이 직무에 종사하면서 받게 되는 교육 훈련방법으로 집합교육으로는 기본적·일반적 사항 밖에 훈련시킬 수 없다는 반성에서 나온것으로 피교육자인 종업원이 '업무수행의 중단되는 일이 없이 업무수행에 필요한 지식·기술·능력·태도를 교육훈련 받는 것'을 말하며, 직장훈련·직장지도·직무상지도 등이라고도 한다.

모든 관리자·감독자는 업무수행상의 지휘감독자이자 업무수행 과정에서 부하직원의 능력 향상을 책임지는 교육자이어야 한다는 생각을 기반으로 직장 상사나 선배가 지도·조언을 해주는 형태로 훈련이 행하여지기 때문에, 교육자와 피교육자 사이에 친밀감을 조성하며 시간의 낭비가 적고 조직의 필요에 합치되는 교육훈련을 할 수 있다는 장점이 있다.
그러나 지도자의 높은 자질이 요구되며 교육훈련 내용의 체계화가 어렵다는 등의 단점이 있다. 이에 따라 OJT의 대상은 비교적 기술직을 대상으로 하지만, 관리직이나 전문직에도 점점 적용시켜나가고 있다.

05 지속가능한 기술의 특징

① 이용 가능한 자원과 에너지를 고려하고,

② 자원이 사용되고 그것이 재생산되는 비율의 조화를 추구하며,

③ 이러한 자원의 질을 생각하고,

④ 자원이 생산적인 방식으로 사용되는가에 주의를 기울이는 기술.

06 산업 재해의 기본적 원인

① 교육적 원인 : 안전 지식의 불충분, 안전 수칙의 오해, 경험이나 훈련의 불충분과 작업관리자의 작업 방법의 교육 불충분, 유해 위험 작업 교육 불충분 등이 있다.

② 기술적 원인 : 건물·기계 장치의 설계 불량, 구조물의 불안정, 재료의 부적합, 생산 공정의 부적당, 점검·정비·보존의 불량 등이 있다.

③ 작업 관리상 원인 : 안전 관리 조직의 결함, 안전 수칙 미지정, 작업 준비 불충분, 인원 배치 및 작업 지시 부적당 등이 있다.

07 산업 재해의 예방 대책 5단계

　① 안전 관리 조직 : 경영자는 사업장의 안전 목표를 설정하고, 안전 관리 책임자를 선정해야 하며,
　　　안전 관리책임자는 안전 계획을 수립하고, 이를 시행, 후원, 감독해야 한다.

　② 사실의 발견 : 사고 조사, 안전 점검, 현장 분석, 작업자의 제안 및 여론 조사, 관찰 및 보고서
　　　연구, 면담 등을 통하여 사실을 발견한다.

　③ 원인 분석 : 재해의 발생 장소, 재해 형태, 재해 정도, 관련 인원, 직원 감독의 적절성, 공구 및
　　　장비의 상태 등을 정확히 분석한다.

　④ 시정책의 선정 : 원인 분석을 토대로 적절한 시정책, 즉 기술적 개선, 인사 조정 및 교체,
　　　교육, 설득, 호소, 공학적 조치 등을 선정한다.

　⑤ 시정책 적용 및 뒤처리 : 안전에 대한 교육 및 훈련 실시, 안전시설과 장비의 결함 개선, 안전
　　　감독 실시 등의 선정된 시정책을 적용한다.

08 기술 시스템은 인공물의 집합체만이 아니라 회사, 투자회사, 법적 제도, 정치, 과학, 자연자원을
모두 포함하는 것이기 때문에, 기술 시스템에는 기술적인 것(the technical)과 사회적인 것(the
social)이 결합해서 공존하고 있다. 이러한 의미에서 기술 시스템은 사회기술시스템(sociotechnical
system)이라고 불리기도 한다.

09 기술혁신의 특성

　① 기술혁신은 그 과정 자체가 매우 불확실하고 장기간의 시간을 필요로 한다.

　② 기술혁신은 지식 집약적인 활동이다.

　③ 혁신 과정의 불확실성과 모호함은 기업 내에서 많은 논쟁과 갈등을 유발할 수 있다.

　④ 기술혁신은 조직의 경계를 넘나드는 특성을 갖고 있다.

10 기술 시스템의 발전 단계

11 기술혁신의 과정과 역할

기술 혁신 과정	혁신 활동	필요한 자질과 능력
아이디어 창안 (idea generation)	• 아이디어를 창출하고 가능성을 검증 • 일을 수행하는 새로운 방법 고안 • 혁신적인 진보를 위한 탐색	• 각 분야의 전문지식 • 추상화의 기념화 능력 • 새로운 분야의 일을 즐김
챔피언 (entrepreneuring or championing)	• 아이디어의 전파 • 혁신을 위한 자원 확보 • 아이디어 실현을 위한 헌신	• 정력적이고 위험을 감수함 • 아이디어의 응용에 관심
프로젝트 관리 (project leading)	• 리더십 발휘 • 프로젝트의 기획 및 조직 • 프로젝트의 효과적인 진행 감독	• 의사결정 능력 • 업무 수행 방법에 대한 지식
정보 수문장 (gate keeping)	• 조직외부의 정보를 내부 구성원들에게 전달 • 조직 내 정보원 기능	• 높은 수준의 기술적 역량 • 원만한 대인 관계 능력
후원 (sponsoring coaching)	• 혁신에 대한 격려와 안내 • 불필요한 제약에서 프로젝트 보호 • 혁신에 대한 자원 획득을 지원	• 조직의 주요 의사결정에 대한 영향력

12 하향식 기술선택을 위한 우선순위 결정요소

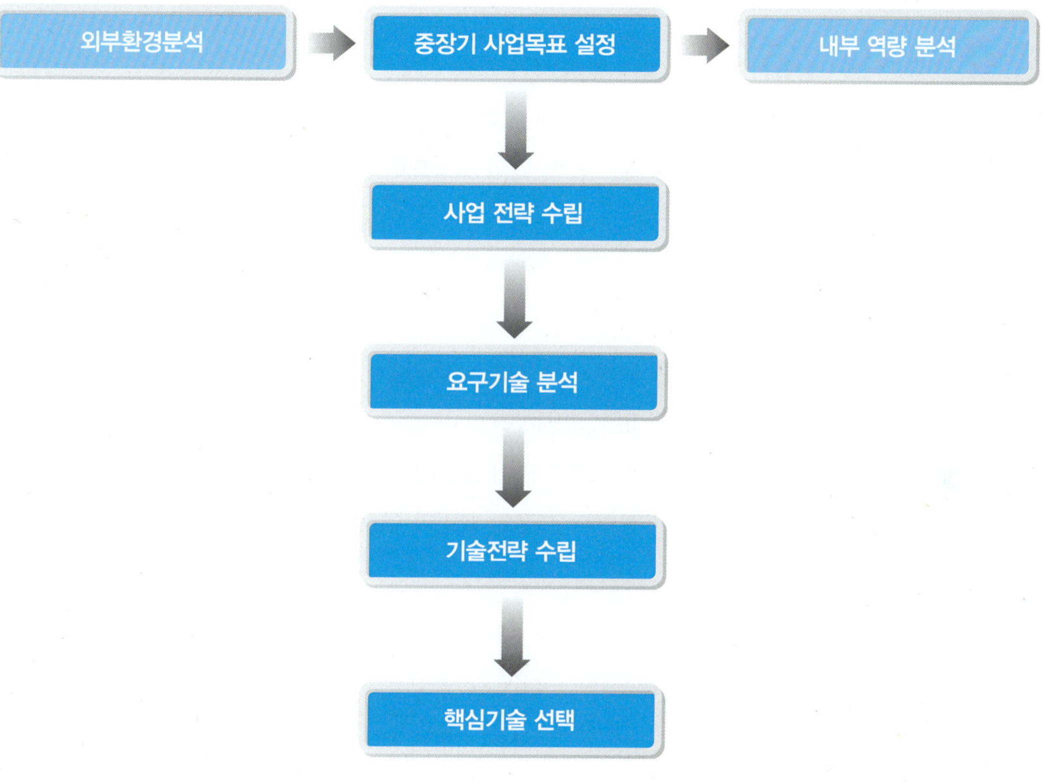

13 기술 선택을 위한 우선순위 결정

① 제품의 성능이나 원가에 미치는 영향력이 큰 기술

② 기술을 활용한 제품의 매출과 이익 창출 잠재력이 큰 기술

③ 쉽게 구할 수 없는 기술

④ 기업 간에 모방이 어려운 기술

⑤ 기업이 생산하는 제품 및 서비스에 보다 광범위하게 활용할 수 있는 기술

⑥ 최신 기술로 진부화 될 가능성이 적은 기술

14 벤치마킹이란?

특정 분야에서 뛰어난 업체나 상품, 기술, 경영 방식 등을 배워 합법적으로 응용하는 것을 의미한다. 단순한 모방과는 달리 우수한 기업이나 성공한 상품, 기술, 경영 방식 등의 장점을 충분히 배우고 익힌 후 자사의 환경에 맞추어 재창조하는 것이다. 쉽게 아이디어를 얻어 새 상품을 개발하거나 조직 개선을 위한 새로운 출발점의 기법으로 많이 이용된다.

15 직접적 벤치마킹의 장점과 단점

① 벤치마킹 대상을 직접 방문하여 수행하는 방법

② 필요로 하는 정확한 자료의 입수 및 조사가 가능

③ Contact Point의 확보로 벤치마킹 이후에도 계속적으로 자료의 입수 및 조사가 가능한 장점

④ 벤치마킹수행과 관련된 비용 및 시간이 많이 소요되며 적절한 벤치마킹 대상 선정에 한계가 있다는 단점이 있음.

16 간접적 벤치마킹의 장점과 단점

① 인터넷 및 문서형태의 자료를 통해서 수행하는 방법임

② 벤치마킹 대상의 수에 제한이 없고 다양하며

③ 비용 또는 시간적 측면에서 상대적으로 많이 절감할 수 있다는 장점

③ 벤치마킹 결과가 피상적이며 정확한 자료의 확보가 어렵고, 특히 핵심자료의 수집이 상대적으로 어렵다는 단점이 있음.

17 매뉴얼 작성을 위한 방법

① 내용이 정확해야 한다.

② 사용자가 알기 쉽게 쉬운 문장으로 쓰여야 한다.

③ 사용자의 심리적 배려가 있어야 한다.

④ 사용자가 찾고자 하는 정보를 쉽게 찾을 수 있어야 한다.

⑤ 사용하기 쉬어야 한다.

18 제품 매뉴얼

① 사용자를 위해 제품의 특징이나 기능 설명, 사용방법과 고장 조치방법, 유지 보수및 A/S, 폐기까지 제품에 관련된 모든 서비스에 대해 소비자가 알아야할 모든 정보를 제공하는 것.

② 제품에 대한 모든 것(제조 회사 확인부터 제품의 특징, 사용과 A/S, 폐기까지)을 명확하게 확인할 수 있어야 함.

③ 제품 사용자의 유형과 사용 능력을 파악하고 혹시 모를 사용자의 오작동까지 고려하여 만들어져야 함.

④ 제품의 의도된 안전한 사용과 사용 중 해야 할 일 또는 하지 말아야할 일까지 정의 해야함.

⑤ 제품의 설계상 결함이나 위험 요소를 대변해서는 안 됨.

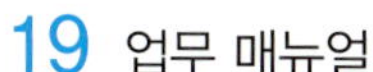

19 업무 매뉴얼

① 어떤 일의 진행 방식, 지켜야할 규칙, 관리상의 절차 등을 일관성 있게 여러 사람이 보고 따라할 수 있도록 표준화하여 설명하는 지침서.

② 예를 들면 프랜차이즈 점포의 경우 편의점 운영 매뉴얼, 제품 진열 매뉴얼, 기업의 경우 부서 운영 매뉴얼, 품질 경영 매뉴얼, 등이 있음.

③ 올림픽이나 스포츠의 경우 올림픽 운영 매뉴얼, 경기 운영 매뉴얼, 등이 있으며, 재난대비 매뉴얼인 재난대비 국민행동 매뉴얼, 등도 있음.

20 지식재산권의 특징

① 국가 산업발전 및 경쟁력을 결정짓는 '산업자본'이다.

② 눈에 보이지 않는 무형의 재산이다.

③ 지식재산권을 활용한 다국적기업화가 이루어지고 있다.

④ 연쇄적인 기술개발을 촉진하는 계기를 마련해 주고 있다.

21 지식재산권

① 산업분야의 창작물과 관련된 산업재산권(특허권, 실용신안권, 상표권, 디자인권 등) 또는 공업소유권

② 문화예술분야의 창작물과 관련된 저작권

③ 반도체 배치설계나 온라인디지털콘텐츠와 같이 경제·사회·문화의 변화나 과학기술의 발전에 따라 새로운 분야에서 출현하는 '신지식 재산권'으로 구분한다.

22 산업재산권

① 특허 : 자연법칙을 이용한 기술적 사상(Idea)의 창작으로서 기술 수준이 높은 것

② 실용신안 : 기술적 창작 수준이 소발명 정도인 실용적인 창작을 보호하기 위한 제도

③ 의장 : 심미성을 가진 고안으로서 물품의 외관에 미적인 감각을 느낄 수 있게 하는 것

④ 상표 : 제조회사가 자사제품의 신용을 유지하기 위해 제품이나 포장 등에 표시하는 표장으로 서의 상호나 마크

23 기술 적용 시 고려 사항

① 기술 적용에 따른 비용이 많이 드는가?

② 기술의 수명 주기는 어떻게 되는가?

③ 기술의 전략적 중요도는 어떻게 되는가?

④ 잠재적으로 응용 가능성이 있는가?

24 기술 경영자에게 요구되는 능력

① 기술을 기업의 전반적인 전략 목표에 통합시키는 능력

② 빠르고 효과적으로 새로운 기술을 습득하고 기존의 기술에서 탈피하는 능력

③ 기술을 효과적으로 평가할 수 있는 능력

④ 기술 이전을 효과적으로 할 수 있는 능력

⑤ 새로운 제품개발과 시간을 단축할 수 있는 능력

⑥ 크고 복잡하고 서로 다른 분야에 걸쳐 있는 프로젝트를 수행할 수 있는 능력

⑦ 조직 내의 기술 이용을 수행할 수 있는 능력

⑧ 기술 전문 인력을 운용할 수 있는 능력

25 네트워크 혁명의 3가지 법칙

① 무어의 법칙

– 컴퓨터의 파워가 18개월마다 2배씩 증가한다는 법칙. 인텔의 설립자 고든 무어(Gordon Moore)가 처음으로 주장했고, 지금까지도 들어맞고 있다.

② 메트칼피의 법칙

– 네트워크의 가치는 사용자 수의 제곱에 비례한다는 법칙으로, 근거리 통신망 이더넷 (ethernet)의 창시자 로버트 메트칼피(Robert Metcalfe)에 의해 주장되었다.

네트워크에 기반한 경제활동을 하는 사람들이 특히 주목해야 할 법칙이다.

③ 카오의 법칙

– 창조성은 네트워크에 접속되어 있는 다양한 지수함수로 비례한다는 법칙으로 경영컨설 턴트 존 카오(John Kao)가 주장한 법칙이다.

26 네트워크 혁명의 역기능

① 디지털 격차(digital divide), 정보화에 따른 실업의 문제, 인터넷 게임과 채팅 중독, 범죄 및 반사회적인 사이트의 활성화, 정보기술을 이용한 감시

② 이러한 문제들이 반드시 인터넷 때문에 생겼다고 보기는 힘들다. 그 전에도 정보격차, 기술이

　야기하는 실업 문제, TV 중독, 범죄자들 간의 네트워크 악용 등이 있었기 때문

③ 문제는 인터넷이 사람들은 연결하고 정보의 유통을 용이하게 함으로써 이러한 역기능이 쉽게 결합되고 증폭되었다는 데 있다. 또한 이러한 역기능은 네트워크의 순기능과도 잘 분리가 되지 않기 때문에 해결책을 더욱 어렵게 만들고 있다.

④ 예를 들어 나이스(Neis)는 정보의 중앙 집권과 이를 통한 통제와 감시를 용이하게 하지만, 또 행정적인 효율을 높이는 것도 사실이다. 또한 반사회적인 사이트들을 없애겠다고 법률과 단속을 강화하면, 인터넷 곳곳에서 이루어지는 자유로운 의견 교환을 위축시키기 쉽다. 따라서 네트워크의 역기능을 없애는 것은 쉬운 일이 아니다.

27 4대 핵심기술

나노기술(NT), 생명공학기술(BT), 정보기술(IT), 인지과학(Cognitive science)이 상호의존적으로 결합되는 것(NBIC)을 융합기술(CT)이라 정의

28 융합기술의 활용목적별 유형

① 원천기술창조형 : 이종 신기술 또는 신기술과 학문이 결합하여 새로운 기술을 창조하거나 융합기술을 촉진하는 유형

② 신산업창출형 : 경제, 사회, 문화적 수요에 따른 신산업, 서비스 구현을 위해 이종신기술과 제품, 서비스가 결합되는 유형

③ 산업고도화형 : 신기술과 기존 전통산업이 결합하여 현재의 시장 수요를 충족시킬 수 있는 산업 및 서비스를 고도화하는 유형

✎ 기술능력

●● 현재 자신이 가지고 있는 기술능력 중 직장 생활에서 활용 가능한 기술이 무엇인지 생각해 보자.

●● 자신이 가진 기술능력의 부족한 점을 파악하고, 그 기술을 습득하는 방법을 찾아보자.

●● 성공적인 직장 생활을 위해 최적의 기술은 어떤 것들이 있을까 적어 보자.

✏ 미래의 기술

미래 사회의 기술은 현재 자신의 직장생활에서 활용하고 있는 기술과는 분명히 다를 것이다. 당신도 직장 혹은 일상생활에서 10년 전과 현재의 기술이 많이 다르다는 것을 느낄 것이다. 그렇다면 10년 후의 기술의 모습은 어떻게 될까?

●● 직장생활을 통해 10년 전과 현재를 비교해보았을 때, 달라진 기술은 무엇인지 각자의 생각을 적어보도록 하자.

●● 직장생활과 관련하여 10년 후에는 어떻게 기술이 변화하게 될지 각자의 생각을 적어 보도록 하자.

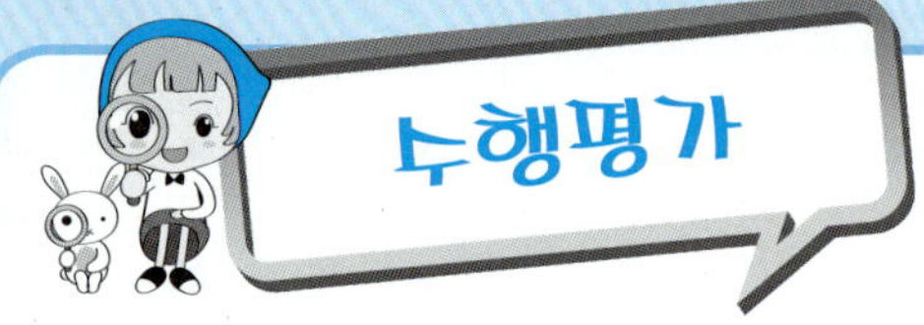

✎ 산업재해 예방

산업생산 활동이 진행되는 동안에는 각종 기계·기구·설비로부터의 위험, 전기로 인한 감전위험, 화재나 폭발 위험, 붕괴나 낙하물에 의한 위험, 유해한 물질로부터의 위험 등이 존재한다. 이러한 여러 가지 위험은 예기치 않은 각종 사고를 일으키게 된다. 우리 주변 혹은 직장생활에서 사고를 일으킬 수 있는 위험요소는 없는지, 있다면 사고를 예방하기 위해서 우리가 해야 할 일은 무엇인지 알아보자.

●● 우리 주변 혹은 직장에서 사고를 일으킬 수 있는 위험요소가 있는지 확인해 보자.

●● 혹시라도 발생할 수 있는 안전사고를 예방하기 위해서 우리가 해야 할 일은 무엇이 있는지 알아보자.

✎ 실패한 기술이 우리 사회에 미치는 영향

성수대교 붕괴 사고

성수대교는 길이 1,161m, 너비 19.4m(4차선)로 1977년 4월에 착공해서 1979년 10월에 준공한, 한강에 11번째로 건설된 다리였다. 성수대교는 15년 동안 별 문제없이 사용되다가 1994년 10월 21일 오전 7시 40분경 다리의 북단 5번째와 6번째 교각 사이 상판 50여 미터가 내려앉는 사고가 발생하였으며, 당시 학교와 직장에 출근하던 시민 32명이 사망하고 17명이 부상을 입었다. 이 사고는 오랫동안 별 문제없이 서 있던 다리가 갑자기 붕괴했고, 이후 삼풍백화점 붕괴사고, 지하철 공사장 붕괴사고 등 일련의 대형 참사의 서곡을 알린 사건으로 국민들에게 충격을 안겨주었다. 이후 전문가 조사단은 오랜 조사를 통해 성수대교의 붕괴의 원인을 크게 두 가지로 밝혀졌다. 첫 번째는 부실시공이었고, 두 번째는 서울시의 관리 소홀이었다.

부실시공에 관리 불량이 겹쳐서 발생한 성수대교 붕괴사고는 일단 짓고 보자는 식의 급속한 성장만을 추구하던 우리나라의 단면을 상징적으로 잘 보여준 것이다.

●● 최근의 기술 중 어떤 것이 가장 유용한 혜택을 가져왔으며, 또 어떤 기술이 가장 큰 해악을 끼쳤다고 생각해보자.

●● 당신이 선택한 가장 유익한 기술에 부정적인 요소는 없다고 생각하는가? 반대로 가장 큰 해악을 끼쳤던 기술에서 좋은 결과는 전혀 없었는지 생각해 보자.

✎ 기술선택능력

●● 어떤 기업은 시장에서 우위를 차지하고도 후발 주자에게 시장을 잠식당했고, 또 다른 어떤 기업은 기술적으로 성공하고도 시장에서 우위를 차지하지 못한 경우를 볼 수 있다. 그렇다면 우리가 기술을 선택할 때 우리는 어떤 것들을 고려해야 할까?

●● 자신이 근무하고 있는 회사가 시장에서 우위를 차지하기 위한 기술을 선택하기 위해 고려해야 할 사항들은 무엇이 있는지 생각해보자.

학습결과 체크

기초직업능력으로서 기술능력을 학습한 것을 토대로 다음 표를 이용하여 자신의 수준에 해당되는 칸에 Ⅴ표 하시오.

구분	문항	매우 미흡	미흡	보통	우수	매우 우수
H-1 **기술** **능력**	1. 나는 기술이란 무엇이고, 왜 중요한지 설명할 수 있다.	1	2	3	4	5
	2. 나는 기술능력의 의미와 중요성에 대해 설명할 수 있다.	1	2	3	4	5
	3. 나는 기술능력을 향상시키기 위한 방법에는 어떠한 것이 있는지 설명할 수 있다.	1	2	3	4	5
	4. 나는 기술의 원리와 절차, 그리고 기술 시스템에 대해 설명할 수 있다.	1	2	3	4	5
	5. 일에 필요한 기술을 적용할 때 자원, 시간, 비용 등의 제반 여건을 파악할 수 있다.	1	2	3	4	5
	6. 일에 필요한 최적의 기술을 선택하여 학습할 수 있다.	1	2	3	4	5
	7. 일을 할 때, 기술을 적용한 후 새로운 기술이 요구되면 그것을 학습하고 효과적인 적용 방안을 모색할 수 있다.	1	2	3	4	5
	8. 일을 하는데 있어서 기술사용의 어려움을 겪었다면 왜 그런 결과가 나왔는지 오류와 개선점을 확인할 수 있다.	1	2	3	4	5
	9. 나는 기술의 변화와 미래에 요구되는 기술을 설명할 수 있다.	1	2	3	4	5
	10. 나는 지속가능한 발전과 기술에 대해 설명할 수 있다.	1	2	3	4	5
	11. 나는 산업재해의 의미와 예방대책에 대해 설명할 수 있다.	1	2	3	4	5
H-2 **기술** **이해** **능력**	1. 나는 기술의 원리와 절차, 그리고 기술 시스템에 대해 설명할 수 있다.	1	2	3	4	5
	2. 나는 기술혁신의 의미와 중요성에 대해 설명할 수 있다.	1	2	3	4	5
	3. 나는 실패한 기술이 우리사회에 미치는 영향에 대해 설명할 수 있다.	1	2	3	4	5
	4. 일을 하는 매뉴얼을 보면 일에 필요한 기술이 무엇인지를 파악할 수 있다.	1	2	3	4	5
	5. 일에 필요한 기술을 적용할 때 자원, 시간, 비율 등의 제반 여건을 파악할 수 있다.	1	2	3	4	5
	6. 일을 하는 상황에 필요한 기술을 활용한 후 어떠한 결과가 나타날 지 예측할 수 있다.	1	2	3	4	5
H-3 **기술** **선택** **능력**	1. 나는 기술선택이란 무엇이고, 왜 중요한지 설명할 수 있다.	1	2	3	4	5
	2. 나는 기술선택의 절차에 대해 설명할 수 있다.	1	2	3	4	5
	3. 나는 기술선택을 위한 의사결정 과정을 설명할 수 있다.	1	2	3	4	5
	4. 나는 벤치마킹의 종류에 대해 설명할 수 있다.	1	2	3	4	5
	5. 나는 매뉴얼의 종류에 대해 설명할 수 있다.	1	2	3	4	5
	6. 나는 매뉴얼의 종류와 작성방법에 대해 설명할 수 있다.	1	2	3	4	5
H-4 **기술** **적용** **능력**	1. 나는 기술 적용 형태에 대해 설명할 수 있다.	1	2	3	4	5
	2. 나는 기술 적용시 고려사항에 대해 설명할 수 있다.	1	2	3	4	5
	3. 나는 기술경영자의 역할에 대해 설명할 수 있다.	1	2	3	4	5
	4. 나는 기술관리자의 역할에 대해 설명할 수 있다.	1	2	3	4	5
	5. 나는 네트워크 혁명의 특징에 대해 설명할 수 있다.	1	2	3	4	5
	6. 나는 네트워크 혁명의 역기능에 대해 설명할 수 있다.	1	2	3	4	5

각 모듈별 점수 평균 3점 이상 우수, 3점 미만 부족. 부족한 모듈에 대해서는 심화 공부를 하세요.

기본문제

Chapter **08** 기술능력

01 기업이 보유한 무형자산에 대한 설명으로 가장 거리가 먼 것은?

① 무형자산으로 인식되려면 식별 가능성, 자원에 대한 통제, 그리고 미래 경제적 효익 존재 등 세 가지 조건을 충족해야 한다.

② 기업 외부에서 유상으로 취득한 무형자산은 매입원가 이외의 취득과 관련한 모든 부대원가를 포함하여 취득원가를 계상한다.

③ 영업권은 영업권 창출과 관련된 부대원가 모두를 무형자산으로 계상한다.

④ 일반적으로 무형자산은 상각(amortization)을 하지만 내용연수가 불확실하거나 유한하게 추정되지 않으면 상각하지 않는다.

⑤ 무형자산을 평가할 때 원가모형이나 재평가모형을 선택하여 사용할 수 있으나 활성화한 시장이 존재하지 않을 때가 많아 대부분 원가모형을 채택한다.

02 아래 그래프는 기존 기술A의 점진적 개선과 새로운 기술B의 등장에 따른 급진적 혁신을 나타낸 것이다. 이에 대한 설명으로 가장 적절하지 않은 것은?

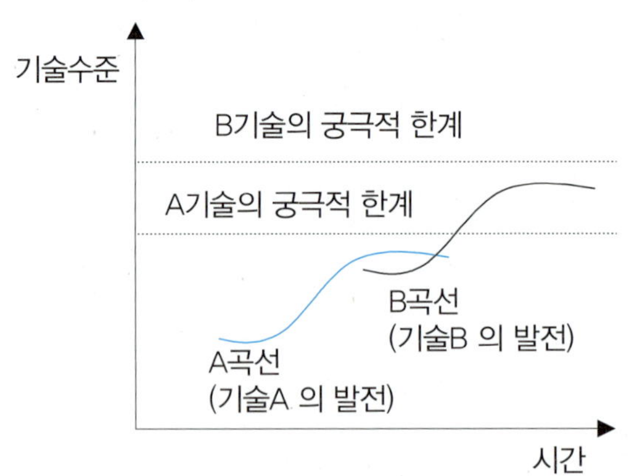

① A곡선 안에서의 상승은 점진적 연구개발을 통해 가능하며, 이는 낮은 위험과 적은 보상 이라는 특징을 갖는다.

② A를 대체하는 B기술의 개발과 같은 급진적 혁신은 중소벤처기업보다 대기업에서 쉽게 이루어질 수 있다.

③ A나 B곡선 상에서는 점진적 기술혁신을 통해 성능 향상이 가능하지만 궁극적으로는 기술적 한계를 지닌다.

④ B와 같은 새로운 혁신기술은 기존 기술의 강력한 대체재가 되어 경쟁환경 변화에 중요한 변수로 작용할 수 있다.

⑤ A곡선에서 B곡선으로 이동하는 것은 급진적 연구개발을 통해 가능하며 높은 위험과 높은 보상이라는 특징을 갖는다.

03 최근 많은 기업이 전기차 개발에 큰 관심을 쏟고 있다. 글로벌자동차 회사들은 세 가지 종류의 전기차 중 무엇을 주력으로 삼을지 고민 중이다. 이 같은 상황에서 위험을 줄이고 미래 시장을 놓치지 않을 가장 합리적인 방안은?

① 기술 개발 투자비가 가장 적은 분야를 선택하여 집중

② 가장 낮은 수준의 전기차인 HEV 개발을 주력으로 선택

③ 기술을 선점하기 위해 100% 자기자본으로 PHEV 개발에 투자

④ 전기자동차를 주력으로 삼는 신흥 기업들과 전략적 제휴

⑤ 불확실성이 정리되고 기술 표준이 확립될 경우 투자 시작

04 기업의 신제품 개발 과정에 대한 설명으로 옳지 않은 것은?

① 신제품 여부를 구분하는 가장 중요한 기준은 소비자가 이전 제품과 차별성을 느끼는가하는 것이다.

② 신제품 개발 아이디어의 원천은 기업 외부적 원천보다 기술개발이나 연구개발(R&D) 활동 등 기업 내부적 원천이 더 중요하다.

③ 아이디어 창출 단계에서는 가능한 한 많은 아이디어를 찾는데 중점을 둔다면 아이디어 추출 단계에서는 성공 가능성이 높은 아이디어를 선별하는 데 그 중점을 둔다.

④ 신제품 콘셉트란 추출된 소수의 아이디어를 소비자 관점에서 언어 및 그림 등의 커뮤니케이션 수단을 통해 구체화시킨 것이다.

⑤ 시험(test) 마케팅을 위한 시장은 표준시험시장, 통제된 시험 시장, 모의시험시장 세 가지로 나눌 수 있다.

05 다음을 읽고 물음에 답하시오.

> 일반적으로 토지, 노동, 자본과 같은 생산요소는 ㉠ 법칙이 적용된다. 즉 생산요소를 증가 투입시키면 한계 생산물이 지속적으로 감소한다. 그러나 지적 자본은 ㉡ 법칙이 적용된다.
> 예를 들면, 기업의 종업원이 업무를 처리하는 과정에서 얻은 지식이나 노하우는 그것을 쓸수록 더 발전하고 새로운 노하우를 발견하는 토대가 된다. 왜냐하면 지적 자본은 제한된 자원이 아니기 때문에 기존의 지식과 경험 등에 의해 무한히 새로 개발되기 때문이다.

지식기반산업에서 특히 ㉡ 효과가 크게 나타나는 이유로 올바른 것은?

① 고객의 학습효과가 시장을 잠그는(lock-in)역할을 하기 때문에
② 제품이 사용자들의 네트워크와 호환되지 않는 경우가 많기 때문에
③ 사람들이 많이 사면 살수록 어떤 개인들의 소비를 감소시키기 때문에
④ 연구개발비 투자에 비해 엄청나게 큰 단위당 생산원가가 소요되기 때문에
⑤ 다른 사람들에게 자신이 구입한 재화를 과시할 목적으로 소비되는 경향이 있기 때문에

06 다음은 어떤 자동차를 설명하는 것인가?

> 가솔린 엔진이 주 동력원이 되고 배터리로 동작하는 모터가 보조 동력원이 되는 자동차를 말한다. 전기 모터로도 동력을 얻기 때문에 연료 사용을 줄여 배기가스를 감소시키는 장점이 있다.

① 클린 디젤차　　　　　　　　② 하이브리드차
③ 온라인 전기차　　　　　　　④ 플러그인 자동차
⑤ 연료전지 자동차

07 집단지성(collective intelligence)과 웹2.0은 십시일반으로 조직성과를 극대화하는 정신을 나타낸다. 다음은 이와 유사성을 갖는 개념들을 제시한 것이다. 가장 거리가 먼 것은?

① 증강현실(augmented reality)
② 크라우드 소싱(crowd sourcing)
③ 오픈 이노베이션(open innovation)
④ 동등계층 생산(peer pioneer production)
⑤오픈소스 비즈니스(open source business)

08 그림은 기계 제작 주문서의 일부이다. ㉮~㉲에 대한 설명으로 옳은 것만을 〈보기〉에서 있는 대로 고른 것은?

기계 제작 주문서

◎ 품 명 : 벤딩 머신(Bending machine)

◎ 요구 사항
- ㉮한국산업표준에 따라 제작할 것
- 사고 방지를 위해 ㉯페일 세이프(fail safe)를 반드시 부착할 것
- ㉰전류가 정상적인 회로를 이탈하지 않도록 전기 기기나 배선의 절연 상태가 양호할 것

◎ 기타
- 작업자의 안전을 위해 ㉱안전 표지판을 필히 부착할 것

[보 기]

ㄱ. ㉮의 대상에는 제품의 시험 방법, 설계 기준 등이 포함된다.
ㄴ. ㉯는 기계 설비 안전 조건 중 '외형의 안전화'에 해당한다.
ㄷ. ㉰는'누전'현상을 의미한다.
ㄹ. ㉱는 산업안전보건법 시행규칙의 규정에 의거 제작한다.

① ㄱ, ㄴ   ② ㄱ, ㄷ   ③ ㄴ, ㄹ   ④ ㄱ, ㄷ, ㄹ   ⑤ ㄴ, ㄷ, ㄹ

09 표는 회사의 경영 현황을 조사한 내용이다. A, B 회사에 대한 설명으로 옳은 것만을 〈보기〉에서 있는 대로 고른 것은?

	A 회사	B 회사
경영 관리 조직	직계식 조직	기능식 조직
작업 조직	만능 작업 조직	유통 작업 조직
제품의 특징	고가의 제품으로 생산 수량은 적고, 완성품의 품질 수준이 매우 높아야 함	중저가의 제품으로 생산수량이 많고, 제품당 품질 검사 시간과 비용이 많이 소요됨
경영 혁신 기업	벤치마킹 경영 기법으로 생산성 향상을 도모하고 있음	정보시스템과 보안 업무를 외부의 전문기업에 아웃소싱하고 있음.

───────────────── [보 기] ─────────────────

ㄱ. A회사는 우수 기업의 경영 사례를 도입하여 혁신하고 있다.
ㄴ. B회사의 제품 품질 검사는 전수검사 방법이 효과적이다.
ㄷ. A회사는 B회사보다 단일 품종의 대량 생산에 유리하다.
ㄹ. A회사는 B회사보다 명령 계통이 일원화되어 있고 책임소재가 명확하지 않다.

① ㄱ　　　② ㄷ　　　③ ㄱ, ㄴ　　　④ ㄴ, ㄷ　　　⑤ ㄱ, ㄴ, ㄷ

10　다음은 녹색 경영에 대한 기사이다. 이를 통해 알 수 있는 △△기업에 대한 설명으로 옳은 것만을 〈보기〉에서 있는 대로 고른 것은?

△△ 기업은 친환경 자동차 핵심 제어기술을 개발하여 이산화탄소와 질소산화물 배출량을 획기적으로 줄였으며, 친환경기술 개발, 녹색 경영 등 기업 활동의 전반적인 환경경영 체계를 국제적으로 인정받았다. 이로 인해 CE마크를 획득하여 수출이 증대되었고 국가 녹색성장전략에 기여한 공로로 녹색경영대상을 수상했다.

───────────────── [보 기] ─────────────────

ㄱ. 국가 차원의 탄소배출권 거래에 기여할 것이다.
ㄴ. 람사(Ramsar) 협약을 준수하기 위해 노력하였다.
ㄷ. 미국에 수출하려면 받아야 하는 인증을 획득하였다

① ㄱ　　　② ㄷ　　　③ ㄱ, ㄴ　　　④ ㄴ, ㄷ　　　⑤ ㄱ, ㄴ, ㄷ

Chapter 08 기술능력

01 그림은 플라스틱 제품의 작업 공정에 따른 유해 및 위험 요인을 나타낸 것이다. (가)~(라)에 대한 설명으로 옳은 것을 〈보기〉에서 고른 것은?

[보 기]

ㄱ. (가)에서 사고 예방을 위한 대책으로는 방호울 설치나 위험경계선 표시 등이 있다.

ㄴ. (나)로 인해 발생한 사고는 '비래'에 해당한다.

ㄷ. (다)는 호흡기 질환 및 중추 신경계 질환에 영향을 준다.

ㄹ. (라)로 인한 직업병을 예방하려면 생물학적 유해 요인을 제거해야 한다.

① ㄱ, ㄴ   ② ㄱ, ㄷ   ③ ㄴ, ㄷ   ④ ㄴ, ㄹ   ⑤ ㄷ, ㄹ

02 다음은 지식재산권의 종류별 사례이다. (가)~(다)에 대한 설명으로 옳은 것만을 〈보기〉에서 있는 대로 고른 것은?

지식 재산권	B 회사
(가)	최근 학원, 식당 등 서비스업을 나타내는 마크에 대한 권리 취득이 늘어나고 있다.
(나)	A 회사는 새로 개발한 반도체 집적 회로의 배치설계를 설정등록하여 권리를 가지고 있다.
(다)	B 방송사에서 제작한 다큐멘터리 영상물이 동남아와 유럽으로 수출되어 방송되어 있다.

[보 기]

ㄱ. (가)는 특허청에 등록되어야 권리가 발생한다.
ㄴ. (나)는 신지식재산권에 해당한다.
ㄷ. (다)에는 연극, 음반에 대한 권리도 해당된다.
ㄹ. (가)~(다)는 갱신을 통해 권리 존속기간을 연장할 수 있다.

① ㄱ, ㄴ　　　② ㄱ, ㄹ　　　③ ㄷ, ㄹ　　　④ ㄱ, ㄴ, ㄷ　　　⑤ ㄴ, ㄷ, ㄹ

03

(가) 자동차회사의 작업자가 부품을 조립하여 수송 트럭을 생산하였다.
(나) 전자회사의 작업 로봇이 전자부품을 조립하여 LED TV를 생산하였다.
(다) 물류회사의 택배기사가 수송 트럭을 이용하여 LED TV를 소비자에게 배송하였다.

[보 기]

ㄱ. (가)에서 작업자는 투입 요소에 해당한다.
ㄴ. (나)에서 조립은 변환 과정에 해당한다.
ㄷ. (다)에서 LED TV는 산출물에 해당한다.
ㄹ. (가)의 산출물이 (다)의 투입 요소로 사용되었다.

① ㄱ, ㄷ　　　② ㄴ, ㄷ　　　③ ㄴ, ㄹ　　　④ ㄱ, ㄴ, ㄹ　　　⑤ ㄱ, ㄷ, ㄹ

04 다음에서 설명하는 산업의 특징으로 옳은 것만을 〈보기〉에서 있는대로 고른 것은?

○ 소자, 설계, 장비, 재료 등 전문 생산업체들로 구성되어 있고, 주요 설비 공급업자들은 웨이퍼의 가공, 검사, 조립 등에 필요한 장비를 공급한다.
○ 우리나라는 최근 메모리 부문에서 세계 시장의 약 50%이상 점유하고 있으나, 비메모리 부문은 선진국과의 생산기술 격차가 큰 실정이다.

ㅇ 우리나라는 1GB DRAM, 2GB DRAM, 4GB DRAM 등을 연속으로 개발하여 세계 기술을 선도하고 있다.

─────────────────────── [보 기] ───────────────────────

ㄱ. 기술 의존성과 부가가치가 높은 산업이다.
ㄴ. 초기 생산 설비에 많은 투자가 필요한 자본 집약적 산업이다.
ㄷ. 황사, 먼지 등에 민감한 미세 공정이 많아 작업장의 청정도가 중요한 산업이다.

① ㄱ   ② ㄴ   ③ ㄱ, ㄷ   ④ ㄴ, ㄷ   ⑤ ㄱ, ㄴ, ㄷ

05 다음 (가), (나)의 사례에 해당하는 생산 합리화의 원칙으로 가장 적절한 것을 〈보기〉에서 고른 것은?

(가) 차세대 전력망인 스마트그리드를 구축하는 과정에서는 부품의 호환성을 높이는 것이 우선적으로 요구된다.
(나) 기존의 4기통 엔진은 4개의 엔진 블록을 각각 제작한 후 이들을 볼트로 조립해서 만들었으나, ○○기업은 4기통 엔진 블록을 단일 주조물로 만들어 부품 수를 감소시킬 수 있었다.

─────────────────────── [보 기] ───────────────────────

ㄱ. 표준화   ㄴ. 단순화   ㄷ. 전문화

(가) (나)   (가) (나)
① ㄱ   ㄴ   ② ㄱ   ㄷ
③ ㄴ   ㄱ   ④ ㄴ   ㄷ
⑤ ㄷ   ㄴ

06 그림 (가), (나)는 작업의 진척 상황을 나타내는 데 사용되는 도표이다. 이에 대한 설명으로 옳은 것만을 〈보기〉에서 있는 대로 고른 것은?

─────────────────────── [보 기] ───────────────────────

ㄱ. (가)에서 ⓐ~ⓕ작업을 모두 완료하는 데 21시간이 소요된다.
ㄴ. (나)에서 B작업이 1시간 지연되면 전체 완료 시간이 1시간 지연된다.
ㄷ. (나)에서 모든 작업의 완료 시간은 최장작업경로(A−C−D−E−G)에 의해 결정된다.

① ㄱ   ② ㄴ   ③ ㄱ, ㄷ   ④ ㄴ, ㄷ   ⑤ ㄱ, ㄴ, ㄷ

(가)   (나)

작업 / 작업명	시간(시) 0	3	6	9	12	15	18	21
ⓐ 프레스	■							
ⓑ 판금		■						
ⓒ 용접			■					
ⓓ 연마				■				
ⓔ 도장					■			
ⓕ 조립							■	

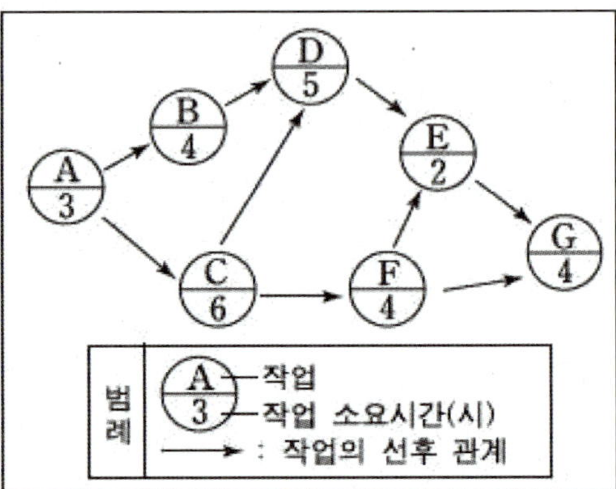

---

07 그림은 특허청이 공개한 등록공보의 일부이다. 이에 대한 설명으로 옳은 것만을 〈보기〉에서 있는 대로 고른 것은?

대한민국특허청(KR)
등록공보(B1)

- 중 략 -

특허권자 : (주) ○○ 자동차
　　　　　　서울시 서초구 양재동 □□번지
발 명 자 : 홍 길 동
　　　　　　경기도 수원시 장안구 정자동 △△번지
대 리 인 : 이 몽 룡
심 사 관 : 김 철 수

자동차의 핸드폰 수납용 트레이

(요약) 본 발명은 자동차의 핸드폰 수납용 트레이에 관한 것으로….

[보 기]

ㄱ. 홍길동에게 산업 재산권의 모든 권리가 귀속된다.
ㄴ. 특허권을 취득함과 동시에 실용신안권도 취득된다.
ㄷ. ㈜○○자동차는 등록을 통해 획득한 지적 재산권에 대해 국민의 독점적 권리를 확보할 수 있다.

① ㄱ   ② ㄷ   ③ ㄱ, ㄴ   ④ ㄴ, ㄷ   ⑤ ㄱ, ㄴ, ㄷ

08 그림은 재해 보고서의 일부이다. 이에 대한 설명으로 옳은 것만을 〈보기〉에서 있는 대로 고른 것은?

◎ 재해 보고서 ◎

사건 개요 :

　근로자 A씨는 아연 도금 제품의 분리 작업 완료 후 이동 중 통로에 어지럽게 놓여진 슬래그 제거용 작업 도구에 발이 걸려 넘어지면서 신체 일부가 아연 용융도금조에 접촉되어 3도 화상을 입었다.

사고 원인 :
- 작업장 정리 정돈 및 안전 통로 확보 미흡
- ㉮아연 용융도금조 주변 안전망 미설치
- ㉯방열복 등 보호구 미착용

[보 기]

ㄱ. A씨의 사고 형태는 '비래'에 해당한다.
ㄴ. A씨는 산업재해보상보험법의 적용을 받을 수 있다.
ㄷ. ㉮는 하인리히(H. W. Heinrich)의 '재해연쇄모형' 중 '불안전한 상태'에 해당한다.
ㄹ. ㉯는 버드(F. E. Bird)의 '개선된 재해연쇄모형' 중 '기본원인'에 해당한다.

① ㄱ, ㄴ　　　② ㄴ, ㄷ　　　③ ㄷ, ㄹ　　　④ ㄱ, ㄴ, ㄹ　　　⑤ ㄱ, ㄷ, ㄹ

09 휴대폰 카메라 화면을 통해 주위 건물을 관찰할 때 건물에 입주한 음식점이나 커피숍의 정보가 화면에 뜬다. 이 같은 현상을 가장 적절하게 표현하는 용어는?

① 삼중융합　　　　　　　② 증강현실
③ 유비쿼터스　　　　　　④ 웹 2.0 혁명
⑤ 디지털 컨버전스

10 아래 보기의 '이것'은 무엇에 대한 설명인가?

> - 이것은 제품을 생산하거나 판매하지 않으면서 특허만을 매입해 로열티나 소송 합의금 등을 챙기는 회사로, 인텔렉추얼 벤처스 등 세계적으로 220여개가 활동하고 있다.
> - 삼성전자와 LG전자는 이것에 맞서기 위해 미국의 특허방어펀드인 RPX(Rational Patent)에 가입하였다.

① patent troll   ② patent holder
③ patent invader   ④ patent attacker
⑤ patent interference

11 그림은 생활 폐기물의 발생에서 최종처리까지의 과정을 나타낸 것이다. (가)~(다)에 해당하는 사례로 옳은 것을 〈보기〉에서 고른 것은?

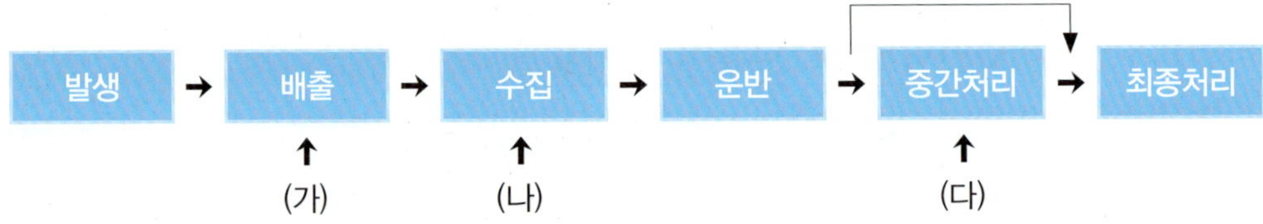

[보 기]

ㄱ. 재활용 비율을 높여 쓰레기량을 최소화하였다.
ㄴ. 재활용 비율을 높일 수 있도록 분리시설을 설치하였다.
ㄷ. 지정된 장소에 차단막을 깔고 쓰레기와 흙을 교대로 매립하였다.
ㄹ. 유기물질을 미생물에 의해 분해시켜 이용 가능한 비료로 전환하였다.

(가) (나) (다)
① ㄱ ㄴ ㄹ
③ ㄴ ㄷ ㄱ

(가) (나) (다)
② ㄱ ㄷ ㄹ
④ ㄴ ㄹ ㄷ

12 그래프는 ○○기업이 A공정에 새로운 작업자를 투입한 후의 불량률을 나타낸 것이다. 이 그래프에 나타나 있는 문제점을 개선하기 위한 조치로 적절한 것을 〈보기〉에서 모두 고르면?

[A 공정 작업자의 불량률]

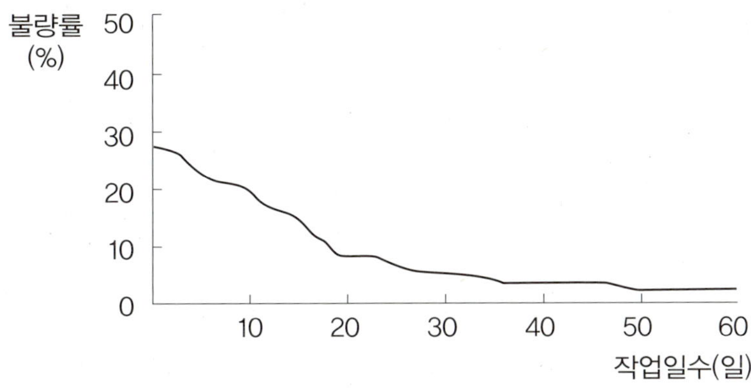

[보 기]

ㄱ. 작업공정을 주기적으로 바꾼다.　　ㄴ. 숙련된 작업자를 작업에 투입한다.
ㄷ. 작업자에게 일정 기간 휴가를 준다.　　ㄹ. 사전에 직무 교육을 시키고 작업에 투입한다.

① ㄱ, ㄴ　　　② ㄱ, ㄹ　　　③ ㄴ, ㄷ　　　④ ㄴ, ㄹ

13 다음 (가) 단계에서 시행하기에 적절한 기업의 사고 예방 활동으로 가장 적절한 것은?

① 경영자가 안전 관리 책임자를 임명한다.
② 근로자의 안전 교육과 훈련 방법을 개선한다.
③ 안전 사고 예방을 위한 회의와 토론회를 개최한다.
④ 안전 점검을 통해 시설물의 위험 요소를 파악한다.

14 다음은 품질 관리도를 나타낸 것이다. (가)와 (나)에 대한 설명으로 가장 적절한 것은?

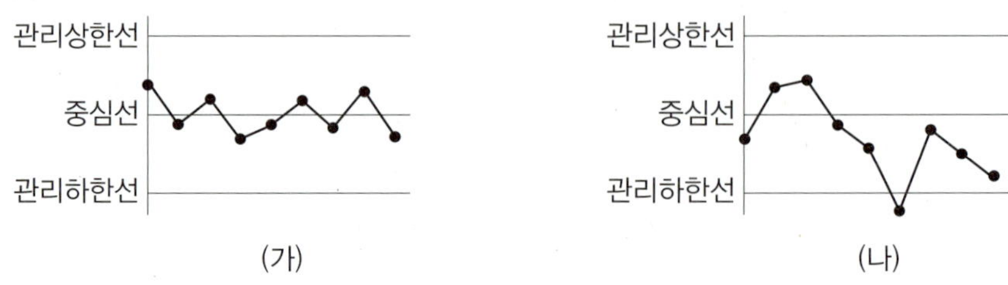

① (가)는 중심선 아래에 점이 더 많이 분포되어 있으므로 원인 조사가 필요하다.
② (가)는 각 점이 중심선을 기준으로 위아래로 분포되어 있으므로 집중적인 관리가 필요하다.
③ (나)는 한 점이 관리하한선 아래에 있으므로 원인 조사가 필요하다.
④ (나)는 두 점이 중심선 위에 분포되어 있으므로 원인 조사가 필요하다.

15 그림은 기업에서 제품 생산을 계획하는 과정이다. 판매 예측 과정에서 고려해야 할 내용을 〈보기〉에서 고른 것은?

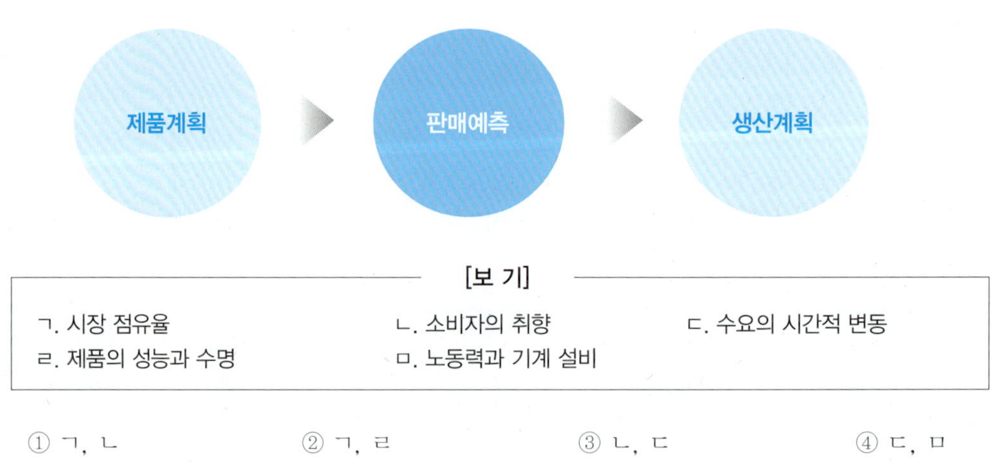

[보 기]

ㄱ. 시장 점유율   ㄴ. 소비자의 취향   ㄷ. 수요의 시간적 변동
ㄹ. 제품의 성능과 수명   ㅁ. 노동력과 기계 설비

① ㄱ, ㄴ   ② ㄱ, ㄹ   ③ ㄴ, ㄷ   ④ ㄷ, ㅁ

16 다음과 같은 사고의 직접적인 원인을 바르게 짝지은 것은?

아파트 건설 공사 중 35층 높이에서 타워크레인의 줄이 끊어지면서 승강기 통로 제작용 철제 거푸집이 1층 바닥으로 떨어졌다. 이 사고로 거푸집 안에서 거푸집 고정핀 제거 작업을 하던 근로자 3명이 숨졌다.
사고 조사 결과, 무게 5톤이 넘는 거푸집을 타워크레인에 매달 경우에는 4개의 로프를 사용해야 하는데 2개의 로프만 연결한 결과, 거푸집의 무게 때문에 로프가 끊어져 일어난 것으로 드러났다.

불완전한 행동	불완전한 상태
① 위험물 취급 부주의	보호구의 결함
② 보호구의 잘못 사용	생산 공정의 결함
③ 불완전한 속도 조작	물체 배치의 결함
④ 불완전한 상태 방치	작업 환경의 결함

17 그림과 같은 보호구 착용 효과를 〈보기〉에서 고르면?

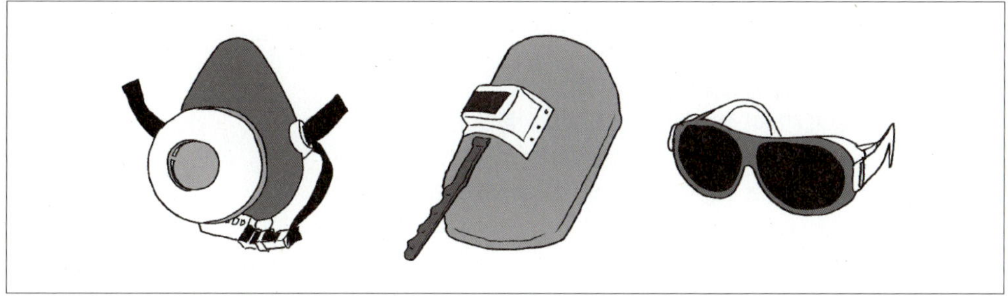

───────────── [보 기] ─────────────

ㄱ. 협착과 전도 사고를 예방할 수 있다.
ㄴ. 충돌과 비래 사고를 예방할 수 있다.
ㄷ. 호흡기 질환 예방이나 눈을 보호할 수 있다.
ㄹ. 물리적·화학적 위험 인자로부터 재해를 예방할 수 있다.

① ㄱ, ㄴ   ② ㄱ, ㄷ   ③ ㄴ, ㄷ   ④ ㄷ, ㄹ

18 다음 뉴스의 ㉠~㉢을 재해의 예방 원칙과 바르게 짝지은 것은?

앵　커 : 오늘 오후 페인트를 생산하는 한 중소기업에서 불이 나서 많은 피해가 발생했습니다. 강기자!

강기자 : 네, ㉠안전수칙만 준수했어도 화재가 일어나지 않았을 텐데……. 안타깝습니다.

소방관 : ㉡원료 보관 창고에서 용접 작업을 하다가 인화 물질에 불꽃이 튀어 불이 난 것으로 추정됩니다.

앵　커 : 네, 빨리 사고를 수습하고, ㉢앞으로 다시는 이런 일이 발생하지 않도록 산업 안전 관리를 강화하는 방안을 마련해야 하겠습니다.

	㉠	㉡	㉢
①	예방 가능	손실 우연	원인 계기
②	예방 가능	원인 계기	대책 선정
③	손실 우연	원인 계기	대책 선정
④	손실 우연	예방 가능	원인 계기

19 〈보기〉에 제시된 산업 사회의 발달 과정을 순서대로 바르게 나열한 것은?

[보 기]

ㄱ. 장인이 도제를 두고 생산 활동을 하였다.
ㄴ. 청동을 제련하여 실용적인 농경 도구를 만들었다.
ㄷ. 산업용 기계의 발명으로 대량 생산이 가능하게 되었다.
ㄹ. 공장제 수공업의 등장으로 시장 생산이 가능하게 되었다.

---

① ㄱ － ㄴ － ㄷ － ㄹ   　② ㄴ － ㄱ － ㄷ － ㄹ
③ ㄴ － ㄱ － ㄹ － ㄷ   　④ ㄹ － ㄱ － ㄴ － ㄷ

20 밑줄 친 내용에 대한 설명으로 바르게 짝지은 것은?

최근 한 의류업체가 소비시장 동향을 살펴본 결과, ㉠ 빠른 유행에 따른 패션 변화와 실용적이고 편안함을 추구하려고 하는 경향이 확산되고 있다. 또한, ㉡ 다양한 기능을 가진 제품이 새롭게 의류 시장을 주도하고 있다.

	㉠	㉡
①	유연생산체제	업계의 디자인 설계 강화
②	다품종 소량 생산 체계	업계의 디자인 설계 강화
③	유연생산체제	생산의 자동화
④	다품종 소량 생산 체계	생산의 자동화

 **기본문제**

01 ③

기업이 보유한 자산 중 물리적 실체는 없지만 미래 경제적 효익이 존재하며 이러한 미래 경제적 효익을 가져다 주는 비화폐성 자산을 배타적으로 확보·통제할수 있고, 식별 가능한 자산은 무형자산 으로 분류한다. 영업권을 제외한 산업재산권, 라이선스, 프랜차이즈, 개발비, 임차권리금, 지적재산권 등 대부분 무형자산은 식별 가능하다.

무형자산 취득원가는 자산 취득에 직접 지출한 원가와 해당 자산을 본래 의도한 목적으로 사용 가능하게 하기 위해 지출한 부대원가 모두를 합하여 결정된다. 그러나 브랜드 이미지나 영업을 통하여 확보한 고객 명단 등 기업 내부에서 창출된 영업권은 지출된 원가(취득원가)를 신뢰성 있게 측정할 수 없고 기업이 통제하고 있는 식별 가능한 자원이 아니기 때문에 무형자산으로 인식하지 않는다.

> **· 특허 괴물(patent troll)**
> 제조 등의 생산 활동보다는 특허권의 행사를 통해 이익을 취하는 기업. 이 기업들은 먼저 특허를 매입한 후 소송 합의금, 로열티 등을 통해 수익을 얻는 데에만 치중한다. 전 세계에 300여 개 이상의 특허 괴물이 있으며 인텔렉추얼벤처스(IV), 인터디지털, 램버스, 스팬션 등이 악명을 떨치고 있다. 최근 외국계 특허괴물(patent troll)들이 최근 수익성이 좋은 한국 기업들을 표적으로 삼아 소송을 제기하면서 주목을 받았다.

02 ②

급진적 연구개발은 특정 사업목적을 달성하기 위해 큰 위험부담을 감수하고 기업 내부 또는 외부에서 새로운 지식을 창안하는 것을 뜻한다. 실패에 수반될 수 있는 높은 위험을 감수해야 하나 성공했을 경우 높은 보상을 받는 특징이 있다. 새로운 시도를 하는 데 있어 인력, 시스템, 파트너 등 사업의 유연성에서 뛰어난 벤처 및 중소기업이 상대적으로 급진적 연구개발에 유리한 특성을 갖고 있다.

03 ④

친환경 기술이 점차 모든 산업에 주요 이슈로 부상하면서 자동차 산업에서도 환경 친화적인 전기자동차가 큰 관심을 받고 있다. 저속에는 전기 배터리를, 고속에는 가솔린을 사용하는 HEV(하이브리드차), 구동 방식은 HEV와 유사하나 배터리를 재충전해 다시 쓸 수 있는 PHEV(플러그인 하이브리드차), 100% 전기의 힘만으로 고속 장거리 주행이 가능한 BEV(배터리 전기차). 그러나 전기차 개발에 관심이 높아질수록 세 가지 중 어느 것을 주력으로 할지 자동차 회사의 선택도 어려워지고 있다. 이런 상황에서 글로벌 자동차 기업들은 어떤 전략을 펼쳐야 하는가?

미래를 위한 큰 투자가 실패하게 되면 기업은 큰 부담을 안기 때문에 기업의 투자의사 결정에는 치밀한 전략적 사고가 필요하다. 일반적으로 기업은 투자의사 결정 때 여러 대안을 검토한 후 가장 높은 수익을 내는 방안을 선택한다. 확실성이 높으면 선택과 집중이 가장 좋은 선택이고 의사 결정도 어렵지 않다. 그러나 불확실성이 높은 경우 의사 결정이 쉽지 않다. 예상치 못했던 기술이나 제품이 산업 표준으로 부상할 수도 있다. 만약 대비하지 않은 기술이 산업 표준이 된다면 기업은 시장에서 순식간에 뒤처질 수 있다.

이처럼 전기차나 IT 분야 등 산업 환경의 불확실성이 높으면 기업은 리스크가 높은 단독 투자나 인수·합병(M&A)보다는 지분 출자나 전략적 제휴와 같이 상대적으로 낮은 수준의 관여부터 시작해가는 '리얼 옵션(real option)' 형태의 단계적 전략을 고려할 필요가 있다. 즉, 리얼 옵션은 하나의 대안을 선택해 투자하는 것이 아니라 복수의 대안에 소규모로 투자하는 것을 말한다. 기업은 대안마다 최소한의 역량과 기술을 확보하면서 시장 흐름에 뒤처지지 않도록 해야 한다.

따라서 전기차 개발 시 위험을 줄이고 미래 시장을 놓치지 않을 합리적인 전략은 우선 전기자동차를 주력으로 삼는 신흥 기업이나 전기차에서 가장 핵심인 배터리제조기업과 전략적 제휴를 강화하는 것이다. 이는 기존 자동차 회사들이 100% 자기자본만으로 전기차 개발에 뛰어들면 리스크가 매우 크지만 신흥 기업과 함께 개발할 때 리스크를 나누면서 미래 시장 선점 경쟁에서도 뒤처지지 않는 효과를 기대할 수 있기 때문이다.

04 ②

신제품 개발 과정은 아이디어 창출(creation), 아이디어 추출(screening), 제품 콘셉트 개발 및 테스트, 마케팅 전략 수립, 사업성 분석, 제품 개발, 시험(test) 마케팅, 신제품 출시 8단계로 이루어진다. 기업이 새 상품을 내놓더라도 소비자가 물리적·화학적 속성, 상징성 및 부수적 서비스를 기준으로 이전 제품과의 차별성을 느끼지 못한다면 신제품이라고 할 수 없다.

신제품 여부를 구분하는 가장 중요한 기준은 소비자가 어떻게 생각하느냐에 달려 있는 것이다. 신제품 개발의 아이디어 원천은 내부적 원천과 외부적 원천으로 나눌 수 있는데, 두 원천 모두 중요하다.

기업 내부의 기술 개발 및 연구개발(R&D) 활동을 통해서 아이디어가 제공될 뿐 아니라 CEO로부터 영업사원까지 각 층 모두 아이디어 원천이 될 수 있다. 기업 외부의 아이디어 원천으로는 고객, 경쟁업체, 유통업체, 공급업자 등이 있다.

05 ①

지식기반산업에서 수확체증의 현상이 발생하는 이유는 제품이 사용자들의 네트워크와 호환되어야 하는 경우가 대부분이고, 단위당 생산원가에 비해 연구개발비가 많이 발생하기 때문이다. 또한 한 번 학습된 고객은 경쟁자의 제품을 사용하기 위해 다시 학습하지 않으려 해서 전환비용을 발생시킨다.

㉠은 수확체강의 법칙, ㉡수확체증의 법칙이다.

06 ②

하이브리드차는 내연기관과 전기 모터가 함께 쓰여 동력을 얻는다.

07 ①

집단지성은 다수가 서로 협력·경쟁을 통해 자연스럽게 도출해내H와 같은 지적 능력의 결과를 말한다. 이와 유사한 개념으로는 크라우드 소싱, 오픈 이노베이션,

동등계층 생산, 오픈소스 비즈니스가 있다. 그러나 증강현실은 가상의 그래픽 또는 데이터가 실제 세계와 함께 겹쳐져서 현실감을 나타내는 혁신적인 기술을 말하는 것으로 집단지성과는 거리가 멀다.

08 ④

㉮의 한국산업표준은 제품과 가공기술에 인증을 해준다. 제품에는 품질식별이 용이하지 아니하여 소비자 보호를 위하여 규격에 맞는 것임을 표시할 필요가 있는 광공업품, 원자재에 해당하는 것으로서 다른 산업에 미치는 영향이 큰 광공업품, 독과점 품목/가격변동 등으로 현저한 품질저하가 우려되는 광공업품이 있다. 가공기술에는 규격에 정하여진 기술수준에 도달한 가공기술, 해당 가공기술을 사용함으로써 품질 또는 생산성향상이 가능한 가공기술이 있다. 보기 ㄱ의 경우 제품의 시험방법, 설계 기준도 한국산업표준에 포함된다. ㉯의 페일세이프는 기계나 부품에 고장이나 기능불량이 생겨도 항상 안전하게 작동하는 구조와 기능을 의미한다. 보기 ㄴ에서 페일세이프는 외형의 안전화가 아닌 기능의 안전화에 해당된다. ㉰의 전류가 정상적인 회로를 이탈하는 것을 누전이라고 한다. ㉱의 안전 표지판은 산업안전보건법 시행규칙의 안전·보건 표지의 종류와 형태(제6조 제1항 관련)에 의거하여 제작한다.

09 ①

A회사는 벤치마킹 경영 기법을 이용한다 에서 우수 기업의 경영 사례를 도입하여 혁신하고 있는 것을 알 수 있으므로 보기 ㄱ은 올바르다. B회사에서는 제품 특성으로 중저가의 제품으로 생산 수량이 많고, 제품당 품질 검사 시간과 비용이 많이 소요되므로 샘플링 검사법이 적당하지만 전수검사는 효과적이지 않다. 보기 ㄷ에서 단일 품종의 대량생산에 적합한 회사는 유동작업방식을 사용하고 있는 B회사가 적합하다. 보기 ㄹ의 설명 중 명령 계통이 일원화되어 있고 책임 소재가 명확한 조직은 직계식 조직의 설명으로 A회사가 직계식 조직을 사용하고 있기 때문에 보기 ㄹ은 올바른 설명이 아니다.

10 ①

보기 ㄱ에서 탄소배출권 거래에 기여한다는 의미는 다음의 내용 중 '친환경 자동차 핵심 제어기술을 개발하여 이산화탄소와 질소산화물 배출량을 획기적으로 줄였으며'에서 알 수 있다. 보기 ㄴ의 람사 (Ramsar) 협약은 습지와 물새서식지 보호에 관한 대표적인 국제환경협약으로 다음의 내용에서는 나와

있지 않다. CE마크는 유럽 연합 안전, 환경 인증 마크로 유럽 연합의 회원국의 규격을 통합한 반드시 부착해야 하는 인증 마크이다. 그러므로 보기 ㄷ의 미국에 수출하려면 받아야 하는 인증은 올바르지 않다.

적중예상문제

01 ②

(가)의 경우 크레인에 의한 중량물 낙하 위험이 있을 경우 방호울 설치나 위험 경계선 표시를 하여 사람들의 접근을 막아 사고를 미연에 예방할 수 있는 효과를 가져올 수 있다. (나)의 신체의 일부가 끼여 들어갈 위험은 사고의 종류 중 협착으로 보기 ㄴ의 비래는 올바르지 않다. 비래란 날아오는 물건이 부딪쳤을 경우이다. (다)의 유기 용제 노출에서 유기 용제란 탄소를 함유하고 있는 유기 화합물로 다른 물질의 성질을 변화시키지 않고 녹일 수 있는 물질로, 유기 용제에 노출되면 마취작용, 눈, 코, 점막 자극, 호흡기 질환, 중추 신경계 질환을 유발할 수 있다. (라)의 '간이 작업 의자에 의한 작업 자세 불량'은 작업 환경의 유해 요인 중 인간공학적 요인에 해당되므로 보기 ㄹ의 생물학적 유해 요인은 올바르지 않다.

02 ④

지식 재산권은 산업재산권, 저작권, 신지식재산권으로 나눌 수 있고, 산업재산권에는 특허, 실용신안, 디자인, 상표권이 있다. 신지식재산권에는 반도체 배치 설계, 생명 공학, 식물 신품종에 인정해주는 첨단 산업 재산권, 컴퓨터 프로그램, 데이터베이스, 디지털콘텐츠에 인정해주는 산업 저작권, 영업 비밀, 멀티미디어, 뉴미디어에 인정해주는 정보 재산권이 있다. (가)에서 '마크에 대한 권리'는 상표권에 대한 설명으로 상표권은 특허청에 등록되어야 권리가 발생한다. (나)의 '반도체 집적 회로의 배치 설계'는 신지식 재산권 중 첨단 산업 재산권에 해당된다. (다)의 방송사에서 제작한 영상물은 저작권에 해당되는 것으로 저작권에는 시, 소설, 음악, 미술, 영화, 연극, 컴퓨터 프로그램의 창작자가 가지는 권리도 포함된다. 보기 ㄹ의 갱신을 통해 권리 존속기간을 연장할 수 있는 것은 (가)인 상표권만 해당되고, 신지식 재산권과 저작권은 해당되지 않으므로 보기 ㄹ은 올바른 설명이 아니다.

03 ④

생산 관리 활동은 투입, 변환, 산출의 과정을 거친다. 투입은 노동력, 원자재, 에너지, 기계 설비이고, 변환은 계획, 통제, 조직화, 산출은 제품 및 서비스를 의미한다. (가)에서 투입은 작업자, 부품, 변환은 조립, 산출은 수송 트럭이고, (나)에서 투입은 작업 로봇, 변환은 조립, 산출은 LED TV이다. (다)에서 투입은 택배기사, 수송 트럭이고 변환은 수송, 산출은 소비자에게 배송이다. 그러므로 보기 ㄱ, ㄴ, ㄹ은 올바른 설명이고 보기 ㄷ은 틀린 설명이다.

04 ⑤

반도체 공업은 각종 기술에 대한 의존성이 높고, 부가가치가 높으며 여러 산업에 파급 효과가 큰 산업이다. 또한 각 세대별로 생산라인이 각각 설계되어 설비를 구축하게 되므로 초기 생산 설비에 많은 투자가 필요한 자본집약적인 산업이다. 반도체 생산라인에는 에어커튼을 비롯한 각종 먼지를 비롯한 미세한 물질들이 작업장에 들어오면 불량품을 유발할 수 있어 에어 샤워실과 같은 청정도 유지를 위한 각종 설비들이 설치되어 있으며, 청정도가 매우 중요한 공업이다.

05 ①

생산 합리화의 원칙에는 작업 절차를 간소하게 하는 단순화, 작업 과정을 통일하는 표준화, 작업 공정을 분업화하는 전문화가 있다. (가)의 내용 중 부품의 호환성을 높인다는 말에 표준화에 해당되고, (나)의 내용에서는 부품 수를 감소시킬 수 있다에서 단순화 라는 것을 알 수 있다.

06 ③

(가)는 갠트차트, (나)는 퍼트이다.
ㄱ. (가)에서 모든 작업을 완료하는데 소요되는 시간은 21시간이다.
ㄴ. (나)에서 B작업이 1시간 지연되어도, C작업인 6시간이 끝난 후 D작업이 이루어지므로 B작업에서 4시간에서 5시간이 된다 하더라도 C작업 시간이 많기 때문에 전체 완료 시간은 변함이 없다.
ㄷ. (나) 작업의 완료 시간 작업 경로는 A–C–D–E–G에 해당된다.

07 ②

산업 재산권은 각종 산업 활동에 의해 독창적으로 발명된 진보성 있는 기술을 그 기술 발명에 따른 산업 발전에 기여한 대가로 발명자에게 일정 기간 동안 독점 행사할 수 있도록 부여한 재산권이다. 산업 재산권에는 특허, 실용신안, 디자인, 상표권이 있다.
ㄱ. 그림은 특허에 관련된 내용이므로 특허권의 모든 권리가 귀속되지, 산업 재산권의 모든 권리가 귀속되는 것은 아니다.

ㄴ. 그림에서 특허권에 관련된 내용이기 때문에
실용신안권에 해당되는 것은 아니다.
ㄷ. 특허권에 대해서는 국내의 독점적 권리를 확보할 수
있다.

08 ②

ㄱ. A씨는 작업 도구에 발이 걸려 넘어진 것으로 전도에
해당된다.
ㄴ. 작업장에서 사고가 발생하였으므로 A씨는 산업재해
보상보험법의 적용을 받을 수 있다.
ㄷ. ㉮는 재해 연쇄 모형 중 불안전한 상태에 해당된다.
ㄹ. ㉯는 버드의 개선된 재해연쇄모형 중 기본 원인이
아닌 직접원인에 해당된다.

09 ②

증강현실(增强現實: Augmented Reality)은 주목 받는
새로운 IT 서비스다. 실제 눈으로 보이는 현실 세계의
모습에 가상의 디지털 정보를 접목해 생활 편의성을
높이는 신개념이다. 3중 융합(트라이버전스:
Trivergence)은 하드웨어와 소프트웨어, 서비스의
진화가 3박자로 맞아떨어지면서 IT 패러다임의
대전환이 일어나는 현상을 말한다.

10 ①

보기에서 이것은 특허괴물(patent troll)에 관한 설명이다.
특허괴물은 개인이나 기업에서 보유하고 있는 특허를
매입한 뒤, 자신들이 보유하고 있는 '특허'를 침해했다고
판단되는 기업에 소송을 제기해 이익을 얻는 회사를
말한다.

11 ①

폐기물의 발생에서 최종처리단계는 그림의 과정을 보면
자세하게 알 수 있다. 우선 쓰레기량 자체를 최소화하기
위한 노력은 배출에 해당하는 단계이고, 분리시설
설치나 일괄 수거 방식은 수집 단계에 해당한다.
중간처리는 소각, 퇴비화, 파쇄설치 이용에 관한
것이므로 보기의 ㄹ이 중간처리라 할 수 있다. ㄷ은
매립한 것으로 최종처리에 해당한다.

12 ④

불량률의 발생 원인은 작업자의 심리적 요인, 기능의
숙련도, 환경적 요인 등이 있다. 작업 초기에 높은
불량률을 보이다가 시간이 지날수록 불량률이 감소하는
경우는 기능의 숙련도 문제이다. 그러므로 작업초기
부터 숙련된 작업자를 투입하거나 사전에 직무 교육을
시키고 투입함으로써 이를 해결할 수 있다.

13 ②

(가)는 기술적 개선과 교육 및 훈련 개선 방안 등을
모색하여 시정책을 선정하는 단계이다. 안전 관리
책임자를 임명하여 안전 관리를 조직하고 토론회 및
근로자의 여론조사 등을 실시하여 위험 사실을 발견한다.

14 ③

통계적 품질 관리 중에 관리도법을 이해하고 있는가와
품질관리도를 분석하는 문제이다. (가)와 (나)의 그림을
분석하고 문제를 풀면 되는데, 우선 (가)의 품질관리도는
관리 상한선과 하한선 사이에 일정하게 있기 때문에
(가)는 정상적인 형태라고 볼 수 있지만, (나)는
관리하한선에 한 점이 내려와 있으므로 이 부분에 대한
원인분석을 하면 된다는 내용만 알면 충분히 풀 수
있다. 그러므로 품질 관리도는 관리상한선과
관리하한선만 넘지 않으면 된다. 즉 (가)는 정상적인
관리도법이라는 것을 알면 (가)는 원인 조사가 필요
없고(①), 집중적 관리도 필요 없다.(②) 또한 관리하한선
에 있는 점만 원인분석을 하므로 중심선 위의 두 점에
대해서 원인조사가 필요 없다(④).

15 ①

기업에서 제품을 생산하는 계획은 일반적 제품 계획,
판매 예측, 생산 계획의 순으로 한다. 제품을 계획하는
단계에서는 제품의 성능, 신뢰성, 수명 등을 기술적으로
검토하고 판매 예측 단계에서는 시장 점유율, 소비자의
취향 등을 고려하며, 생산 계획을 할 때는 수요의
시간적 변동과 노동력, 자금, 기계 설비 등의 기업이
보유한 생산 능력을 고려하여 생산 계획을 수립한다.

16 ④

사고의 직접적 원인은 불완전한 행동과 불완전한
상태로 분류한다. 거푸집이 떨어진 것은 불완전한 상태
방치에 속하고, 그러한 위험상태가 지속된 것은
작업환경의 결함으로 볼 수 있다.

17 ④

그림에 나타난 보호구는 방진 마스크, 용접면,
보안경으로 방진 마스크는 분진 등으로 인한 호흡계
질환을 예방할 수 있고, 용접면과 보안경은 유해
광선으로부터 눈을 보호할 수 있다. 분진은 화학적 위험
인자이고, 유해 광선은 물리적 위험 인자로 구분된다.

18 ②

재해의 예방 원칙에는 모든 재해는 예방할 수 있다는
예방 가능의 원칙, 재해 발생에는 반드시 원인이 있다는

원인 계기의 원칙, 같은 재해가 다시는 발생하지 않도록
대책을 수립하기 위한 대책 선정의 원칙이 있다.

19 ③

산업 사회의 발달 과정은 다음과 같다.
- 고대 : 석기, 청동기, 철기
- 중세 : 가내 수공업(장인 제도), 공장제 수공업
- 근대 : 공장제 기계공업(산업혁명)
- 현대 : 공장 자동화

20 ①

제품의 다양화와 개성화를 소비자가 요구하면 업계는
디자인 설계를 강화하고, 다양한 기능을 요구하면
신제품을 개발하며, 빠른 유행에는 유연 생산 체제로
돌입하여 대응한다. 또한 저렴한 가격을 원하면 생산의
자동화를 통한 원가를 절감하며, 수요가 적은 제품을
요구할 때에는 기업에서 다품종 소량 생산 체계를
수립한다.

Chapter 9

조직이해능력 (직업기초능력 I-1)

I-1. 조직이해능력

I-2. 하위능력별
- 가. 경영이해능력
- 나. 체제이해능력
- 다. 업무이해능력
- 라. 국제감각

학/습/목/표 (수행준거)

장차 직업인으로서 자신이 속할 조직의 경영, 체제, 업무 등을 이해하고 세계화시대에 적합한 국제감각을 기를 수 있다.

- 자신이 속한 조직들을 나열할 수 있다.
- 조직이 어떻게 운영되는지 설명할 수 있다.
- 자신이 속한 조직의 체제를 설명할 수 있다.
- 전체 조직에서 자신이 맡은 역할을 구분할 수 있다.
- 세계화시대에 적합한 국제감각을 설명할 수 있다.

▌성취수준(표준)

본 성취수준은 학력과 관련되며, 상은 4년제 대학 졸업자 수준, 중은 2년제 대학 졸업자 수준, 하는 고등학교 졸업자 수준을 의미한다.

구분			성취수준
조직이해능력		상	직장생활에서 업무와 관련된 국제동향을 업무에 적용하고, 전반적인 조직 체제에 대해 설명하며, 조직의 경영을 평가한다.
		중	직장생활에서 업무와 관련된 국제동향을 파악하고, 자신이 속한 조직의 체제를 설명하며, 조직의 운영을 설명한다.
		하	직장생활에서 일반적인 국제동향을 이해하고, 자신이 속한 조직체제를 이해하며, 조직의 운영을 이해한다.
하위 능력	경영 이해 능력	상	조직 전체의 경영 목표와 경영 방법을 이해하고, 이를 바탕으로 업무를 수행한다.
		중	자신이 속한 부서와 관련 부서의 목표와 운영 방법에 대해 이해하고, 이를 바탕으로 업무를 수행한다.
		하	자신이 속한 부서의 목표와 운영 방법에 대해 이해하고, 이를 바탕으로 업무를 수행한다.
	체제 이해 능력	상	조직 전체의 목표와 구성을 이해하고, 조직의 전체적인 규칙, 규정을 파악하여, 이를 바탕으로 업무를 수행한다.
		중	자신이 속한 부서와 관련 부서의 목표와 구성을 이해하고, 자신이 속한 부서 구성원들에게 적용되는 규칙, 규정을 파악하고, 이를 바탕으로 업무를 수행한다.
		하	자신이 속한 부서의 목표와 구성을 이해하고, 자신에게 해당하는 규칙, 규정을 파악하여, 이를 바탕으로 업무를 수행한다.
	업무 이해 능력	상	조직 전체의 업무에 대해 이해하고, 자신에게 주어진 업무를 분석하여 업무처리계획 및 절차를 수립한다.
		중	자신이 속한 부서와 관련 부서의 업무에 대해 이해하고, 자신에게 주어진 업무를 이해하여 업무를 처리하기 위한 계획과 절차를 이해한다.
		하	자신이 속한 부서의 업무에 대해 이해하고, 자신에게 주어진 업무를 확인하여 업무를 처리하기 위한 간단한 절차를 확인한다.
	국제 감각	상	직장생활에서 관련된 국제적인 동향을 분석하여, 이를 대부분의 업무상황에서 활용한다.
		중	직장생활에서 일반적인 국제 동향을 이해하여, 이를 특정한 업무 상황에서 활용한다.
		하	직장생활에서 특정한 국제 동향을 이해하여, 이를 한가지 업무 상황에서 활용한다.

 # 조직이해능력

조직이해능력이란 직업인으로서 일상적인 직장 생활에 요구되는 조직의 체제와 경영 및 국제감각을 이해하는 능력을 의미한다. 직업인은 조직의 한 구성원으로서 조직의 경영, 체제, 업무 등의 구성요소와 조직을 둘러싼 환경을 이해하는 조직이해능력의 함양이 필수적이다.

이러한 조직이해능력은 직장 생활에 필요한 조직의 경영 목표와 경영방법을 이해하는 경영이해능력, 조직의 구조와 목적, 규칙, 규정 등을 이해하는 체제이해능력, 업무의 성격과 내용을 알고 필요한 지식, 기술, 행동을 확인하는 업무이해능력, 다른 나라의 문화를 이해하고 국제적인 동향을 이해하는 국제감각으로 구성되어 있다.

✎ 기술

현대 조직론의 대가인 Etzioni는 "우리는 조직 속에서 태어났고, 조직에 의해 교육받으며, 우리 생애의 태반을 조직 속에 보낸다. 많은 여가시간을 조직 내에서 놀며 기도하며보낸다. 인간은 대부분은 조직 속에서 숨을 거둘 것이며 죽어서 매장을 해야 할 때가 오면 조직 중 가장 큰 조직인 국가로부터 매장허가를 받아야 할 것이다."라고 하여 조직생활이 인간에게 미치는 중요성을 강조하였다.

사람들은 다양한 조직 속에서 살아간다. 모든 사람은 하나 이상의 조직에 속해 있으며,

조직에 영향을 미치거나 받고 있다. 따라서 프레더스(Presthus)는 현대사회를 '조직사회 (Organizational society)'라고 하였다.

조직은 두 사람 이상이 공동의 목표를 달성하기 위해 의식적으로 구성된 상호작용과 조정을 행하는 행동의 집합체이다. 그러나 단순히 사람들이 모였다고 해서 조직이라고 하지는 않는다. 조직은 목적을 가지고 있고, 구조가 있으며, 목적을 달성하기 위해 구성원들은 서로 협동적인 노력을 하고, 외부 환경과 긴밀한 관계를 가지고 있다.

특히, 현대사회에서 인간의 생활은 조직 내에서 또는 조직과의 관계 속에서 이루어진다. 특히 직업인으로서 조직이란 직장을 의미한다. 직장은 사람들이 일을 하는데 필요한 물리적 장소이며 심리적 공간이다. 물리적 장소란 외형적으로 건물의 형태를 가지고 있는 것을 의미하며, 자신의 업무를 처리하는 활동영역이다. 심리적 공간으로서 직장은 직업인들이 일을 하면서 만족을 얻기도 하고, 좌절감을 경험하기도 하는 무형의 공간이다.

〉〉〉 기업

우리가 직장생활을 하는 대표적인 조직이 기업이다. 기업은 노동, 자본, 물자, 기술 등을 투입하여 제품이나 서비스를 산출하는 기관이다. 기업은 최소의 비용으로 최대의 효과를 얻음으로써 차액인 이윤을 극대화하기 위해 만들어진 조직이다.

그러나 최근에는 기업이 이윤창출만을 목적으로 하기보다 고객에게 보다 좋은 상품과 서비스를 제공하고 잠재적 고객에게 마케팅을 하는 고객을 만족시키는 주체로 이해되고 있다.

또한 정보화시대가 도래함에 따라 사람들의 창조적인 지적활동이 새로운 가치를 창출하는데 기초가 되고 있어, 기업들은 구성원들을 하나의 인적자원으로 삼고 그들의 능력개발을 위해 노력하고 있다.

〉〉〉 조직이해능력의 필요성

직업인들은 깨어있는 시간의 대부분을 직장에서 보내거나, 자신의 직업과 관련 있는 사람들을 만난다. 직업인은 한 조직의 구성원이 되기도 하지만, 업무를 처리하는 중에 다른 조직의 고객이 되기도 한다. 직업인들은 이처럼 조직에서 일을 한다.

일의 종류와 내용은 조직마다, 개인마다 다르지만 사람들은 자신이 좋아하는 일을 하고 싶어 하며, 더 잘하고 싶어 한다. 조직에서 자신에게 주어진 일을 성공적으로 수행하기 위해서는 우리는 조직이 돌아가는 기본적인 원리를 알아야 한다.

따라서 직업인들은 자신의 업무를 효과적으로 수행하기 위하여 국제적인 동향을 포함하여 조직의 체제와 경영에 대해 이해하는 조직이해능력을 기를 필요가 있다.

〉〉〉 조직의 유형

조직은 공식화 정도에 따라 공식조직(formal organization)과 비공식조직(informal organization)으로 구분할 수 있다. 공식조직은 조직의 구조, 기능, 규정 등이 조직화되어 있는 조직을 의미하며, 비공식조직은 개인들의 협동과 상호작용에 따라 형성된 자발적인 집단 조직이다. 즉, 비공식조직은 인간관계에 따라 형성된 것으로, 조직이 발달해 온 역사를 보면 비공식조직으로부터 공식화가 진행되어 공식조직으로 발전해 왔다. 조직의 규모가 커지면서 점차 조직 구성원들의 행동을 통제할 장치를 마련하게 되었고 이는 공식화되게 된다. 그러나 공식조직 내에서 인간관계를 지향하면서 비공식조직이 새롭게 생성되기도 한다. 이는 자연스러운 인간관계가 됨에 따라 일체감을 느끼고, 바람직한 가치체계나 행동유형 등이 공유되면서 하나의 조직문화가 되어 공식조직의 기능을 보완해주기도 한다.

조직은 영리성을 기준으로 영리조직과 비영리조직으로 구분할 수 있다. 영리조직은 기업과 같이 이윤을 목적으로 하는 조직이며, 비영리조직은 정부조직을 비롯하여 공익을 추구하는 병원, 대학, 시민단체, 종교단체 등이 해당한다.

조직을 규모로 구분하여 보았을 때, 가족 소유의 상점과 같이 소규모 조직도 있지만 대기업과 같이 대규모 조직도 있으며, 최근에는 다국적 기업도 증가하고 있다. 다국적 기업이란 동시에 둘 이상의 국가에서 법인을 등록하고 경영활동을 벌이는 기업으로 대표적으로 소니, 3M, 존슨앤존슨, 맥도날드 등이 있으며 우리나라 기업으로는 삼성전자, LG전자, 포스코 등이 해외법인을 등록하고 활동하고 있다.

〉〉〉 경영의 의미 및 내용

경영은 한마디로 조직의 목적을 달성하기 위한 전략, 관리, 운영활동이다.

과거에는 경영(administration)을 단순히 관리(management)라고 생각하였다. 관리는 투입되는 자원을 최소화하거나 주어진 자원을 이용하여 추구하는 목표를 최대한 달성하기 위한 활동이다.

그러나 경영은 관리이외에도 조직의 목적을 설정하고 이를 달성하기 위하여 의사결정을 하는 전략이나, 관리활동을 수행하는 운영도 중요하다. 특히, 조직을 둘러싼 환경이 급변하면서 이에 적응하기 위한 전략이 중요해지고 있다.

〉〉〉 경영의 구성요소

〉〉〉 경영자의 역할

경영자는 조직의 전략, 관리 및 운영활동을 주관하며, 조직구성원들과 의사결정을 통해 조직이 나아갈 바를 제시하고 조직의 유지와 발전에 대해 책임을 지는 사람이다.

경영자는 조직의 변화방향을 설정하는 리더이며, 조직구성원들이 조직의 목표에 부합된 활동을 할 수 있도록 이를 결합시키고 관리하는 관리자이다.

조직의 규모가 커지게 되면 한 명의 경영자가 조직의 모든 경영활동을 수행하는데 한계가 있으므로, 수직적 체계에 따라 최고경영자, 중간경영자 및 하부경영자로 구분되게 된다. 최고경영자는 조직의 최상위층으로 조직의 혁신기능과 의사결정기능을 조직 전체의 수준에서 담당하게 된다. 중간경영자는 재무관리, 생산관리, 인사관리 등과 같이 경영부문별로 최고경영층이 설정한 경영목표, 전략, 정책을 집행하기 위한 제반활동을 수행하게 된다. 하위경영자는 현장에서 실제로 작업을 하는 근로자를 직접 지휘, 감독하는경영층을 의미한다. 민츠버그(Mintzberg)는 경영자의 역할을 대인적, 정보적, 의사결정적 활동의 3가지로 구분하였다. 대인적 역할은 상징자 혹은 지도자로서 대외적으로 조직을 대표하고, 대내적으로 조직을 이끄는 리더로서 역할을 의미하며, 정보적 역할은 조직을 둘러싼 외부환경의 변화를 모니터링하고, 이를 조직에 전달하는 정보전달자의 역할을 의미한다. 의사결정적 역할은 조직내 문제를 해결하고 대외적 협상을 주도하는 협상가, 분쟁조정자, 자원배분자로서의 역할을 의미한다.

〉〉〉 조직체제 구성요소

조직의 체제는 조직목표, 조직구조, 조직문화, 규칙 및 규정으로 이루어진다.

조직의 목표는 조직이 달성하려는 장래의 상태로 조직이 존재하는 정당성과 합법성을 제공한다. 조직목표에는 전체 조직의 성과, 자원, 시장, 인력개발, 혁신과 변화, 생산성에 대한 목표가 포함된다.

조직의 구조는 조직 내의 부문 사이에 형성된 관계로 조직목표를 달성하기 위한 조직 구성원들의 상호작용을 보여준다. 조직구조는 의사결정권의 집중정도, 명령계통, 최고경영자의 통제, 규칙과 규제의 정도에 따라 달라지며 구성원들의 업무나 권한이 분명하게 정의된 기계적 조직과 의사결정권이 하부구성원들에게 많이 위임되고 업무가 고정적이지 않은 유기적 조직으로 구분될 수 있다. 직업인은 조직의 구조를 조직도로 쉽게 파악할 수 있다. 조직도는 조직 내적인 구조는 알아볼 수 없지만 구성원들의 임무, 수행하는 과업, 일하는 장소 등을 파악하는데 용이하다.

한편 조직이 지속되게 되면 조직구성원들 간 생활양식이나 가치를 공유하게 되는데 이를 조직문화라고 한다. 조직문화는 조직구성원들의 사고와 행동에 영향을 미치며 일체감과 정체성을 부여하고 조직이 안정적으로 유지되게 한다. 이에 따라 최근 조직문화에 대한 중요성이 부각되면서 조직문화를 긍정적인 방향으로 조성하기 위한 경영층의 노력이 이루어지고 있다.

조직의 규칙과 규정은 조직의 목표나 전략에 따라 수립되어 조직구성원들이 활동범위를 제약하고 일관성을 부여하는 기능을 한다. 예를 들어, 인사규정, 총무규정, 회계규정등이 있다. 특히 조직이 구성원들의 행동을 관리하기 위하여 규칙이나 절차에 의존하고 있는 공식화정도에 따라 조직의 구조가 결정되기도 한다.

✎ 조직과 업무

조직 전체를 운영하는 것이 경영이라면, 조직 구성원들은 조직의 목적을 달성하기 위해서 주어진 업무를 수행한다. 업무는 조직이 개인에게 부여한 의무이자 책임이다. 조직은 목표달성을 위해서 통합되어야 하기 때문에, 개인은 자신이 하고자 하는 업무를 선택할 수 있는 권한이 미약하다. 따라서 직업인은 자신에게 주어진 업무의 성격과 내용을 알고 그에 필요한 지식, 기술, 행동을 확인하는 업무이해능력을 길러야 한다.

업무 배정

조직의 업무는 조직 전체의 목적을 달성하기 위해 배분되는 것으로 목적 달성을 위해 효과적으로 분배되고, 원활하게 처리되는 구조가 되어야 한다. 이는 조직을 세로로 분할하는 것으로 업무의 종류, 성격, 범위를 명확하게 하고 구분하는 기준에 따라 나누어진다.

업무를 실제로 배정할 때에는 일의 동일성, 유사성이나 일의 관련성에 따라 이루어진다.

일의 동일성이나 유사성이란 일의 성격이 완전히 같거나 비슷할 때에 그것을 하나의 그룹으로 동일한 부문에 배정하는 것으로서, 예를 들어 문서 사무, 회계 사무, 판매 활동 또는 제조 활동과 같은 것이 있다.

한편, 일의 관련성에 따라서 구분하는 것은 일의 상호관련성에 따라 구분하기도 한다. 예를 들면, 의사결정 과정에서 중요한 것인지 이견이 있는 것인지에 따라 구분되기도 하며, 동시간대에 해야 되는 일을 하나의 업무로 묶기도 한다.

직위는 조직의 각 구성원들에게 수행해야 할 일정 업무가 할당되고 그 업무를 수행하는데 필요한 권한과 책임이 부여된 조직상의 위치이다. 즉, 직위는 조직의 업무체계중에서 하나의 업무가 차지하는 위치이며, 직업인이 조직 내에서 책임을 수행하고 권한을 행사하는 기반이 된다.

업무의 특성 및 권한

조직에서 업무가 배정되면 직업인에게는 각자 업무가 주어지게 되며, 직업인은 업무를 선택할 수 있는 재량권이 매우 적기 때문에 조직 내에서 업무의 특성과 역할을 확인할 수 있어야 한다. 업무는 요구되는 지식, 기술, 도구의 종류가 다르고 다양하게 이루어지며, 자율성이나 재량권도 다르다. 특히 직업인들이 업무를 공적으로 수행할 수 있는 힘을 업무 권한이라고 하며, 이는 자신의 결정에 다른 사람들이 따르게 할 수 있는 힘이다. 직업인은 업무 권한에 따라 자신이 수행한 일에 대한 책임도 부여받게 된다.

업무 수행 계획

업무를 효과적으로 수행하기 위해서는 체계적인 업무 수행 계획을 수립할 필요가 있다. 업무 수행 계획은 조직의 목적이나 방침에 부합되도록 조직이 정한 규칙이나 규정, 시간 등의 제약요인을 확인하는 것이 선행되어야 한다. 따라서 조직의 업무지침을 확인하고 개인의 업무지침을 수립하며, 활용가능한 자원을 확인하고 이에 따라 업무 수행을 체계적으로 표현하는 업무 수행 시트를 작성하도록 한다.

〉〉〉 조직과 환경의 관계

정치적 · 법적 환경은 정치체제의 구조와 과정, 조직과 관련된 법적 규범체제를 의미한다. 우리나라에서 조직과 관련된 법령으로는 중소기업육성법, 정부조직법, 기업구조조정촉진법, 사회적기업육성법, 비영리민간단체지원법 등이 있으며, 직업인이 직장생활을 하면서 알아야 할 조직관련 법으로는 근로기준법, 근로자복지기본법 등이 있다. 경제적 환경은 조직이 속해있는 경제체제의 상태를 말하며, 이윤을 추구하는 기업들은 경제적 환경에 매우 많은 영향을 받는다. 문화적 환경은 조직 구성원들의 가치와 신념을 결정하게 되어 조직의 설계와 형태, 그리고 조직문화에 영향을 미치게 된다. 기술적 환경은 새로운 기술이 개발되면 중요한 환경변수로 떠오르게 된다.

〉〉〉 이문화 이해와 국제매너

국제감각은 단순히 외국어를 잘하는 능력이 아니라 나와 다른 나라의 문화를 이해하는 이문화 이해와, 국제적 동향을 자신의 업무에 적용하는 능력을 모두 포함하는 개념이다. 이문화 이해는 내가 속한 문화와 다르다고 해서 무조건 나쁘거나 저급한 문화로 여기는 것이 아니라 그 나라 고유의 문화를 인정하고 해야 할 일과 해서는 안 되는 일을 구별할 수 있는 것이다. 직업인이 외국인과 함께 일을 하려면 이문화 이해에 기반을 둔 이문화 커뮤니케이션능력이 요구된다. 특히 국제관계에서는 언어적 커뮤니케이션보다 비언어적 커뮤니케이션으로 오해를 불러일으키는 경우가 많다. 같은 행동이라고 하더라도 문화적 배경에 따라 다르게 받아들여질 수 있으므로, 인사하는 법이나 식사예절과 같은 국제매너를 알아둘 필요가 있다.

〉〉〉 조직변화의 과정

조직의 변화는 환경의 변화를 인지하는 데에서 시작된다. 환경변화 중에 해당 조직에 영향을 미치는 변화를 인식하는 것으로 이는 조직구성원들이 현실에 안주하려는 경향이 있으면 인식하기 어렵다. 환경의 변화가 인지되면 이에 적응하기 위한 조직변화 방향을 수립한다. 이때는 조직의 세부목표나 경영방식을 수정하거나, 규칙이나 규정 등을 새로 제정하기도 한다. 특히, 체계적으로 구체적인 추진전략을 수립하고, 추진전략별 우선순위를 마련해야 한다. 이에 따라 조직변화를 실행하며, 마지막으로 조직개혁의 진행사항과 성과를 평가한다.

>>> 조직변화의 유형

조직변화는 제품과 서비스, 전략, 구조, 기술, 문화 등에서 이루어질 수 있다.

제품이나 서비스는 기존 제품이나 서비스의 문제점을 인식하고 고객의 요구에 부응하기 위한 것으로, 고객을 늘리거나 새로운 시장을 확대하기 위해서 변화된다.

전략이나 구조의 변화는 조직의 경영과 관계되며, 조직구조, 경영방식, 각종 시스템 등을 조직의 목적을 달성하고 효율성을 높이기 위해서 개선하는 것이다.

기술변화는 새로운 기술이 도입이 되는 것으로 신기술이 발명되었을 때나 생산성을 높이기 위해 이루어진다.

문화의 변화는 구성원들의 사고방식이나 가치체계를 변화시키는 것으로 조직의 목적과 일치시키기 위해문화를 유도하기도 한다.

>>> 조직과 나와의 관계

조직은 사람들로 이루어진 집합체며, 개인은 조직을 구성하는 가장 기본 단위이다. 개인은 이미 존재하는 조직에 가입하거나 여러 명에서 공동의 목적으로 가지고 조직을 만듦으로써 조직생활을 시작한다. 직업인의 직장에서의 조직생활은 일을 하는 것이다. 직업인은 일이라는 수단을 통해 조직의 목표를 달성하게 되며, 이 일은 개인에게는 직업이 된다.

개인과 조직은 유기적인 관계를 맺고 있기 때문에 하나가 잘못되면 다른 하나는 영향을 받게 된다.

개인은 조직에 필요한 지식, 기술, 경험 등 개인이 갖고 있는 여러 가지 자원을 제공한다. 조직은 구성원들이 해야 할 일을 정해 주고, 개인은 조직이 정해준 범위 내에서 업무를 수행한다. 조직의 목표에 어긋나거나 정해준 범위 외의 업무를 성취하게 되면, 오히려 조직에 불이익을 미치게 된다. 이처럼 조직의 목표달성에 필요한 업무를 성취할 수 있는 개인의 역량(competency)이 중요하며, 이러한 개인별 역량의 결과가 조직의 성과로 이어진다.

개인이 자신의 역량을 활용하여 조직에 여러 가지 공헌을 하게 되면, 조직은 개인에게 보상을 제공한다. 이는 연봉, 성과급과 같은 물질적 보상과 인정, 칭찬 등과 같은 비물질적 보상이 있다. 또한, 조직이 직접적으로 제공하는 보상은 아니지만 개인은 성공적으로 업무를 수행했을 때에 만족감을 느끼고 조직에 더욱 몰입하게된다. 최근에는 많은 조직에서 구성원들의 참여를 통해 조직의 목표를 자신의 목표로 내면화하도록 하여, 목표달성에 대한 의지를 높이고 있다.

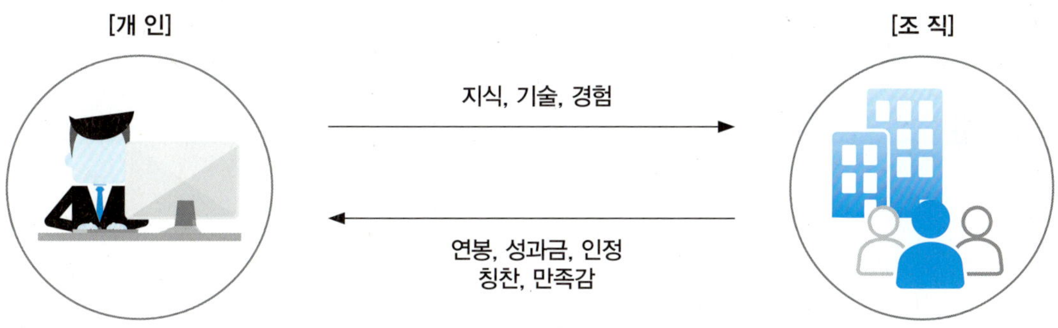

〉〉〉 조직과 직업

직업이란 일정한 지식과 기술을 가지고 장시간에 걸쳐 종사하는 일이다. 사람들이 조직에 들어와서 오랫동안 조직으로부터 주어진 업무를 수행하다보면 그 일은 하나의 직업이 된다. 조직은 개인의 적성이나 능력을 고려하여 개인에게 적합한 업무를 부여하거나 교육시키고, 새로운 사람을 선발하기도 한다. 개인들은 직업인으로서 조직의 업무에 적응하기 위하여 조직의 경영, 체제와 자신의 업무를 이해하고자 노력한다.

9.1 경영이해능력 (하위모듈 I-2-가)

학습목표

장차 직업인으로서 자신이 속할 조직의 경영 목표와 경영 방법을 이해하고, 경영의 한 주체로서 조직경영에 참여하는 능력을 기를 수 있다.

- ⋯▸ 자신이 속한 조직의 경영방법을 설명할 수 있다.
- ⋯▸ 자신이 속한 조직의 의사결정 과정을 설명할 수 있다.
- ⋯▸ 자신이 속한 조직의 경영전략을 다른 조직의 경영전략과 구분할 수 있다.
- ⋯▸ 근로자가 조직경영에 참여하는 방식을 설명할 수 있다.

✎ 경영이해능력

경영이해능력은 직업인이 자신이 속한 조직의 경영 목표와 경영 방법을 이해하는 능력이다. 직업인은 조직의 구성원으로서 직장생활을 하는 동안에 경영자가 수행하는 조직의 목적과 전략을 이해할 필요가 있다. 따라서 경영원리를 이해하고 경영상의 문제점을 개선하는 경영이해능력의 함양이 요구된다.

조직은 목적을 달성하기 위하여 지속적으로 관리, 운영된다. 비록 대부분의 경우 경영자들이 이러한 조직경영을 담당하지만 직업인들은 경영자의 이념이나 경영목적을 제대로 알지 못하면 능률이 떨어지고 조직의 효과성을 높일 수 없다. 따라서 자신이 속한 조직의 경영원리와 방법에 대한 이해가 요구되는 것이다.

〉〉〉 경영의 구성요소

경영의 구성요소에는 일반적으로 경영목적, 인적자원, 자금, 전략의 4요소가 있다.

- 경영목적은 조직의 목적을 어떤 과정과 방법을 택하여 수행할 것인가를 구체적으로 제시해준다. 조직의 목적을 달성하기 위해 조직을 이끌어 나가는 경영자는 조직의 목적이 어느 정도 달성되었는지 그리고 얼마나 효율적으로 달성되었는지에 대해 평가를 받게 된다.

- 인적자원은 조직에서 일하고 있는 구성원들로 이들이 어떠한 역량을 가지고 어떻게

직무를 수행하는지에 따라 경영성과가 달라진다. 경영자는 조직의 목적과 필요에 부합하는 인적자원을 채용하고 이를 적재적소에 배치, 활용할 수 있어야 한다.

- 자금은 경영활동에 사용할 수 있는 돈을 의미한다. 자금이 부족할 경우 원하는 경영목표를 달성하는데 어려움을 겪게 된다. 특히, 이윤추구를 목적으로 하는 사기업에서 자금은 이를 통해 새로운 이윤을 창출하는 기초가 된다.

- 전략은 조직이 가지고 있는 자원을 효과적으로 운영하여 무엇을 해야 하며, 어떤것을 달성해야 하는가를 알려준다.
  즉, 경영전략이란 기업 내 모든 인적 물적 자원을 경영목적을 달성하기 위해 조직화하고, 이를 실행에 옮겨 경쟁우위를 달성하는 일련의 방침 및 활동이다.

>>> 경영 단계

경영은 경영자가 경영목표를 설정하고, 경영자원을 조달·배분하여 경영활동을 실행하며, 이를 평가하는 일련의 과정으로 이해될 수 있다. 계획이란 조직의 미래상을 결정하고 이를 달성하기 위한 대안을 분석하고 목표를 수립하며 실행방안을 선정하는 과정이다.
이에 따라 경영실행이 이루어 지며 이 단계에서는 조직목적을 달성하기 위한 활동들과 조직구성원을 관리한다. 경영실행에 대한 평가는 수행결과를 감독하고 교정하여 다시 피드백하는 단계로 이루어진다.

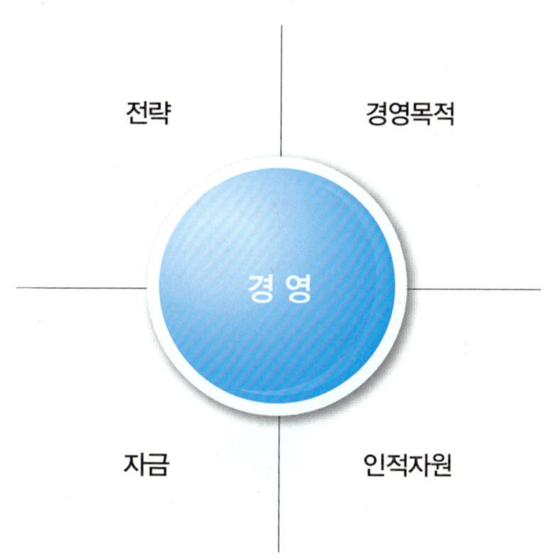

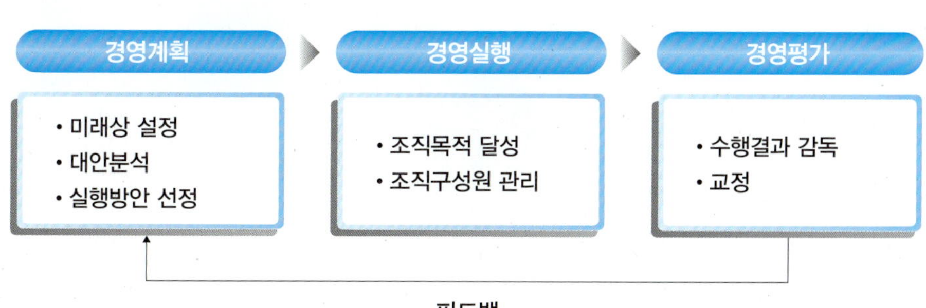

〉〉〉 경영활동 유형

경영활동은 외부경영활동과 내부경영활동으로 구분하여 볼 수 있다.

- 외부경영활동은 조직 내부를 관리하고 운영하는 것이 아니라 조직외부에서 조직의 효과성을 높이기 위해 이루어지는 활동이다. 예를 들어 기업에서는 주로 시장에서 이루어지는 활동으로 총수입을 극대화하고 총비용을 극소화하여 이윤을 창출하는 것이다. 이는 대외적 이윤추구활동으로서 대표적으로 마케팅 활동이 있다.
- 한편, 내부경영활동은 조직내부에서 인적, 물적 자원 및 생산기술을 관리하는 것이다. 여기에는 인사관리, 재무관리, 생산관리 등이 해당이 된다.

✎ 의사결정의 과정(점진적 의사결정)

조직에서의 의사결정은 문제가 확실하게 분석가능하고 해결방안이 확실한 경우도 있지만 대부분 제한된 정보와 여러 견해들이 공유하게 된다. 또한 혁신적인 결정보다 현재의 체제 내에서 순차적, 부분적으로 의사결정이 이루어져서 기존의 결정을 점증적으로 수정해나가는 방식으로 이루어진다.

따라서 조직에서의 의사결정에 대한 여러 모형들이 있지만 문제 발견에서 해결안 제시까지 구조화된 행동 순서를 나타내고 있는 점진적 의사결정 모형을 활용할 수 있다.

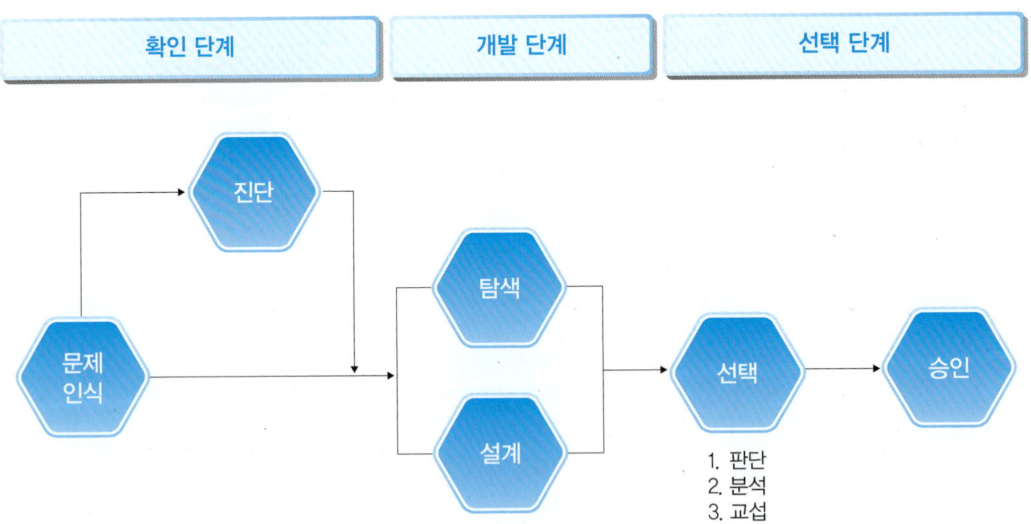

① 확인 단계

확인 단계에서는 의사결정이 필요한 문제를 인식한다. 이는 외부 환경이 변화하거나 내부에서 문제가 발생했을 때에 발생한다. 문제를 인식하면 이를 구체화하기 위하여 정보를 얻는 단계이다. 진단단계는 문제의 심각성에 따라서 체계적으로 이루어지기도 하며, 비공식적으로 이루어지기도 한다. 또한 문제를 신속히 해결할 필요가 있는 경우에는 진단시간을 줄이고 즉각적인 대응이 필요하다.

② 개발 단계

개발 단계는 확인된 문제에 대하여 해결방안을 모색하는 단계이다. 개발 단계는 2가지 방식으로 이루어질 수 있다. 먼저 조직 내의 기존 해결 방법 중에서 새로운 문제의 해결 방법을 찾는 탐색과정이다. 이는 조직 내 관련자와의 대화나 공식적인 문서 등을 참고하여 이루어질 수 있다.

이전에 없었던 새로운 문제의 경우 이에 대한 해결안을 설계해야 한다. 이 경우에는 의사결정자들이 모호한 해결방법만을 가지고 있기 때문에 다양한 의사결정 기법을 통하여 시행착오적 과정을 거치면서 적합한 해결방법을 찾아나간다.

③ 선택단계

해결방안을 마련하면 실행가능한 해결안을 선택한다. 선택을 위한 방법은 3가지로 이루어질 수 있다. 이는 한 사람의 의사결정권자의 판단에 의한 선택, 경영과학 기법과 같은 분석에 의한 선택, 이해관계집단의 토의와 교섭에 의한 선택이 있다. 이렇게 해결방안이 선택되면 마지막으로 조직 내에서 공식적인 승인절차를 거친 후 실행된다.

>>> 집단의사결정의 특징

조직 내에서는 개인이 단독으로 의사결정을 내리는 경우도 있지만 집단이 의사결정을 하기도 한다. 집단의사결정은 한 사람이 가진 지식보다 집단이 가지고 있는 지식과 정보가 더 많아 효과적인 결정을 할 수 있다. 또한 다양한 집단구성원이 갖고 있는 능력은 각기 다르므로 각자 다른 시각으로 문제를 바라봄에 따라 다양한 견해를 가지고 접근할 수 있다.

집단의사결정을 할 경우 결정된 사항에 대하여 의사결정에 참여한 사람들이 해결책을 수월하게 수용하고, 의사소통의 기회도 향상되는 장점이 있다. 반면에 의견이 불일치하는 경우 의사결정을 내리는데 시간이 많이 소요되며, 특정 구성원에 의해 의사결정이 독점될 가능성이 있다.

〉〉〉 브레인스토밍

집단에서 의사결정을 하는 대표적인 방법인 브레인스토밍은 여러 명이 한 가지의 문제를 놓고 아이디어를 비판 없이 제시하여 그 중에서 최선책을 찾아내는 방법으로, 다음과 같은 규칙을 준수하는 것이 중요하다.

- 다른 사람이 아이디어를 제시할 때에는 비판하지 않는다.
- 문제에 대한 제안은 자유롭게 이루어질 수 있다.
- 아이디어는 많이 나올수록 좋다.
- 모든 아이디어들이 제안되고 나면 이를 결합하고 해결책을 마련한다.

〉〉〉 경영전략의 추진과정

조직은 먼저 경영전략을 통해 미래에 도달하고자 하는 미래의 모습인 비전을 규명하고, 미션(전략목표)을 설정한다.

전략목표를 설정하면 전략대안들을 수립하고 실행 및 통제하는 관리과정을 거친다.

최적의 대안을 수립하기 위하여 조직의 내·외부 환경을 분석한다. 조직의 내·외부환경을 분석하는데 유용하게 이용될 수 있는 방법으로는 SWOT 분석이 가장 많이 활용되고 있다. SWOT 분석에서 조직 내부 환경으로는 조직이 우위를 점할 수 있는 장점(Strength)과 조직의 효과적인 성과를 방해하는 자원, 기술, 능력 면에서의 약점(Weakness)이 있다. 조직의 외부 환경은 기회요인(Opportunity)과 위협요인(Threat)으로 나뉘며, 기회요인은 조직 활동에 이점을 주는 환경요인이고, 위협요인은 조직 활동에 불이익을 미치는 환경요인이다.

환경 분석이 이루어지면, 이를 토대로 전략을 도출한다. 조직의 경영전략은 조직전략, 사업전략, 부문전략으로 구분할 수 있으며 이들은 위계적 수준을 가지고 있다. 가장 상위단계 전략인 조직전략은 조직의 사명을 정의하고, 사업전략은 사업수준에서 각 사업의 경쟁적 우위를 점하기 위한 방향과 방법을 다룬다. 그리고 부문전략은 기능부서별로 사업전략을 구체화하여 세부적인 수행방법을 결정한다. 경영전략의 예로는 원가우위전략, 차별화전략 등이 있다.

경영전략이 수립되면 이를 실행하여 경영목적을 달성하고 결과를 평가하여 피드백하는 과정을 거친다.

〉〉 경영전략의 유형

조직의 경영전략은 경영자의 경영이념이나 조직의 특성에 따라 다양하다. 이 중 대표적인 경영전략으로 마이클 포터(Michael E. Porter)의 본원적 경쟁전략이 있다. 본원적 경쟁전략은 해당 사업에서 경쟁우위를 확보하기 위한 전략으로 원가우위 전략, 차별화 전략, 집중화 전략으로 구분된다.

- **원가우위 전략은** 원가절감을 통해 해당 산업에서 우위를 점하는 전략으로, 이를 위해서는 대량생산을 통해 단위 원가를 낮추거나 새로운 생산기술을 개발할 필요가있다. 여기에는 70년대 우리나라의 섬유업체나 신발업체, 가발업체 등이 미국시장에 진출할 때 취한 전략이 해당한다.

- **차별화 전략은** 조직이 생산품이나 서비스를 차별화하여 고객에게 가치가 있고 독특하게 인식되도록 하는 전략이다. 차별화 전략을 활용하기 위해서는 연구개발이나 광고를 통하여 기술, 품질, 서비스, 브랜드이미지를 개선할 필요가 있다.

- **집중화 전략은** 특정 시장이나 고객에게 한정된 전략으로, 원가우위나 차별화 전략이 산업전체를 대상으로 하는데 비해 집중화 전략은 특정 산업을 대상으로 한다. 즉, 차별화 전략에서는 경쟁조직들이 소홀히 하고 있는 한정된 시장을 원가우위나 차별화 전략을 써서 집중적으로 공략하는 방법이다.

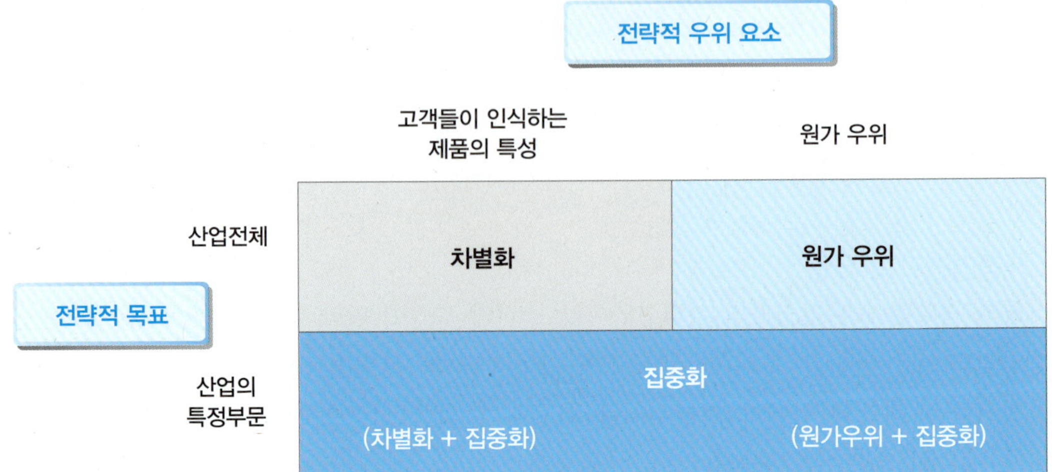

✎ 경영참가제도

산업민주주의의 발달과 함께 근로자 또는 노동조합을 경영의 파트너로 인정하는 협력적 노사관계가 중시됨에 따라 이들을 조직의 경영의사결정 과정에 참여시키는 경영참가제도가 논의되고 있다. 특히, 최근에는 국제경쟁의 가속화와 저성장, 급격한 기술발전과 같은 환경변화에 따라 대립적인 노사관계만으로는 한계가 있다고 지적되면서 점차 경영참가의 중요성이 커지고 있다.

• 경영참가제도의 목적

경영참가제도의 가장 큰 목적은 경영의 민주성을 제고하는 것이다. 근로자 또는 노동조합이 경영과정에 참여하여 자신의 의사를 반영함으로써 공동으로 문제를 해결하고, 노사 간의 세력 균형을 이룰 수 있다.

또한 근로자나 노동조합이 새로운 아이디어를 제시하거나 현장에 적합한 개선방안을 마련해줌으로써 경영의 효율성을 제고할 수 있다. 이를 통해 궁극적으로는 노사 간 대화의 장이 마련되고 상호 신뢰를 증진시킬 수 있다.

• 경영참가제도의 유형

– 경영참가

경영참가는 경영자의 권한인 의사결정과정에 근로자 또는 노동조합이 참여하는 것이다. 대표적으로 노사협의회는 노사 대표로 구성되는 합동기구로서 생산성 향상,

근로자 복지 증진, 교육훈련, 기타 작업환경 개선 등을 논의한다. 경영참가의 초기단계에서는 경영자층이 경영 관련 정보를 근로자에게 제공하고 근로자들은 의견만을 제출하는 정보참가 단계를 가진다. 정보참가 단계보다 근로자들의 참여권한이 확대되면 노사 간 서로의견을 교환하여 토론하며 협의하는 협의참가 단계를 거친다. 다만 이 단계에서 이루어진 협의결과에 대한 시행은 경영자들에게 달려있다. 마지막은 근로자와 경영자가 공동으로 결정하고 결과에 대하여 공동의 책임을 지는 결정 참가 단계이다. 이 단계에서는 경영자의 일방적인 경영권은 인정되지 않는다.

– 이윤참가

이윤참가는 조직의 경영성과에 대하여 근로자에게 배분하는 것으로 조직체에 대한 구성원의 몰입과 관심을 높일 수 있는 방법이다. 이는 경영의 성과증진에 근로자 혹은 노동조합이 적극적으로 기여하고 그 대가로서 임금 이외의 형태로 보상을 받는다. 이윤참가는 생산의 판매 가치나 부가가치의 증대를 기준으로 성과배분을 하기도 한다.

– 자본참가

자본참가는 근로자가 조직 재산의 소유에 참여하는 것이다. 이는 근로자가 경영방침에 따라 회사의 주식을 취득하는 종업원지주제도, 노동제공을 출자의 한 형식으로 간주하여 주식을 제공하는 노동주제도 등이 있다. 자본참가 방식은 근로자들이 주인의식과 충성심을 가지게 되고, 성취동기를 유발할 수 있으며, 퇴직 후에 생활자금을 확보할 수 있는 한 방법이 된다.

• 경영참가제도의 문제점

경영참가제도를 통해 근로자들이 조직에 소속감을 느끼고 몰입하게 되어 발전적 협력이 가능하지만, 이는 모든 조직에 효과적이거나 반드시 확대되어야 할 제도는 아니다.

경영능력이 부족한 근로자가 경영에 참여할 경우 의사결정이 늦어지고 합리적으로 일어날 수 없으며, 대표로 참여하는 근로자가 조합원들의 권익을 지속적으로 보장할 수 있는가도 문제가 된다.

또한 경영자의 고유한 권리인 경영권을 약화시키고, 오히려 경영참가제도를 통해 분배 문제를 해결함으로써 노동조합의 단체교섭 기능이 약화될 수 있다.

따라서 경영참가제도가 발전적으로 이루어지도록 근로자들의 경영능력을 기르고 경영자와 근로자간 서로 협력할 수 있는 자세를 견지해야 한다.

9.2 체제이해능력 (하위모듈 I-2-나)

학습목표

장차 직업인으로서 자신이 속할 조직의 구조와 목적, 문화, 규칙 등과 같은 조직체제를 파악하는 능력을 기른다.

- ⋯▸ 자신이 속한 조직의 목표를 설명할 수 있다.
- ⋯▸ 조직구조에서 자신이 속한 위치를 확인할 수 있다.
- ⋯▸ 자신이 속한 조직문화의 특징을 설명할 수 있다.
- ⋯▸ 자신이 속한 조직 내 집단의 특징을 설명할 수 있다.

✎ 체제이해능력

체제이해능력은 조직의 구조와 목적, 체제 구성요소, 규칙, 규정 등을 이해하는 능력이다. 직업인은 자신이 속한 조직이 사회적, 조직적, 기술적으로 어떻게 작용하고 있는지를 이해했을 때 조직의 요구에 효과적으로 부응할 수 있다. 따라서 조직체제의 다양한 요소의 작용원리를 이해하고 문제점을 개선할 수 있는 체제이해능력의 함양이 요구된다.

조직은 공통된 목표를 달성하기 위하여 모인 사람들의 집합체로 정의될 수 있다. 이처럼 조직은 특정 목표달성을 목적으로 하고 있으므로, 조직 구성원들이 조직의 목표를 제대로 알지 못한다. 자신에게 주어진 업무를 성실히 수행한다고 하더라도 조직의 목표를 달성하지 못하고, 오히려 조직 전체의 손실을 끼치는 경우도 있다.

》》 조직목표의 기능 및 특징

조직구성원들이 자신의 업무에 몰입하고 성실하게 일을 수행한다고 하여, 전체 조직의 목표가 달성되는 것은 아니다. 조직목표는 조직이 달성하려는 장래의 상태로, 대기업, 정부부처, 종교단체를 비롯하여 심지어 작은 가게도 달성하고자 하는 목표를 가지고 있다. 조직의 목표는 미래지향적이지만 현재의 조직행동의 방향을 결정해주는 역할을 한다.

조직목표는 공식적 목표와 실제적 목표가 다를 수 있다. 즉, 조직이 존재하는 이유와 관련된 조직의 사명과 사명을 달성하기 위한 세부목표를 가지고 있다.

조직 목표	
조직의 사명	**세부목표(운영목표)**
• 조직의 비전, 가치와 신념, 조직의 존재 이유 • 조직이 존재하는 정당성과 합법성을 제공	• 조직이 실제적인 활동을 통해 달성하고자 하는 것 • 측정 가능한 형태로 기술되는 단기적인 목표 • 조직이 나아갈 방향을 제시 • 의사 결정할 수 있는 기준을 제시 • 조직 구성원 행동수행의 동기 • 조직구성원들의 수행을 평가할 수 있는 기준 • 조직구조나 운영과정과 같이 조직 체제를 구체화할 수 있는 기준

조직목표의 특징

- 공식적 목표와 실제적 목표가 다를 수 있음
- 다수의 조직목표 추구 가능
- 조직목표간 위계적 상호관계가 있음
- 가변적 속성
- 조직의 구성요소와 상호관계를 가짐

〉〉 조직목표의 분류

조직설계 학자인 Richard L. Daft는 조직이 일차적으로 수행해야할 과업인 운영목표에는 조직전체의 성과, 자원, 시장, 인력개발, 혁신과 변화, 생산성에 관한 목표가 포함된다고 하였다.

- 전체성과는 영리조직은 수익성, 사회복지 기관은 서비스 제공과 같은 조직의 성장 목표이다.
- 자원은 조직에 필요한 재료와 재무자원을 획득하는 것이며,
- 시장과 관련된 조직목표는 시장점유율이나 시장에서의 지위향상과 같은 목표이다.
- 인력개발은 조직구성원에 대한 교육훈련, 승진, 성장 등과 관련된 목표이며,
- 혁신과 변화는 불확실한 환경변화에 대한 적응가능성을 높이고 내부의 유연성을 향상 시키고자 수립하는 것이다.

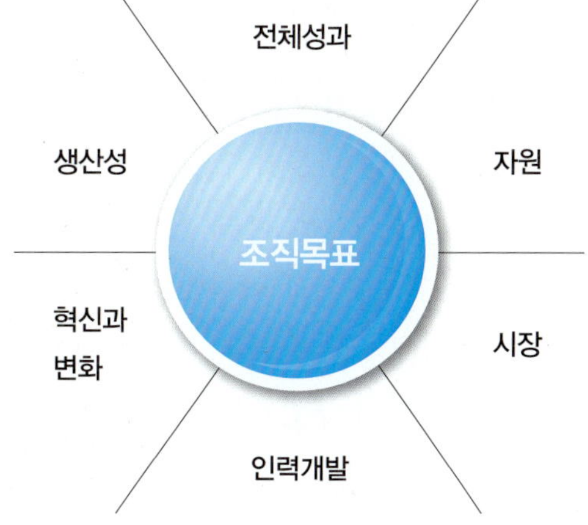

- 생산성은 투입된 자원에 대비한 산출량을 높이기 위한 목표로 단위생산비용, 조직구성원 1인당 생산량 및 투입비용 등으로 산출할 수 있다.

>>> 조직구조의 구분

조직구조는 의사결정 권한의 집중정도, 명령계통, 최고경영자의 통제, 규칙과 규제의 정도 등에 따라 기계적인 조직과 유기적인 조직으로 구분할 수 있다.

- 기계적 조직은 구성원들의 업무가 분명하게 정의되고 많은 규칙과 규제들이 있으며, 상하간 의사소통이 공식적인 경로를 통해 이루어지고 엄격한 위계질서가 존재한다. 대표적인 기계적 조직으로는 군대가 있다.
- 반면에, 유기적 조직은 의사결정권한이 조직의 하부구성원들에게 많이 위임되어 있으며 업무 또한 고정되지 않고 공유 가능한 조직이다. 유기적 조직에서는 비공식적인 상호 의사소통이 원활히 이루어지며, 규제나 통제의 정도가 낮아 변화에 따라 쉽게 변할 수 있는 특징을 가진다.

>>> 조직구조의 결정요인

조직구조는 조직마다 다양하게 이루어진다. 조직구조는 조직목표의 효과적 달성에 영향을 미친다. 조직구조에 대한 많은 연구들은 조직구조에 영향을 미치는 요인으로 조직의 전략, 규모, 기술, 환경 등이 있으며, 이에 따라 기계적 조직 혹은 유기적 조직으로 설계되며 조직 활동의 결과 조직의 성과와 구성원들의 조직만족이 결정된다. 다만, 조직성과와 만족은 조직구성원들의 개인적 성향과 조직문화의 차이에 따라 달라진다.

- 조직전략은 조직의 목적을 달성하기 위하여 수립한 계획으로 조직이 자원을 배분하고 경쟁적 우위를 달성하기 위한 주요 방침이다. 따라서 조직의 전략이 바뀌게 되면 구조가 바뀌게 된다.
- 한편, 소규모조직과 대규모조직은 다른 조직구조를 가지게 된다. 대규모조직은 소규모 조직에 비해 업무가 전문화, 분화되어 있고 많은 규칙과 규정이 존재하게 된다.
- 기술은 조직이 투입요소를 산출물로 전환시키는 지식, 기계, 절차 등을 의미하며, 소량 생산기술을 가진 조직은 유기적 조직구조를, 대량생산기술을 가진 조직은 기계적 조직구조를 가진다.
- 조직은 환경의 변화에 적절하게 대응해야 하므로 환경에 따라 조직의 구조가 달라진다. 안정 적이고 확실한 환경에서는 기계적 조직이 급변하는 환경에서는 유기적 조직이 적합하다.

조직구조 결정요인	→	조직구조 설계	→	결 과
• 전략 • 규모 • 기술 • 환경		• 기계적 조직 • 유기적 조직		• 조직성과 • 만족

개인특성
조직문화특성

》》 조직구조의 형태

조직도를 살펴보면 조직 내적인 구조는 볼 수 없지만 구성원들의 임무, 수행하는 과업, 일하는 장소 등과 같은 일하는 방식과 관련된 체계를 알 수 있으므로 한 조직을 이해하는데 유용하다. 조직도를 통해 조직이 어떻게 구성되어 있는지를 알 수 있고, 조직에서 하는 일은 무엇이며, 조직구성원들이 어떻게 상호작용하는지를 파악할 수 있다.

대부분의 조직은 조직의 CEO가 조직의 최상층에 있고, 조직구성원들이 단계적으로 배열되는 구조를 가지고 있다.

환경이 안정적이거나 일상적인 기술, 조직의 내부 효율성을 중요시하며 기업의 규모가 작을 때에는 업무의 내용이 유사하고 관련성이 있는 것들을 결합해서 그림과 같이 기능적 조직구조 형태를 이루었다.

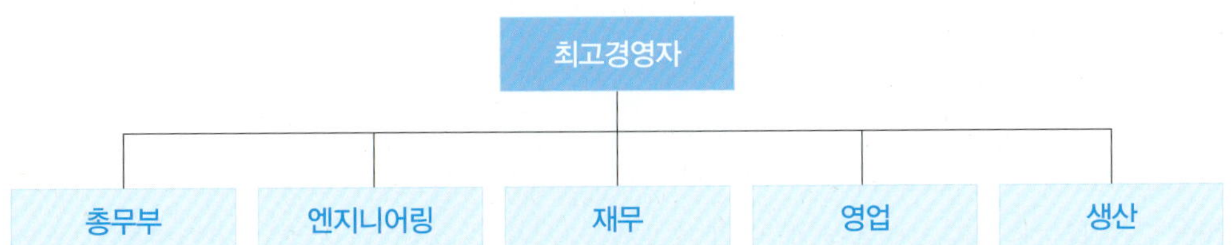

그러나 급변하는 환경변화에 효과적으로 대응하고 제품, 지역, 고객별 차이에 신속하게 적응하기 위하여 분권화된 의사결정이 가능한 사업별 조직구조를 가지게 되었다. 사업별 조직구조는 개별 제품, 서비스, 제품그룹, 주요 프로젝트나 프로그램 등에 따라 조직화된다. 즉, 그림과 같이 제품에 따라 조직이 구성되고 각 사업별 구조 아래 생산, 판매, 회계 등의 역할이 이루어진다.

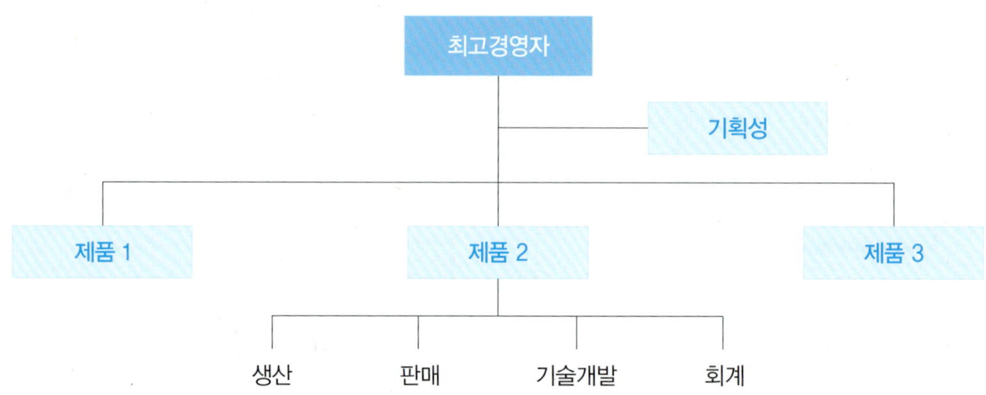

조직문화

• 조직문화의 의미

조직문화는 조직구성원들의 공유된 생활양식이나 가치이다. 즉, 조직문화는 한 조직체의 구성원들이 모두 공유하고 있는 가치관과 신념, 이데올로기와 관습, 규범과 전통 및 지식과 기술 등을 모두 포함한 종합적인 개념으로 조직전체와 구성원들의 행동에 영향을 미친다.

조직의 구성원들은 조직문화 속에서 활동하고 있지만 이를 의식하지 못하는경우가 많다. 조직문화에 자연스럽게 융화되어 생활하는 경우도 있지만, 새로운 직장으로 옮겼을 때와 같이 조직문화의 특징을 알지 못하여 조직적응에 문제를 일으키는 경우도 있다.

따라서 직업인들은 조직문화의 특징은 어떤 것이 있으며, 자신이 속한 조직은 어떤 특징을 가지는 지를 이해할 필요가 있다.

• 조직문화의 기능

조직문화는 조직의 방향을 결정하고 존속하게 하는데 중요한 요인이다.

첫째, 조직문화는 구성원들에게 일체감과 정체성을 부여한다. 특히, 외부환경이 변하게 되면 조직구성원의 결속력을 강화시켜주는 역할을 한다.

둘째, 조직문화는 조직몰입을 높여준다. 조직구성원들은 조직에 소속감을 느끼고 조직의 목표를 달성하기 위하여 자신의 노력과 능력을 기울인다.

셋째, 조직문화는 구성원들의 행동지침으로 작용한다. 조직문화는 구성원의 사고방식과 행동양식을 규정하여, 구성원들은 조직에서 해오던 방식대로 업무를 처리하게 된다. 이는 조직문화가 구성원을 조직에 적응하도록 사회화하고 일탈적 행동을 통제하는 기능을 한다.

넷째, 조직문화는 조직의 안정성을 가져온다. 따라서 많은 조직들은 그 조직만의 독특한 조직문화를 만들기위해 노력하기도 한다. 그러나 강한 조직문화는 다양한 조직구성원들의 의견을 받아들일 수 없거나, 조직이 변화해야 할 시기에 장애요인으로 작용하기도 한다.

- **조직문화 구성요소**

조직문화가 어떻게 구성되는지를 이해하면 조직문화를 구체적으로 이해하는데 도움이된다. 미국 선진 기업의 성공 사례를 연구한 Peters와 Waterman의 저서 「In Search of Excellence」에서는 7-S 모형을 통해 조직문화의 구성요소와 이들의 상호작용을 개념화 하였다. 이는 세계적 기업인 맥킨지(McKinsey)에 의해서 개발된 것으로 조직문화를 구성 하고 있는 'S'는 공유가치(Shared Value), 리더십 스타일(Style), 구성원(Staff), 제도, 절차 (System), 구조(Structure), 전략(Strategy), 스킬(Skill)을 말한다.

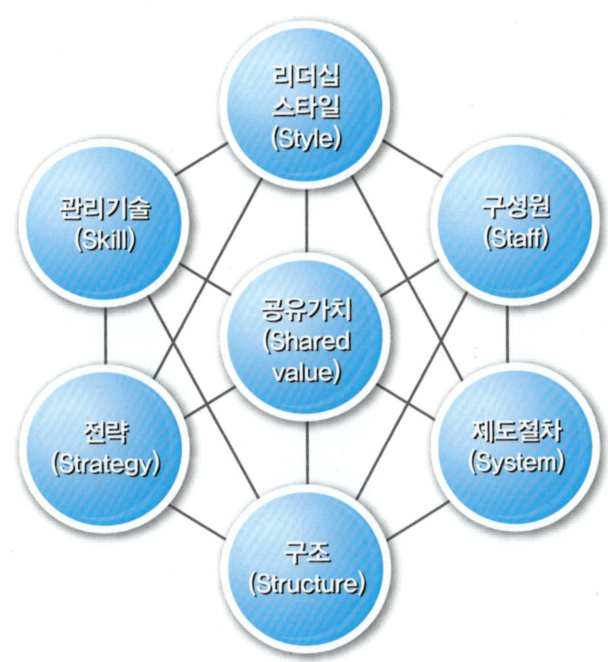

- '공유가치'는 조직구성원들의 행동이나 사고를 특정 방향으로 이끌어 가는 원칙이나 기준이다.
- '리더십 스타일'은 구성원들을 이끌어 나가는 전반적인 조직관리 스타일이다.
- 조직의 '구성원'은 조직의 인력 구성과 구성원들의 능력과 전문성, 가치관과 신념, 욕구와 동기, 지각과 태도 그리고 그들의 행동 패턴 등을 의미하며,

- '제도절차'는 조직 운영의 의사 결정과 일상운영의 틀이 되는 각종 시스템을 의미한다.
- '구조'는 조직의 전략을 수행하는데 필요한 틀로서 구성원의 역할과 그들 간의 상호관계를 지배하는 공식요소를,
- '전략'은 조직의 장기적인 목적과 계획 그리고 이를 달성하기 위한 장기적인 행동지침을,
- '기술'은 하드웨어는 물론 이를 사용하는 소프트웨어 기술을 포함하는 요소를 의미한다.

이처럼 조직문화는 조직의 체제를 구성하는 구성원, 시스템, 구조, 전략 등과 밀접한 관계를 가지며 조직의 주된 특성이 된다.

✎ 집단

조직체제 안에는 집단이 있다. 집단은 조직구성원들 몇 명이 모여 일정한 교호작용의 체제를 이룰 때에 형성된다. 업인들은 자신이 속한 집단에서 소속감을 느끼며, 필요한 정보를 획득하고, 인간관계를 확장하는 등의 요구를 충족할 수 있다. 특히 최근에는 수직적·수평적 장벽을 허물고 보다 자율적인 환경 속에서, 인적자원을 효율적으로 활용하고 내부유연성을 강화하기 위한 조직형태인 팀에 대한 관심이 증가하고 있다.

• 집단의 유형

조직 내 집단은 공식적인 집단과 비공식적인 집단으로 구분할 수 있다.

공식적인 집단은 조직의 공식적인 목표를 추구하기 위해 조직에서 의식적으로 만든 집단이다. 따라서 공식적인 집단의 목표나 임무는 비교적 명확하게 규정되어 있으며, 여기에 참여하는 구성원들도 인위적으로 결정되는 경우가 많다. 공식적 집단의 예로는 상설 혹은 임시위원회, 임무수행을 위한 작업팀 등이 있다.

반면에, 비공식적인 집단은 조직구성원들의 요구에 따라 자발적으로 형성된 집단이다. 이는 공식적인 업무수행 이외에 다양한 요구들에 의해 이루어진다. 예를 들어 업무수행능력 향상을 위해 자발적으로 형성된 스터디모임, 봉사활동 동아리, 각종 친목회 등이 있을 수 있다.

• 집단 간 관계

조직 내에는 다양한 집단이 존재하기 때문에 집단 간 경쟁이 발생하기도 한다. 집단 간

경쟁이 일어나는 원인은 조직 내의 한정된 자원을 더 많이 가지려고 하거나 서로 상반되는 목표를 추구하기 때문이다.

집단 간 경쟁이 일어나면 집단 내부에서는 응집성이 강화되고 집단의 활동이 더욱 조직화되기도 하지만, 집단 간 경쟁이 과열되면 공통된 목적을 추구하는 조직 내에서 집단 간 갈등은 자원의 낭비, 업무 방해, 비능률 등의 문제를 초래하게 된다.

따라서 직업인들은 집단에 참여하여 소속감을 느끼고 다양한 요구들을 충족하는 것은 바람직하지만, 집단 간 경쟁이 심화되어 조직 전체의 효율성을 저해하는 일이 없도록 관련 집단과 원활한 상호작용을 위해 노력해야 한다.

〉〉〉 팀의 역할과 성공조건

팀은 구성원들이 공동의 목표를 성취하기 위하여 서로 기술을 공유하고 공동으로 책임을 지는 집단이다. 팀은 다른 집단들에 비해 구성원들의 개인적 기여를 강조하고, 개인적 책임뿐만 아니라 상호 공동책임을 중요시하며, 공동목표의 추구를 위해 헌신해야 한다는 의식을 공유한다. 또한 다른 집단과 비교하여 팀에서는 자율성을 가지고 스스로 관리하는 경향이 있다.

따라서 팀은 생산성을 높이고 의사결정을 신속하게 내리며 구성원들의 다양한 창의성 향상을 도모하기 위하여 조직되지만, 팀이 성공적으로 운영되기 위해서는 조직 구성원들의 협력의지와 관리자층의 지지가 요구된다.

9.3 업무이해능력 (하위모듈 I-2-다)

학습목표

장차 직업인으로서 자신에게 주어질 업무의 성격과 내용을 알고 업무처리 절차에 따라 효과적으로 업무를 수행할 수 있다.

⋯▶ 자신에게 주어진 업무특성을 설명할 수 있다.
⋯▶ 자신이 속한 조직의 업무처리과정 및 절차를 설명할 수 있다.
⋯▶ 자신에게 주어진 업무의 방해요인을 구분할 수 있다.

✎ 업무이해능력

업무이해능력은 직업인이 자신에게 주어진 업무의 성격과 내용을 알고 그에 필요한 지식, 기술, 행동을 확인하는 능력이다. 조직생활에서 가장 기본이 되는 직업인의 역할은 자신의 업무를 효과적으로 수행하는 것이다. 주어진 업무의 특성을 파악하고 조직 내에서 업무처리 절차를 이해하는 업무이해능력은 업무를 효과적으로 수행하는 기초가 된다.

하나의 조직이 운영되기 위해서는 조직구성원들이 총무, 인사, 기획, 회계, 영업 등 다양한 업무를 수행해야 한다. 모든 업무가 같은 특성을 가지고 있는 것은 아니며 업무가 조직 내에 미치는 영향력, 요구된 지식, 기술, 행동 등이 다르다. 따라서 직업인들은 자신에게 주어진 업무의 특성을 이해할 필요가 있다.

〉〉〉 업무의 종류

조직의 목적이나 규모에 따라 업무는 다양하게 구성될 수 있다. 예를 들어, 연구소에는 인사, 회계관련 업무 외에 연구 개발업무가 있다. 또한, 같은 규모의 조직이라고 하더라도 업무의 종류와 범위가 다를 수 있다. 이처럼 업무의 종류를 세분화할 것인가, 업무의 수를 줄일 것인가의 문제도 조직에 따라 다양하게 결정될 수 있다. 이는 각 조직마다 외부적인 상황이 서로 다르고 오래 세월에 걸쳐 형성된 특유의 조직문화와 내부권력구조, 그리고 성공여건 내지 조직의 강점과 약점이 서로 다르다는 점에서 그 원인을 찾을 수 있다.

대부분의 조직에서는 총무, 인사, 회계, 생산 등의 업무를 담당하며 각 업무의 예시를 제시

하면 다음과 같다.

부서	업무 (예)
총무부	주주총회 및 이사회개최 관련 업무, 의전 및 비서업무, 집기비품 및 소모품의 구입과 관리, 사무실 임차 및 관리, 차량 및 통신시설의 운영, 국내외 출장 업무 협조, 복리후생 업무, 법률자문과 소송관리, 사내외 홍보 광고업무
인사부	조직기구의 개편 및 조정, 업무분장 및 조정, 인력수급계획 및 관리, 직무 및 정원의 조정 종합, 노사관리, 평가관리, 상벌관리, 인사발령, 교육체계 수립 및 관리, 임금제도, 복리후생제도 및 지원업무, 복부관리, 퇴직관리
기획부	경영계획 및 전략 수립, 전사기획업무, 종합 및 조정, 중장기 사업계획의 종합 및 조정, 경영정보 조사 및 기획보고, 경영진단업무, 종합예산수립 및 실적관리, 단기사업계획 종합 및 조정, 사업계획, 손익추정, 실적관리 및 분석
회계부	회계제도의 유지 및 관리, 재무상태 및 경영실적 보고, 결산 관련 업무, 재무제표분석 및 보고, 법인세, 부가가치세, 국세 지방세 업무자문 및 지원, 보험가입 및 보상업무, 고정자산 관련 업무
영업부	판매 계획, 판매예산의 편성, 시장조사, 광고 선전, 견적 및 계약, 제조지시서의 발행, 외상매출금의 청구 및 회수, 제품의 재고 조절, 거래처로부터의 불만처리, 제품의 애프터서비스, 판매원가 및 판매가격의 조사 검토

〉〉 업무의 특성

조직 내에서 업무는 조직의 목적을 보다 효과적으로 달성하기 위하여 세분화된 것이므로 궁극적으로는 같은 목적을 지향한다. 이처럼 조직의 목적을 달성하기 위하여 업무는 통합되어야 하므로, 업무는 직업인들에게 부여되며 개인이 선호하는 업무를 임의로 선택할 수 있는 재량권이 매우 적다. 또한 업무는 조직 내 다른 업무와 밀접한 관련성을 가지고 있다. 즉, 업무가 독립적으로 이루어지지만 업무 간에는 서열성이 있어서 순차적으로 이루어지기도 하며, 서로 정보를 주고받기도 한다.

한편, 조직이라는 전체로 통합되기 위하여 업무는 다양한 특성을 가지고 있다. 개별업무들은 요구되는 지식, 기술, 도구의 종류가 다르고 이들 간 다양성도 차이가 있다.

또한 어떤 업무는 구매에서 출고와 같이 일련의 과정을 거치는 반면, 어떤 업무는 상대적으로 독립되어 이루어지기도 한다. 연구, 개발 등과 같은 업무는 자율적이고 재량권이 많은 반면, 조립, 생산 등과 같은 업무는 주어진 절차에 따라 이루어지는 경우도 있다.

》》》 업무계획 수립의 필요성

조직에는 다양한 업무가 있으며, 업무에 따라 이를 수행하는 절차나 과정이 다르다. 또한 개인의 선호도에 따라서 효과적인 업무수행 방법이나 노하우가 있다. 그러나 일반적으로 조직에서의 업무는 조직이 정한 규칙과 규정, 시간 등의 제약이 있다. 따라서 업무를 효과적으로 수행하기 위해서는 자신에게 주어진 자원과 제약요건을 확인하고, 이에 따라 구체적인 계획을 수립할 필요가 있다.

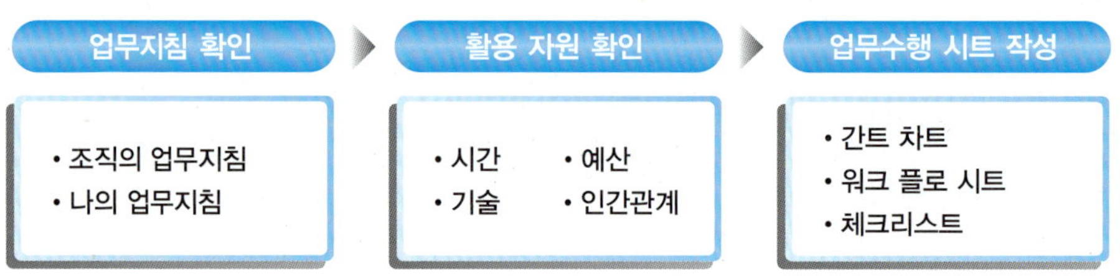

》》》 업무지침 확인

업무지침은 업무를 수행하는데 안내자 역할을 한다. 특히, 조직의 업무지침은 개인이 임의로 업무를 수행하지 않고 조직의 목적에 부합될 수 있도록 안내한다. 따라서 업무를 수행하는데 있어서 업무와 관련된 지침을 확인하는 것이 첫 단계이다.

한편, 직업인들은 조직의 업무지침을 토대로 개인의 업무지침을 작성할 수 있으며, 이는 업무수행의 준거가 되고 시간을 절약하는데 도움이 된다. 개인의 업무지침을 작성할 때에는 조직의 업무지침, 장단기 목표, 경영전략, 조직구조, 규칙 및 규정 등을 고려하도록 한다. 다만, 조직이나 개인의 업무지침 모두 환경의 변화에 따라 신속하게 수정되지 않으면 오히려 잘못된 결과를 낳을 수 있으므로 3개월에 한번 정도 지속적인 개정이 필요하다.

》》》 활용자원 확인

업무지침을 수립하면 자신에게 주어진 자원을 확인한다. 업무와 관련된 자원으로는 시간, 예산, 기술 등의 물적자원과 조직 내·외부에서 공동으로 일을 수행하는 인적자원이 있다. 조직 내에서 이러한 자원들은 무한정으로 주어지는 것이 아니므로, 제한된 조건 하에서 효과적으로 활용할 수밖에 없다. 또한 자신의 업무를 수행하는데 요구되는 지식, 기술이 부족하다면 이를 함양하기 위한 계획을 수립해야 할 것이다.

>>> 업무수행 시트 작성

활용자원을 확인하면 구체적인 업무수행 계획을 수립한다. 이는 간트 차트, 워크 플로시트, 체크리스트 등이 있으며 개인의 경험에 따라 자유롭게 작성할 수 있다. 업무수행시트를 작성하면, 마지막에 급하게 일을 처리하지 않고 주어진 시간 내에 끝마칠 수 있으며, 세부적인 단계로 구분하여 단계별로 협조를 구해야 할 사항과 처리해야 할 일을 체계적으로 알 수 있고, 문제가 발생할 경우 발생지점을 정확히 파악하여 시간과 비용을 절약할 수 있는 장점이 있다.

• 간트 차트 (Gantt chart)

간트 차트는 미국의 간트(Henry Laurence Gantt)가 1919년에 창안한 작업진도도표로, 단계별로 업무를 시작해서 끝나는데 걸리는 시간을 바 형식으로 표시할 때 사용한다. 이는 전체 일정을 한 눈에 볼 수 있고, 단계별로 소요되는 시간과 각 업무활동 사이의 관계를 보여줄 수 있다. 최근에는 마이크로 엑셀 등의 프로그램으로 단계별 시작일과 종료일을 기입하면 쉽게 간트 차트를 만들어 사용할 수 있다.

업무	6월	7월	8월	9월
설계				
자료수첩	▨▨			
기본설계		▨		
타당성 조사 및 실시설계			▨	
시공				
시공				▨
결과 보고				▨

• 워크 플로 시트 (Work flow sheet)

워크 플로 시트는 일의 흐름을 동적으로 보여주는데 효과적이다. 특히 워크 플로 시트에 사용하는 도형을 다르게 표현함으로써 주된 작업과 부차적인 작업, 혼자 처리할 수 있는 일과 다른 사람의 협조를 필요로 하는 일, 주의해야 할 일, 컴퓨터와 같은 도구를 사용해서 할 일 등을 구분해서 표현할 수 있다. 예를 들어 다음의 예시에서 사각형은 주된 업무를, 타원은 세부 절차를 , 원은 시작과 종료를 나타낸다. 또한, 각 활동별로 소요 시간을 표기하면 더욱 효과적이다.

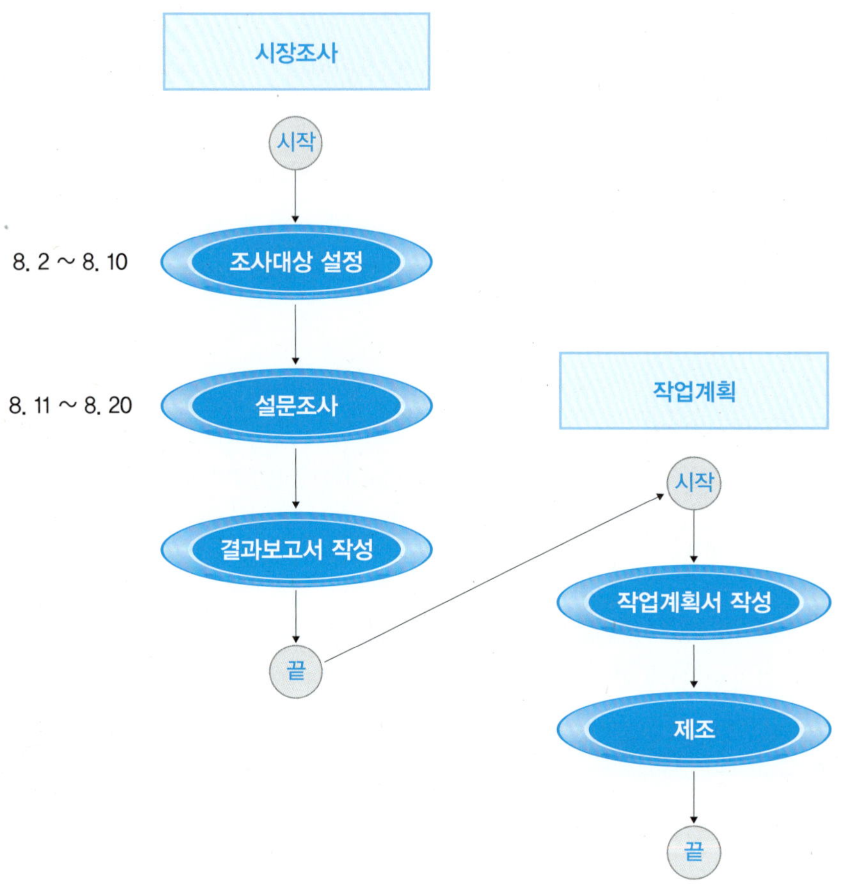

- **체크리스트 (Checklist)**

체크리스트는 업무의 각 단계를 효과적으로 수행했는지 자가 점검해볼 수 있는 도구이다. 체크리스트는 시간의 흐름을 표현하는 데에는 한계가 있지만, 업무를 세부적인 활동들로 나누고 각 활동별로 기대되는 수행수준을 달성했는지를 확인하는 데에는 효과적일 수 있다.

	업무	체크	
		YES	NO
고객관리	고객 대장을 정비하였는가?		
	3개월에 한 번씩 고객 구매 데이터를 분석하였는가?		
	고객의 청구 내용 문의에 정확하게 응대하였는가?		
	고객 데이터를 분석하여 판매 촉진 기획에 활용하였는가?		

>>> 업무 수행을 방해하는 요인

방문, 인터넷, 전화, 메신저

다른 사람들의 방문, 인터넷, 전화, 메신저 등은 업무계획과 관계없이 갑자기 찾아오는 경우가 많다. 특히 최근에는 쉴 새 없이 쏟아지는 광고메일들을 정리하고 업무에 도움이 되는 메일을 선별하는 것이 문제가 되고 있다. 그러나 무조건적으로 다른 사람들과 대화를 단절하는 것은 비현실적이며 바람직하지도 않다.

이들을 효과적으로 통제할 수 있는 제1의 원칙은 시간을 정해 놓으라는 것이다. 반드시 모든 메일에 즉각적으로 대답할 필요가 없으며, 걸려오는 모든 전화에 그 시간에 통화할 필요는 없다. 하루 일과 중 메일을 확인하는 시간을 3시간에 10분 단위로 계획하거나, 외부 방문 시간을 정하거나, 메신저에 접속하는 시간을 정한다. 또한 각 통화마다 3분 이내 통화원칙을 세우거나, 사적인 전화는 나중에 다시 걸겠다고 한 후 업무 시간 외에 통화하도록 한다.

>>> 갈등관리

조직 내 갈등은 개인적인 갈등이 아니라고 하더라도, 집단적 갈등, 타 조직과의 갈등 등이 발생할 수 있다.

이러한 갈등은 업무시간을 지체하게 하고, 정신적인 스트레스를 가져오지만 항상 부정적인 결과만을 초래하는 것은 아니다. 갈등은 새로운 시각에서 문제를 바라보게 하고, 다른 업무에 대한 이해를 증진시켜주며, 조직의 침체를 예방해주기도 한다.

갈등을 효과적으로 관리하기 위해서는 먼저, 갈등상황을 받아들이고 이를 객관적으로 평가해보아야 한다. 갈등을 유발시킨 원인은 무엇인지, 장기적으로 조직에 이익이 될 수 있는 해결책은 무엇인지를 생각해본다.

그리고 갈등을 해결하는데 가장 중요한 것은 대화와 협상으로 의견일치에 초점을 맞추고, 양측에 도움이 될 수 있는 해결방법을 찾는 데 주력한다. 한편, 어떤 경우에 있어서는 직접적인 해결보다 일단 갈등상황에서 벗어나는 회피전략이 더욱 효과적일 수 있으므로, 갈등의 해결이 중대한 분열을 초래 할 가능성이 있을 때에는 충분한 해결시간을 가지고 서서히 접근하도록 한다.

✎ 스트레스

업무 스트레스는 새로운 기술, 과중한 업무, 인간관계, 경력개발 등에 대한 부담으로 발생한다. 과중한 업무 스트레스는 개인뿐만 아니라 조직에도 부정적인 결과를 가져와서 과로나 정신적 불안감을 조성하고 심한 경우 우울증, 심장마비 등 질병에 이르게 한다. 그러나 적정 수준의 스트레스는 사람들을 자극하여 개인의 능력을 개선하고 최적의 성과를 내게 한다.

스트레스를 관리하기 위해서는 시간 관리를 통해 업무과중을 극복하고, 명상과 같은 방법으로 긍정적인 사고방식을 가지며, 신체적 운동을 하거나 전문가의 도움을 받는다.
조직차원에서는 직무를 재설계하거나 역할을 재설정하고 심리적으로 안정을 찾을 수 있도록 학습동아리 활동과 같은 사회적 관계형성을 장려한다.

9.4 국제감각 (하위모듈 I-2-라)

직업인으로서 필요한 다른 나라의 문화를 이해하고 국제적인 동향을 파악하는 능력을 기를 수 있다.

- ⋯ 직장생활에서 국제감각이 필요한 경우를 설명할 수 있다.
- ⋯ 다른 문화를 가진 사람과 자연스럽게 일할 수 있다.
- ⋯ 자신의 업무와 관련된 국제적인 동향을 설명할 수 있다.
- ⋯ 글로벌시대에 적합한 국제매너를 가질 수 있다.

✎ 국제감각

국제감각은 직장생활을 하는 동안 다른 나라의 문화를 이해하고 국제적인 동향을 이해하는 능력이다. 오늘날 21세기 지구촌은 국경을 초월한 개방화, 정보화, 세계화가 이루어지고 있으며, 직업인은 직장생활 둥에 국제적인 동향을 고려하고 다른 나라 사람들과 함께 일을 하는 경우가 많아졌다. 따라서 세계화시대에 능력 있는 직업인이되기 위해서는 국제감각을 길어야 한다.

세계는 이제 3Bs(국경: Border, 경계: Boundary, 장벽: Barrier)가 완화되고 있다. 국제간 물적, 인적자원의 이동이 자유롭게 되었으며 통신 산업의 발달로 네트워크가 형성되게 되었다. 이처럼 세계는 하나의 지구촌이라는 말로 표현될 만큼 밀접하게 서로 영향을 주고받으며 살아가고 있다.

〉〉 세계화

세계화란 활동범위가 세계로 확대되는 것을 의미한다.

개인은 세계화에 따라 자유롭게 다른 나라로 이동을 하고, 다른 나라에서 생산된 상품이나 서비스를 이용한다. 조직은 세계시장에서 경쟁하고 살아남아야 하는 역량을 가져야 한다. 최근에는 다국적 내지 초국적 기업이 등장하여 범지구적 시스템과 네트워크 안에서 기업 활동이 이루어지는 국제경영이 중요시되고 있다. 또한 세계화는 경제나 산업 등의 측면에서 벗어나 문화, 정치와 다른 영역까지 확대되는 개념으로 이해되고 있다.

구체적으로 세계화에 따른 변화는 어떤 것이 있을까? 먼저 세계적인 경제통합은 가장 큰 변화이다. 20세기에 들어오면서 기업은 새로운 기술을 확보하여 세계적인 주도 기업으로 국경을 넘어 확장하게 되었으며, 다국적 기업의 증가에 따라 국가 간의 경제통합은 강화되었다.

우리나라 역시 칠레와 자유무역협정(Free Trade Agreement: FTA)을 체결한 것을 시작으로 세계 각 국과 국가 간 무역장벽을 없애기 위해 노력하고 있다. 이러한 경제적인 변화는 정치적인 전망이나 산업에 대한 조직들의 태도변화를 야기하고 있으며, 전 세계적으로 국가에서 운영하거나 관리하던 공기업을 민영화하여 새로운 경쟁과 시장 환경이 조성되고 있는 추세이다.

〉〉〉 국제감각이 필요한 이유(국제적 식견과 능력)

- 세계화가 이루어지면 조직은 해외에 직접 투자할 수 있으며, 원자재를 보다 더 싼 가격에 수입할 수 있고, 수송비가 절감되며, 무역장벽이 낮아져 시장이 확대되는 경제적인 이익을 얻을 수 있다.
  반면에 그만큼 경쟁이 세계적인 수준에서 치열해지기 때문에 국제적인 감각을 가지고 세계화 대응 전략을 마련해야 한다.
- 세계화가 진행됨에 따라 조직구성원들도 다양한 문화의 사람들을 만나고 대화하며 거래 혹은 협상해야 할 일이 증가하고 있다.
  조직의 시장이 세계로 확대되는 것에 맞춰 조직구성원들은 의식과 태도, 행동이 세계 수준에 이르러야 한다.
- 그러나 세계 경제포럼(WEF)가 조사한 2006-2007년 국가 경쟁력 순위에서 한국인의 국제감각은 2005년 19위에서 2006년 24위로 5단계나 떨어진 것으로 발표되어 국제적 식견이나 능력이 아직까지 부족한 실정임을 알 수 있다.
- 국제감각은 단순히 영어만을 잘하는 것을 의미하지 않는다. 직업인은 국제감각을 기르기 위하여 65억 인류가 살고 있는 세계를 하나의 공동체로 인식하고, 문화적 배경을 달리하고 있는 다른 나라 사람과의 효과적인 커뮤니케이션을 위해 각 국가의 문화적 특징, 의식, 예절 등 세계 각국의 시장과 다양성에 적응할 수있는 국제적 감각을 가지는 유연성을 말하며, 자신의 업무와 관련하여 국제적인 동향을 파악하고 이를 적용할 수 있는

능력을 의미한다.

세계화시대가 도래함에 따라 직업인들은 다른 나라 사람과 함께 일할 기회가 증가되었지만, 다른 나라의 문화를 잘 이해하지 못하면 종종 심각한 결과에 이르는 경우가 있다.

이러한 실수를 막기 위해서는 먼저 다양한 문화에 호의적인 태도를 가져야 한다. 우리나라 문화와 다르다고 해서 나쁘거나 저급한 문화로 여겨서는 안되며 그 나라 고유의 문화를 인정할 수 있어야 한다. 그리고 해야 할 일과 하지 말아야 할 일, 해도 되는 일과 해서는 안 되는 일을 구별하기 위한 노력을 기울여야 한다.

그러나 모든 나라에 공통적으로 적용되는 기준은 없으며, 문화란 글로써 설명할 수 없는 부분도 많이 있기 때문에 외국문화를 완벽하게 이해하기란 어려운 일이며, 장시간동안 많은 분야에 걸친 폭넓은 지식이 필요하다.

〉〉〉 국제동향 파악 방법

국제적인 동향을 파악하기 위해 직업인이 일상생활에서 실천할 수 있는 방법들은 다음과 같다. 국제감각은 하루아침에 길러지는 것이 아니므로, 매일 규칙적으로 실행해서 축적해 나가는 것이 중요하다.

- 관련 분야 해외사이트를 방문해 최신 이슈를 확인한다.
- 매일 신문의 국제면을 읽는다.
- 업무와 관련된 국제잡지를 정기구독 한다.
- 노동부, 한국산업인력공단, 산업자원부, 중소기업청, 상공회의소, 산업별인적자원개발협의체 등의 사이트를 방문해 국제동향을 확인한다.
- 국제학술대회에 참석한다.
- 업무와 관련된 주요 용어의 외국어를 알아둔다.
- 해외서점 사이트를 방문해 최신 서적 목록과 주요 내용을 파악한다.
- 외국인 친구를 사귀고 대화를 자주 나눈다.

〉〉 국제적인 법규나 규정 숙지하기

업무와 관련된 국제적인 법규나 규정을 제대로 이해하지 못하면 큰 피해를 입을 수 있다. 국제적인 법규는 국제적으로 통용되는 국제규정 외에 각 나라마다 산업 활동을 규제해 놓은 법이 있다.

예를 들어, 대부분의 나라에서는 광고나 해외투자 등에 대한 법률이 마련되어 있다.

우리나라에서는 합법적인 행동이 다른 나라에서는 불법적일 수 있다는 사실을 기억하고,

직업인은 국제적인 업무를 수행하기 전에 국제적인 법규나 규정을 알아보는 노력을 기울여야 한다.

〉〉〉 글로벌 시대의 국제 매너

인사하는 법

요즘 국제적으로 인사를 할 때 악수를 많이 한다. 사람에 따라서 악수를 할 때 친밀감의 표현으로 손을 꽉 잡는 사람도 있고, 예의를 표시하기 위해 손끝만 살짝 잡는 사람도 있다. 그러나 미국에서는 악수할 때에 손끝만 잡는 것을 예의에 어긋나는 것으로 생각한다.

따라서 영미권에서 악수는 일어서서, 상대방의 눈이나 얼굴을 보면서, 오른손으로 상대방의 오른손을 잠시 힘주어서 잡았다가 놓아야 한다. 또한 미국에서는 이름이나 호칭을 자신의 마음대로 부르지 않고 어떻게 부를지 먼저 물어보는 것이 예의이며, 인사를 하거나 이야기할 때에 너무 다가가서 말하지 않고 상대방의 개인공간(personal space)을 지켜줘야 한다.

아프리카의 경우는 오히려 상대방과 시선을 마주보며 대화하면 실례이므로 코 끝 정도를 보면서 대화하도록 한다.

한편, 러시아와 라틴아메리카에서는 포옹을 주로 하는데, 우리나라 사람들은 포옹을 하거나 입을 맞추는 인사법에 익숙하지않아 어색해하는 경우가 많다. 그러나 이는 매우 친밀함의 표현이므로 이를 이해하고 자연스럽게 받아주는 것이 좋다.

업무와 관련해서 사람들을 만나면 명함을 많이 주고받는다. 영미권의 명함은 사교용과 업무용으로 나누어지며, 업무용 명함에는 성명, 직장주소, 직위를 표시한다. 업무용 명함은 악수를 한 이후 교환하며, 아랫사람이나 손님이 먼저 꺼내 오른손으로 상대방에게 주고, 받는 사람은 두손으로 받는 것이 예의이다.

그리고 받은 명함은 한번 보고나서 탁자위에 보이게 놓은 채로 대화를 하거나, 명함지갑에 넣는다. 명함을 꾸기거나 계속 만지는 것은 예의에 어긋나는 일이다.

시간약속 지키기

각 문화권에 따라서 시간에 대한 관념이 다르다. 미국인은 시간을 돈과 같이 생각해서 시간엄수를 매우 중요하게 생각하여 시간을 지키지 않는 사람과는 같이 일을 하려고 하지 않는다.

반면, 라틴아메리카나 동부 유럽, 아랍지역에서는 약속된 시간 정각에 나오는 법이 없다.

시간 약속은 형식적일뿐이며, 상대방이 으레 기다려줄 것으로 생각한다. 따라서 이 지역 사람들과 일을 같이 할 때에는 인내를 가지고 예의바르게 기다려주는 것이 필요하다.

식사예절

일을 하다보면, 같이 식사를 하게 되는 경우가 있다. 이때 다음과 같은 매너를 지켜야 한다. 먼저 서양요리에서 스프는 소리 내면서 먹지 않으며 몸 쪽에서 바깥쪽으로 숟가락을 사용한다. 또한 뜨거운 스프는 입으로 불어서 식히지 않고 숟가락으로 저어서 식혀야 한다. 빵은 수프를 먹고 난 후부터 먹으며 디저트 직전 식사가 끝날 때까지 먹을 수 있다. 빵은 칼이나 치아로 자르지 않고 손으로 떼어 먹는다. 음식 종류별로 생선요리는 뒤집어 먹지 않고, 스테이크는 처음에 다 잘라 놓지 않고 잘라가면서 먹는 것이 좋다.

요점정리

01 조직의 유형

02 경영의 구성요소

03

① 최고경영자는 조직의 최상위층으로 조직의 혁신기능과 의사결정기능을 조직 전체의 수준에서 담당하게 된다.

② 중간경영자는 재무관리, 생산관리, 인사관리 등과 같이 경영부문별로 최고경영층이 설정한 경영목표, 전략, 정책을 집행하기 위한 제반활동을 수행하게 된다.

③ 하위경영자는 현장에서 실제로 작업을 하는 근로자를 직접 지휘, 감독하는 경영층을 의미한다.

04 민츠버그(Mintzberg)의 경영자의 역할

① 대인적 역할은 상징자 혹은 지도자로서 대외적으로 조직을 대표하고, 대내적으로 조직을 이끄는 리더로서 역할을 의미하며,

② 정보적 역할은 조직을 둘러싼 외부환경의 변화를 모니터링하고, 이를 조직에 전달하는 정보전달자의 역할을 의미한다.

③ 의사결정적 역할은 조직 내 문제를 해결하고 대외적 협상을 주도하는 협상가, 분쟁조정자, 자원배분자로서의 역할을 의미한다.

05 조직체제 구성요소

① 조직의 목표는 조직이 달성하려는 장래의 상태로 조직이 존재하는 정당성과 합법성을 제공한다. 조직목표에는 전체 조직의 성과, 자원, 시장, 인력개발, 혁신과 변화, 생산성에 대한 목표가 포함된다.

② 조직의 구조는 조직 내의 부문 사이에 형성된 관계로 조직목표를 달성하기 위한 조직 구성원들의 상호작용을 보여준다. 조직구조는 의사결정권의 집중정도, 명령계통, 최고경영자의 통제, 규칙과 규제의 정도에 따라 달라지며 구성원들의 업무나 권한이 분명하게 정의된 기계적 조직과 의사결정권이 하부구성원들에게 많이 위임되고 업무가 고정적이지 않은 유기적 조직으로 구분될 수 있다. 직업인은 조직의 구조를 조직도로 쉽게 파악할 수 있다.
조직도는 조직 내적인 구조는 알아볼 수 없지만 구성원들의 임무, 수행하는 과업, 일하는 장소 등을 파악하는데 용이하다.

③ 조직문화는 조직이 지속되게 되면 조직구성원들 간 생활양식이나 가치를 공유하게 되며, 조직문화는 조직구성원들의 사고와 행동에 영향을 미치며 일체감과 정체성을 부여하고 조직이 안정적으로 유지되게 한다. 이에 따라 최근 조직문화에 대한 중요성이 부각되면서 조직문화를 긍정적인 방향으로 조성하기 위한 경영층의 노력이 이루어지고 있다.

④ 조직의 규칙과 규정은 조직의 목표나 전략에 따라 수립되어 조직구성원들이 활동범위를 제약하고 일관성을 부여하는 기능을 한다. 예를 들어, 인사규정, 총무규정, 회계규정 등이 있다. 특히 조직이 구성원들의 행동을 관리하기 위하여 규칙이나 절차에 의존하고 있는 공식화정도에 따라 조직의 구조가 결정되기도 한다.

06 직업인은 자신에게 주어진 업무의 성격과 내용을 알고 그에 필요한 지식, 기술, 행동을 확인하는 업무이해능력을 길러야 한다.

① 업무는 요구되는 지식, 기술, 도구의 종류가 다르고 다양하게 이루어지며, 자율성이나 재량권도 다르다. 특히 직업인들이 업무를 공적으로 수행할 수 있는 힘을 업무 권한이라고 하며, 이는 자신의 결정에 다른 사람들이 따르게 할 수 있는 힘이다. 직업인은 업무 권한에 따라 자신이 수행한 일에 대한 책임도 부여받게 된다.

② 업무를 효과적으로 수행하기 위해서는 체계적인 업무 수행 계획을 수립할 필요가 있다. 업무 수행 계획은 조직의 목적이나 방침에 부합되도록 조직이 정한 규칙이나 규정, 시간 등의 제약 요인을 확인하는 것이 선행되어야 한다.

07 조직변화의 유형

조직변화는 제품과 서비스, 전략, 구조, 기술, 문화 등에서 이루어질 수 있다.

① 제품이나 서비스는 기존 제품이나 서비스의 문제점을 인식하고 고객의 요구에 부응하기 위한 것으로, 고객을 늘리거나 새로운 시장을 확대하기 위해서 변화된다.

② 전략이나 구조의 변화는 조직의 경영과 관계되며, 조직구조, 경영방식, 각종 시스템 등을 조직의 목적을 달성하고 효율성을 높이기 위해서 개선하는 것이다.

③ 기술변화는 새로운 기술이 도입이 되는 것으로 신기술이 발명되었을 때나 생산성을 높이기 위해 이루어진다.

④ 문화의 변화는 구성원들의 사고방식이나 가치체계를 변화시키는 것으로 조직의 목적과 일치시키기 위해문화를 유도하기도 한다.

08 조직과 나와의 관계

조직은 사람들로 이루어진 집합체며, 개인은 조직을 구성하는 가장 기본 단위이다. 개인은 이미 존재하는 조직에 가입하거나 여러 명에서 공동의 목적으로 가지고 조직을 만듦으로써 조직생활을 시작한다. 직업인의 직장에서의 조직생활은 일을 하는 것이다. 직업인은 일이라는 수단을 통해 조직의 목표를 달성하게 되며, 이 일은 개인에게는 직업이 된다.

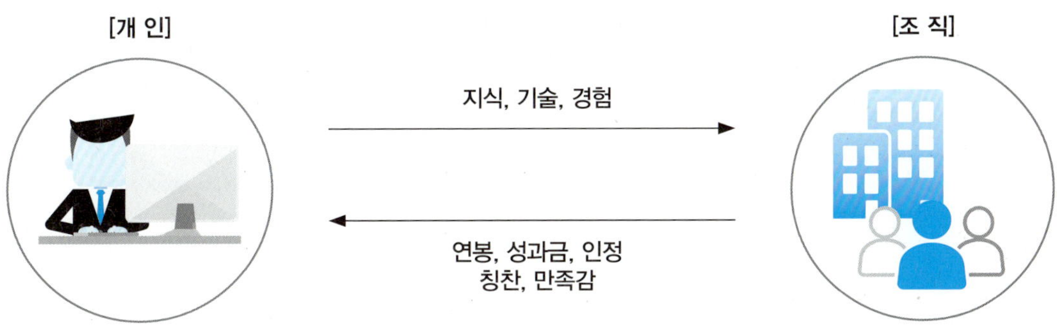

10 경영의 구성요소

① 경영목적은 조직의 목적을 어떤 과정과 방법을 택하여 수행할 것인가를 구체적으로 제시해준다. 조직의 목적을 달성하기 위해 조직을 이끌어 나가는 경영자는 조직의 목적이 어느 정도 달성되었는지 그리고 얼마나 효율적으로 달성되었는지에 대해 평가를 받게 된다.

② 인적자원은 조직에서 일하고 있는 구성원들로 이들이 어떠한 역량을 가지고 어떻게 직무를 수행하는지에 따라 경영성과가 달라진다. 경영자는 조직의 목적과 필요에 부합하는 인적자원을 채용하고 이를 적재적소에 배치, 활용할 수 있어야 한다.

③ 자금은 경영활동에 사용할 수 있는 돈을 의미한다. 자금이 부족할 경우 원하는 경영목표를 달성하는데 어려움을 겪게 된다. 특히, 이윤추구를 목적으로 하는 사기업에서 자금은 이를 통해 새로운 이윤을 창출하는 기초가 된다.

④ 전략은 조직이 가지고 있는 자원을 효과적으로 운영하여 무엇을 해야 하며, 어떤 것을 달성해야 하는가를 알려준다.

즉, 경영전략이란 기업 내 모든 인적 물적 자원을 경영목적을 달성하기 위해 조직화 하고, 이를 실행에 옮겨 경쟁우위를 달성하는 일련의 방침 및 활동이다.

11 경영의 과정

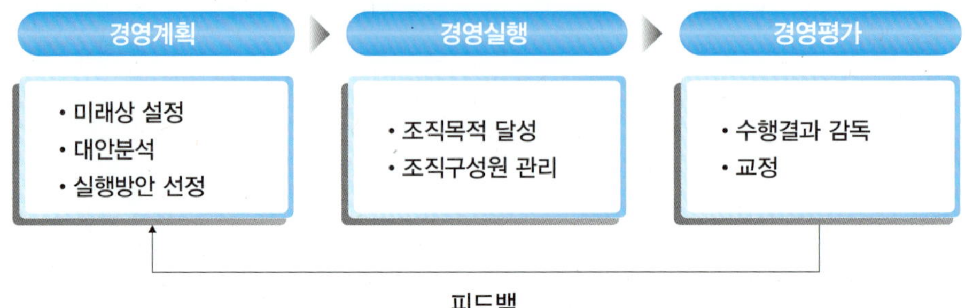

12 경영활동 유형

경영활동은 외부경영활동과 내부경영활동으로 구분하여 볼 수 있다.

① 외부경영활동은 조직 내부를 관리하고 운영하는 것이 아니라 조직외부에서 조직의 효과성을 높이기 위해 이루어지는 활동이다. 예를 들어 기업에서는 주로 시장에서 이루어지는 활동으로 총수입을 극대화하고 총비용을 극소화하여 이윤을 창출하는 것이다.

이는 대외적 이윤추구활동으로서 대표적으로 마케팅 활동이 있다.

② 내부경영활동은 조직내부에서 인적, 물적 자원 및 생산기술을 관리하는 것이다. 여기에는 인사관리, 재무관리, 생산관리 등이 해당이 된다.

13 조직 내 의사결정 과정

① 확인 단계

확인 단계에서는 의사결정이 필요한 문제를 인식한다. 이는 외부 환경이 변화하거나 내부에서 문제가 발생했을 때에 발생한다. 문제를 인식하면 이를 구체화하기 위하여 정보를 얻는 단계이다. 진단단계는 문제의 심각성에 따라서 체계적으로 이루어지기도하며, 비공식적으로 이루어지기도 한다. 또한 문제를 신속히 해결할 필요가 있는 경우에는 진단시간을 줄이고 즉각적인 대응이 필요하다.

② 개발 단계

개발 단계는 확인된 문제에 대하여 해결방안을 모색하는 단계이다. 개발 단계는 2가지 방식으로 이루어질 수 있다. 먼저 조직 내의 기존 해결 방법 중에서 새로운 문제의 해결 방법을 찾는 탐색과정이다. 이는 조직 내 관련자와의 대화나 공식적인 문서 등을 참고하여 이루어질 수 있다. 이전에 없었던 새로운 문제의 경우 이에 대한 해결안을 설계해야 한다. 이 경우에는 의사결정자들이 모호한 해결방법만을 가지고 있기 때문에 다양한 의사결정 기법을 통하여 시행착오적 과정을 거치면서 적합한 해결방법을 찾아나간다.

③ 선택단계

해결방안을 마련하면 실행가능한 해결안을 선택한다. 선택을 위한 방법은 3가지로 이루어질 수 있다. 이는 한 사람의 의사결정권자의 판단에 의한 선택, 경영과학 기법과 같은 분석에 의한 선택, 이해관계집단의 토의와 교섭에 의한 선택이 있다. 이렇게 해결방안이 선택되면 마지막으로 조직 내에서 공식적인 승인절차를 거친 후 실행된다.

14 브레인스토밍

집단에서 의사결정을 하는 대표적인 방법인 브레인스토밍은 여러 명이 한 가지의 문제를 놓고 아이디어를 비판 없이 제시하여 그 중에서 최선책을 찾아내는 방법으로, 다음과 같은 규칙을 준수하는 것이 중요하다.

① 다른 사람이 아이디어를 제시할 때에는 비판하지 않는다.

② 문제에 대한 제안은 자유롭게 이루어질 수 있다.

③ 아이디어는 많이 나올수록 좋다.

④ 모든 아이디어들이 제안되고 나면 이를 결합하고 해결책을 마련한다.

15 경영전략 추진과정

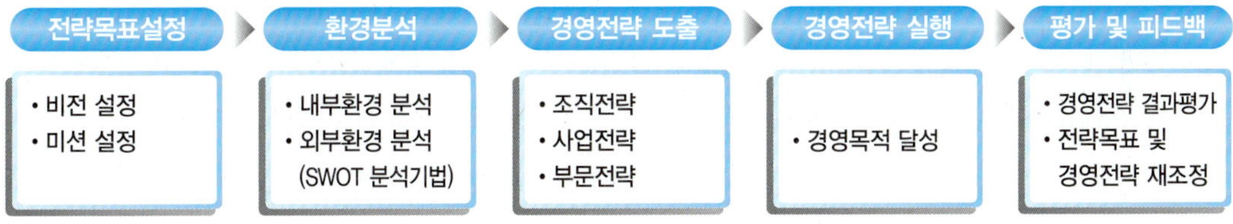

16 SWOT분석

조직의 내 · 외부 환경을 분석하는데 유용하게 이용될 수 있는 방법으로는 SWOT 분석이 가장 많이 활용되고 있다. SWOT 분석에서 조직 내부 환경으로는 조직이 우위를 점할 수 있는 장점(Strength)과 조직의 효과적인 성과를 방해하는 자원, 기술, 능력 면에서의 약점(Weakness)이 있다. 조직의 외부 환경은 기회요인(Opportunity)과 위협요인(Threat)으로 나뉘며, 기회요인은 조직 활동에 이점을 주는 환경요인이고, 위협요인은 조직 활동에 불이익을 미치는 환경요인이다.

17 경영전략의 유형

① 조직의 경영전략은 경영자의 경영이념이나 조직의 특성에 따라 다양하다. 이 중 대표적인

경영전략으로 마이클 포터(Michael E. Porter)의 본원적 경쟁전략이 있다. 본원적 경쟁전략은 해당 사업에서 경쟁우위를 확보하기 위한 전략으로 원가우위 전략, 차별화 전략, 집중화 전략으로 구분된다.

② 원가우위 전략은 원가절감을 통해 해당 산업에서 우위를 점하는 전략으로, 이를 위해서는 대량생산을 통해 단위 원가를 낮추거나 새로운 생산기술을 개발할 필요가 있다.
여기에는 70년대 우리나라의 섬유업체나 신발업체, 가발업체 등이 미국시장에 진출할 때 취한 전략이 해당한다.

③ 차별화 전략은 조직이 생산품이나 서비스를 차별화하여 고객에게 가치가 있고 독특하게 인식되도록 하는 전략이다. 차별화 전략을 활용하기 위해서는 연구개발이나 광고를 통하여 기술, 품질, 서비스, 브랜드이미지를 개선할 필요가 있다.

④ 집중화 전략은 특정 시장이나 고객에게 한정된 전략으로, 원가우위나 차별화 전략이 산업전체를 대상으로 하는데 비해 집중화 전략은 특정 산업을 대상으로 한다. 즉, 차별화 전략에서는 경쟁조직들이 소홀히 하고 있는 한정된 시장을 원가우위나 차별화전략을 써서 집중적으로 공략하는 방법이다.

18 경영참가제도

산업민주주의의 발달과 함께 근로자 또는 노동조합을 경영의 파트너로 인정하는 협력적 노사관계가 중시됨에 따라 이들을 조직의 경영의사결정 과정에 참여시키는 경영참가제도가 논의되고 있다. 특히, 최근에는 국제경쟁의 가속화와 저성장, 급격한 기술발전과 같은 환경변화에 따라 대립적인 노사관계만으로는 한계가 있다고 지적되면서 점차 경영참가의 중요성이 커지고 있다.

19 경영참가제도의 문제점

① 경영능력이 부족한 근로자가 경영에 참여할 경우 의사결정이 늦어지고 합리적으로 일어날 수 없으며, 대표로 참여하는 근로자가 조합원들의 권익을 지속적으로 보장할 수 있는가도 문제가 된다.

② 또한 경영자의 고유한 권리인 경영권을 약화시키고, 오히려 경영참가제도를 통해 분배문제를 해결함으로써 노동조합의 단체교섭 기능이 약화될 수 있다.

③ 따라서 경영참가제도가 발전적으로 이루어지도록 근로자들의 경영능력을 기르고 경영자와 근로자간 서로 협력할 수 있는 자세를 견지해야 한다.

20 조직목표와 특징

조직 목표	
조직의 사명	세부목표(운영목표)
• 조직의 비전, 가치와 신념, 조직의 존재 이유 • 조직이 존재하는 정당성과 합법성을 제공	• 조직이 실제적인 활동을 통해 달성하고자 하는 것 • 조직이 실제적인 활동을 통해 달성하고자 하는 것 • 측정 가능한 형태로 기술되는 단기적인 목표 • 조직이 나아갈 방향을 제시 • 의사 결정할 수 있는 기준을 제시 • 조직 구성원 행동수행의 동기 • 조직구성원들의 수행을 평가할 수 있는 기준 • 조직구조나 운영과정과 같이 조직 체제를 구체화할 수 있는 기준

■ 조직목표의 특징

① 공식적 목표와 실제적 목표가 다를 수 있음

② 다수의 조직목표 추구 가능

③ 조직목표간 위계적 상호관계가 있음

④ 가변적 속성

⑤ 조직의 구성요소와 상호관계를 가짐

21 조직목표의 분류

① 조직설계 학자인 Richard L. Daft는 조직이 일차적으로 수행해야할 과업인 운영목표 에는 조직 전체의 성과, 자원, 시장, 인력 개발, 혁신과 변화, 생산성에 관한 목표가 포함된다고 하였다.

② 전체성과는 영리조직은 수익성, 사회복지기관은 서비스 제공과 같은 조직의 성장 목표이다.

③ 자원은 조직에 필요한 재료와 재무자원을 획득하는 것이며,

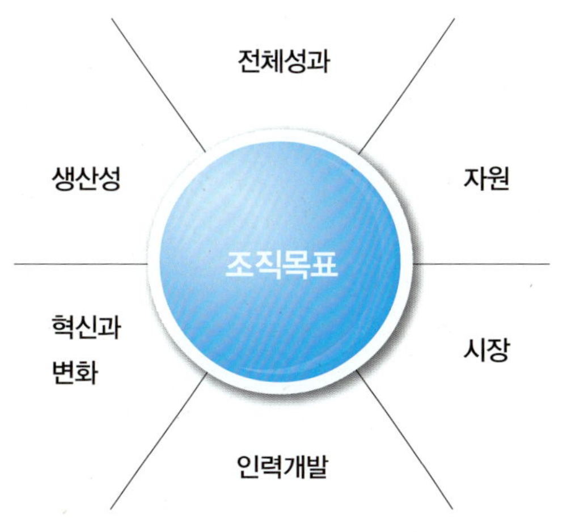

④ 시장과 관련된 조직목표는 시장점유율이나 시장에서의 지위향상과 같은 목표이다.

⑤ 인력개발은 조직구성원에 대한 교육훈련, 승진, 성장 등과 관련된 목표이며,

⑥ 혁신과 변화는 불확실한 환경변화에 대한 적응가능성을 높이고 내부의 유연성을 향상시키고자 수립하는 것이다.

⑦ 생산성은 투입된 자원에 대비한 산출량을 높이기 위한 목표로 단위생산비용, 조직구성원 1인당 생산량 및 투입비용 등으로 산출할 수 있다.

22 조직구조의 결정요인

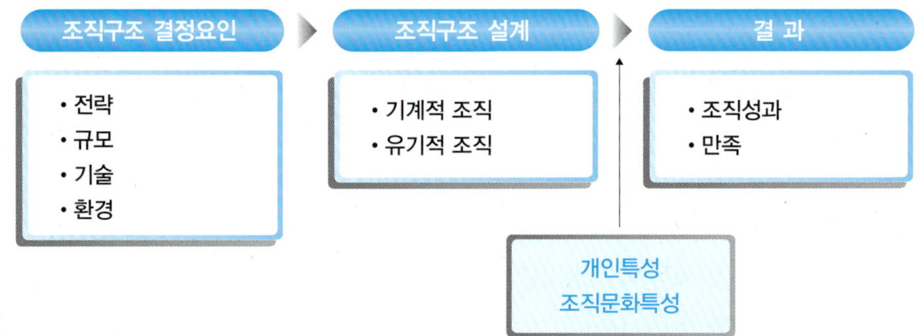

23 맥킨지(McKinsey)에 의해서 개발된 것으로 조직문화를 구성하고 있는 '7–S'는 공유가치(Shared Value), 리더십 스타일(Style), 구성원(Staff), 제도와 절차(System), 구조(Structure), 전략(Strategy), 스킬(Skill)을 말한다.

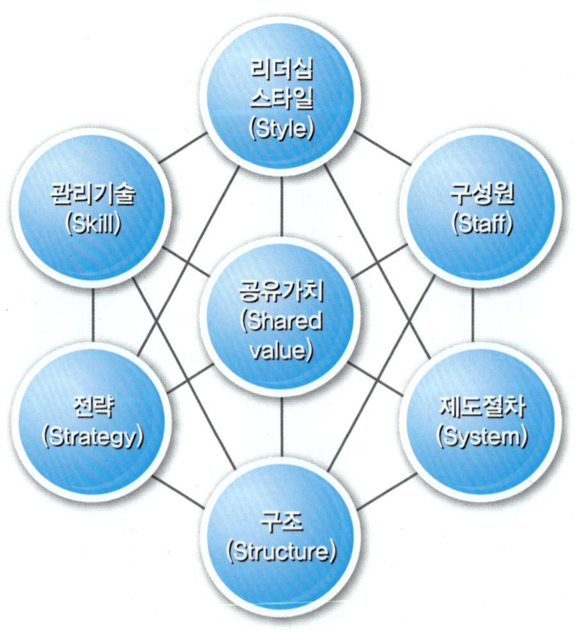

24 조직문화의 기능

조직문화는 조직구성원들의 공유된 생활양식이나 가치이다

① 조직문화는 구성원들에게 일체감과 정체성을 부여한다. 특히, 외부환경이 변하게 되면 조직구성원의 결속력을 강화시켜주는 역할을 한다.

② 조직문화는 조직몰입을 높여준다. 조직구성원들은 조직에 소속감을 느끼고 조직의 목표를 달성하기 위하여 자신의 노력과 능력을 기울인다.

③ 조직문화는 구성원들의 행동지침으로 작용한다. 조직문화는 구성원의 사고방식과 행동양식을 규정하여, 구성원들은 조직에서 해오던 방식대로 업무를 처리하게 된다. 이는 조직문화가 구성원을 조직에 적응하도록 사회화하고 일탈적 행동을 통제하는 기능을 한다.

④ 조직문화는 조직의 안정성을 가져온다. 따라서 많은 조직들은 그 조직만의 독특한 조직문화를 만들기위해 노력하기도 한다. 그러나 강한 조직문화는 다양한 조직구성원들의 의견을 받아들일 수 없거나, 조직이 변화해야 할 시기에 장애요인으로 작용하기도 한다.

25 업무의 특성

① 공통된 조직의 목적 지향
② 요구되는 지식, 기술, 도구의 다양성
③ 다른 업무와의 관계, 독립성
④ 업무수행의 자율성, 재량권

26 업무계획 수립의 필요성

조직에는 다양한 업무가 있으며, 업무에 따라 이를 수행하는 절차나 과정이 다르다. 또한 개인의 선호도에 따라서 효과적인 업무수행 방법이나 노하우가 있다. 그러나 일반적으로 조직에서의 업무는 조직이 정한 규칙과 규정, 시간 등의 제약이 있다. 따라서 업무를 효과적으로 수행하기 위해서는 자신에게 주어진 자원과 제약요건을 확인하고, 이에 따라 구체적인 계획을 수립할 필요가 있다.

업무지침 확인	활용 자원 확인	업무수행 시트 작성
• 조직의 업무지침 • 나의 업무지침	• 시간　• 예산 • 기술　• 인간관계	• 간트 차트 • 워크 플로 시트 • 체크리스트

27 국제감각

국제감각은 직장생활을 하는 동안 다른 나라의 문화를 이해하고 국제적인 동향을 이해하는 능력이다. 오늘날 21세기 지구촌은 국경을 초월한 개방화, 정보화, 세계화가 이루어지고 있으며, 직업인은 직장생활 등에 국제적인 동향을 고려하고 다른 나라 사람들과 함께 일을 하는 경우가 많아졌다. 따라서 세계화시대에 능력 있는 직업인이 되기 위해서는 국제감각을 길어야 한다.

세계는 이제 3Bs(국경: Border, 경계: Boundary, 장벽: Barrier)가 완화되고 있다. 국제간 물적, 인적자원의 이동이 자유롭게 되었으며 통신 산업의 발달로 네트워크가 형성되게 되었다. 이처럼 세계는 하나의 지구촌이라는 말로 표현될 만큼 밀접하게 서로 영향을 주고받으며 살아가고 있다.

28 세계화

① 세계화란 활동범위가 세계로 확대되는 것을 의미한다.

② 개인은 세계화에 따라 자유롭게 다른 나라로 이동을 하고, 다른 나라에서 생산된 상품이나 서비스를 이용한다. 조직은 세계시장에서 경쟁하고 살아남아야 하는 역량을 가져야 한다.

최근에는 다국적 내지 초국적 기업이 등장하여 범지구적 시스템과 네트워크 안에서 기업활동이 이루어지는 국제경영이 중요시되고 있다. 또한 세계화는 경제나 산업 등의 측면에서 벗어나 문화, 정치와 다른 영역까지 확대되는 개념으로 이해되고 있다.

③ 구체적으로 세계화에 따른 변화는 어떤 것이 있을까? 먼저 세계적인 경제통합은 가장 큰 변화이다. 20세기에 들어오면서 기업은 새로운 기술을 확보하여 세계적인 주도기업으로 국경을 넘어 확장하게 되었으며, 다국적 기업의 증가에 따라 국가 간의 경제통합은 강화되었다.

④ 우리나라 역시 칠레와 자유무역협정(Free Trade Agreement: FTA)을 체결한 것을 시작으로 세계 각 국과 국가 간 무역장벽을 없애기 위해 노력하고 있다. 이러한 경제적인 변화는 정치적인 전망이나 산업에 대한 조직들의 태도변화를 야기하고 있으며, 전 세계적으로 국가에서 운영하거나 관리하던 공기업을 민영화하여 새로운 경쟁과 시장 환경이 조성되고 있는 추세이다.

✎ 내가 속한 조직

하루의 내용을 통해 우리는 매우 많은 조직에 속해 있으며, 주변에 많은 조직들에 둘러싸여 생활하고 있다는 것을 알 수 있다. 나와 관련 있는 조직은 무엇이 있으며 어떤 특징을 가지고 있을까?

1. 나와 관련 있는 조직은 어떤 것이 있을까? 다음중 √표 해보자.	
☐ 사기업	☐ 정부
☐ 공기업	☐ 교회
☐ 병원	☐ 시민단체
☐ 은행	☐ 각종 학술단체
☐ 동사무소	☐ 노동조합
☐ 학교	☐ 각종협회
☐ 경찰서	☐ 군대

2. 1번에 선택한 조직 중 자신이 속한 조직 3가지를 선정하여 각 조직의 특성을 작성해보자.

조직명	목적	구조, 기능, 규정이 조직화 되어 있다.	영리를 추구한다.	조직의 규모
1.________		☐ YES ☐ NO	☐ YES ☐ NO	☐ 대규모 ☐ 소규모
2.________		☐ YES ☐ NO	☐ YES ☐ NO	☐ 대규모 ☐ 소규모
3.________		☐ YES ☐ NO	☐ YES ☐ NO	☐ 대규모 ☐ 소규모

✎ 조직의 경영 목표 및 전략

●● 나는 조직의 경영을 얼마나 이해하고 있을까? 내가 속한 조직의 경영목표 및 경영전략을 알아보자.

조직의 경영목표	
조직의 경영방법	
최고관리자의 경영철학	
조직의 경영전략	

●● 인터넷이나 각종 문헌자료를 참고하여 유명한 조직들을 경영전략을 조사해보자. 어떤 경영전략을 가지고 있는가?

✎ 나의 국제감각

나의 국제감각은 어느 정도인지 체크리스트를 통해 알아보자.

No	항목	현재능력				
		매우 낮음	낮음	보통	높음	매우 높음
1	다음 주에 혼자서 해외에 나가게 되더라도 영어를 사용한 의사소통을 잘할 수 있다.	①	②	③	④	⑤
2	VISA가 무엇이고 왜 필요한지 잘 알고 있다.	①	②	③	④	⑤
3	현재 세계의 정치적 이슈가 무엇인지 잘 알고 있다.	①	②	③	④	⑤
4	최근 미달러화(US$), 엔화(¥)와 비교한 원화 환율을 구체적으로 알고 있다.	①	②	③	④	⑤
5	경쟁국 업체의 주요 현황을 알고 있다.	①	②	③	④	⑤
6	다른 나라의 문화적 차이를 인정하고 이에 대해 개방적인 태도를 견지하고 있다.	①	②	③	④	⑤
7	각종 매체(신문, 잡지, 인터넷 등)를 활용하여 국제적인 동향을 파악하고 있다.	①	②	③	④	⑤
8	업무와 관련된 국제적인 법규나 규정을 이해하고 있다.	①	②	③	④	⑤
9	업무와 관련된 최근 국제이슈를 잘 알고 있다.	①	②	③	④	⑤
10	영미권, 이슬람권, 중국, 일본사람들과 거래 시 주의해야 할 사항들을 숙지하고 있다.	①	②	③	④	⑤

✎ 내가 CEO라면?

회사를 경영하기 위해서는 경영목적, 인적자원, 자금, 전략이 마련되어야 함을 알 수 있다. 이를 기준으로 내가 속한 조직의 경영상 특징을 알아보자.

경영목적		
인적자원	• 전체 구성원 수 : • 관리자 수 :	
자금	• 작년 총 수입 : • 작년 총 지출 :	
경영전략	마케팅	
	인사관리	
	재무관리	
	생산관리	

✎ 조직의 문제와 의사결정

조직에서 발생하는 여러 문제를 해결하는 방법 중에는 조직 내에서 그동안 이와 유사한 문제를 해결해 온 방법을 검토하고, 가능한 대안별 장단점을 분석하여 그 대안을 찾아내는 것이 있다. 이러한 방법을 활용하여 내가 속한 조직에서 최근에 의사결정이 이루어졌던 문제나 의사결정이 필요한 현재 문제에 대하여 생각해보고, 다음 빈칸을 채워보거나 √표 해보자.

문제	1		2	
조직내에서 이런 문제를 해결하는 방법				

가능한 대안	A		A	
	B		B	
	C		C	

대안별 장단점		장점	단점		장점	단점
	A			A		
	B			B		
	C			C		

적절한 선택방법	☐ 의사결정권자의 판단 ☐ 과학적 분석기법 적용 ☐ 이해관계 집단의 토의와 교섭	☐ 의사결정권자의 판단 ☐ 과학적 분석기법 적용 ☐ 이해관계 집단의 토의와 교섭

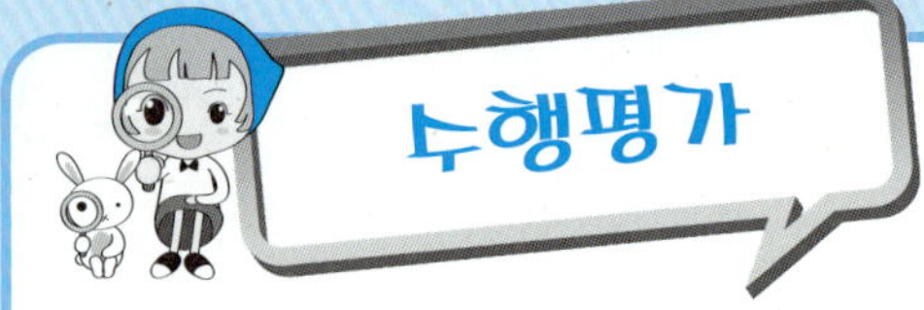

✎ 조직의 목표

다음은 다양한 조직의 목표를 나열한 것이다. 이 중 내가 속한 직장의 목표에 해당하는 것에 √표를 해보자. 조직은 하나 이상의 목표를 가지고 있을 수 있으므로 해 당하는 목표에 모두 표기한다.

체크	조직목표	체크	조직목표
☐	수익성	☐	연구개발
☐	성장	☐	다각화
☐	시장점유율	☐	효율성
☐	사회적 책임	☐	재무적 안정
☐	종업원 복지	☐	자원보호
☐	제품의 질과 서비스	☐	관리기법 개발

조직목표에는 조직전체의 성과, 자원, 시장, 인력개발, 혁신과 변화, 생산성에 관한 목표가 포함된다. 이들 각 측면에 있어서 내가 속한 직장의 목표를 작성하여 보자. 직장의 목표를 알고 있지 못하다면 관련 문서를 찾거나, 담당자에게 문의해본다.

조직성과 측면	
자원 측면	
시장 측면	
인력개발 측면	
혁신과 변화 측면	
생산성 측면	

 ## 학습결과 체크

기초직업능력으로서 조직이해능력을 학습한 것을 토대로 다음 표를 이용하여 자신의 수준에 해당되는 칸에 V표 하시오.

구분	문항	매우 미흡	미흡	보통	우수	매우 우수
I-1 조직 이해 능력	1. 나는 내가 속한 조직들을 나열할 수 있다.	1	2	3	4	5
	2. 나는 조직이해의 필요성을 설명할 수 있다.	1	2	3	4	5
	3.나는 내가 속한 조직의 유형을 구분할 수 있다.	1	2	3	4	5
	4. 나는 경영이해능력의 중요성을 설명할 수 있다.	1	2	3	4	5
	5. 나는 경영자의 역할을 구분할 수 있다.	1	2	3	4	5
	6. 나는 체제이해능력의 중요성을 설명할 수 있다.	1	2	3	4	5
	7. 나는 조직체제의 구성요소를 구분할 수 있다.	1	2	3	4	5
	8. 나는 업무이해능력의 중요성을 설명할 수 있다.	1	2	3	4	5
	9. 나는 환경이 조직에 미치는 영향을 설명할 수 있다.	1	2	3	4	5
	10. 나는 국제감각의 중요성을 수립할 수 있다.	1	2	3	4	5
	11. 나는 조직변화 전략을 수립할 수 있다.	1	2	3	4	5
	12. 나는 조직과 나의 관계를 설명할 수 있다.	1	2	3	4	5
I-2-가 경영 이해 능력	1. 나는 내가 속한 조직의 경영 구성요소를 특징을 설명할 수 있다.	1	2	3	4	5
	2. 나는 내가 속한 조직의 경영 과정을 설명할 수 있다.	1	2	3	4	5
	3. 나는 내가 속한 조직의 의사결정 과정을 설명할 수 있다.	1	2	3	4	5
	4. 나는 효과적으로 집단의사결정에 참여할 수 있다.	1	2	3	4	5
	5. 나는 내가 속한 조직의 경영전략을 설명할 수 있다.	1	2	3	4	5
	6. 나는 경영전략 추진과정을 설명할 수 있다.	1	2	3	4	5
	7. 나는 경영전략 유형을 구분할 수 있다.	1	2	3	4	5
	8. 나는 경영참가제도의 유형을 구분할 수 있다.	1	2	3	4	5
I-2-나 체제 이해 능력	1. 나는 내가 속한 조직의 목표를 설명할 수 있다.	1	2	3	4	5
	2. 나는 다양한 조직목표를 분류할 수 있다.	1	2	3	4	5
	3. 나는 전체 조직구조에서 나의 위치를 확인할 수 있다.	1	2	3	4	5
	4. 나는 내가 속한 조직구조의 특징을 설명할 수 있다.	1	2	3	4	5
	5. 나는 조직문화의 기능을 설명할 수 있다.	1	2	3	4	5
	6. 나는 내가 속한 조직문화유형의 특징을 설명할 수 있다.	1	2	3	4	5
	7. 나는 내가 속한 집단의 특징을 설명할 수 있다.	1	2	3	4	5
	8. 나는 내가 속한 집단과 다른 집단 간 관계를 설명할 수 있다.	1	2	3	4	5
I-2-다 업무 이해 능력	1. 나는 내가 속한 조직의 업무를 분류할 수 있다.	1	2	3	4	5
	2. 나는 주어진 업무의 특성을 설명할 수 있다.	1	2	3	4	5
	3. 나는 조직의 업무지침을 설명할 수 있다.	1	2	3	4	5
	4. 나는 주어진 업무를 수행하는데 활용할 수 있는 자원을 설명할 수 있다.	1	2	3	4	5
	5. 나는 업무수행 시트를 작성할 수 있다.	1	2	3	4	5
	6. 나는 나의 업무수행의 방해요소를 나열할 수 있다.	1	2	3	4	5
	7. 나는 조직 내 갈등을 효과적으로 관리할 수 있다.	1	2	3	4	5
	8. 나는 업무스트레스를 효과적으로 관리할 수 있다.	1	2	3	4	5

구분	문항	매우 미흡	미흡	보통	우수	매우 우수
I-2-라 국제 감각	1. 나는 직장생활에서 국제적 식견과 능력이 필요한 이유를 설명할 수 있다.	1	2	3	4	5
	2. 나는 다른 나라 고유의 문화를 인정할 수 있다.	1	2	3	4	5
	3. 나는 이문화 커뮤니케이션의 종류를 구분할 수 있다.	1	2	3	4	5
	4. 나는 국제동향을 파악하는 방법을 설명할 수 있다.	1	2	3	4	5
	5. 나는 업무와 관련된 경제적, 정치적, 사회적, 문화적 국제이슈를 설명할 수 있다.	1	2	3	4	5
	6. 나는 업무와 관련된 국제적 법규와 규정을 설명할 수 있다.	1	2	3	4	5
	7. 나는 외국인의 문화를 고려하여 적절히 인사할 수 있다.	1	2	3	4	5
	8. 나는 외국인의 문화를 고려하여 식사예절을 갖출 수 있다.	1	2	3	4	5

각 모듈별 점수 평균 3점 이상 우수, 3점 미만 부족. 부족한 모듈에 대해서는 심화 공부를 하세요.

01 다음 사례를 지식경영 측면에서 언급한 것 가운데 가장 거리가 먼 것은?

> 가전업체인 A 사는 가정에서 신선한 재료로 직접 양념을 만들 수 있는 전자식 양념제조기를 개발했으나, 좀처럼 맛이 나지 않는다는 이유로 소비자들로부터 외면당했다. 고심끝에 B 대리를 전국적으로 유명한 전주의 한 식당에 파견하여 주인 할머니의 양념제조비법을 배워오도록 했다. B 대리는 할머니가 양념 재료를 섞을 때 사용하는 독특한 손놀림을 눈여겨보고 이를 적은 양념제조 매뉴얼을 문서로 작성했다. 개발팀은 이를 바탕으로 새로운 양념제조기를 출시했고, 선풍적인 인기를 얻었다.

① 전주 할머니의 양념조리 비법은 암묵적 지식이다.
② B 대리가 문서로 작성한 양념제조 매뉴얼은 형식적 지식이다.
③ 전주 할머니의 비법은 언어를 사용하지 않고도 전수 받을 수 있다.
④ B 대리의 도움을 받은 A 사의 제품개발팀이 새롭게 만든 지식은 없다.
⑤ B 대리는 A 사의 지식수준을 증대시켰다.

02 다음의 보기 중 기업 이윤의 본질을 가장 정확하게 설명한 것은?

① 근로자와 고객 등 모든 사회구성원들이 함께 일구어 낸 공동 소득
② 임금, 이자 등 기업이 약속한 모든 비용을 지불하고 남은 소득
③ 근로자들에게 주어야 할 임금을 덜 주고 남긴 결과
④ 생산에 기여한 바 없이 누리는 자본
⑤ 권력과 긴밀한 관계를 유지함으로써 얻는 초과소득

03 다음 중 성과급 제도를 도입해야 할 바람직한 상황이 아닌 것은?

① 생산량이 종업원의 노력에 따라 크게 변동하는 상황
② 종업원의 위험 기피도가 높은 상황

③ 적은 비용으로 생산량 측정이 가능한 조건
④ 이익이 급증해 세금을 많이 내야하는 상황
⑤ 종업원이 인센티브에 민감하게 반응하는 상황

04 매슬로(Maslow)는 인간 욕구가 5가지 단계로 구성되어 있다고 주장했다. 직장 내 개인의 욕구와 관련된 아래의 내용을 매슬로가 정의한 욕구 단계에 맞춰 하위에서 상위 순서로 올바르게 정렬 한 것은?

> ㉠ 창의성 개발, 적성에 맞는 업무, 잠재 능력 발휘
> ㉡ 과업 성취로 인한 승진, 부서원들의 인정, 책임 및 권한 증대
> ㉢ 생필품 구입을 위한 일자리, 비와 추위를 피할 수 있는 거처
> ㉣ 협력적인 부서 분위기, 팀원 간 인간적인 배려 및 일체감
> ㉤ 정년 보장, 오·폐수 처리시설 완비

① ㉢-㉣-㉤-㉠-㉡
② ㉢-㉤-㉣-㉡-㉠
③ ㉤-㉢-㉠-㉣-㉡
④ ㉤-㉢-㉣-㉠-㉡
⑤ ㉢-㉡-㉣-㉤-㉠

05 급변하는 경영환경으로 인해 성공적인 변화관리(change management)는 기업 생존을 위한 필수요건이 되었다. 수많은 기업의 변화관리 성공·실패 사례에 비추어볼 때 변화관리에서 가장 어려운 부분으로 평가되는 것은?

① 제시된 해결책의 실행
② 실행한 해결책의 성패에 대한 평가
③ 당면 문제에 대한 정확한 원인 파악
④ 문제 해결을 위한 적절한 대응방안 개발
⑤ 조직구성원의 변화 필요성에 대한 인식과 참여

06 해외시장에 진입하는 방식 중 위험도가 낮은 것에서 높은 것으로 올바로 연결된 것은?

① 라이선싱 → 간접수출 → 직접수출 → 합작투자 → 단독투자
② 간접수출 → 직접수출 → 라이선싱 → 합작투자 → 단독투자
③ 간접수출 → 라이선싱 → 합작투자 → 직접수출 → 단독투자
④ 간접수출 → 합작투자 → 직접수출 → 라이선싱 → 단독투자

⑤ 간접수출 → 라이선싱 → 직접수출 → 합작투자 → 단독투자

07 다음 중 기업의 글로벌화에 따른 조직의 일반적인 변화 과정을 가장 잘 설명한 것은?

① 기능별 조직 → 제품별 조직 → 지역별 조직 → 매트릭스 조직
② 기능별 조직 → 지역별 조직 → 제품별 조직 → 매트릭스 조직
③ 제품별 조직 → 기능별 조직 → 지역별 조직 → 매트릭스 조직
④ 제품별 조직 → 지역별 조직 → 기능별 조직 → 매트릭스 조직
⑤ 매트릭스 조직 → 제품별 조직 → 지역별 조직 → 기능별 조직

08 모바일게임을 개발하는 벤처기업의 A 사장은 회사의 성과관리시스템에 대한 직원들의 불만이 더 이상 방치할 수 없는 상황임을 깨닫고, 이에 대한 조치를 취하기로 했다. 현재의 성과관리시스템이 가진 문제점을 진단하기 위해서 A 사장이 반드시 고려해야 할 사항에 해당되지 않는 것은?

① 보상 수준의 적절성
② 성과 평가 방식의 객관성과 공정성
③ 성과 목표 설정 시 직원들의 의견 반영
④ 다른 산업 분야의 성과관리시스템 분석
⑤ 회사의 전략과 성과관리시스템의 연관성

09 보기는 기업 조직의 분권화와 집권화에 대한 제프리 무어(Geffrey A. Moore)의 주장이다. 이 내용을 통해 더 경쟁우위가 있다고 주장되는 조직형태와 그 이유를 서로 올바르게 짝 지은 것은?

[보 기]

공의 표면면적을 고객 및 시장과 직접 접촉하는 직원들이라고 하고, 공의 부피를 전 직원의 수라고 비유해 보자. 만약 공의 부피를 2배로 늘린다면, 다시 말해 총 직원 수가 2배로 늘어나면, 공의 표면적은 70퍼센트 정도만 늘어난다. 늘어난 부피의 30퍼센트, 즉 나머지 신규 직원의 30퍼센트는 고객과 직접 접촉하기보다는 조직 내의 다른 직원들과 접촉하는 데 시간을 보내게 될 것이다. 그러나 우선 공을 반으로 나누어 2개의 반쪽짜리 공을 만들고나서 부피를 2배 증가시키면 표면적 역시 2배가 된다. 즉 새로 뽑은 직원의 30퍼센트 이상이 시장과 직접 접촉, 기여할 수 있게 되는 것이다. 공을 많이 쪼개면 쪼갤수록 부피 대비 표면적의 비는 더욱 높아진다.

> • 조직형태
> (가) 집권적 관리조직
> (나) 분권적 관리조직
> • 경쟁우위의 근거
> ㉠ 내부 기능의 중복투자를 줄일 수 있기 때문이다.
> ㉡ 파트너, 고객 등과 커뮤니케이션이 원활하게 할 수 있기 때문이다.
> ㉢ 통일된 정책과 방침을 유지하므로 표준화의 이익을 기대할 수 있기 때문이다.

① (가)-㉠   ② (가)-㉡
③ (가)-㉢   ④ (나)-㉠
⑤ (나)-㉡

10 위와 같은 조직형태에 유리하게 작용하는 상황으로 가장 거리가 먼 것은?

① 의사결정의 중요도가 낮을수록
② 조직의 정책에 일관성이 요구될수록
③ 반복적이고 정형적인 업무가 많을수록
④ 관리자를 양성하고자하는 기업일수록
⑤ 업무특성이 동적이고 유동성이 높을수록

01 최근 삼성그룹이 컨트롤 타워를 부활시킨 것을 계기로 총괄경영본부(headquarters)에 대한 관심이 다시 커지고 있다. 총괄경영본부가 소속 기업그룹의 성과에 긍정적으로 기여할 수 있는 역할에 대한 설명으로 가장 적절하지 않은 것은?

① 인재 풀을 구축하여 인력을 각 계열사 적재적소에 재배치
② 변화하는 환경에 발맞춰 전체 사업 포트폴리오를 재조정
③ 각 계열사가 보유한 자원을 결합하여 신규 사업 개발 또는 외국시장 개척 프로젝트 주도
④ 우량한 계열사로 하여금 부실한 계열사를 지원하도록 유도
⑤ 연구개발, 브랜드 관리, 임직원 교육, 법률 자문 등 다수 계열사에 공통적으로 필요한 서비스를 통합 제공

02 다음을 통해 알 수 있는 것으로 적절한 것은?

> 2차 실험은 전화기에 사용하는 계전기를 조립하는 6명의 여공들을 대상으로 하여, 처음에는 회사에서 2명의 여공들을 선발하고 나머지 4명은 먼저 선발된 2명으로 하여금 각각 2명의 여공을 스스로 선발하도록 하였다. 이 실험에서는 그동안 생산성의 향상을 가져온다고 생각되었던 여러 조건, 즉 노동시간의 조정, 휴식시간의 도입, 직무재설계 등 새로운 제도를 도입하여 여공들의 작업조건을 개선해 주었다. 작업조건이 개선되면서 작업능률은 급격하게 향상되었다. 그러나 일정기간 후 작업조건을 개선되기 이전의 상태로 환원시켰는데도 작업능률은 오히려 더욱 상승하였다.

① 성과에 근거한 보상체계(성과급제 등)를 설계하고 시행해야한다
② 불필요한 동작을 제거하기 위하여 동작 및 시간을 과학적으로 연구해야 한다.
③ 각 종업원의 심리적. 감정적 요인이 생산에 중요한 변수라는 것을 알 수 있다
④ 각 종업원이 능력을 최대한 발휘할 수 있게 훈련시키는 것이 생산성 향상에 중요하다.
⑤ 감독자 지원을 통해 종업원 각자의 능력을 최대한 발휘할 수 있게 감독자를 훈련시켜야한다.

03 폴로, 월마트 등과 같은 세계 유력 브랜드들이 한국에선 힘을 못 쓴다. 대신 빈폴, 이마트, 롯데리아, 카페베네 등 토종 브랜드들이 이들 외국 브랜드를 제치고도 압도적인 시장점유율을 과시하고 있다. 유통업계에서 한국 고유의 브랜드들이 강한 이유로 가장 적합하지 않은 것은?

① 신속한 의사결정
② 고객불만 관리 등 감성경영
③ 글로벌 아웃소싱을 통한 원가절감
④ 최적의 위치를 선점하는 입지전략
⑤ 한국 소비자의 기호에 맞는 제품 개발

04 다음 중 '이사회 (board of directors)'에 대한 설명으로 가장 옳은 것은?

① 기업의 운영과 관련된 의사결정을 총괄하는 집단이라고 할 수 있다.
② 기업의 주요 의사결정을 내리고 경영층을 견제하는 최고의결기구다.
③ 이사회는 회계감사 등 업무감사가 주요 업무이고 주총에서 선임한다.
④ 최고경영자를 보좌하고 기업의 각 기능에 대해 의사결정을 내리는 집단이다.
⑤ 3/4 이상이 외부전문가들로 이루어져 있고 이들을 사외이사라고 한다.

05 다른 회사에 대한 M&A(인수·합병)를 추진할 때 경영진이 가져야 할 기본적인 태도로 가장 적절 하지 않은 것은?

① 타깃으로 삼은 기업을 인수하려는 경쟁사가 많아지면 가격을 최우선으로 고려해야 한다.
② 추진하는 M&A가 회사의 중장기 전략적 목표의 달성에 적합한 대안인지에 대해 신중히 평가해보아야 한다.
③ 타깃 기업의 가치 평가는 수익가치, 자산가치, 시장가치 등 다양한 방법을 고루 사용해 계산한 후 비교 판단하는 것이 바람직하다.
④ 여러 이해관계자들의 저항을 유발하는 적대적인 방법보다는 가급적 우호적인 방법을 취해야한다.
⑤ 회사의 재무상태에 대한 실사뿐 아니라 우리 회사와 기업문화가 얼마나 상이한지에 대해서도 사전에 파악해야 한다.

06 개인 본연의 직무는 아니지만 전반적인 조직 성과를 높이는 데 기여하는 업무 외적 행동을 조직시민행동(organizational citizenship behavior)이라고 한다. 다음 중 팀의 성과에 도움이

될 수 있는 조직시민행동의 유형으로 보기 가장 어려운 것은?

① 퇴근 후 신입사원에게 업계 현황을 가르쳐 주기
② 점심시간에 일찍 들어와서 부서로 걸려온 전화 받기
③ 체력 단련을 위해 사내 산악 동호회에 참여하기
④ 옆 동네 사는 동료를 퇴근길에 내 차로 데려다 주기
⑤ 주변 사람들에게 자신의 직장이나 팀에 대해 좋은 이야기를 들려주기

[7 ~ 8] 다음을 읽고 물음에 답하시오.

> 한가람소프트의 박 사장은 최근 자사의 매출부진 원인을 알기 위해 외부에 컨설팅을 의뢰하였다. 이 과정에서 박 사장은 직원들이 현재 성과관리시스템에 불만이 있고 성과에 따른 보상 방식을 매우 선호하고 있다는 것을 알게 되었다. 또 현재 많은 기업이 조직구성원들의 효과적인 성과관리를 위해 구성원 개개인이 달성해야 할 목표를 제시하고, 이것에 기반을 두고 업무 성취도를 평가하고 있고 이는 업무의욕 고취에 상당한 효과가 있다는 사실도 알게 되었다.

07 성과에 기반을 둔 보상제도를 강화하기 위해 박 사장이 직원들의 보너스 결정 시 꼭 고려해야 할 요인으로 가장 거리가 먼 것은?

① 회사의 사업성과
② 팀별 성과평가결과
③ 직원 개인의 근속기간
④ 직원 개인의 평가점수
⑤ 사업부문별 성과평가 결과

08 박사장이 컨설턴트의 조언을 받아들여 위 사례의 밑줄 친 내용의 제도를 도입하고 이 효과를 높이기 위해 성과목표를 설정하는 과정에서 꼭 고려해야 할 사항으로 가장 거리가 먼 것은?

① 성과목표는 구체적이어야 한다.
② 성과목표는 달성 가능한 것이어야 한다.
③ 성과목표는 측정할 수 있는 것이어야 한다.
④ 성과목표는 결과보다 과정에 중점을 두어야 한다.
⑤ 성과목표는 구체적인 마감 기한이 있어야 한다.

09 甲전자가 추구했던 밑줄 친 형태의 조직구조에 관한 특징으로 가장 올바른 것은?

> A부회장은 스마트폰 대응에서 실기하는 등의 사업 부진에 책임을 지고 사퇴한 전문경영인 B부회장에 이어 甲전자의 최고경영자(CEO)로 취임했다. A부회장은 취임 후 조직개편 등을 통한 분위기 쇄신과 경쟁력 강화를 추진하고 있는데, 특히 조직개편과 관련해 '단선화'를 강조했다. B부회장체제에서 甲전자조직은 <u>직능별로 담당자가 있고 지역별·상품별로도 담당자가 있는 복합적인 행렬조직 형태를 가졌다.</u> 예를 들어 본사에서 해외법인 프로젝트의 마케팅을 관리하는 담당이 있고 해당 해외법인에도 비슷한 업무를 담당하는 책임자가 있다. 또 5개 사업본부, 최고 마케팅 책임자를 비롯한 최고경영진, 글로벌지역본부 등 지역과 프로젝트를 복합적으로 챙기는 의사결정 구조로 되어 있었다. A부회장은 甲전자 오너경영자의 동생이다. 이번 인사소식이 전해지면서 일단 시장에서는 甲전자의 오너경영을 환영하는 분위기다. 당일에만 주가가 5% 가까이 급등하였다.

① 단순하고 안정적인 환경에서 통제와 안정을 중요시하는 조직에 적합하다
② 사업 간 리스크 관리에 용이하고 사업성패에 따른 책임소재가 명확하다.
③ 전문 인력과 기술 및 장비 등 자원을 여러 사업부서에서 공동으로 활용할 수 있다.
④ 의사결정단계를 축소하여 외부환경 변화를 민감하게 감지하고 빠르게 의사결정을 내릴 수 있는 장점이 있다.
⑤ 서로 독립성을 유지하는 조직들이 상대방의 자원을 자신의 자원처럼 활용하기 위해 수직적·수평적·공간적 신뢰관계로 연결되어 있다.

10 기업 조직 안에서 과장은 부장의 팔로어(follwer)이며 부장은 임원의 팔로어이다. 리더(leader)와 팔로어가 올바른 관계를 정립해야 조직의 성과를 극대화할 수 있는데, '용기 있는 팔로어' 저자인 아이라 샬레프는 리더에 대한 지지와 리더에 맞서는 용기를 기준으로 팔로어를 몇 가지 유형으로 구분한다. 다음 중 리더에 대한 높은 지지와 강한 도전을 겸비한 팔로어 유형은?

① 자원(resource)형 ② 파트너(partner)형
③ 비판자(criticizer)형 ④ 이행자(implementer)형
⑤ 개인주의자(individualist)형

11 기업에서 바람직한 인적 자원을 선발하기 위해서는 선발도구가 측정에 효과적이어야 한다. 다음 중 효과적인 선발도구(면접, 시험 등)가 갖추어야 할 조건을 모두 고르면?

㉠신뢰성 (reliability) ㉡보편성(universality) ㉢타당성 (validity) ㉣효용성(utility)

① ㉠, ㉡   ② ㉡, ㉢   ③ ㉢, ㉣   ④ ㉠, ㉢, ㉣   ⑤ ㉠, ㉡, ㉢

12 최근 들어 기업들은 외부에서 직원을 채용하는 것보다 조직 내부의 기존 인력을 대상으로 사내 모집 비중을 늘리고 있다. 사내 모집의 장단점으로 가장 거리가 먼 것은?

① 신속한 충원과 충원 비용의 절감
② 직원들 사이에 과다 경쟁 유발 가능
③ 불합격된 사람들의 불만요인이 없음
④ 훈련과 조직 문화 적응 시간의 단축
⑤ 능력검증에 대한 정확한 평가 가능

13 다음 중 기업 사외이사 제도에 대한 설명으로 틀린 것은?

① 사외이사는 감사와 함께 이사회를 구성한다.
② 사외이사들이 CEO를 선임하는 경우가 있다.
③ 기업의 일상적인 업무에 대한 감시 활동을 한다.
④ 대주주나 CEO의 전횡을 방지하기 위해 도입됐다.
⑤ 우리나라의 경우 상장기업은 의무적으로 사외이사를 둬야 한다.

14 다음에 설명하는 이 제도는?

> 이 제도는 인건비 부담을 줄이면서 숙련된 직원을 계속 고용할 수 있고 근로자는 고용을 보장받으며, 기업도 좋고 근로자도 좋은 일석이조의 제도라고 하지만 부작용도 있다. 퇴직금이 줄어든다는 게 대표적인 문제다. 퇴직금은 보통 퇴직 직전 3개월간 평균 임금을 기준으로 산정하기 때문이다. 상당수 근로자가 높은 퇴직금을 받기 위해 제도 대신 명예퇴직을 선택한다.

① 고용보험제　　　　　　　　　② 임금피크제
③ 최저임금제　　　　　　　　　④ 종신고용제
⑤ 타임오프제

15 다음을 읽고 '불만족스럽지 않은' 상태를 위해 충족시켜야 하는 요인은?

> 허즈버그의 동기–위생 이론에 따르면 만족은 만족대로, 불만족은 불만족대로 서로 다른 차원의 문제다. 만족에 영향을 미치는 요인을 동기요인(motivator)이라고 하고, 불만족에 영향을 미치는 요인은 위생요인(hygienic factor)이라 한다. 동기요인이 제공되어야 동기부여가 되고, 위생요인이 충족되어야만 '불만족스럽지는 않은' 상태가 된다는 것이다. 즉, 위생요인은 직접적 동기유발과는 관계가 없다.

① 직장의 안정성　　　　　　② 개인의 발전가능성
③ 직무 자체의 도전성　　　　④ 의사결정 권한 증대
⑤ 인정받을 수 있는 기회

16 최근 고객이 원스톱 서비스를 받을 수 있도록 매트릭스 조직체계를 갖추려는 금융지주사가 늘고 있다. 매트릭스 조직의 효과로 올바른 것은?

① 조직 내 갈등이 근본적으로 제거되는 효율적인 구조다
② 부문 간 조정을 위한 회의나 면담 등 시간소요문제가 발생하지 않는다.
③ 조직 내 명령계통의 일원화로 직원들 간 역할갈등의 소지를 크게 감소시킨다.
④ 기능부서 내에서 직원들의 심도 있는 훈련과 기능 개발에 가장 유리한 구조다.
⑤ 인적자원을 각 부문에 효율적으로 사용하여 외부환경 변화에 신속히 대응할 수 있다.

17 국내 대기업그룹들이 주력 사업과 별 관련 없는 소규모 계열사들을 다수 보유하고 있어, 핵심역량 강화보다는 일감 몰아주기 등 부수적 수단으로 계열사를 확장하는 것이 아닌가 하는 지적이 일부에서 제기되고 있다. 다음 중 동일 기업그룹 내 두 계열사가 사업적으로 상호 관련성이 높다고 판단하는 잣대로서 가장 적합하지 않은 것은?

① 두 계열사의 주요소비자 계층이 많이 중복될 경우
② 두 계열사가 공동으로 이용할 생산설비가 많을 경우
③ 두 계열사에 대한 지배주주 지분율이 모두 높을 경우
④ 두 계열사가 공동으로 구매 할 원자재나 부품이 많을 경우
⑤ 두 계열사의 제품혁신에 활용되는 기초기술이 유사할 경우

18 다음을 읽고 수직계열화의 장점으로 가장 거리가 먼 것은?

최근 국내 한 자동차 기업이 세계 판매량기준5위에 오르면서 크게 주목을 받았다. 미국자동차 전문지 〈카&드라이버〉는 이 기업의 자동차를 '올해 최고의 차 톱10'에도 선정했다. 이 기업은 지난해 일관제철소 고로사업을 시작해 쇳물에서 자동차에 이르는 수직계열화를 완성했다. 완성차 소재, 부품, 금융, 물류 등이 자동차 판매에 다양한 시너지를 내는 상황인것이다. 이는 이 기업의 최근 경쟁력 향상의 중요한 요소로 평가받고 있다.

① 원재료 공급에 있어서 확실성 확보
② 아웃소싱에 비해 관리비용 절감 가능

③ 경영정보 공유와 마케팅 루트 공동 활용
④ 불확실성으로 유발되는 거래비용 감소
⑤ 공정 간 마진을 자체 흡수하여 원가 경쟁력 확보 가능

19 상품 배송이나 콜센터 운영 같은 기능을 외부 업체에 맡겨 아웃소싱(outsourcing)하는 기업들이 늘고 있다. 다음 중 기업의 일부 기능을 아웃소싱 할 것인지, 아니면 사내에서 직접 수행(내부 等)할 것인지를 결정하는 기준으로 가장 타당하지 않은 것은?

① 경제 상황 및 시장의 변동성을 예측하기가 어려울수록 내부화하는 것이 좋다
② 특정 기능을 잘 대행 할 수 있는 업체가 외부에 많이 있을수록 아웃소싱을 활용하는 것이 좋다.
③ 여러 기능 간에 공통적으로 사용하여 시너지를 창출할 수 있는 자원이 많을수록 내부화하는 것이 좋다.
④ 아웃소싱 과정에서 우리 회사의 기술이나 정보가 유출될 가능성이 적을수록 아웃소싱을 활용하는 것이 좋다.
⑤ 사내에서 직접 수행하는 비용이 많이 들지만 우리 회사의 중장기 핵심역량과 밀접한 기능은 내부화하는 것이 좋다.

20 제시문에 나와 있는 내용들이 각각 기업의 성장전략에 적합하게 연결된 것은?

> 가. 반도체제조회사를 경영하고 있는 구인회 회장은 반도체 장비 제조업에도 진출하려고 한다.
> 나. 반도체제조회사를 경영하고 있는 박진호 회장은 스마트폰을 직접 제조하기 시작했다.
> 다. 오토바이제조업체를 운영하고 있는 김훈민 회장은 자동차 제조업에 진출하려고 한다.

① 가 – 전방통합전략　　나– 수평적 다각화　　다 – 수직적 통합전략
② 가 – 수직적 통합전략　　나 – 전방통합전략　　다 – 집중적 다각화
③ 가 – 집중적 다각화　　나 – 전방통합전략　　다 – 수평적 다각화
④ 가 – 수평적 통합전략　　나 – 전방통합전략　　다 – 집중적 다각화
⑤ 가 – 집중적 다각화　　나 – 수평적 다각화　　다 – 전방통합전략

 **기본문제**

01 ④

개인은 물론 조직 수준에서도 '학습'이 중요해지면서 1990년대 이후 '지식경영' 이론이 급속히 발전했다. 지식의 두 가지 유형 가운데 형식적 지식(예 : 양념제조 매뉴얼)은 문장, 공식, 컴퓨터 프로그램 등으로 표현 가능한 명시적 지식이다.

반면 암묵적 지식(예 : 양념제조 비법)은 주관적 지식으로 숙달된 개인이나 축적된 조직문화 등에 내재되어 있다.

형식적 지식은 암묵적 지식에 비해 공유하기 수월해 지식의 확산을 촉진한다.

암묵적 지식은 관찰, 모방, 반복연습 등을 통해 익힐 수 있다. A 사의 개발팀은 기존에 보유하고 있던 주방용 가전제품 설계기술을 양념제조 매뉴얼과 결합하여 새로운 지식을 창조한 것이다. 신제품의 설계명세서는 또 하나의 형식적 지식이 된다.

02 ②

기업 이익창출에 기여하는 사람들은 다양하다. 근로자와 경영진들은 노동으로, 투자자는 대출이나 자본투자로 기여한다. 이들에게는 그 대가로 임금, 이자, 배당금 등이 주어진다. 이윤은 이처럼 기업이 모든 비용을 지불하고 남은 이익이다. 최근 기업들은 기부나 봉사 활동 등에 적극적으로 나서고 있다. 기업이 존재할 수 있는 기반이 사회라는 이유에서다. 그러나 기업의 사회적 역할이 강제되지는 않는다.

03 ②

성과급제도는 종업원이 거둔 업무 성과에 따라 보상하는 급여제도다. 성취 의욕을 자극하므로 생산성을 높일 수 있는 것이 장점이다. 그러나 개인별 성과급만을 강조하면 팀 내 협력 분위기가 훼손될 수 있어 최근에는

개인별 성과급제와 팀별 성과급제를 혼합해 운영하는 경우가 많다. 이익이 급증해 세금을 많이 내야 하는 상황에서 성과급으로 직원들에게 보상해주면 급여 비용이 늘어나고 그 만큼 이익을 줄여 절세할 수 있다. 또 적은 비용으로 생산량을 측정할 수 있다면 성과급을 도입하기 쉽다. 종업원의 위험 기피도가 높다면, 성과급으로 인한 급여 격차에 대해 반발이 클 것이기 때문에 성과급제 도입을 추진하기 어렵다.

04 ②

매슬로가 제시한 개인의 욕구 5단계는 생리적 요구, 안전 요구, 소속 요구, 자존 요구, 자아실현 요구 순이다.

05 ⑤

변화관리는 당면 문제에 대한 진단, 해결책 개발, 실행, 그 성과에 대한 분석과 후속조치에 이르기까지 어느 하나 쉬운 과정은 실제로 없다. 그 이유는 많은 구성원들이 유기적으로 엮여서 돌아가는 조직에서의 변화란 어떤 형태로든 많은 사람들이 현재 편안하게 반복하고 있는 프로세스에 변화를 초래하고, 이것은 많은 사람들에게 스트레스를 유발하기 때문이다. 변화관리에 실패하는 조직들을 보면, 이와 같은 변화에 대한 부담감이나 두려움으로 조직구성원들이 변화의 필요성을 무시하거나 조직의 변화 노력에 소극적으로 또는 적극적으로 저항함으로써 조직의 변화관리 노력이 제대로 결실을 맺지 못한 경우가 대부분이다.

06 ⑤

간접수출은 종합무역상사나 수출 대행업자 등을 통해 수출하는 방식이다. 수출 중간상이 있기 때문에 수출 클레임에 따른 번거로움을 피하고 안심하고 거래할 수 있어 위험도가 가장 낮다. 다만 이윤이 많이 남지 않고 제품에 대한 통제력을 상실할 수 있다는 단점이 따른다. 라이선싱(Licensing)은 기업이 무형의 경영자원인 특허권이나 기술, 상호, 상표 등과 같은 독점적 자산을

보유하고 있거나 이 자산의 사용권을 해외 판매하고자
할 때 주로 이용된다. 기업은 라이선스 사용자로부터
매출액의 일정 부분을 수수료로 받는다. 이 경우는
수출시 일부 책임을 지기 때문에 간접수출에 비해
위험도가 높지만 직접 수출하는 것보다는 높지 않다.
직접수출은 기업이 수출과 연관된 제반 업무를 직접
수행하는 방식이며 간접수출이나 라이선싱보다
위험도가 높다. 해외투자는 기업의 자본뿐 아니라 기술,
상표권, 마케팅 노하우 등 기업의 제반 자원을 패키지
형태로 해외에 이전시키는 방식이다. 수익이 높다는
장점이 있지만 위험도가 매우 높다. 해외투자는 크게
합작 투자와 직접투자로 나뉘는데 합작투자가 기업의
보유자원을 모두 투입하지 않기 때문에 직접투자보다
위험도는 낮다. 정답률은 28%로 낮았다.

07 ②

사업이 글로벌화 되면 기업조직은 기능별, 지역별,
제품별 조직을 거쳐 매트릭스 조직으로 발전하게 된다.

08 ④

성과관리시스템은 회사의 전략을 구현하기 위해 조직
구성원들이 구체적으로 무엇을 해야 하는지를 인도하는
역할을 한다. 직원들 의견을 반영해서 적절한 성과
목표를 세우고, 그 목표를 달성했는지를 객관적이고
공정하게 평가해서 직원들에게 충분한 동기 부여가 될
수 있는 적절한 수준의 보상을 주는 것이 성과관리
시스템의 핵심 요소다. 각 산업 특성에 따라 성과관리
시스템은 많은 차이가 있다.

09 ⑤

제프리 무어는 공의 표면적과 부피의 관계를 예로 들며
분권조직의 경쟁력을 말하고 있다. 고객, 파트너 등과의
커뮤니케이션을 원활히 하는 조직구조의 중요성을
강조한다.

10 ②

의사결정의 중요성이 높고, 높은 일관성이 요구될 때
분권적보다는 집권적이 효과적이다. 분권화조직은
업무의 특성이 유동적이고, 반복적 정형적인 의사결정
일수록 유리하고 관리자들을 양성하는데 효과적이다.

적중문제

01 ④

기업그룹은 통상적으로 서로 상이한 사업을 영위하는
계열사들로 이뤄지며, 따라서 일반적으로 규모가 크고
복잡성이 높다. 이에 따라 전체 그룹 조직을 총괄하는
별도 조직을 두고 컨트롤 타워 기능을 수행하도록 하는
사례가 많다.

기업그룹에서 총괄경영본부에 기대하는 긍정적인
기능은 해당 기업그룹이 추구하는 전략적 방향성, 각
계열사 자원과 능력, 경영 환경 변화 등에 따라
상이하게 나타날 수 있다.

하지만 때로는 전체 기업그룹이나 개별 계열사의
경제적 · 사회적 성과와 무관하게 그룹 외형을 유지
또는 확장하거나 총수 지배력을 강화하기 위해 특정
계열사 자원을 남용하여 기업 가치를 저해할 소지도
없지 않다.

계열사별 이사회 독립성 제고를 통한 부당내부거래
감시 장치 강화와 같은 기업 집단 지배구조 개선 노력은
그와 같은 부작용에 대한 사회적 염려를 완화시키기
위한 방안 가운데 하나라 할 수 있다.

02 ③

작업능률에 크게 영향을 미치는 것은 노동시간,
휴식시간 등과 같은 물리적 작업보다는 집단에 대한
소속감, 자기표현의 기회와 같은 심리적 · 감정적 요인이
더 크게 작용한다.

03 ③

세계 일류브랜드는 글로벌 아웃소싱을 통한 원가절감
에서 경쟁우위를 갖는다. 하지만 한국에서는 시장
점유율 1위를 차지하기 힘들다. 한국 고유의 브랜드들이
강하기 때문이다. 토종 브랜드가 성공하는 이유로는
사업성이 있다면 매우 공격적인 전략을 구사하는
신속한 의사결정, 고객 불만관리 등의 감성경영, 최적의
위치를 선점하는 입지전략, 그리고 한국 고객의 기호에
맞는 제품 개발 등을 꼽을 수 있다.

04 ②

이사회는 회사의 업무집행에 관한 의사결정을 하기
위해서 이사로 구성되는 주식회사의 상설기관이다.
이사회는 주주를 대표하여 기업경영의 중요한
의사결정에 대해서 경영층을 견제하거나 감독을 하는
주식회사의 제도적 장치이다. 이사회의 이사선임은
주주총회에서 한다.
③은 감사에 대한 설명이다.

05 ①

동일한 타깃 기업을 인수하려는 기업들이 많은 경우에는 이들 긴 경쟁에서 이기기 위해 인수 가격이나 조건을 과도하게 매력적으로 제시하여 인수를 한 기업이 그에 따른 후유증으로 성과위기를 겪는 경우가 종종 있다. 재계에서는 이를 '승자의 저주(winner's curse)'라고 일컫는다.

06 ③

데니스 오건 교수가 처음 사용한 용어인 '조직시민행동'은 직무기술서 상에 명시되어 있지는 않지만 양심적인 조직 구성원으로서 타인에 대한 배려와 조직에 대한 애정에 기반을 둔 시민의식의 자발적 발현을 통해 궁극적으로 조직 성과 제고에 기여하는 행동이다. 산악동호회 활동을 통한 체력 단련이나 친목 도모는 조직에 대한 기여보다는 개인적인 취미를 추구하는 것에 훨씬 가깝기 때문에 조직시민행동으로 보기 어렵다.

07 ③

성과에 기반을 둔 보상제도는 근무 연한에 따라서 일률적으로 보상수준이 결정되는 기존 보상제도와는 달리 직원 개인 및 소속팀이나 부서, 전체 회사의 성과 수준에 따라 받게 되는 보상 정도가 결정된다.

08 ④

많은 기업에서 성과관리에 사용하는 성과목표는 적절하게 사용하면 다양한 이점이 있다. 연구결과에 따르면, 성과목표는 업무에 대한집중도를 높이고 목표달성을 위한 노력을 강화해 준다. 또한 목표달성을 위한 업무전략과 실행전략 개발을 촉진하고, 장애물에 직면 했을 때도 더 강한 집념을 가지도록 하는 역할을 한다. 성과관리에 이처럼 긍정적인 영향을 미치는 성과목표는 다음의 SMART 조건을 충족시켜야 한다. 구체적(specific), 측정가능(measurable), 달성기능(attainable), 결과지향적(results oriented), 기한설정(time bound).

09 ③

질문은 매트릭스 조직의 특징에 대해서 묻고 있다. ①은 사업부 조직, ②는 부·과형태의 기능별 조직, ④는 팀 조직, ⑤는 네트워크 조직에 대한 특징을 설명한다. 매트릭스 조직은 주로 각 기능 활동과 제품라인을 동일한 비중을 두고 관리해야 할 필요가 있는 경우, 조직 안에서 종적 관리와 횡적 관리과 효율적으로 이루어질 수 있도록 기능조직과 제품조직이 동시에 한 부서에 속하도록 설계된 조직이다. 환경변화가 야기하는 복잡한 의사 결정에 효과적이지만, 이원 보고체계에 대한 구성원의 이해나 협조가 부족하면 비효과적이다.

10 ②

파트너형 팔로어는 리더를 적극 지지하면서도 리더의 행동과 정책에 의문 제기하는 용기 있는 팔로어이다. 이행자형 팔로어는 리더에게 높은 지지를 하지만 맞서는 용기는 부족한 팔로어이며, 개인주의자형 팔로어는 낮은 지지를 하지만 강한 도전을 하는 팔로어다. 자원형 팔로어는 도전이 모두 미약한 팔로어이다.

11 ④

바람직한 인적 자원을 선발하기 위해서는 선발도구의 신뢰성, 타당성 및 효용성이 높아야 한다. 그렇지 않은 경우, 선발되지 말아야 할 자원을 선발하거나 선발되어야 할 자원을 선발하지 못하는 선발 상의 오류를 범할 수 있기 때문이다. 신뢰성(reliability)이란 선발 도구의 측정결과가 일관성과 안정성이 있음을 의미하며, 타당성(validity)이란 측정하고자 하는 대상을 올바르게 측정하고 있고 그 측정결과가 측정하고자 하는 목적에 부합되는 정도를 의미하며, 효용성(utility)이란 선발 상의 정확성을 높임으로써 선발의 효과성(effectiveness)을 높일 수 있는 정도를 의미한다.

12 ③

사내 내부 모집의 장점은 조직 내에서 잘 알려진 지원자를 확보할 수 있어 지원자에 대한 정확한 평가가 가능하고, 모집하는 직무를 잘 알고 있기 때문에 직무에 대한 비현실적 기대를 최소화할 수 있으며, 이로 인해 직무에 대한 훈련비용과 문화에 적응하는 시간이 적고, 외부모집보다 신속하게 진행될 수 있다. 그러나 내부의 과당경쟁으로 조직분위기가 저하될 수 있고, 불합격된 사람에 의한 불만 요인이 발생할 수 있는 단점이 있다.

13 ③

기업의 일상적인 업무에 대한 감시 활동은 감사의 역할이다.

14 ②

고용 보험제란 실업자에게 이전 직장 통상임금의 45~50%를 보험금으로 지급하는 제도를 말한다. 임금피크제는 일정 연령이 되면 임금을 삭감하는 대신 정년은 보장하는 제도를 한다. 회사 업무가 아닌 노조와 관련된 일만 담당하는 노조전임자에게 회사 측이 임금 지급을 금지하는 대신 노사 공통의 이해가 걸린 활동에 대한 시간을 근무 시간으로 인정해 이에 대해 임금을 지급하는 제도는 타임오프제다.

15 ①

허즈버그 2요인 이론에서 성장, 인정, 발전, 책임감 등은 동기부여요인이다. 위생요인으로는 급여, 작업조건, 직장의 안정성이다.

16 ⑤

매트릭스 구조는 전문인력과 기술 및 장비를 여러 사업 부서에서 공동으로 활용할 수 있고 인적자원을 비롯한 여러 자원의 융통성 있는 활용을 도모하여 외부환경 변화에 맞춰 조직의 역량을 효율적으로 대응시킬 수 있는 구조다. 그러나 매트릭스 조직의 단점으로는, 첫째 명령일원화의 원칙이라는 전통적인 관리원칙을 벗어나 있는 두 명의 상사를 갖는 직위 에서는 종업원의 좌절과 역할갈등이 생기게 된다. 둘째, 관리자들이 원활한 의사소통을 위한 활동을 할 수 있도록 하기 위해서 많은 시간을 필요로 한다. 셋째, 양 부문 간 조정을 위해 빈번한 회의, 면담 등 시간 소요로 업무처리에 시간이 많이 들어간다.

17 ③

서로 다른 사업을 영위하는 회사들이라도 전략이나 운영적인 측면에서 상호 연관되어 있고 이들 간의 협력이 유기적으로 이뤄지면 소위 범위의 경제 (economies of scope)를 통해 경쟁력을 증대시킬 수 있다. 기업그룹이 신국/설립이나 M&A(인수. 합병)에 의해 계열사를 확장하는 경우에도 기존 사업과의 연관성이 높을 경우 시너지 효과를 기대할 수 있다. 두 회사가 공동구매를 하면 공급업체에 대한 교섭력을 높이고 대량구매에 따른 가격할인 혜택 등을 받을 수 있다. 두 회사의 혁신추구나 생산 공정에 들어가는 투입요소가 많이 중복되면 공동 연구개발이나 탄력적인 설비활용을 바탕으로 비용을 절감할 수 있다. 또한 두 회사가 동일한 소비자군을 주요 고객으로 삼고 있으면, 공동 마케팅이나 교차 판매를 통해 효율적으로 매출 증대를 꾀할 수 있다. 그러나 두 계열사에 대한 지배주주 지분율이 모두 높다는 점만으로 회사간 사업적 시너지를 기대하기는 어렵다.

18 ②

수직계열화는 원재료 수급상황이나 판매처의 안정적인 확보를 가능하게 하고 시장의 거래비용을 내부화시켜 감소시킬 수 있는 장점이 있다. 또한 다양한 경영정보를 공유하여 다양한 제품 등에 활용할 수 있고, 이러한 전후방 통합으로 인한 시너지효과와 규모의 경제를 통해 산업내 진입장벽을 구축할 수 있다. 그러나 관리비용의 증가와 시장 환경 변화에 따른 기업의 유연성 부족은 단점으로 꼽힌다.

19 ①

기업 활동이 복잡해지고 시장 변화가 가속화됨에 따라 기업이 사업 수행에 필요한 모든 기능을 자체적으로 수행하기보다는 외부의 아웃소싱 업체들을 효과적으로 활용하면서 주요 기능에 보다 충실히 집중하는 것이 경쟁력 제고를 위한 전략 가운데 하나가 되었다. 다만 이러한 아웃소싱은 내부화에 비해 장점과 단점을 모두 갖고 있기 때문에 경영자는 이에 대해 신중한 전략적 판단을 할 필요가 있다. 이를 위해서는 여러 기능 간 시너지 효과, 특정 기능과 중장기 핵심역량과의 연관성, 아웃소싱하려는 기능을 잘 수행할 수 있는 외부 업체의 수, 기술이나 정보 유출 가능성, 경제 및 시장의 변동성 등을 고려해야 한다. 많은 활동을 내부에서 자체적으로 수행하려고 하면 그만큼 조직의 규모와 운영의 복잡성이 증대되므로 환경 변화에 유연하게 대처하기 어려워진다.

20 ②

전방통합은 현 사업의 다음 과정에서 전개되는 활동을 통합하는 전략이다. 집중적 다각화는 기존 제품의 생산시설이나 기술, 유통채널 등을 이용할 수 있는 제품으로 다각화하는 전략이다.
수직적 통합과 대비되는 수평적 통합은 동일 업종의 다른 기업과 통합하는 것을 말한다.

Chapter 10

직업윤리 (직업기초능력 J-1)

J-1. 직업윤리

J-2. 하위능력별
- 가. 근로윤리
- 나. 공동체윤리

학/습/목/표 (수행준거)

원만한 직업생활을 위해 지켜야 할 올바른 직업윤리를 함양한다.

- ● 윤리의 의미를 설명할 수 있다.
- ● 직업의 의미를 설명할 수 있다.
- ● 원만한 직업생활을 위해 필요한 직업윤리를 설명할 수 있다.

▋ 성취수준(표준)

본 성취수준은 학력과 관련되며, 상은 4년제 대학 졸업자 수준, 중은 2년제 대학 졸업자 수준,
하는 고등학교 졸업자 수준을 의미한다.

구분			성취수준
직업윤리		상	근로자에게 요구되는 기본적인 윤리를 준수하고 있는가? 공동체의 유지 · 발전에 필요한 기본적인 윤리를 준수하고 있는가?
		중	
		하	
하위 능력	근로 윤리	근면성	직장생활서 있어 부지런하고 꾸준한 자세를 유지하고 있는가?
		정직성	직장생활에 있어 속이거나 숨김이 없이 참되고 바르게 행동하는가?
		성실성	맡은 업무에 있어서 자신의 정성을 다하여 처리하는가?
	공동체 윤리	봉사정신	자신의 이해를 먼저 생각하기보다는 국가, 기업 또는 남을 위하여 애써 일하는 자세를 가졌는가?
		책임의식	주어진 업무 또는 하기로 하고 맡은 업무는 어떠한 일이 있어도 하는 자세를 가졌는가?
		준법성	직장에서 정해진 규칙이나 규범 등을 지키고 따르는가?
		직장예절	직장생활과 대인관계에서 절차에 맞는 공손하고 삼가는 말씨와 몸가짐을 가졌는가?

직업윤리의 개념

직업윤리란 원만한 직업생활을 위해 필요한 태도, 매너, 올바른 직업관을 의미한다. 이에 따라 기초직업능력으로서의 직업윤리는 근로윤리와 공동체 윤리로 구분될 수 있다. 일에 대한 존중을 바탕으로 근면하고 성실하고 정직하게 업무에 임하는 자세인 근로윤리, 인간 존중을 바탕으로 봉사하며, 책임 있고, 규칙을 준수하고, 예의바른 태도로 업무에 임하는 자세인 공동체윤리로 구성되어 있다.

우리들의 직업 활동은 수많은 사람들과 관계를 맺고 상호작용을 하는 것이기 때문에, 직업인들은 자신의 직업 활동을 수행함에 있어서 사람과 사람 사이에 지켜야 할 윤리적 규범을 따라야 한다. 왜냐하면 윤리는 사람과 사람의 관계에서 마땅히 지켜야 할 사회적 규범이기 때문이다. 이와 같은 직업윤리는 우리들의 공동체적인 삶에 있어서 매우 중요한 역할을 한다.

우리는 자기의 직업에 대하여 애정을 가져야 하고 긍지를 가져야 하며 최선을 다해야 한다. 자의건 타의건 자기가 선택하여 종사하고 있는 직업에 대하여 정성과 애정을 가져야 할 것이며 또한 긍지를 가지고 열과 성을 기울려야 한다. 게으른 자에게는 긍지가 있을 수 없다. 또한 천직의식을 가지고 충성을 다해야 한다.

✎ 윤리적 가치의 중요성

- 첫째, 모든 사람이 윤리적 가치보다 자기이익을 우선하여 행동한다면 사회질서가 붕괴되기 때문이다. 모두가 다른 사람에 대한 배려 없이 자신만을 위한다면 다른 사람이 자신을 해칠지 모른다고 생각하며 끊임없이 서로를 두려워하고 적대시하면서 비협조적으로 살게 될 것이다. 인간은 결코 혼자서는 살아갈 수 없는 사회적 동물이며, 사람이 윤리적으로 살아야 하는 이유는 '윤리적으로 살 때 개인의 행복, 모든 사람의 행복을 보장할 수 있기 때문'이다.

• 둘째, 모든 사람이 윤리적으로 행동할 때 나 혼자 비윤리적 행동을 하면 대단히 중요한 이익을 얻을 수 있는데도 윤리적 규범을 지켜야 하는 이유는, 어떻게 살 것인가하는 가치관의 문제와도 관련이 있기 때문이다. 눈에 보이는 경제적 이득과 육신의 안락만을 추구하는 것이 아니고, 삶의 본질적 가치와 도덕적 신념을 존중하기 때문에 윤리적으로 행동해야 하는 것이다.

■ **윤리적 인간**

> *윤리적인 인간은*
> *'공동의 이익을 추구'하고,*
> *'도덕적 가치 신념'을 기반으로 형성되는 것이다.*

>>> **윤리규범의 형성**

• 인간의 특성 : 인간은 일종의 동물이다. 그러므로 기본적인 욕구충족에 도움이 되거나 방해가 되는 사물이나 행동을 좋아하거나 싫어하는 태도를 갖게 된다.

• 사회적 인간 : 어느 한 개인의 욕구는 개인의 행동여하에 따라 충족여부가 결정되는 것이 아니라, 다른 사람의 행동과 협력을 통하여서 가능한 것이다. 우리가 밥을 한그릇 먹는 데에도 수많은 사람의 손을 거쳐야 가능한 것을 생각하면 쉽게 이해될 것이다. 그러므로 사람들은 사회의 공동목표 달성과 모든 구성원들의 욕구충족에 도움이 되는 행위는 찬성을 하고, 반대되는 행위는 비난을 하게 되는 것이다.

• 윤리의 형성 : 위와 같은 일이 반복되다 보면 어떤 행위는 '마땅히 해야 할 행위', 어떤 행위는 '결코 해서는 안 될 행위'로서 가치를 인정받게 되는 것이다. 이러한 측면에서 볼 때, 모든 윤리적 가치는 만고불변의 진리가 아니라 시대와 사회상황에 따라서 조금씩 다르게 변화되는 것이다.

> *윤리의 형성은*
> *'공동생활'과 '협력'을 필요로 하는 인간생활에서 형성되는*
> *'공동행동의 룰'을 기반으로 윤리적 규범이 형성된다.*

>> 윤리(倫理)의 의미

- '倫' : 두 가지 뜻을 가지고 있다. 동료, 친구, 무리, 또래 등의 인간 집단 등을 뜻하기도 하고, 길, 도리, 질서, 차례, 법(法) 등을 뜻하기도 한다. 결국 '倫'이란 인간관계에 있어 필요한 길, 도리, 질서를 의미한다고 볼 수 있다.

- '理' : 다스린다(治), 바르다(正), 원리(原理), 이치(理致), 또 나아가서는 가리다(판단判斷), 밝히다(해명 解明), 명백(明白)하다 등의 여러 가지 뜻을 가지고 있다.

- 윤리(倫理) : '인간과 인간 사이에서 지켜져야 할 도리를 바르게 하는 것' 또는 '인간사회에 필요한 올바른 질서'라고 해석할 수 있을 것이다. 동양적 사고에서 윤리는 전적으로 인륜(人倫)과 같은 의미이며, 엄격한 규율이나 규범의 의미가 배어있는 느낌을 준다.

>> 일과 인간의 삶

일은 사람이 살기 위해서 필요한 것이며, 인간의 삶을 풍부하고 행복하게 만들어 주는 것이기 때문에, 원래 일은 그 자체와 일의 결과가 사람의 기쁨과 연결된 것이다. 원시시대에는 나무의 열매를 따고 짐승을 사냥하는 것 자체가 자신과 가족의 몸을 즐겁게 해주기 때문에 일종의 놀이였으며 또 중요한 즐거움이라고 볼 수 있었다.

그런데 사회가 점점 복잡해지고 분업이 발달함에 따라 자기가 원하고 필요할 때 일하는 것이 아니라 다른 사람들 때문에 또는 다른 사람이 시키는 대로 일을 하는 경향이 많아져 일을 경제적 목적 달성을 위한 수단 정도로만 생각하는 경향이 생겨나게 되었다.

그러나 일은 경제적 욕구의 충족뿐만 아니라 그 이상의 자기실현이라는 면을 가지고 있다. 단순히 보수의 높고 낮음만을 고려하지는 않고, 자신의 흥미나 적성과 관련이 있는가, 구조조정 후에도 충분히 일을 할 수 있는가를 고려해 직장을 선택하는 것을 보면 알 수 있다. 인간은 일을 통하여 자신을 규정하고 삶의 의미를 실현하는 것이다.

일은 의무인 측면도 있지만 동시에 인간으로서의 하나의 권리이기도 하다. 결국, 일은 인간의 삶을 구성하는 가장 중요한 요소이다.
인간사회가 발전함에 따라 원시시대의 자급자족 상태를 벗어나 수많은 사람들의 협력이 사회적으로 조직화 되고 분업화 되었다. 직업은 이러한 분업화 된 사회에서, 한사람이 담당하는 체계화 되고 전문화 된 일의 영역을 가리키는 것이다. 그런데 전문화 된 일의 영역은 취미활동, 아르바이트, 강제노동 등과 같은 것도 있을 수 있는데 이것을 우리는 직업이라고 부르지는 않는다.

>>> 직업의 의미

직업이란 인간의 정신적 육체적 노동의 대가로 경제적 급부를 받아 그것에 의하여 생활을 유지하는 지속적인 사회활동을 하는 것이다. 따라서 불로소득이나 취미활동과는 구분된다. 우리가 상식적으로 알고 있는 바와 같이 직업은 무엇보다 생계를 유지하기 위해 종사하는 일인 것이다. 말하자면 직업은 생활에 필요한 물자를 획득하기 위한 계속적인 노동인 것이다. 인간도 하나의 생물인 이상 활동에 필요한 에너지를 확보하지 않으면 생존할 수 없고, 따라서 생존이 계속되는 한 에너지의 원천이 되는 물자를 계속해서 마련하지 않으면 안 된다. 이러한 의미의 직업적 활동을 우리는 보통 '생업'이라고 부르기도 한다.

사람은 누구나 일(work)을 하면서 살아가고 있다. 일이란 휴식이나 놀이 또는 여가를 위한 활동을 제외한 모든 '생산적 활동'을 말한다. 그러므로 아주 어린 아동들을 제외한다면 거의 모든 사람들은 공부를 하든지 잡안일을 하든지 어니면 다른 여러 가지 생산적인 활동을 하면서 살아가는 것이다.

그러나 그와 같은 모든 '일'이 곧 직업이라고 말할 수는 없다. 직업이라고 할 때는 '성인들의 일상적인 활동으로서 경제적으로 보상되는 활동'을 뜻하는 것이다. 직업을 성인들의 활동으로 제한하는 것은 미성년자들이 경제적 소득을 목적으로 일하는 것이 사회적으로 기대되는 활동이 아니며, 미성년자들이 장래의 직업을 위해 준비하는 학습활동은 직업이라고 말할 수 없기 때문이다.

첫째는, 경제적인 보상이고,
둘째는, 본인의 자발적 의사에 의한 것이어야 하며,
셋째는, 장기적으로 계속해서 일하는 지속성이 있어야 한다.
또한 직업은 성인이 하는 일이요, 노력이 소요되는 일이며, 사회적 효용성이 있는 일이다.

> 직업은 생활에 필요한 경제적 보상을 주고, 평생에 걸쳐 물질적인 보수 외에 만족감, 명예 등 자아실현의 중요한 기반이 되는 것이다.

✎ 직업과 직장

직업은 단순한 일(work) 혹은 작업과 구별된다. 왜냐하면 직업은 '일'과 '근무처', '직장', '지위'의 의미를 동시에 함축하고 있기 때문이다. 일이란 사람들이 직장에서 실제로하고 있는 작업이나 업무를 의미하고, 근무처 혹은 직장이란 그 업무를 수행하고 있는 장소, 즉 회사나 공공기관 같은 직장을 가리킴으로서 결국 어떤 종류의 조직체를 의미한다.

그리고 지위란 이들 조직체 중에서 사람들에게 주어진 권한의 크기나 권위의 정도를 의미한다. 물론 직업의 일차적인 의미는 일이라고 할 수 있다. 그렇지만 사회가 점차 조직화되고 기계화되면서 일의 내용이 매우 유사해지고 있는 현대사회에서는 오히려 근무처나 지위가 직업의 중심적 의미로 부각되고 있는 실정이다.

✎ 직업생활에서 직업윤리가 준수되어야 하는 이유

직업생활에서 직업윤리가 논의되어야 하는 이유로서는 직업생활에서 제기된 문제를 해결하기 위해서라고 간단히 대답할 수 있다. 그리고 직업윤리를 준수해야 되는 이유에 대해서는 두 가지 측면에서 이야기 할 수 있다.

하나는 직업윤리란 일반윤리의 한 특수한 적용이기 때문에 우리가 윤리 일반을 포기하지 않는 한 그것에서 파생된 직업윤리를 준수하지 않을 수 없다는 것이며,

둘째는 우리가 직업을 통해서 부딪친 문제를 해결하고 우리가 바라는 일정한 목적을 실현하고자 하기 때문이라는 것이다. 즉 직업은 생업으로서의 측면과 사회적 역할의 분담 및 자아의 실현 이라는 측면을 동시에 갖고 있기 때문이다.

≫≫ 직업일반의 윤리와 특수직업의 윤리

직업윤리란 직업인으로서 지켜야 할 윤리를 말한다. 직업윤리는 일정한 사회적 규범이 내면화된 것으로 직업에 종사하는 사람들의 의식의 밑바닥에 내재하는 윤리를 말한다.

직업윤리는 두 가지 측면을 고려하여 논의할 수 있다. 즉 하나는 모든 직업인에게 공통적으로 요구되는 윤리이고, 다른 하나는 여러 다양한 직업들에 있어서 각각 요구되어지는 특수한 윤리가 그것이다. 우리는 이를 편의상 '직업일반의 윤리'와 '특수직업의 윤리'라 불러 구별한다.

직업일반의 윤리는 특수직업의 윤리보다는 보다 근본적인 인간의 생활태도를 다룬다. 말하자면 특수직업의 윤리가 어떤 특정한 직업에서만 요구되는 규범을 문제 삼는데 반하여, 직업일반의 윤리는 직업에 대한 사람들의 보다 기본적인 태도와 마음가짐을 다룬다고 할 수 있다.

또한 특수직업의 윤리가 직업생활에서 보통 외적인 규제력으로 나타나는 데 반해서, 직업일반의 윤리는 주로 내면적인 가치체계로서 존재한다. 물론 이 구별은 절대적인 것은 아니며 현실 속에서 두 윤리는 함께 섞여 있지만 이러한 구별이 편리할 때가 많다.

〉〉〉 개인윤리와 직업윤리의 조화

직업윤리는 개인윤리에 비해 특수성을 갖고 있다. 예를 들어 개인윤리의 덕목에는 타인에 대한 물리적 행사(폭력)가 절대 금지되어 있지만, 경찰관이나 군인 등의 경우 필요한 상황에서 그것이 허용된다는 점을 생각하면 쉽게 이해될 것이다.

직업윤리와 개인윤리는 아래와 같이 조화를 이루게 된다.

① 업무상 개인의 판단과 행동이 사회적 영향력이 큰 기업시스템을 통하여 다수의 이해관계자와 관련되게 된다.

② 수많은 사람이 관련되어 고도화 된 공동의 협력을 요구하므로 맡은 역할에 대한 책임 완수가 필요하고, 정확하고 투명한 일 처리가 필요하다.

③ 규모가 큰 공동의 재산, 정보 등을 개인의 권한 하에 위임, 관리하므로 높은 윤리의식이 요구된다.

④ 직장이라는 특수 상황에서 갖는 집단적 인간관계는 가족관계, 개인적 선호에 의한 친분관계와는 다른 측면의 배려가 요구된다.

⑤ 기업은 경쟁을 통하여 사회적 책임을 다하고, 보다 강한 경쟁력을 키우기 위하여 조직원 개개인의 역할과 능력이 경쟁상황에서 적절하게 꾸준히 향상되어야 한다.

⑥ 각각의 직무에서 오는 특수한 상황에서는 개인적 덕목차원의 일반적인 상식과 기준으로는 규제할 수 없는 경우가 많다.

위와 같은 여러 가지 이유로 직업윤리가 기본적으로는 개인윤리를 바탕으로 성립되는 규범이기는 하지만, 상황에 따라 양자는 서로 충돌하거나 배치되는 경우도 발생한다. 개인윤리가 보통 상황에서의 일반적 원리규범이라고 한다면 직업윤리는 좀더 구체적 상황에서의 실천규범이라고 이해하여야 할 것이다.

그렇게 되면 업무수행 상에서 양자가 충돌할 경우 행동기준으로는 직업윤리가 우선될 것이다. 또한 한편으로는 기본적 윤리기준에 충실하여 개인적 윤리의 준수와 공인으로서의 직분을 실천하려는 지혜와 노력이 필요하다.

직업윤리가 기본적으로는 개인윤리를 바탕으로 성립되는 규범이기는 하지만,
상황에 따라 양자는 서로 충돌하거나 배치되는 경우도 발생한다.
이러한 상황에서 직업인이라면 직업윤리를 우선하여야 할 것이다.

✎ 기업윤리

자본주의 경제체제는 이윤추구를 목적으로 하는 각각의 경제주체들이 경제활동에 적극 참여함으로써 유지·발전되고 있는 것이다. 그러기에 기업의 입장에서는 이윤추구가 최대의 목표가 되는 것은 두 말할 나위가 없다. 그러나 사회경제적 입장에서 큰 안목으로 본다면 경제활동을 비단 기업가뿐만 아니라 그를 포함한 생산에 참여한 모든 사람과 그 가족의 물질적·정신적 행복을 더하는 데 궁극적인 목적이 있다고 해야 할 것이다.

• 기업의 사적 이윤은 국가사회의 안정적 존속위에서 얻을 수 있는 것이므로, 사회의 안정적 발전과 절대적으로 그 운명을 같이 한다고 볼 수 있다. 기업은 기업경영에 필요한 최저한의 이윤획득만을 목표로 하고, 기업인 자신들은 산업발전 및 국민경제정책의 담당자이며 기업은 국가부강의 원천임을 인식하여, 그 사회적 사명을 다하기 위한 안정적 발전을 도모해야 할 것이다. 이것이 기업윤리 내지 기업의 사회적 책임의 내용인 것이다.

• 기업은 적정이윤을 유지하면서 분배의 공정을 기하여 근로자 및 기업에 관계되는 모든 사람의 복지를 책임져야 한다.

• 기업은 소비자를 인식해서 그들을 보호하는 입장에서 경영의 합리화를 기하여야 한다. 기업은 사회가 필요로 하는 상품의 질을 높이고, 양과 서비스에 있어서도 적정가격으로 안정적 공급을 해야 한다.

• 기업의 책임 중 소홀히 할 수 없는 또 하나는 공해문제이다. 기업은 그의 활동에 수반되는 유해한 공해를 예방하든가, 아니면 발생 후 사후조치를 강구하여 시민에게 피해를 주는

일이 없도록 각별히 주의해야 한다.

기업은 사회적 산물임에 틀림없다. 그러므로 사회를 배신해서는 안 된다. 개인에게 이성이 부여됨으로 해서 인간이 사회성을 지닌 것과 마찬가지로, 개인의 집합체인 기업도 사회에서 활동하고 있는 이상 사회적 존재임에 틀림없다. 그러므로 기업도 사회생활의 주체로서 사회에 봉사하는 가운데 그들의 목표를 원만히 달성할 수 있을 것이다.

✎ 노동윤리

근로자의 윤리의식이란 노동자가 보람 있고, 가치 있게 일할 수 있게 하는 데 있어서 지켜야 할 기준이나 원리에 대한 지각이라 할 수 있다. 노동은 어떤 의미를 갖는지, 노동의 목적이나 의미를 따지고 그것을 충실하게 하기 위한 기준이나 원리를 알아내서 그것을 마음속으로 다짐하는 것을 노동윤리라 할 것이다.

직업은 생활을 유지하기 위해 수입을 얻는 생활유지수단 또는 소득획득수단이 된다는 의미에서 우리에게 보람을 안겨준다. 이것을 기준으로 할 때 노동의 가치나 보람은 수입의 다과로 판정된다.

인간은 직업을 갖고 일함으로써 일정한 사회적 가치를 인정받아 가치 있는 존재가 된다. 직업의 종류나 직업상의 일정한 지위에 따라 사람들의 인간형성이 달라지는 것을 보더라도 노동이 인적 도야의 기반이 됨을 알 수 있다.

인간은 직업에 종사하여 노동하는 과정에서 만족감, 완성감, 일하는 보람, 사는 보람을 느껴 행복해질 수 있다. 이런 의미에서 본다면 노동은 행복의 원천인 것이다.

기업이 근로자에게 요구하는 노동윤리는

첫째, 성실이다.

둘째, 인격이다.

셋째, 창의성이다.

그 밖에도 지나친 욕심을 가져서는 안 되며, 일을 처리함에 있어서 공정을 기해야 한다. 그러므로 동료와 상하 간에 인간관계가 원만히 형성되어야 하고, 일상생활에서 성실해야 하겠으며, 의리있고 검소하고 창의적이며, 과욕과 편파적인 사고방식을 불식하는 일이 기업에서 요구하는 노동윤리인 것이다.

✎ 노사관계의 윤리

일반적으로 노사관계는 생산 면에서는 사용자와 생산자가 상호 협력적 관계에 있고, 분배의
측면에서는 대립관계에 있다고 보아야 한다. 따라서 노사관계의 안정, 즉 원만한 노사관계는
이 양자의 균형관계가 유지되어 있는 상황에서만 기대할 수 있다.

사용자의 입장에서 근로자가 힘써 노력하도록 하려면 개인의 인격을 존중하고 인간으로서
존엄성을 인정해 주고, 그리고 그 다음에 책임을 맡겨야 한다. 상호 자기의 본분을 다하고
자기에게 돌아와야 할 이익이나 혜택을 다소 양보하는 일이 있다손 치더라도 서로의 번영을
위해서 타협하겠다는 의지와 태도를 보여 주어야 한다.

바람직한 노사대화의 공동기반을 마련하고 노사관계의 윤리의식을 제고시키기 위해서는
최소한 노사가 각자의 윤리에 충실함으로써 개인과 사회가 양립할 수 있다는 공통적 가치관이
확립되어야 한다.

10.1 근로윤리 (하위모듈 J-2-가)

학습목표

근면하고 정직하며 성실하게 업무에 임하는 태도가 무엇인지 살피고 이를 바탕으로 직업윤리를 실천한다.

··· 직업생활에서 근면한 태도를 설명할 수 있다.
··· 직업생활에서 정직한 행동을 설명할 수 있다.
··· 직업생활에서 성실한 자세를 설명할 수 있다.

✎ 근로윤리

원만한 직업생활을 위해 직업인이 갖추어야 할 직업윤리 중에서, 일에 대한 존중을 바탕으로 근면하고 성실하며 또한 정직하게 업무에 임하는 자세인 근로윤리가 매우 중요하다. 근로윤리를 실천하기 위한 덕목에는 여러 부문이 있겠지만 그 중 '근면', '성실', '정직'이 가장 크다고 할 수 있겠다.

>>> 근면의 의미

'성공도 실패도 하나의 버릇에서 온다'라는 유대인의 속담이 있다. 근면과 인생에 있어서의 성공은 표리로 맺어져 있다. 근면하기 때문에 성공한 사람은 있어도, 게을러서 성공했다는 사람 얘기는 동서고금을 막론하고 들어본 적이 없다. 물론 근면한 것만으로 성공할 수 있다는 얘기는 아니지만, 근면한 것은 성공을 이루게 되는 기본 조건임에 분명하다.
「탈무드」에도 "이 세상에서 가장 한심한 것은 할 일이 없는 것이다."라는 말이 나온다.
성공을 위해서는 자연히 고생이 따른다는 의미이다. 옛날 사람들을 생각해 보자. 그들이 불을 일으키는데 오랜 시간이 걸려서 나무나 돌을 문질러대지 않으면 안 되었고, 나무 열매를 따기 위해서 숱하게 나무에 기어오르지 않으면 안 되었다.
이 밖에, 성서의 「시편」에는 "눈물을 흘리며 씨를 뿌리는 자는 기쁨으로 거두리로다."라고 노래하고 있다. 그러나 근면이라든가 게으름은 본성에서 나오는 것이라기보다 습관화되어 있는 경우가 많다. 물론 어렸을 때의 가정 환경이나 가정교육 · 학교교육도 커다란 영향력을 미친다.

근면이란 게으르지 않고 부지런한 것이다. 근면하기 때문에 성공한 사람은 있어도, 게을러서 성공했다는 사람 얘기는 동서고금을 막론하고 들어본 적이 없다. 물론 근면한 것만으로 성공할 수 있다는 얘기는 아니지만, 근면한 것은 성공을 이루게 되는 기본 조건임에 분명하다.

>>> 근면의 종류

근면에는 두 종류가 있다. 첫째는 외부로부터 강요당한 근면이요, 둘째는 스스로 자진해서 하는 근면이다.

이전에 가난했을 때 논밭이나 작업장에서 오랜 시간 동안 열악한 노동 조건하에서 기계적으로 일을 하던 것을 삶을 유지하기 위한 필요에 의해서 강요되어진 근면이었다. 그렇지 않으면 생계를 유지할 수가 없었기 때문이었다. 이러한 근면은 외부조건으로부터 강요되어진 것이다. 샐러리맨들이 잔업까지 해가며 허덕거리는 것 역시 외부로부터 강요된 근면이다. 이와 같은 근면은 외부로부터의 압력이 사라져버리면 아무것도 남지 않게 된다.

하지만, 일을 자진해서 하는 근면은 자신의 것을 창조하며 조금씩 자신을 발전시켜나가게 된다. 그리고 시간의 흐름에 따라 자아를 확립시켜 가게 되는 것이다. 그러나 예상외로 선천적으로 근면성을 몸에 지닌 사람도 많이 있다.

일반적으로 우리는 일을 많이 하고 싶은 욕망보다는 편히 쉬고 싶은 욕망을 느낄 때가 많다. 자기가 주인이 되어서 하는 일이 아니라, 돈을 받고 남의 일을 할 경우에는 더욱 쉬고 싶은 욕망에 앞서는 것이 인간의 심리이다.

특히 현대의 근로자들은 노동도 상품이라는 생각을 가지고 있으며 자신들의 노동은 비싼값에 팔아야 한다는 관념에 익숙한 까닭에, 더욱 그러한 심리에 사로잡히기 쉽다.

나의 노동을 비싼 값에 파는 방법으로서 우리는 두 가지 길을 생각할 수 있을 것이다.

하나는 되도록 돈을 더 많이 주는 일자리를 찾아서 옮기는 길이요, 또 하나는 이미 보수가 정해져 있는 현 직장에서 되도록 일을 적게 해 주는 길이다.

돈을 많이 주는 일자리를 찾는 것이 쉽지 않은 일이므로, 비교적 실천하기 쉬운 것은 둘째 길이다. 보수가 일정할 경우에는 일을 적게 해줄수록 단위 노동에 대한 값을 많이 받는다는 계산이 성립할 것이다.

그러나 보수가 늘거나 진급이 빨라진다는 보장이 없을 경우에도, 어차피 일을 할 바에는 능동적이요 적극적인 자세로 임하는 것이 근로자 자신을 위해서도 바람직하다고 본다. 그것은 우리가 마지못해서 일을 할 때와 자진해서 일을 할 때의 심리상태가 크게 다르다는 사실에 있다. 일반적으로 자진해서 일을 할 때는 그 일이 즐겁고, 마지못하여 억지로 할 때는 그 일이 더욱 부담스럽다.

공부도 일종의 일이다. 집안이 가난하여 어렸을 때 공부를 못 한 사람이 나이가 들어서 그 한을 풀기 위하여 만학의 길에 뛰어드는 경우가 있다. 그런 경우에 그는 자연히 적극적 자세를 취하게 되고, 촌음을 아껴 가며 남보다 더 열심히 공부에 전력한다.
그에게는 공부하는 시간이 즐거운 시간이고, 힘은 들어도 괴로운 줄을 모른다. 그러나 부모의 강요에 못 이겨 마지 못해서 공부를 하는 어린이들에게는 공부하는 시간이 바로 괴로운 시간이고 가장 재미없는 시간이다.

>>> 근면에 필요한 자세

등산객의 산행이 즐거운 가장 근본적인 이유는 그것이 자진해서 하는 일이라는 사실에 있다. 나무꾼의 산행이 괴로운 가장 근본적인 이유는 그것이 강요당한 노동이라는 사실에 있다. 지금은 나무꾼을 보기 어려운 세상이 되었지만, 옛날의 농촌 사람들은 당장의 뗄감을 구하기 위해서도 또는 팔아서 양식을 얻기 위하여 산감독의 눈을 피해 가며 내키지 않는 나무꾼이 되곤 하였다.
직장의 근무 시간에 하는 일은 돈을 받고 하는 일이고, 수동적 자세로 마지못해 하기쉬우므로, 그 시간이 지루하고 괴롭게 느껴지게 된다. 만약 우리가 직장에서 하는 일을 능동적 자세로 열심히 한다면, 돈을 받아가며 즐거운 시간을 갖는 결과가 될 것이다.
그러나 직장에서 하는 일에 능동적 자세로 임한다는 것이 생각처럼 쉽지가 않다. 도대체 그 까닭이 무엇일까?
아마 직장에서 하는 일의 의의를 과소 평가하기 때문일 것이다. 매일 마시는 물이나 공기가 별로 중요하지 않게 느껴지기 쉽듯이, 매일 직장에서 하는 일상적인 일은 대수롭지 않게 느껴지기 쉽다. 그러나 직장에서 맡은 일은, 나라를 지키고 나라를 융성하게 만드는 큰 일의 일부라는 점에서 매우 소중한 것이다.
그러나 그것이 하나밖에 없는 우리 조국을 위하는 길이요, 우리들 자신의 행복을 위해서 필요한 일임을 명심한다면, 우리는 그 일에 적극적 태도로 임하고자 하는 의욕을 느끼게 될 것이다. 그리고 적극적 태도로 일에 임할 때, 우리는 일하는 시간을 즐거운 마음으로 보내게 될 것이다.

시간을 즐거운 마음으로 보낸다는 것은 매우 중요한 의미를 갖는다.

즐거운 마음으로 시간을 보냄은 그 자체가 행복의 한 조건이다. 그리고 즐거운 마음으로 시간을 보낼 때, 우리의 건강은 증진된다. 괴로운 시간이 건강을 해치고 즐거운 시간이 건강을 돕는다는 사실을 우리는 잘 알고 있다. 그리고 건강은 행복의 필수 조건 가운데서 가장 기본적인 것이다.

> *근면하기 위해서는 일에 임할 때 '적극적이고 능동적인 자세'가 필요하다.*

✎ 정직

사람은 혼자서는 살아갈 수 없으므로 다른 사람과 협력을 해야 하고 그것이 확대되어 사회시스템 전체가 유기적인 협조가 되어야 한다. 사람은 모든 정보를 다 파악할 수 없으므로 협력을 하는데 필요한 판단이나 행동을 다른 사람이 전달하는 것에 의존 할 수밖에 없다.

또한 다른 사람이 전하는 말이나 행동이 사실과 부합된다는 신뢰가 없다면 일일이 직접 확인해야만 하고 그렇게 되면 사람들의 행동은 상당히 제약을 받을 수밖에 없으며, 보다 큰 조직과 사회체제의 유지자체가 불가능해진다.

사회시스템은 구성원 서로가 신뢰하는 가운데 운영이 가능한 것이며, 그 신뢰를 형성하고 유지하는데 필요한 가장 기본적이고 필수적인 규범이 바로 정직인 것이다.

물론, 정직이 신뢰를 형성하는 충분한 조건은 아니다. 신뢰를 얻기 위해서는 정직 이외에도 약속을 잘 지키거나 필요능력을 갖춰야 하는 등의 다른 필요사항도 있어야 하겠지만 정직이 신뢰를 위해서는 빠질 수 없는 요소인 것만은 틀림없다.

> *정직은 신뢰를 형성하고 유지하는데 가장 기본적이고 필수적인 규범으로,*
> *사람과 사람 사이에 함께 살아가는 사회시스템이 유지하려면,*
> *이렇게 정직에 기반으로 둔 신뢰가 있을 때 운영이 가능하다.*

〉〉〉 우리사회의 정직성 수준

우리 사회의 정직성은 아직까지 완벽하지 못하다.

거센 역사의 소용돌이 속에서 여러 가지 부당한 핍박을 받은 경험이 있어서 그럴 수도 있지만, 원칙보다는 집단내의 정과 의리를 소중히 하는 문화적 정서도 그 원인이라 할 수 있다.

또한 부정직한 사람이 정치인도 되고, 대통령도 되고, 기업인도 되고, 사회적으로 성공하는 등의 이상한 현상으로 인하여 정직한 사람이 어리석어 보이는 측면도 무시 할 수 없다.

정직은 사람과 사람이 협력하는데 필요한 가장 기본적인 규범이기 때문에 "거짓말 하는 사람은 정상인 대우를 해주지 않는다"는 사회적 인식과 믿음을 굳혀야 한다. 정직은 정보사회에서는 더욱 필요불가결 하다. 정보에서 정직이 빠지면, 정보사회가 성립되겠는가? 정직함이 몸에 배인 사람은 조급하거나 가식적이지 않다. 정직한 사람은 숨길 것도 두려울 것도 없다. 그들의 삶은 열린 책과도 같다. 정직함을 지닌 사람은 또한 자신의 삶을 올바른 방향으로 이끌 수 있는 생각과 시각을 지니고 있다. 돈으로 계산할 수 없는 큰 재산, 그것은 신뢰라는 자산이다. 정직한 사람만이 신뢰를 얻을 수 있으며, 신뢰는 돈보다 더 중요한 자산임을 잊지 말자.

• 정직과 신용을 구축하기 위한 4가지 지침

- 하나. 정직과 신뢰의 자산을 매일 조금씩 쌓아가자.

  정직은 돈보다 소중한 자산임을 항상 염두에 두고 돈을 아끼고 모으듯, 매사에 정직한 태도를 지녀 자산을 차곡차곡 축적하자.

- 둘. 잘못된 것도 정직하게 밝히자.

  자랑할 만한 일에는 누구나 정직할 수 있다. 부끄럽고 숨기고 싶고, 밝히면 손해 볼것 같은 일 때문에 부정직하게 되는 것이다. 잘못된 것, 실패한 것, 실수한 것에 대하여 정직하게 인정하고 밝히는 것은 잘못을 줄이고 더 큰 잘못을 막기 위한 최고의 전략이다. 고객에게나 동료에게나 상사에게나 마찬가지이다. 모든 일은 투명하고 남이 알 수 있도록 진행하며 사실 그대로 보고하고 사실 그대로 알려주어야 한다. 누구나 모든것에 완벽할 수 없다. 일도 그렇고 상품도 그렇다. 상품의 장점은 물론, 결함이나 단점에 대해서도 솔직하게 이야기를 해 주어야 한다. 실수나 결함의 잘못보다 정직하지 못한 경우가 더욱 잘못된 것이다.

- 셋. 타협하거나 부정직을 눈감아 주지 말자.

  개인적인 인정에 치우쳐 부정직을 눈감아 주거나 타협하는 것은 결국 내 자신의 몰락은 물론, 또 다른 부정을 일으키는 결과를 가져오게 된다. 조그마한 구멍에 물이 새면 구멍이 점점 커지듯이 결국 관행화 되고, 전체에게 피해를 주는 결과를 가져온다.

- 넷. 부정직한 관행은 인정하지 말자.

  "나야 정직하고 싶지. 업무관행과 환경들이 그렇게 안하면 안되게 되어 있는데?"라고 애기할지도 모른다. 시대도 변하고 환경도 변하는데 언제까지 과거의 관행을 가지고

경쟁할 수 있다고 보는가?

과거에는 한 때 부정직이 경쟁의 한 방편인 적도 있었다. 그러나 그러한 관행은 이제 뿌리 뽑지 않으면 살아남지 못하는 시대가 되었다. 관행 때문에 그렇게 했다는 것은 잘못을 합리화 하는 근거가 될 수 없다. 누가 강요했든, 관행이 어찌 되었든 내가한 행위는 나의 책임이다. 부정직한 관행을 깨는 것에도 도전정신이 필요하다.

✎ 성실

"최고보다는 최선을 꿈꾸어라"라는 말은 어릴 때부터 어른들에게 수없이 들어온 얘기가운데 하나인 '성실'의 중요성일 것이다. 그것은 삶의 경험에서 나오는 자연스러운 진리이다. 성실은 기본이기도 하지만 세상을 살아가는데 있어 가장 큰 무기이기도 하다.

성실은 일관하는 마음과 정성의 덕이다. 자식에 대한 어머니의 정성이 대표적인 한국인의 '정성스러움'이다. 우리는 정성스러움을 "진실하여 전연 흠이 없는 완전한 상태에 도달하고자 하는 사람이 선을 택하여 굳게 잡고 놓지 않는 태도"라고 말할 수 있다. 그러한 태도가 보통 사람들의 삶 속으로 스며들면서 자신의 일에 최선을 다하고자 하는 마음자세로 연결되었다고 볼 수 있다.

'지성이면 감천이다' 혹은 '진인사대천명' 등의 자구가 인간으로서 자신이 할 수 있는 모든 노력을 경주하고자 하는 정성스러움을 함축하고 있다.

》》 성실한 사람과 성실하지 못한 사람의 차이

- 어떠한 종류의 직업에 종사하는 경우든, 정직하고 성실한 태도로 일하는 사람들이 국가와 사회에 이바지하는 바가 크다.

  그리고 직장 생활을 통해서 얻을 수 있는 또 하나의 소득은 '자아의 성장'으로 말하더라도, 정직하고 성실한 태도가 좋은 결과를 가져올 확률이 높다.

- 그럼에도 불구하고 우리나라의 직업인들 가운데 부정직하고 불성실한 태도로 종사하는 사람들이 많은 까닭은, 돈벌이의 목적을 위해서는 정직과 성실성이 오히려 불리한 결과를 가져온다는 계산 때문이다.

- 현대 생활에서 돈이 필요한 것임에는 틀림이 없다. 이러한 사실을 외면하고 돈에 대한 애착을 함부로 비난하면 자칫 위선으로 빠질 염려가 있다.

  그러므로 이 자리에서는 돈이 필요한 것임을 일단 인정하는 시점에서 문제에 접근하는 편이 현실에 적합할 것으로 보인다.

- 그렇다면 "과연 정직하고 성실한 태도로 돈을 벌수는 없는가?" 이런 문제를 제기하고자 한다.

  정직하고 성실한 태도를 가지고는 기본 생활에 필요한 정도의 그리 많지 않은 돈을 버는 일조차도 매우 어렵다고 생각하는 사람이 있을지 모른다. 어떤 특수한 사정으로 인하여 정직하고 성실한 태도로는 살아가기 어려운 사람이 더러 있다는 사실을 부인하기는 어려울 것이다. 집에 중환자가 있거나 실직을 했거나 그 밖에 어떤 불행한 처지에 놓인 사람의 경우에는 정직과 성실의 덕만으로 문제가 해결되지 않을 수 있다.

  그러나 이러한 경우에도 법을 어기거나 그 밖의 어떤 모험을 통해 문제가 풀릴 가능성은 희박하다. 이처럼 특수한 경우에 관한 문제는 사회 제도의 개선 또는 정책적 배려를 요구하는 문제이므로 우리가 지금 고찰하고 있는 직업을 대하는 올바른 태도의 문제와는 차원이 다르다고 보아야 할 것이다. 지금 우리가 다루고 있는 문제는 직업을 가지고 있는 사람에 관한 문제이다.

- 직업을 가지고 있는 사람이라면, 정직하고 성실한 노력을 오랫동안 꾸준히 하는 것만으로도 기본 생활의 안정에 필요할 정도의 돈은 벌 수 있다고 믿고 있다. 이러한 믿음을 뒷받침하기 위하여 실제 있었던 실화를 소개하고자 한다.

  - 어느 A의 집에서 멀지 않은 곳에 전파사(電波社)가 두 집 있었다. 한 집은 간단한 일로 부르는 고객의 집에는 바쁘다는 핑계로 가기를 거부하고, 전기의 합선을 고치는 따위의 돈벌이가 됨직한 일만 찾아다녔다. 뿐만 아니라 고객에게 터무니없는 많은 대가를 요구하는 버릇이 있었다.

  - 다른 한 집은 고객의 요청만 있으면, 일의 크고 작음을 가리지 않고 곧 달려갔을 뿐 아니라, 부당하게 많은 돈을 받는 일도 없었다. 불성실하게 가게를 운영하던 첫째 전파사는 다른 곳으로 이사를 갔거니와, 가게를 줄여서 변두리로 나갔다고 하였다.

    성실하게 가게를 운영한 둘째 전파사는 동생에게도 기술을 가르쳐서 또 하나의 가게를 낼 수 있을 정도로 성업을 이루었다.

> 성실한 사람과 성실하지 않은 사람 차이는
> '돈벌이가 쉬운지 쉽지 않는지' 문제에서 많이 일어난다.
> 단시간에 돈을 벌기 위해서 성실하지 않은 태도로 임하는 경우가 많은데,
> 장기적으로 볼 때에는 성실한 사람이 결국은 성공하게 된다.

10.2 공동체윤리 (하위모듈 J-2-나)

학습목표

직업윤리를 실천하기 위하여 봉사, 책임감, 준법, 예절 등의 중요성을 인식하고 적극적으로 업무에 임하는 자세를 기른다.

- ⋯▶ 직업생활에서 봉사(서비스)의 의미를 설명할 수 있다.
- ⋯▶ 직업생활에서 책임의 의미를 설명할 수 있다.
- ⋯▶ 직업생활에서 준법의 의미를 설명할 수 있다.
- ⋯▶ 직업생활에서 예절의 의미를 설명할 수 있다.
- ⋯▶ 직업생활에서 성예절의 의미를 설명할 수 있다.

✎ 공동체윤리

원만한 직업생활을 위해 직업인이 갖추어야 할 직업윤리 중에서, 인간존중을 바탕으로 봉사하며, 책임감 있게 규칙을 준수하고, 예의바른 태도로 업무에 임하는 자세인 공동체윤리가 매우 중요하다. 공동체윤리를 실천하기 위해서는 '봉사', '책임', '준법', '예절' 등의 자세가 중요한 역할을 한다.

✎ 봉사(서비스)

봉사의 사전적 의미는 나라나 사회 또는 남을 위하여 자신의 이해를 돌보지 아니하고 몸과 마음을 다하여 일하는 것을 의미한다.

현대 사회의 직업인에게 봉사란 자신보다는 고객의 가치를 최우선으로 하고 있는 서비스 개념인 것이다. 고객은 회사의 영속발전을 도와주는 기반이기 때문이다.

고객에게 신뢰 받고 고객에게 사랑 받는 회사는 발전하고 고객에게 외면당하는 회사는 쇠퇴한다.

따라서 기업이 고객에게 사랑 받기 위한 방법은 기본적으로 한 가지, 즉 봉사(서비스)를 강조하는 것이다.

그러므로 회사는 항상 고객의 입장에서 고객이 필요로 하는 것이 무엇이며, 고객이 만족하는 품질수준은 무엇인가를 생각하고, 체계적인 노력을 기울여 좋은 설계, 철저한 생산관리,

만족스런 서비스를 제공하기 위하여 모든 역량을 발휘하도록 노력해야 한다.

고객의 소리를 경청하고 요구사항을 해결하기 위하여 힘쓰는 것은 기업 활동의 시작이자 끝이다. 고객의 소리를 경청하는 것은 고객이 원하는 것을 파악하여 좋은 상품을 만드는 바탕이 되며, 좋은 서비스를 제공하기 위한 시발점이 된다.

또한 아무리 우수한 상품도 높은 수준의 서비스가 뒤따르지 않으면 고객은 만족할 수 없다. 생산기술이 발전하고 물질이 풍부해진 최근의 고객만족 성패는 상품과 함께 제공되는 서비스에 의해서 결정된다고 볼 수 있다.

✎ "SERVICE"의 7가지 의미

• 영어 "SERVICE"란 단어 속에 숨겨진 7가지의 의미를 살펴보자.

- S(Smile & Speed) : 서비스는 미소와 함께 신속하게 하는 것
- E(Emotion) : 서비스는 감동을 주는 것
- R(Respect) : 서비스는 고객을 존중하는 것
- V(Value) : 서비스는 고객에게 가치를 제공하는 것
- I(Image) : 서비스는 고객에게 좋은 이미지를 심어 주는 것
- C(Courtesy) : 서비스는 예의를 갖추고 정중하게 하는 것
- E(Excellence) : 서비스는 고객에게 탁월하게 제공되어져야 하는 것

〉〉〉 고객접점서비스

고객접점 서비스 즉, 결정적 순간 또는 진실의 순간이라는 용어를 최초로 주창한 사람은 리차드노먼이며, 이 개념을 도입하여 성공을 거둔 사람은 스칸디나비아 에어라인시스템 항공사의 사장 얀칼슨이다.

이들의 주장에 의하면 고객접검 서비스란 고객과 서비스 요원 사이의 15초 동안의 짧은 순간에서 이루어지는 서비스로서 이 순간을 진실의 순간(MOT : moment of truth) 또는 결정적 순간이라고 하였으며, 이 15초 동안에 고객접점에 있는 최일선 서비스 요원이 책임과 권한을 가지고 우리 회사를 선택한 것이 가장 좋은 선택이었다는 사실을 고객에게 입증 시켜야 한다는 것이다.

즉 "결정의 순간"이란 고객이 기업조직의 어떤 한 측면과 접촉하는 사건이며, 그 서비스의 품질에 관하여 무언가 인상을 얻을 수 있는 사건이다.

따라서 고객이 서비스 상품을 구매하기 위해서는 입구에 들어올 때부터 나갈 때까지 여러 서비스요원과 몇 번의 짧은 순간을 경험하게 되는데 그때마다 서비스요원은 모든 역량을

동원하여 고객을 만족시켜주어야 하는 것이다.

이를 뒷받침하기 위해서는 고객접점에 있는 서비스 요원들에게 권한을 부여하고 강화된 교육이 필요하며, 고객과 상호작용에 의하여 서비스가 순발력 있게 제공될 수 있는 서비스 전달시스템을 갖추어야 한다.

고객은 윗사람에게 결재의 여유를 주지 않을 뿐만 아니라 기다리지도 않는다.

고객접점 서비스가 중요한 것은 소위 곱셈법칙이 작용하여 고객이 여러 번의 결정적 순간에서 단 한명에게 0점의 서비스를 받는다면 모든 서비스가 0이 되어버린다는 사실을 주지해야 한다.

예를 들어 백화점에서 만족한 쇼핑을 하고 셔틀버스를 타고 집으로 돌아갈 때 셔틀버스의 출발이 약속된 시간보다 지연되거나 버스기사가 불친절하고 용모나 유니폼도 불량하며 난폭 운전까지 한다면 전체 서비스는 제고가 되는 것이다. 따라서 서비스기업 관리자는 고객접점에서 가시적인 서비스를 담당하는 요원은 물론 경비, 주차, 운전사, 전화교환, 청소, 시설요원 등 비가시적인 서비스요원들도 고객접점에 있다는 것을 강조하여 그들의 용모나 유니폼 서비스정신 등을 교육하고 요구해야 된다.

특히 고객접점에서 종업원의 용모와 복장은 친절한 서비스를 제공하기 전에 첫인상을 좌우하는 첫 번째 요소이다.

✎ 책임

전 미국 대통령인 트루먼은 백악관의 대통령 집무실에서 서류에 서명을 하며 유명한말을 남겼는데 바로 "일의 모든 책임은 내가 진다."라는 것이다. 트루먼 대통령은 전세계의 그 어느 대통령보다 미국의 대통령이 지니고 있는 권력의 막강함을 잘 알고 있었다. 그리고 어떤 문제나 사건에 대해서 자기에게 오는 책임을 회피한다 하더라도 그의 잘못을 들먹일 사람은 아무도 없다는 것도 물론 알고 있었다.

하지만 트루먼은 달랐다. 다른 나라의 대통령들은 추진하던 일이 잘못됐을 때 그 일에 대한 책임을 회피하고자 국회, 경제상황, 전 대통령을 비난했지만 트루먼 대통령은 다른 사람을 비판하는 태도는 문제를 해결하는 진정한 해결책이 될 수 없음을 깨닫고 있었던 것이다.

책임이란 "모든 결과는 나의 선택으로 말미암아 일어난 것"이라는 식의 태도를 말한다. 이러한 책임은 피해를 입고 있다는 생각을 지니는 것과 같이 어떤 일에 대해서 선택할 수 있는 태도 중의 하나다. 누구의 잘못이든지 상관없이 어떤 상황에 있어서 나는 주체이다. 일에 대해서 책임을 지기로 한 잘못을 들먹이거나 비난하면서 쓰게 될 에너지를 다른 일을 위해 저축하게 되는 것이다.

>>> 책임에 필요한 자세

어떤 일에 있어서 책임의식을 갖는 태도는 인생을 지배하는 능력을 최대화하는 데 긍정적인 역할을 한다.

만약, 이 일 저 일에 대해서 책임을 질 수 없음을 다른 사람들에게 증명하려고 한다면, 시간 낭비가 될 수 있다. 100% 책임의식을 지니는 것은 인생에 있어서 우리가 지니고 있는 능력을 최대화한다. 물이 반쯤 담긴 컵을 보고 "반밖에 안 남았네."라고 말하는 경우와 "물이 반씩이나 남았네."라고 말하는 경우와 같다.

이와 같이 인생에 있어서 생겨나는 사건이나 상황에 대해서 "어떤 일이 나에게 일어났어." 라는 피해의식을 가질 수도 있고 "이것은 내가 선택한 행동의 결과야."라고 그 일에 대해서 책임을 갖게 될 수도 있다.

일반적으로 책임감이 없는 사람은 회사에서 불필요한 사람으로 인식을 받기 쉽고, 반대로 자기 일에 대한 사명감과 책임감이 투철한 사람은 여러 사람에게 도움을 많이 주므로 조직에서 꼭 필요한 사람으로 인식하는 경우가 많다.

자기의 직분과 역할에 최선을 다하고 자기가 맡은 책임을 완수할 줄 아는 사람이 되어야 할 것이다.

>>> 준법

준법이라 하는 것은 민주 시민으로서 기본적으로 지켜야 하는 의무이며 생활 자세이다. 민주사회의 법과 규칙을 준수하는 것은 시민으로서의 자신의 권리를 보장받고, 다른 사람의 권리를 보호해 주며 사회 질서를 유지하는 역할을 한다.

우리의 준법의식은 어느 수준에 있는가? 앞의 예에서도 보았듯이, 우리의 준법의식부재는 얼마만큼 큰지 알 수 있다. 최근까지도 다양한 정보매체를 통하여 접하고 있다. 사회지도층 이라고 할 수 있는 정치인, 고위공직자, 기업인, 심지어 부패를 감시해야 할 검찰까지도 관련이 되어 있는 사회적 부패현상은 올바르다는 것에 대한 기준과 윤리적 판단기준을 흐리게 하고 있다.

이러한 여파는 사회 곳곳에서 잘못된 관행, 의식, 제도를 개혁해야 한다는 여론을 부추기고 있다. 과거의 잘못에 대한 징계적 차원으로만 해결하거나, 사회악의 원인을 개인의 도덕적 각성에만 의존하여 상황이 호전되기를 바라는 것은 너무나 진부한 임시 처방전이다.

우리사회는 민주주의와 시장경제를 지향한다고 하지만 그것이 제대로 정착될 만한 사회적, 정신적 토대를 갖추지 못하고 있다.

✎ 내부고발자(Whistle blower)

내부고발자는 운동경기에서 규칙을 위반하는 사람에게 호루라기를 부는 심판 같은 존재이다. 내부고발자는 'Deep throat'라고도 불리는데, 이는 1972년 워싱턴퍼스트지의 기자에게 워터게이트 사건의 단서를 제공했던 정보제공자의 암호명이었다.

요즘 우리나라에는 내부고발자라는 용어에 담긴 부정적인 어감을 완화시키고 공익적 성격을 강조하기 위해 내부공익신고자 또는 공익제보자로 바꿔 사용하는 경향이 있다.

우리나라는 2001년 부패방지법을 만들어 공익부문에 대한 신고자 보호보상 제도를 도입하였고, 현재에는 2011년 9월 30일부터 공익신고자보호법이 시행되고 있다.

내부고발자의 유형은 조직 구성원의 신분으로 행하였는가 아니면 퇴사 후에 신고하는가에 따라 재직형과 이직형이 있다. 또 제보자의 신분 공개여부에 따라 익명형과 공개형으로 구분하기도 하며, 조직 내부에 고발하는 내부형과 경찰, 정부기관, NGO 등 외부기관에 고발하는 외부형으로도 나누어진다.

내부고발제도가 기본적으로 지향하고 있는 것은 내부고발자와 공익가치의 보호이다. 내부고발자는 배신자라는 낙인이 찍혀 집단 따돌림을 당하거나, 해고나 징계뿐 아니라 에티켓과 매너의 차이는 한국에서는 별로 거론되지 않지만 굳이 말한다면, 매너는 보통 생활 속에서의 관습이나 몸가짐 등 일반적인 룰을 말하고, 에티켓은 어원적으로는 보다 고도한 규칙·예법·의례 등 신사·숙녀가 지켜야 할 범절들로서 요구도(要求度)가 높은 것을 말한다.

>>> 우리가 세계 1위인 것

• 우리가 세계 1위인 것을 살펴보면, 교통사고, 코스닥 단타 매매, 제왕절개라고 한다 (세계일보, 2001/08/02).

- 먼저, 2000년 상반기 교통사고가 작년에 비해 6.6%, 사망자수 14.9%, 부상자수 1.1%가 각각 증가했다. 교통안전정책실무회의의 집계다. 교통사고 발생률 세계 1위의 불명예 씻기가 국민적 과제로 대두된 지 오래인데도 사고는 이처럼 해마다 늘기만 한다. 정책차원에서 뿐만 아니라 범국민적인 의식개혁이 시급함을 거듭 확인시켜 준다.

- 그 다음으로, 코스닥 단타 매매이다. 한국의 코스닥 시장이 세계 주요 거래소 가운데 단타매매가 가장 극심한 것으로 조사됐다. 코스닥증권시장은 국제증권거래소기수(FIDW)에 가입된 50개 세계 주요 증권거래소의 연간 시가총액회전율(거래대금/ 시가총액 X 100)을 산출한 결과 코스닥 시장이 1,108.1%로 세계 1위를 기록했다고 21일 밝혔다. 이는 1년 동안 시장에서 거래된 금액이 시가총액의 11배를 넘는다는 뜻으로 2위를 차지한 미국의 나스닥 시장(352.2%)에 비해서도 2배 이상이나 높았다.

- 그리고 제왕절개가 있다. 우리나라의 제왕절개 분만율이 43%로 미국이나 유럽에 비해 2배 이상이나 높다고 한다. 이 중 산도폐색, 태아위치 곤란 등 시술이 불가피한 경우는 4분의 1도 안되며 나머지는 의료수가 수입을 노린 의료기관의 부추김 때문이라는 것이다. 여기에 산고나 질 훼손 기피 등 '사치성' 이유도 한 몫 거들고 있다고 하니 부끄러운 일이다.

〉〉〉 직장 예절

- 예절이란 일정한 생활문화권에서 오랜 생활습관을 통해 하나의 공통된 생활방법으로 정립되어 관습적으로 행해지는 사회계약적인 생활규범이다.

- 예절은 에티켓이라는 용어로 많이 활용되는데, 현대의 에티켓의 본질은,
  ① 남에게 폐를 끼치지 않는다. ② 남에게 호감을 주어야 한다. ③ 남을 존경한다 등의 세 가지 뜻으로 요약될 수 있다.

- 즉, 에티켓은 남을 대할 때의 마음가짐이나 태도를 말한다고 할 수 있다.
  - 구체적인 내용으로서는 옥외와 실내에서의 에티켓, 남녀간의 예의, 복장·소개· 결혼·흉사(凶事)·석차(席次:자리 순서)·편지·경례·경칭 식사예법 등 생활 전반의 분야에 이른다.
  - 특히 식탁예법에는 테이블 매너라는 말이 있으며 식사방법의 룰이 있는데, 정찬인 경우에는 그 이상의 디너 에티켓을 지켜야 하고, 복장까지도 바꿔 입어야 한다. 에티켓과 매너의 차이는 한국에서는 별로 거론되지 않지만 굳이 말한다면, 매너는 보통 생활 속에서의 관습이나 몸가짐 등 일반적인 룰을 말하고, 에티켓은 어원적으로는 보다 고도한 규칙·예법·의례 등 신사·숙녀가 지켜야 할 범절들로서 요구도(要求度)가 높은 것을 말한다.

〉〉〉 예절의 특성

사람은 사회생활을 하므로, 무리를 지어 하나의 문화를 형성하며 사는 일정한 지역을 생활문화권이라고 하고, 그 문화권에 사는 사람들이 가장 편리하고 바람직한 방법이라 여겨 모두 그렇게 행하는 생활방법이 예절이다.

따라서, 예절은 언어문화권과 밀접한 관계를 갖는다. 민족과 나라에 따라 언어가 다르듯이 예절도 국가와 겨레에 따라 달라진다. 같은 언어문화권이라도 산과 강을 경계로 해 사투리가 있듯이 예절도 지방에 따라 약간씩 다를 수 있다.

그러나 같은 나라에서 표준어를 정해 그것이 통용되기를 바라는 것과 같이 예절도 한 나라에서는 통일되어야 그 국민으로서 생활하기가 수월한 것이다. 우리나라만 하더라도 가가례라고 해서 지방과 가정에 따라 예절이 다른 것은 흉이 되지 않았으나 현대는 모든 생활여건의 발달로 사투리가 엷어지듯이 예절도 통일되어야 할 필요가 있다. 그런 까닭으로 우리는 우리나라에서 공통적으로 행해지는 가장 바람직한 생활방법을 익혀 어울려 사는데 지장이 없도록 통일된 바른 예절을 알아야 한다.

〉〉〉 직장에서의 인사예절

• 인사는 사람이 사람다움을 나타내는 가장 아름다운 행위로 타인과의 사귐에 있어 가장 기본이 되는 예절이다. 인사할 때에는 인간으로서의 품격이 나타나도록 언행에 흐트러짐이 없어야 하며, 형식에만 흐르지 않고 반드시 사랑과 정성이 깃들어야 하며, 아울러 상대방을 공경하는 마음이 담겨야 한다. 사람이 모여 생활하는 곳에서는 인사가 모든 예절의 기본으로 상대방에게 마음속으로부터 우러나오는 존경심과 친절로 인간관계를 원활하게 하는 가장 중요한 예절이다.

① 첫 인사
- 우리는 '누군가 나의 사무실에 방문했을 때 자리에서 일어나 악수를 청해야 할까?' 고민을 하게 된다. 외부인사가 나의 사무실을 방문하게 되었을 때 자리에서 일어나 악수를 청하며 손님을 맞는 것이 예우의 표현이다.
- 악수를 하는 동안에는 상대에게 집중하는 의미로 반드시 눈을 맞추고 미소를 짓는다.
- 악수를 할 때는 오른손을 사용하고, 너무 강하게 쥐어짜듯이 잡지 않는다. 악수는 힘있게 해야 하지만 상대의 뼈를 부수듯이 손을 잡지 말아야 한다. 악수는 서로의 이름을 말하고 간단한 인사 몇 마디를 주고받는 정도의 시간 안에 끝내야 한다.
- 당신에게 느낌을 솔직히 말해 줄 수 있는 동료와 함께 연습해 보는 것이 좋다.

악수는 다른 사람에게 소개되었을 때, 자기 자신을 직접 소개할 때, 작별 인사를 할 때 등, 거의 모든 경우에 있어 적절한 행동이다.

② 소개
- 비즈니스에서 상대방을 서로에게 소개하는 것은 여러 가지 의미가 있으며, 서로가 서로를 알게 되는 것이다. 또한 소개는 두 사람이 처음 만났을 때 두 사람이 보다 편하게 느낄 수 있도록 도와주는 친절 행위이다.
- 비즈니스 상의 소개를 할 때는 직장 내에서의 서열과 나이를 고려한다. 이 때 성별은 고려의 대상이 아니다. 소개는 보통 타당성 있는 순서에 의한다.

직장 내에서의 서열과 직위를 고려한 소개의 순서

- 나이 어린 사람을 연장자에게 소개한다.
- 내가 속해 있는 회사의 관계자를 타 회사의 관계자에게 소개한다.
- 신참자를 고참자에게 소개한다.
- 동료임원을 고객, 손님에게 소개한다.
- 비임원을 임원에게 소개한다.
- 소개받는 사람의 별칭은 그 이름이 비즈니스에서 사용되는 것이 아니라면 사용하지 않는다.
- 반드시 성과 이름을 함께 말한다.
- 상대방이 항상 사용하는 경우라면, Dr. 또는 Ph.D. 등의 칭호를 함께 언급한다.
- 정부 고관의 직급명은 퇴직한 경우라도 항상 사용한다.
- 천천히 그리고 명확하게 말한다.
- 각각의 관심사와 최근의 성과에 대하여 간단한 언급을 한다.

③ 명함 교환 예절
- 명함은 프랑스의 루이 14세서부터 유래되고 있다. 당시 사교계에서 귀부인들이 자신의 이름을 카드에 손으로 써서 왕에게 올렸다. 이후 전용의 흰 종이에 손으로 이름을 쓰는 것으로 바뀌어 내려왔고 동판 인쇄의 명함으로 발전되어 오늘에 이르고 있다.
- 명함은 현대에 와서는 특히 비즈니스맨에게는 없어서는 안 될 업무상 소도구의 하나라고 할 수 있다. 명함은 받는 사람에게 종종 비즈니스의 첫인상을 줌과 동시에 가장 오래도록 계속될 인상을 남긴다.

- 명함은 반드시 명함 지갑에서 꺼내고 상대방에게 받은 명함도 명함 지갑에 넣는다.
- 상대방에게서 명함을 받으면 받은 즉시 호주머니에 넣지 않는다.
- 명함은 하위에 있는 사람이 먼저 꺼내는데 상위자에 대해서는 왼손으로 가볍게 받쳐내는 것이 예의이며, 동위자, 하위자에게는 오른손으로만 쥐고 건넨다.
- 명함을 받으면 그대로 집어넣지 말고 명함에 관해서 한두 마디 대화를 건네 본다.
- 쌍방이 동시에 명함을 꺼낼 때는 왼손으로 서로 교환하고 오른손으로 옮겨진다.

》》 직장에서의 전화예절

- 전화는 직접 대면하는 것보다 신속하고 경제적으로 용건을 마칠 수 있는 장점이 있으나 서로의 얼굴을 대면하지 않고 이야기를 하기 때문에 상대편의 표정과 동작, 태도를 알 수가 없으므로 오해의 면을 담고 있다.
  그러므로 전화예절은 더욱 중요하게 인식되고 주의를 기울여야 한다.
- 먼저, 전화 통화를 할 때는 전화기의 송화기 부분에 대고 명확하게 말한다. 상대방에게 자신이 누구인지를 먼저 밝힌 다음 천천히 예의를 갖추고 말한다. 통화 중에 음식을 먹거나 마시지 않도록 한다.
- 보이지 않는다 하더라도 말할 때는 미소를 띠면서 말한다. 사람들은 목소리만 듣고도 그 사람의 얼굴 표정을 바로 떠올릴 수 있다.

① 전화걸기
  - 전화를 걸기 전에 먼저 준비를 한다. 정보를 얻기 위해 전화를 하는 경우라면 얻고자하는 내용을 미리 메모하여 모든 정보를 빠뜨리지 않도록 한다.
  - 전화를 건 이유를 숙지하고 이와 관련하여 대화를 나눌 수 있도록 준비한다.
  - 전화는 정상적인 업무가 이루어지고 있는 근무 시간에 걸도록 한다. 업무 종료 5분전에 전화를 건다면 제대로 통화할 수 없을 것이다.
  - 당신이 통화를 원하는 상대와 통화할 수 없을 경우에 대비하여 비서나 다른 사람에게 메시지를 남길 수 있도록 준비한다.
  - 전화는 직접 걸도록 한다. 비서를 통해 고객에게 전화를 건다면 고객으로 하여금 당신의 시간이 고객의 시간보다 더 소중하다는 느낌을 갖게 만든다.
  - 전화를 해달라는 메시지를 받았다면 가능한 한 48시간 안에 답해주도록 한다. 하루이상 자리를 비우게 되는 경우 다른 사람이 대신 전화를 받아줄 수 없을 때는

자리를 비우게 되었다는 메시지를 남겨놓는 것이 예의이다.

② 전화받기
  - 전화벨이 3~4번 울리기 전에 받는다.
  - 당신이 누구인지를 즉시 말한다.
  - 천천히, 명확하게 예의를 갖추고 말한다.
  - 목소리에 미소를 띠고 말한다.
  - 말을 할 때 상대방의 이름을 함께 사용한다.
  - 언제나 펜과 메모지를 곁에 두어 메시지를 받아 적을 수 있도록 한다.
  - 주위의 소음을 최소화한다.
  - 긍정적인 말로서 전화 통화를 마치도록 하고 전화를 건 상대방에게 감사의 표시를
    한다.

③ 휴대전화
  - 휴대전화는 일상적인 비즈니스 거래를 유지하고 도움이 필요한 사람에게 재빨리
    연락을 취할 수 있도록 편리함을 주는 현대의 기술이다. 그러나 이러한 순간적인
    편리성을 얻기 위해서 우리는 많은 대가를 치러야 한다.
  - 휴대전화를 지니고 있는 사람은 그 전화번호를 알고 있는 모든 사람들이 원하는
    때에 호출될 준비를 하고 있는 것이다. 당신은 전화를 받아야 한다는 책임감을 느끼
    고, 전화를 받게 되고, 따라서 당신이 하고 있는 일에 방해를 받게 된다. 또한
    휴대전화를 레스토랑, 엘리베이터, 지하철, 비행기, 버스, 기차 등의 말폐된 공간
    에서 사용하는 것은 주위 사람들을 배려하지 않는 것이다.

휴대전화를 사용하게 될 경우 유의해야 할 점

- 당신이 어디에서 휴대전화로 전화를 하든지 간에 상대방에게 통화를 강요하지 않는다.
- 상대방이 장거리 요금을 지불하게 되는 휴대전화의 사용은 피한다.
- 운전하면서 휴대전화를 하지 않는다.
- 친구의 휴대전화를 빌려 달라고 부탁하지 않는다.
- 비상시에만 휴대전화를 사용하는 친구에게는 휴대전화로 전화하지 않도록 한다.

〉〉〉 직장에서의 e-mail 예절

• e-mail 사용자들은 문자, 축약된 기호, 이것들의 혼합을 이용하여 감정을 표현하는 방법을 개발하였다. 그러나 이것을 과도하게 사용하면 메일을 받는 당사자가 이해할 수 없는 일이 발생할 수 있다. e-mail 특유의 언어사용을 최소한으로 유지함으로써 상대방을 혼돈스럽게 하는 것은 피하도록 하는 것이 좋다.

다른 비즈니스 서신에 사용하는 똑같은 문법이나 철자로 올바른 언어를 사용하는 것이 좋다. e-mail 메시지는 간단하게, 가능한 한 간결하게 작성하여 수신자가 빨리 읽고 제대로 응답할 수 있도록 해야 한다.

① e-mail 메시지 보내기
- 상단에 보내는 사람의 이름을 적는다.
- 메시지에는 언제나 제목을 넣도록 한다.
- 메시지는 간략하게 만든다.
- 요점을 빗나가지 않는 제목을 잡도록 한다.
- 올바른 철자와 문법을 사용한다.

② e-mail 메시지에 답하기
- 원래 e-mail의 내용과 관련된 일관성 있는 답을 하도록 한다.
- 다른 비즈니스 서신에서와 마찬가지로 화가 난 감정의 표현을 보내는 것은 피한다.
- 당신의 답장이 어디로, 누구에게로 보내는지 주의한다. 자동답신을 선택하여 보내는 것이 효율적으로 보이기는 하지만, 그 답신이 원래 메일을 보낸 사람에게 도착하지 않을 수도 있다. 원래의 메시지에 첨부된 회신 주소는 메시지를 보낸 사람의 것이 아닐 수도 있음을 명심하라.

〉〉〉 성예절

• 최근 사회적으로 자주 등장하는 성희롱 문제는 나와 나의 직장과는 관련이 없는 것으로 생각하는 사람들이 많다.

"예쁘고 일도 잘해서 귀여워 해줬는데?"

"같이 일하는 사이라서 친밀감의 표시로 무심코 했는데 법정에까지 간다면 무서워서 어떻게 일을 하나?"

"그런 것은 아무래도 여자가 해야 어울리지, 남자들만 있는 곳에서 한 번 분위기 좀

살려줄 수 있잖아?”

“업무의 연장인데, 그 정도는 할 수 있잖아?”

- 직장에서 성예절을 지키지 않으면 성희롱으로 연결되는데, 이러한 성희롱 문제된 사건에서 가해자들의 한결 같은 항변이다. “희롱할 의사가 없었다”, “좋은 의도에서 였다”, “다들 그렇게 한다”, “늘상 있는 일 아니냐”고 하지만, 피해자는 심한 불쾌감과 모욕감, 자기 비하감을 느껴 직장생활과 업무에 많은 지장을 받았다고 한다.

  가해자와 피해자의 이러한 인식과 입장 차이에서 성희롱의 문제가 발생하는 원인이 된다.

- 이러한 성희롱은 ‘남녀차별금지 및 구제에 관한 법률’과 ‘남녀고용평등법’에 각 각 명문화되어 있다. 표현의 차이는 있지만 법률상의 개념은 ‘업무와 관련하여 성적언어나 행동 등으로 굴욕감을 느끼게 하거나 성적 언동 등을 조건으로 고용상 불이익을 주는 행위’라고 정의하고 있다.

- 형사처벌 대상으로서의 범죄행위인 ‘성추행’이나 ‘성폭행’과는 구분되어 형사처벌 대상은 아니지만 그 행위에 대하여는 회사에서 필요한 인사나 징계조치를 하여야 하고, 그 피해자는 가해자에게 민사상의 손해배상 청구를 할 수 있다.

- 어떤 행위가 성희롱이냐 하는 데 있어서 법률적인 기준의 특징은 가해자가 ‘의도적으로 성희롱을 했느냐’를 중시하는 것이 아니라, 피해자가 ‘성적 수치심이나 굴욕감을 느꼈느냐, 아니냐’를 중요한 기준으로 삼는다는 것이다.

  즉, “친밀감의 표시로?, 전혀 성적인 의도 없이” 한 행동이었더라도, 상대방이 ‘성적 수치심이나 굴욕감을 느꼈고, 합리적인 기준으로 보았을 때 그러한 피해자의 입장이 인정될 경우’ 성립되는 것이다.

- 성희롱 관련법의 기본취지는 ‘피해자 보호’에 초점이 맞춰져 있는데 그것은 직장에서 불리한 입장에 있으므로 피해를 입었을 때 스스로의 구제방안을 모색하기가 쉽지 않다는 이유 때문이다.

>>> 성예절을 지키기 위한 자세

- 성희롱 예방의 근본적 이유는 바람직한 남녀공존의 직장문화를 정착시키자는 것이다. 이를 위해서는 성별, 직위, 노사의 어느 입장에 있든지 모두가 과거와는 다른 사고와 행동이 정립되도록 공동 노력하는 것이 필요하다.

  ① 여성의 직업참가율이 비약적으로 높아졌다. 직장에서 여성의 특징을 살린 한정된 업무를 담당하던 과거와는 달리 여성과 남성이 대등한 동반자 관계로 동등한 역할과 능력발휘를 한다는 인식을 가질 필요가 있다.

② 직장 내에서 여성이 남성과 동등한 지위를 보장 받기 위해서 그만한 책임과 역할을 다해야 하며, 조직은 그에 상응하는 여건을 조성해야 한다.

③ 성희롱 문제가 법정으로까지 연결되고, 사회적인 문제가 되기보다는 사전에 예방하고 효과적으로 처리하는 방안이 필요한 것이다. 그렇지 않을 경우 회사에도 타격을 줄뿐만 아니라 당사자에게도 심각한 피해를 줄 수 있기 때문이다.

④ 우리 사회에는 뿌리 깊은 남성 위주의 가부장적 문화와 성 역할에 대한 과거의 잘못된 인식이 아직도 남아 있어 남녀공존의 직장문화를 정착하는데 남다른 노력이 필요하다.

• 이와 같이 직장 내에서 성예절을 지키기 위해서는 우선, 직장 내 직원들은 상스러운 언어, 모욕적이고 타인을 비하하는 언어 등 부적절한 언어와 행동을 하여 회사의 명예와 임직원으로서의 품위를 손상시켜서는 안 된다.

또한, 실정법을 준수하여 회사의 명예와 본인의 품위를 지켜야 하며, 사회적 또는 윤리적으로 비난 받는 행위를 하지 않아야 하고, 동료, 상하, 거래처간에 존경과 신뢰를 쌓아 밝고 명랑한 직장을 만드는데 노력해야 한다.

요점정리

01 윤리(倫理)의 의미

① 倫 : 두 가지 뜻을 가지고 있다. 동료, 친구, 무리, 또래 등의 인간 집단 등을 뜻하기도 하고, 길, 도리, 질서, 차례, 법(法) 등을 뜻하기도 한다. 결국 '倫'이란 인간관계에 있어 필요한 길, 도리, 질서를 의미한다고 볼 수 있다.

② 理 : 다스린다(治), 바르다(正), 원리(原理), 이치(理致), 또 나아가서는 가리다(판단判斷), 밝히다(해명 解明), 명백(明白)하다 등의 여러 가지 뜻을 가지고 있다.

③ 윤리(倫理) : '인간과 인간 사이에서 지켜져야 할 도리를 바르게 하는 것' 또는 '인간사회에 필요한 올바른 질서'라고 해석할 수 있을 것이다. 동양적 사고에서 윤리는 전적으로 인륜(人倫)과 같은 의미이며, 엄격한 규율이나 규범의 의미가 배어있는 느낌을 준다.

02 윤리의 형성은 '공동생활'과 '협력'을 필요로 하는 인간생활에서 형성되는 '공동행동의 룰'을 기반으로 윤리적 규범이 형성된다.

03 직업의 의미

① 직업은 경제적 보상을 받는 일

② 직업은 계속적으로 수행하는 일

③ 직업은 사회적 효용성이 있는 일

④ 직업은 성인이 하는 일

⑤ 직업은 자기의 의사에 따라 하는 일

⑥ 직업은 노력이 소용되는 일

04 직업윤리의 덕목

① 소명의식　　② 천직의식　　③ 직분의식

④ 책임의식　　⑤ 전문가 의식　　⑥ 봉사의식

05 직업인이 갖추어야 할 중요한 직업윤리 덕목

① 책임감　　② 성실성　　③ 정직함　　④ 신뢰성

⑤ 창의성　　⑥ 협조성　　⑦ 청렴함

06 직업윤리와 개인윤리의 조화

① 업무상 개인의 판단과 행동이 사회적 영향력이 큰 기업시스템을 통하여 다수의 이해관계자와 관련되게 된다.

② 수많은 사람이 관련되어 고도화 된 공동의 협력을 요구하므로 맡은 역할에 대한 책임완수가 필요하고, 정확하고 투명한 일 처리가 필요하다.

③ 규모가 큰 공동의 재산, 정보 등을 개인의 권한 하에 위임, 관리하므로 높은 윤리의식이 요구된다.

④ 직장이라는 특수 상황에서 갖는 집단적 인간관계는 가족관계, 개인적 선호에 의한 친분관계와는 다른 측면의 배려가 요구된다.

⑤ 기업은 경쟁을 통하여 사회적 책임을 다하고, 보다 강한 경쟁력을 키우기 위하여 조직원 개개인의 역할과 능력이 경쟁상황에서 적절하게 꾸준히 향상되어야 한다.

⑥ 각각의 직무에서 오는 특수한 상황에서는 개인적 덕목차원의 일반적인 상식과 기준으로는 규제할 수 없는 경우가 많다.

07 직업윤리가 기본적으로는 개인윤리를 바탕으로 성립되는 규범이기는 하지만, 상황에 따라 양자는 서로 충돌하거나 배치되는 경우도 발생한다. 개인윤리가 보통 상황에서의 일반적 원리규범이라고 한다면 직업윤리는 좀더 구체적 상황에서의 실천규범이라고 이해하여야 할 것이다.

그렇게 되면 업무수행 상에서 양자가 충돌할 경우 행동기준으로는 직업윤리가 우선될 것이다. 또한 한편으로는 기본적 윤리기준에 충실하여 개인적 윤리의 준수와 공인으로서의 직분을 실천하려는 지혜와 노력이 필요하다.

08 근면의 종류

근면에는 두 종류가 있다. 첫째는 외부로부터 강요당한 근면이요, 둘째는 스스로 자진해서 하는 근면이다.

이전에 가난했을 때 논밭이나 작업장에서 오랜 시간 동안 열악한 노동 조건하에서 기계적으로 일을 하던 것을 삶을 유지하기 위한 필요에 의해서 강요되어진 근면이었다.

그렇지 않으면 생계를 유지할 수가 없었기 때문이었다. 이러한 근면은 외부 조건으로부터 강요되어진 것이다. 샐러리맨들이 잔업까지 해가며 허덕거리는 것 역시 외부로부터 강요된 근면이다. 이와 같은 근면은 외부로부터의 압력이 사라져버리면 아무것도 남지 않게 된다.

하지만, 일을 자진해서 하는 근면은 자신의 것을 창조하며 조금씩 자신을 발전시켜나가게 된다. 그리고 시간의 흐름에 따라 자아를 확립시켜 가게 되는 것이다. 그러나 예상외로 선천적으로 근면성을 몸에 지닌 사람도 많이 있다.

09 정직과 신용을 구축하기 위한 4가지 지침

① 정직과 신뢰의 자산을 매일 조금씩 쌓아가자.

② 잘못된 것도 정직하게 밝히자.

③ 정직하지 못한 것을 눈감아 주지 말자.

④ 부정직한 관행은 인정하지 말자.

10 SERVICE의 7가지 의미

영어 "SERVICE"란 단어 속에 숨겨진 7가지의 의미를 살펴보자.

① S(Smile & Speed) : 서비스는 미소와 함께 신속하게 하는 것

② E(Emotion) : 서비스는 감동을 주는 것

③ R(Respect) : 서비스는 고객을 존중하는 것

④ V(Value) : 서비스는 고객에게 가치를 제공하는 것

⑤ I(Image) : 서비스는 고객에게 좋은 이미지를 심어 주는 것

⑥ C(Courtesy) : 서비스는 예의를 갖추고 정중하게 하는 것

⑦ E(Excellence) : 서비스는 고객에게 탁월하게 제공되어져야 하는 것

11 고객접점서비스

고객접점 서비스 즉, 결정적 순간 또는 진실의 순간이라는 용어를 최초로 주창한 사람은 리차드노먼이며, 이 개념을 도입하여 성공을 거둔 사람은 스칸디나비아 에어라인시스템 항공사의 사장 얀 칼슨이다.

① 이들의 주장에 의하면 고객접점 서비스란 고객과 서비스 요원 사이의 15초 동안의 짧은 순간에서 이루어지는 서비스로서 이 순간을 진실의 순간(MOT : moment of truth) 또는 결정적 순간이라고 하였으며, 이 15초 동안에 고객접점에 있는 최일선 서비스 요원이 책임과

권한을 가지고 우리 회사를 선택한 것이 가장 좋은 선택이었다는 사실을 고객에게 입증시켜야 한다는 것이다.

② 즉 "결정의 순간"이란 고객이 기업조직의 어떤 한 측면과 접촉하는 사건이며, 그 서비스의 품질에 관하여 무언가 인상을 얻을 수 있는 사건이다.

③ 따라서 고객이 서비스 상품을 구매하기 위해서는 입구에 들어올 때부터 나갈 때까지 여러 서비스요원과 몇 번의 짧은 순간을 경험하게 되는데 그때마다 서비스요원은 모든 역량을 동원하여 고객을 만족시켜주어야 하는 것이다.

④ 서비스기업 관리자는 고객접점에서 가시적인 서비스를 담당하는 요원은 물론 경비, 주차, 운전사, 전화교환, 청소, 시설요원 등 비가시적인 서비스요원들도 고객접점에 있다는 것을 강조하여 그들의 용모나 유니폼 서비스정신 등을 교육하고 요구해야 된다.

⑤ 특히 고객접점에서 종업원의 용모와 복장은 친절한 서비스를 제공하기 전에 첫인상을 좌우하는 첫 번째 요소이다.

12 책임이란 "모든 결과는 나의 선택으로 말미암아 일어난 것"이라는 식의 태도를 말한다. 이러한 책임은 피해를 입고 있다는 생각을 지니는 것과 같이 어떤 일에 대해서 선택할 수 있는 태도 중의 하나다. 누구의 잘못이든지 상관없이 어떤 상황에 있어서 나는 주체이다.

13 예절은 에티켓이라는 용어로 많이 활용되는데, 현대의 에티켓의 본질은

① 남에게 폐를 끼치지 않는다.

② 남에게 호감을 주어야 한다.

③ 남을 존경한다.

등의 세 가지 뜻으로 요약될 수 있다.

14 예절의 특성

① 사람은 사회생활을 하므로, 무리를 지어 하나의 문화를 형성하며 사는 일정한 지역을 생활문화권이라고 하고, 그 문화권에 사는 사람들이 가장 편리하고 바람직한 방법이라 여겨 모두 그렇게 행하는 생활방법이 예절이다.

따라서, 예절은 언어문화권과 밀접한 관계를 갖는다. 민족과 나라에 따라 언어가 다르듯이 예절도 국가와 겨레에 따라 달라진다. 같은 언어문화권이라도 산과 강을 경계로 해 사투리가 있듯이 예절도 지방에 따라 약간씩 다를 수 있다.

② 그러나 같은 나라에서 표준어를 정해 그것이 통용되기를 바라는 것과 같이 예절도 한 나라에서는 통일되어야 그 국민으로서 생활하기가 수월한 것이다. 우리나라만 하더라도 가가례라고 해서 지방과 가정에 따라 예절이 다른 것은 흉이 되지 않았으나 현대는 모든 생활여건의 발달로 사투리가 엷어지듯이 예절도 통일되어야 할 필요가 있다.

그런 까닭으로 우리는 우리나라에서 공통적으로 행해지는 가장 바람직한 생활방법을 익혀 어울려 사는데 지장이 없도록 통일된 바른 예절을 알아야 한다.

15 첫 인사

① 우리는 '누군가 나의 사무실에 방문했을 때 자리에서 일어나 악수를 청해야 할까?'고민을 하게 된다. 외부인사가 나의 사무실을 방문하게 되었을 때 자리에서 일어나 악수를 청하며 손님을 맞는 것이 예우의 표현이다.

② 악수를 하는 동안에는 상대에게 집중하는 의미로 반드시 눈을 맞추고 미소를 짓는다.

③ 악수를 할 때는 오른손을 사용하고, 너무 강하게 쥐어짜듯이 잡지 않는다. 악수는 힘 있게 해야 하지만 상대의 뼈를 부수듯이 손을 잡지 말아야 한다. 악수는 서로의 이름을 말하고 간단한 인사 몇 마디를 주고받는 정도의 시간 안에 끝내야 한다.

④ 당신에게 느낌을 솔직히 말해 줄 수 있는 동료와 함께 연습해 보는 것이 좋다. 악수는 다른 사람에게 소개되었을 때, 자기 자신을 직접 소개할 때, 작별 인사를 할 때 등, 거의 모든 경우에 있어 적절한 행동이다.

16 소개

① 비즈니스에서 상대방을 서로에게 소개하는 것은 여러 가지 의미가 있으며, 서로가 서로를 알게 되는 것이다. 또한 소개는 두 사람이 처음 만났을 때 두 사람이 보다 편하게 느낄 수 있도록 도와주는 친절 행위이다.

② 비즈니스 상의 소개를 할 때는 직장 내에서의 서열과 나이를 고려한다. 이 때 성별은 고려의 대상이 아니다. 소개는 보통 타당성 있는 순서에 의하며, 직장 내에서의 서열과 직위를 고려한 소개의 순서는 다음과 같다.

- 나이 어린 사람을 연장자에게 소개한다.
- 내가 속해 있는 회사의 관계자를 타 회사의 관계자에게 소개한다.
- 신참자를 고참자에게 소개한다.

- 동료임원을 고객, 손님에게 소개한다.
- 비임원을 임원에게 소개한다.
- 소개받는 사람의 별칭은 그 이름이 비즈니스에서 사용되는 것이 아니라면 사용하지 않는다.
- 반드시 성과 이름을 함께 말한다.
- 상대방이 항상 사용하는 경우라면, Dr. 또는 Ph.D. 등의 칭호를 함께 언급한다.
- 정부 고관의 직급명은 퇴직한 경우라도 항상 사용한다.
- 천천히 그리고 명확하게 말한다.
- 각각의 관심사와 최근의 성과에 대하여 간단한 언급을 한다.

17 명함 교환 예절

① 명함은 프랑스의 루이 14세서부터 유래되고 있다. 당시 사교계에서 귀부인들이 자신의 이름을 카드에 손으로 써서 왕에게 올렸다. 이후 전용의 흰 종이에 손으로 이름을 쓰는 것으로 바뀌어 내려왔고 동판 인쇄의 명함으로 발전되어 오늘에 이르고 있다.

② 명함은 현대에 와서는 특히 비즈니스맨에게는 없어서는 안 될 업무상 소도구의 하나라고 할 수 있다. 명함은 받는 사람에게 종종 비즈니스의 첫인상을 줌과 동시에 가장 오래도록 계속될 인상을 남긴다.

③ 명함을 주고받을 때의 유의할 점은 다음과 같다.

- 명함은 반드시 명함 지갑에서 꺼내고 상대방에게 받은 명함도 명함 지갑에 넣는다.
- 상대방에게서 명함을 받으면 받은 즉시 호주머니에 넣지 않는다.
- 명함은 하위에 있는 사람이 먼저 꺼내는데 상위자에 대해서는 왼손으로 가볍게 받쳐내는 것이 예의이며, 동위자, 하위자에게는 오른손으로만 쥐고 건넨다.
- 명함을 받으면 그대로 집어넣지 말고 명함에 관해서 한두 마디 대화를 건네 본다.
- 쌍방이 동시에 명함을 꺼낼 때는 왼손으로 서로 교환하고 오른손으로 옮겨진다.

18 전화받기

① 전화벨이 3~4번 울리기 전에 받는다.

② 당신이 누구인지를 즉시 말한다.

③ 천천히, 명확하게 예의를 갖추고 말한다.

④ 목소리에 미소를 띠고 말한다.

⑤ 말을 할 때 상대방의 이름을 함께 사용한다.

⑥ 언제나 펜과 메모지를 곁에 두어 메시지를 받아 적을 수 있도록 한다.

⑦ 주위의 소음을 최소화한다.

⑧ 긍정적인 말로서 전화 통화를 마치도록 하고 전화를 건 상대방에게 감사의 표시를 한다.

19 e-mail 메시지 보내기

① 상단에 보내는 사람의 이름을 적는다.

② 메시지에는 언제나 제목을 넣도록 한다.

③ 메시지는 간략하게 만든다.

④ 요점을 빗나가지 않는 제목을 잡도록 한다.

⑤ 올바른 철자와 문법을 사용한다.

20 e-mail 메시지에 답하기

① 원래 e-mail의 내용과 관련된 일관성 있는 답을 하도록 한다.

② 다른 비즈니스 서신에서와 마찬가지로 화가 난 감정의 표현을 보내는 것은 피한다.

③ 당신의 답장이 어디로, 누구에게로 보내는지 주의한다. 자동답신을 선택하여 보내는 것이 효율적으로 보이기는 하지만, 그 답신이 원래 메일을 보낸 사람에게 도착하지 않을 수도 있다. 원래의 메시지에 첨부된 회신 주소는 메시지를 보낸 사람의 것이 아닐 수도 있음을 명심하라.

✎ 직업의 의미

다음 질문에 따라 자신이 현재 종사하고 있는 직업에 비추어 빈 칸을 작성하고, 자신의 삶에 어떠한 의미가 있는지 생각해보자.

●● 현재의 직업은 무엇인가?

●● 현재의 직업을 선택한 동기는 무엇인가?

●● 현재의 직업에는 얼마동안 종사하였는가?

●● 현재의 직업에 종사하면서 어떠한 일이 가장 보람되게 느꼈는가?

●● 현재의 직업에 종사하면서 어떠한 일이 가장 어렵다고 느꼈는가?

●● 현재의 직업에서 성공하기 위해서는 무엇을 가장 중요시 여겨야 하는가?

●● 현재의 직업이 나의 삶에 어떠한 의미를 지니고 있나?

✎ 정직한 행동

다음은 직장에서 벌어지는 상황이다. 다음 상황을 보고, 각자 직장에서의 정직한 생활의 실제를 예로 들어보자.(보기를 포함 최소 10가지 이상 적어보자)

> 우리 팀의 영업맨 박대리님은 외출했다가 방금 들어 왔습니다. 얼굴에 땀방울이 맺힌 것을 보니 정말 바쁘게 다닌 것 같군요. "에이, 만나 사우나는 항상 초만원이야." 오과장님은 성격이 활달하고 사교적입니다. 회사 일 뿐만 아니라 사회 활동도 무척 적극적입니다.
> 동문회 총무를 맡은 그는 오늘 분기모임을 주선하느라 바쁩니다. "여보세요? 선배님이세요? 저 오달봉입니다."

1. 나는 용건이 사적라면 회사 전화를 쓰지 않는다.

2. 나는 장기적으로 생각하여, 나에게 이익이 되는 일보다는 옳은 일을 한다.

3. 나는 근무시간에 거짓말을 하고 개인적인 용무를 보지 않는다.

4.

5.

6.

7.

8.

9.

10.

✎ 성실한 자세

다음은 직장에서 벌어질 수 있는 상황이다. 다음 상황을 보고, 직업인으로서의 김부장의 문제점을 도출해 보자. 이 밖에, 재테크의 방법으로 복권이나 부동산 투기, 도박등과 같은 한탕주의를 선호하는지, 아니면 성실하게, 검소하며, 정직하게 저축을 하는 것을 선호하는지 생각해보자. 또한 어떠한 방법이 더 이익이 될지 생각해보자.

●● 직장 내에서 이와 같은 행위를 하는 김부장의 문제점은 무엇인가?

●● 복권 및 주식 등과 같은 방법의 재테크를 선호하는가, 아니면 성실한 자세로 저축하는 것을 선호하는가?

●● 위의 두 방법을 통한 이득을 각각 비교해 보자.

✎ 준법정신

다음 상황을 보고, 자신이 최대리의 입장이라면 속도위반을 하면서까지 약속시간을 지켜 준 택시 운전사에게 어떻게 행동했을지 적어 보자. 그리고 그 이유에 대해서 작성해보자.

> 어느 날, 최대리는 급한 약속시간을 맞추기 위해 택시를 타게 되었다. 최대리가 바쁘다는 것을 안 운전사는 차량소통 상황을 보아가며 신호위반은 기본이고 차선변경, 끼어들기, 속도위반 까지 해가며 약속시간 가까스로 목적지까지 도착하게 되었다.

●● 약속시간을 맞출 수 있었던 것은 기사의 덕분이므로 고맙다고 인사한다.

●● 법규 위반은 못마땅하지만 늦지 않았으니 그것으로 됐다.

●● 법규를 준수하지 않는 운전자의 도움을 받았다는 사실에 대하여 부끄럽게 생각하고 다시는 그런 사람의 차를 타지 않도록 주의한다.

●● 개인적으로는 도움을 받았을지 모르지만 법규를 위반한 것은 사회정의에 어긋나므로 위반 사실을 경찰에 신고한다.

●● 나는?

✎ 성예절의 의미

다음 주어진 상황을 읽고, 주어진 질문에 따라 자신의 생각을 빈 칸을 작성해 보자.

OO시청에서 한 계약직 여성의 재계약 문제가 미묘한 파장을 불러오고 있다. 진원지는 OO실에 근무하는 J씨(여 계약직). 시청의 영문홈페이지를 관리하고 있는 그녀는 미국에서 석사학위를 받은 재원이기도 하다.

지난해 말 저녁회식 자리에서 성희롱 문제가 화제로 떠올랐다. 상사 한 사람이 총리실에서 발생한 성추행 성희롱 사건에 대해 구구절절 묘사하기 시작했다.

한 발 나아가 "이런 식으로 했겠지." 하며 옆에 앉아 있던 남자 직원의 가슴을 만지며 재연하기도 했다. 놀라움과 모욕감에 J씨는 바로 다른 여직원과 함께 "늦었으니 가보겠다"며 자리를 떴다. 그리고 고민 끝에 직장협의회와 여성부에 그 상사를 성희롱 혐의로 진정했다.

J씨는 상사들이 보내는 곱지 않은 시선은 참을 만 했지만, 더 힘든 것은 상사들 때문에 만들어진 동료들의 싸늘한 반응이었다. 그 누구도 J씨에게 말을 건넬 수 없는 분위기가 계속 됐다. 사무실 내에서의 J씨에 대한 평가는 '조직세계와 도저히 어울리지 않는 사람'과 '누구도 갖지 못한 용기를 가진 사람'으로 엇갈렸다.

●● 위 사례의 경우를 무엇이 문제이며, 어떻게 생각하는가?

●● 자신이라면 위와 같은 상황에서 어떻게 대처하는가?

●● 사소한 것을 가지고 혼자 유난을 떠는 사람이 별난 사람이고, 조직분위기에 해가 된다고 생각하는가?

●● 성희롱의 정확한 개념을 적어보자.

학습결과 체크

기초직업능력으로서 직업윤리를 학습한 것을 토대로 다음 표를 이용하여 자신의 수준에 해당되는 칸에 V표 하시오.

구분	문항	매우 미흡	미흡	보통	우수	매우 우수
J-1 직업 윤리	1. 나는 윤리적 인간이란 어떠한 사람을 말하는지 설명할 수 있다.	1	2	3	4	5
	2. 나는 윤리적 규범이 어떻게 형성되는지 설명할 수 있다.	1	2	3	4	5
	3. 나는 윤리의 의미를 설명할 수 있다.	1	2	3	4	5
	4. 나는 일과 인간의 삶의 관계를 설명할 수 있다.	1	2	3	4	5
	5. 나는 직업의 의미를 설명할 수 있다.	1	2	3	4	5
	6. 나는 우리의 입신출세론의 문제점을 설명할 수 있다.	1	2	3	4	5
	7. 나는 개인윤리와 직업윤리의 관계를 설명할 수 있다.	1	2	3	4	5
	8. 나는 직업윤리의 의미를 설명할 수 있다.	1	2	3	4	5
	9. 나는 개인윤리와 직업윤리는 어떻게 조화되는지 설명할 수 있다.	1	2	3	4	5
J-2-가 근로 윤리	1. 나는 근면의 의미를 설명할 수 있다.	1	2	3	4	5
	2. 나는 근면의 종류를 설명할 수 있다.	1	2	3	4	5
	3. 나는 근면에서는 어떠한 자세가 필요한지 설명할 수 있다.	1	2	3	4	5
	4. 나는 정직의 의미를 설명할 수 있다.	1	2	3	4	5
	5. 나는 우리 사회의 정직성 수준을 설명할 수 있다.	1	2	3	4	5
	6. 나는 정직과 신용 구축을 위한 네 가지 지침을 설명할 수 있다.	1	2	3	4	5
	7. 나는 성실의 중요성을 설명할 수 있다.	1	2	3	4	5
	8. 나는 성실의 의미를 설명할 수 있다.	1	2	3	4	5
	9. 나는 돈벌이에 있어서 성실한 사람과 그렇지 않은 사람의 차이를 설명할 수 있다.	1	2	3	4	5
J-2-나 공동체 윤리	1. 나는 봉사의 의미를 설명할 수 있다.	1	2	3	4	5
	2. 나는 "SERVICE"의 7가지 의미를 설명할 수 있다.	1	2	3	4	5
	3. 나는 책임의 의미를 설명할 수 있다.	1	2	3	4	5
	4. 나는 제조물 책임의 의미를 설명할 수 있다.	1	2	3	4	5
	5. 나는 준법의 의미를 설명할 수 있다.	1	2	3	4	5
	6. 나는 예절의 의미를 설명할 수 있다.	1	2	3	4	5
	7. 나는 직장에서의 예절을 설명할 수 있다.	1	2	3	4	5
	8. 나는 성예절 의미를 설명할 수 있다.	1	2	3	4	5
	9. 나는 직장내 성희롱 성립요건을 설명할 수 있다.	1	2	3	4	5

각 모듈별 점수 평균 3점 이상 우수, 3점 미만 부족. 부족한 모듈에 대해서는 심화 공부를 하세요.

01 다음 중 '윤리'에 대한 설명으로 옳지 않은 것은?

① 윤리는 공동행동의 규칙을 기반으로 형성된다.
② 윤리는 사회의 공동 목표 달성과 욕구 충족에 도움이 되는 행위가 정립된 것이다.
③ 윤리는 공동 생활속에서 협력의 필요성에 의해 발생하였다.
④ 윤리는 사회상황과 관계없이 변할 수 없는 것이다.

02 직업의 의미로 바르지 않은 것은?

① 지속적으로 수행해야 한다.
② 본인의 의사와 관계 없이 생겨나기도 한다.
③ 경제적 보상을 받는 일이다.
④ 노력이 소용되는 일이다.

03 다음 설명이 나타내는 직업윤리의 덕목은?

> 자신의 일이 자신의 능력과 적성에 꼭 맞는다 여기고 그 일에 열성을 가지고 성실히 임하는 태도

① 소명의식 　　　　　　② 천직의식
③ 책임의식 　　　　　　④ 전문가의식

04 우리사회에서 직업인이 갖추어야 할 중요한 직업윤리덕목이 아닌 것은?

① 책임감 　　　　　　② 신뢰성
③ 정직성 　　　　　　④ 개인성

05 직업에서 근면의식의 표출로 바르지 않은 것은?

① 강요에 의한 근면은 노동행위에 즐거움을 주지 못 한다.
② 직업의 현장에서는 능동적인 자세로 임해야 한다.
③ 노동은 상품이므로 일을 적게 하는 것이 중요하다.
④ 보수나 진급이 보장되지 않더라도 적극적 자세의 노동자세가 필요하다.

06 직장에서 신용을 쌓기 위한 지침이 아닌 것은?

① 정직과 신뢰의 자산을 매일 조금씩 쌓는다.
② 잘못된 것도 정직하게 밝힌다.
③ 정직하지 못한 것을 눈감아주지 않는다.
④ 자신의 생각에 반하더라도 직장의 관행을 인정한다.

07 성실성에 대한 설명으로 적절한 것은?

① 현대사회는 성실함보다는 창의성이 더욱 강조되고 있다.
② 사회에서의 성공은 성실함이 보장하는 것이 아니다.
③ 불성실로 부와 명예를 이룬 사람을 비난해서는 안된다.
④ 사회가 변화하더라도 성실한 태도는 결국 인정 받는다.

08 서비스업무자가 서비스 시에 유의하여야 할 사항으로 적절하지 않은 것은?

① 고객앞에서 흡연을 하는 행위
② 고객앞에서 음식물을 먹는 행위
③ 고객앞에서 단정치 못한 옷차림을 하는 행위
④ 고객앞에서 전화를 받는 행위

09 책임감에 대한 설명으로 바르지 않은 것은?

① 긍정적 마인드가 바탕이 된다.
② 책임감이 강한 사람은 타인의 업무도 적극 돕는다.
③ 모든 업무는 정해진 시간에 끝내며 개인의 시간을 할애하지는 않는다.
④ 모든 결과를 자신이 선택한 결과라 생각하는 태도이다.

10 첫 인사 시 주의할 점이 아닌 것은?

① 기분에 따라 인사의 자세가 다르면 안된다.
② 타이밍을 맞추어 적절히 응답한다.
③ 상대의 인사가 끝난 후 인사한다.
④ 명랑하고 활기차게 인사한다.

적중 예상문제 | Chapter **10** 직업윤리

01 다음 중 '윤리'에 대한 설명으로 옳지 않은 것은?

> ㄱ. 동양적 사고에서 윤리는 전적으로 인륜(人倫)과 같은 의미이다.
> ㄴ. 윤리의 형성은 '공동생활'과 '협력'을 필요로 하는 인간생활에서 형성되는 '공동행동의 룰'을 기반으로 윤리적 규범이 형성된다.
> ㄷ. 서양의 윤리는 개인과 국가, 종교적인 것과 경제적인 것 등으로 나뉘어져 발달하였다.
> ㄹ. 이 세상에 두 사람 이상이 있으면 존재하고, 반대로 혼자 있을 때는 의미가 없는 말이 되기도 한다.

① ㄱ   ② ㄴ   ③ ㄷ   ④ ㄹ

02 아래의 내용은 네 명의 상사가 한 신입사원에게 바람직한 직업 윤리의 덕목에 대해 이야기해 준 내용들이다. 다음 중 전문가 의식에 대해 이야기 하는 사람은?

> ① 김과장 : "자신이 맡은 일은 하늘에 의해 맡겨진 일이라고 생각하는 태도를 가졌으면 해."
> ② 최차장 : "자신이 하고 있는 일이 사회나 기업을 위해 중요한 역할을 하고 있다고 믿고 자신의 활동을 수행해야 해."
> ③ 민대리 : "직업에 대한 사회적 역할과 책무를 충실히 수행하고 책임을 다하는 태도를 가져줘."
> ④ 오부장 : "자신의 일이 누구나 할 수 있는 것이아니라 해당분야의 지식과 교육을 밑바탕으로 성실히 수행해야만 가능한 것이라 믿고 수행하는 태도가 필요해."

① 김과장   ② 최차장   ③ 민대리   ④ 오부장

03 귀하는 한 직장 동료로부터 다음과 같은 말을 들었다. 이 동료는 직업 윤리의 덕목들 중 어떤 것이 부족한 것인가?

> "요즘 회사 업무에 몰입을 할 수가 없어. 내가 담당하고 있는 일이 적성에 맞는 지도 모르겠고. 내 능력에 비해 너무 시시한 일을 하고 있다는 생각도 들고… 그러다 보니 회사를 그만 두면 생활이 어려워 지니까 어쩔 수 없이 출근을 하고 있다는 기분이 들어."

① 소명의식 　　　　② 천직의식 　　　　③ 전문가의식 　　　　④ 직분의식

04 다음의 사례는 무엇과 관련된 것인가?

〈사진 : 디지털뉴스〉

위의 사진은 2013년 7월말 남성연대의 성재기 대표가 한강에 투신하기 직전의 장면이다.이 사진은 이후 사회적 논란을 일으켰다. 성대표를 취재한 기자들의 모습 때문이었다. 이들에게 쏟아진 비난은 오로지 취재만을 위해 자살을 하려는 사람을 방관했다는 것이다. 촬영을 하는 것보다 사람을 구하는 것이 맞지 않았을까?

① 직업의 비전 　　　　　　　　　② 직업 선택의 기준
③ 직업 윤리 　　　　　　　　　　④ 직업의 경제적 의미

05 다음은 근면의 사례들이다. 이들 중 성격이 다른 하나는 무엇인가?

① 세일즈맨이 자신의 성과를 높이기 위해 영업 스킬 교육을 받는다.
② 경쟁사와의 Presentation에서 좋은 성과를 내기 위해 스피치 훈련을 열심히 한다.
③ 상사의 지시를 수행하기 위해 다른 직원들이 퇴근했음에도 불구하고 혼자 남아서 야근을 한다.
④ 회사 내 진급 시험을 위해 외국어 학원에 다니면서 열심히 공부를 한다.

06 다음은 직장 생활을 하면서 접할 수 있는 문제 사례이다. 김대리는 어떠한 의무를 위반하고 있는가?

> • 김과장은 근무 시간 중에 친구를 만나러 갔다.
> • 최차장은 아무 승인도 받지 않고 근무 시간 중에 집으로 귀가했다.

① 이해가 상충되는 직위의 취임 금지   ② 직무전념의 의무
③ 성실 의무   ④ 모든 고객을 동등하게 대우해야 할 의무

07 공기업에 근무하는 귀하는 설연휴를 맞아 거래처로부터 선물을 받게 되었다. 회사 규정에 의하면 3만원을 초과하는 선물은 받을 수 없다. 선물을 받을 당시에는 몰랐지만, 나중에 확인해 보니 선물의 가격이 3만 2천원이라는 것을 알게 되었다. 이 경우 어떻게 처리해야 하는가?

① 거래처에 연락하여 회사의 규정에서 허용하는 수준의 선물을 다시 요구한다.
② 선물을 돌려줄 경우 거래처가 불쾌하게 생각하여 회사에 손해가 될 수 있으므로 이번에는 그냥 받는다.
③ 선물의 가치에 상응하는 수준의 선물을 사서 거래처에 보낸다.
④ 즉시 선물을 돌려주고 회사 규정 때문임을 설명한다.

08 다음의 사례와 관련된 한자 성어나 격언이 아닌 것은?

> 어느 A의 집에서 멀지 않은 곳에 전자기기수리점이 두 곳 있었다. 한 수리점은 간단한 일로 부르는 고객의 집에는 바쁘다는 핑계로 가기를 거부하고, 전기의 합선을 고치는 따위의 돈벌이가 됨직한 일만 찾아 다녔다. 뿐만 아니라 고객에게 터무니없는 많은 대가를 요구하는 버릇이 있었다. 다른 수리점은 고객의 요청만 있으면, 일의 크고 작음을 가리지 않고 곧 달려갔을 뿐 아니라, 부당하게 많은 돈을 받는 일도 없었다. 첫째 수리점은 결국 규모를 줄여서 변두리로 나갔다. 언제나 성실하고 부지런하게 일을 해온 둘째 수리점은 동생에게도 기술을 가르쳐서 또 하나의 점포를 낼 수 있을 정도로 성업을 이루었다.

① 磨斧爲針
② 誠勤是寶
③ 肝膽相照
④ 오래가는 행복은 정직한 것 속에서만 발견할 수 있다.

09 다음 중 성희롱과 관련된 설명으로 옳지 않은 것은?

① 직장 내 성희롱은 지위를 이용하거나 업무와의 인과관계만 있으면 사업장 내외의 장소를 불문하고 발생할 수 있다.

② 직장 내 성희롱 가해자에는 사업주, 직장 상사 및 동료, 부하 직원, 파견 근로자, 하청 근로자가 포함된다.

③ 직장 내 성희롱 피해자는 모든 남녀 근로자이며, 채용 과정의 구직자는 포함되지 않는다.

④ 직장 내 성희롱은 성적인 언어·행동에 의하거나 이를 조건으로 하는 행동이다.

10 다음은 공동체 윤리와 관련된 내용들이다. 적절하지 않은 것은?

ㄱ. 고객 앞에서 서류 정리를 하면 안된다.
ㄴ. 고객을 앞에 두고 업무자들끼리 대화를 해도 된다.
ㄷ. 직장에서 업무를 위해서는 개인의 시간도 일정 정도 할애한다.
ㄹ. 동료의 도움을 받아 업무를 해결한 경우, 동료에게 정중하게 감사의 뜻을 전한다.
ㅁ. 명함은 윗사람이 아랫사람에게 먼저 건넨다.
ㅂ. 명함을 건네는 사람이 2인 이상일 경우 아랫사람에게 먼저 건넨다.
ㅅ. 명함은 받자마자 명함집에 넣는 것이 예의이다.
ㅇ. 어려운 한자가 있을 경우 나중에 질문을 해서 기록을 해둔다.
ㅈ. 상대방에 대한 부가 정보는 명함을 받은 후에 바로 명함에 적는다.
ㅊ. 상대방에게 이메일을 보낼 때 상단에 보내는 사람의 이름을 적는다.
ㅋ. 전화를 받을 때, 전화벨이 3~4번 울리기 전에 받는다.

① ㅁ, ㅂ, ㅅ, ㅇ 　　　　　　② ㅁ, ㅂ, ㅇ, ㅈ
③ ㅁ, ㅂ, ㅅ, ㅇ, ㅈ 　　　　④ ㅁ, ㅅ, ㅇ, ㅈ

11 다음 중 '윤리'에 대한 설명으로 옳지 않은 것은?

① 인간과 인간 사이에서 지켜져야 할 도리를 바르게 하는 것

② 윤리의 뜻을 지닌 그리스어의 'ethos', 라틴어의 'mores', 독일어의 'sitte' 등은 모두 '습관이 된 풍속'을 뜻한다.

③ 동양적 사고에서 윤리는 엄격한 규율이나 규범의 의미가 배어 있는 느낌을 준다.

④ 윤리에서 륜(倫)은 '다스린다', '바르다', '원리', '이치', '가리다', '밝히다', '명백하다' 등의 여러 가지 뜻을 가지고 있다.

12 귀하는 신입사원들을 대상으로 직업 윤리에 대해 강의를 하게 되었다. 직업 윤리의 덕목에 대해 설명하기 위한 사례로 아래와 같은 신문 기사를 강의 자료에 포함시켰다.

> OO시는 지난 5월 부임한 C부시장이 시장권한대행 체제로 시 행정을 이끌고 있다. C부시장은 취임 후부터 시장이 부재중인 상황에서 공직자들이 솔선수범을 통해 맡은 바 업무 충실과 민원인들의 불편 최소화 등의 상황이 발생하지 않도록 철저한 관리를 당부하고, 시의 주요 현안을 해결하는데 전념하고 있다.
>
> 그러나, 일부 공직자들은 이러한 지시 사항을 무시한 채 위선에 출장 복명서도 제출하지 않고 사적인 일로 근무지를 이탈하였음이 드러났다. 더 심각한 문제는 이를 관리 감독해야 할 과장은 이탈한 직원의 행방조차 모르고 있다는 지적이다.

다음 중 어떤 덕목에 해당되는 내용인가?

① 책임의식   ② 전문가의식

③ 직분의식   ④ 봉사의식

13 다음의 세 가지 내용은 공통적으로 무엇과 관련된 내용인가?

> "성공도 실패도 하나의 버릇에서 온다." – 유대인의 속담 –
>
> "이 세상에서 가장 한심한 것은 할 일이 없는 것이다." – 탈무드 –
>
> "눈물을 흘리며 씨를 뿌리는 자는 기쁨으로 거두리로다." – 성경 시편 –

① 근면   ② 정직

③ 봉사   ④ 전문가 정신

14 귀하는 최근에 한 일간지에서 아래와 같은 기사를 보게 되었다.?

> 공기업인 OOO의 직원들이 업무상 비밀 정보를 이용해서 회사가 이전 예정 부지에 집단으로 토지를 구입하는 등 부동산 투기를 벌인 정황이 확인되어 큰 충격을 주고 있다. 특히 이들이 경매를 통해 토지 구입을 한 시기는 이전 계획이 이사회에서 의결되었을 뿐 대외적으로 공표되기 전으로, OOO 직원만 확보 가능한 '업무상 비밀 정보'를 이용해 부동산 투기에 나선 것으로 판단된다.

다음 중 귀하가 이 기사를 보고 한 생각으로 가장 적절한 것은?

① "직업의 비전이 잘못 수립되었군."

② "직업 윤리를 망각했군."

③ "직업을 선택할 때 기준이 중요해."

④ "직업의 경제적 의미에 대해 교육 받아야 해."

15 공기업에 재직중인 신입사원 A와 B는 대화를 나누고 있다.두 사람이 나누는 아래의 대화를 읽고, 다음 중 '이것'은 무엇인지 고르시오.

A : "이번 주 금요일 중요한 접대가 있다며?"
B : "어, 아주 중요한 접대야. 우리 팀의 사활이 걸려있지."
A : "접대 장소가 중요하겠군"
B : "맞아. 아주 신경 써서 고르고 있어."
A : "회사 정문 건너편에 있는 한정식집 어때? 지난 번 우리 부서 회식을 거기서 했는데 음식 괜찮더라고."
B : "거기 알지. 그런데, 나는 별로야. 한 번 간 다음부터 절대 안 가.
A : "왜?"
B : "음식 맛도 좋고, 직원들 서비스도 좋고, 시설도 완전히 마음에 들어. 아마 이 근처 식당들 중에서는 최고일걸? 그런데 말이지. 화장실에 한 번 갔다가 생각이 싹 바뀌었어. 청소를 안 하는 건지 완전 불결하더라고. 그 다음부터는 절대 그 식당에 가지 않지. 주변 사람들한테도 절대로 가지 말라고 하고 있지."
A : "그래? 그 식당의 사장은 '이것'의 중요성을 몰랐군.
B : '이것'이라고? '이것'이 그렇게 중요해?
A : 중요하지. '이것'은 스페인어를 영어로 옮긴 표현이야. 스페인 투우 알지? 투우사가 소와 일대일로 대결하는 최후의 순간을 가리키지."

① 4P
② SWOT
③ MOT
④ 3C

16 귀하는 최근에 신입사원 면접 전형에 면접관으로 참여하게 되었다. 그런데 회사의 상사가 전화를 해서 이번에 조카가 입사 지원을 했으니 잘 부탁한다는 청탁을 해왔다. 이러한 상황에서 어떻게 할 것인가?

① 해당 내용을 바로 회사 인사팀에 통지하여 회사의 사칙에 의거하여 처리한다.
② 청탁을 한 선배에게 해당 청탁이 부당하다는 사실을 설명하고, 부탁을 들어줄 수 없다고 말한다.
③ 청탁을 한 선배에게는 별 다른 언급을 하지 않고 소신껏 접수를 처리한다.
④ 청탁한 선배의 직속 상사를 찾아가 상황을 설명한다.

17 귀하는 고객서비스 담당자로서 직원들에게 전달할 지침 사항을 정리하고 있다. 다음 중 적절하지 않은 항목은 무엇인가?

① 고객님께서 앞에 계실 경우, 개인 용무의 전화는 짧은 내용이 아니면 하지 말 것
② 고객님 앞에서 큰 소리를 내지 말 것
③ 고객님 앞에서 서류를 정리하지 말 것
④ 고객님 앞에서 옷을 벗거나 부채질 등의 행위를 하지 말 것

18 귀하는 공기업의 인사팀에서 근무 중이다. 어느 날 팀장님께서 부재중이신 상태에서 팀장님 자리로 전화가 걸려 와서 신입사원에게 당겨 받도록 하였다. 그 신입사원은 아래와 같이 대화를 나누었다. 귀하가 신입사원이 전화 받는 태도에 시정을 해야 할 필요를 느끼게 되었다면, 다음 중 어느 것 때문인가?

> (전화벨이 다섯 번 울리고 나서 왼손으로 수화기를 즉시 들었음.) ·· ①
> 귀하 : "안녕하십니까. OO공사 인사팀 채용 담당 신입사원 ***입니다."
> 상대방 : "혹시 팀장님 자리에 계신가요?"
> 귀하 : "죄송합니다만, 팀장님께서는 지금 잠시 자리를 비우셨습니다." ································· ②
> 상대방 : "알겠습니다."
> 귀하 : "실례지만, 연락처 남겨주시면 오시는 대로 바로 전화 드리라고 말씀 드리겠습니다." ·············· ③
> 상대방 : "저는 **상사의 김부장인데요. 제가 오늘 오후에 핸드폰으로 전화 드리겠다고 전해 주세요."
> 귀하 : "전하실 용건은 김부장님께서 오늘 오후에 저희 팀장님 핸드폰으로 전화하시겠다는 것 맞습니까?"
> ··· ④
> 상대방 : "네, 맞습니다."
> 귀하 : "알겠습니다. 감사합니다."
> (상대방이 전화를 끊기를 기다렸다가 수화기를 조용히 내려 놓았음)

19 다음 중 처음 만난 사람에게 건네는 인사 예절에 대한 것으로 옳지 않은 것은?

① 상대방이 누구인지에 따라 인사법을 달리 한다.
② 정중하면서 밝게 인사한다.
③ 악수는 상사, 연장자, 여성이 먼저 청한다.
④ 때와 장소에 알맞게 인사한다.

20 귀하는 전체 직원들을 대상으로 성희롱 교육을 담당하게 되었다. 이에 대한 교육 자료를 작성하면서 성희롱의 유형에 대해 아래와 같이 정리를 하게 되었다. 다음 중 잘못된 것은?

행위 유형	행위 내용
육체적 행위	• 입맞춤, 포옹 등 원하지 않는 신체 접촉 ………………………………… ① • 가슴이나 엉덩이 등 특정한 신체 부위를 만지는 행위 • 어깨를 잡고 밀착하는 행위
언어적 행위	• 음란한 농담을 하는 행위 • 외모에 대한 성적 비유 …………………………………………………… ② • 음란한 내용의 전화 통화
시각적 행위	• 음란한 사진이나, 낙서, 그림 등을 게시하거나 보여주는 행위 …… ③ • 성적인 내용의 정보를 유포하는 행위 ……………………………… ④ • 정보기기를 이용하여 음란물을 보내는 행위 • 자신의 특정 신체 부위를 노출하거나 만지는 행위

Chapter 10 정답 및 해설

기본문제

01 ④
윤리는 만고불변의 진리가 아니라 시대상황에 따라 조금씩 변화된다.

02 ②
직업은 자기의 의사에 따라 하는 일이다.

03 ②
천직의식은 자신의 일이 자신의 능력과 적성에 꼭 맞는다 여기고 그 일에 열성을 가지고 성실히 임하는 태도

04 ④
우리 사회에서 직업인이 갖추어야 할 중요한 직업윤리 덕목에는 책임감, 성실함, 정직함, 신뢰성, 창의성, 협조성, 청렴함 등이 있다.

05 ③
노동현장에서는 일을 적게 하는 것보다 근면한 자세가 더욱 중요하다.

06 ④
부정직한 관행을 인정해서는 안 된다.

07 ④
아무리 사회가 변화하더라도 성실한 태도는 결국 주위의 인정을 받기 마련이다.

08 ④
고객이 있더라도 양해를 구한 후 업무상의 전화는 받을 수 있다.

09 ③
책임감이 강한 사람은 업무의 완수를 위해 자신의 시간마저도 희생한다.

10 ③
처음 만난 사람에게 건네는 인사는 그 사람의 첫인상을 규정짓는데 인사를 할 때는 상대보다 먼저 하여야 한다.

적중예상문제

01 ③
서양에서는 여러 폴리스 (도시국가)가 이루어진 고대 그리스에서 윤리의 의식이 형성되었다. 고대 그리스는 폴리스를 유지 발전시키기 위해서 필요하고 바람직한 사항들을 인간의 가치 있는 자질이자 목표이며 윤리라고 하였다. 이후 서양의 윤리는 보편과 개인, 양적인 것과 질적인 것 등으로 나뉘어져 발달하였다.

02 ④
순서대로 봉사의식, 직분의식, 책임의식, 전문가 의식에 해당된다.

03 ②
'천직의식'은 자신의 일이 자신의 능력과 적성에 꼭 맞는다 여기고 그 일에 열성을 가지고 성실히 임하는 태도를 말한다.

04 ③
이 사건은 그의 사례는 알권리와 인간적 가치가 충돌할 경우 언론인이 어떤 판단을 해야 하는지에 대한 고민을 남긴 사례로 직업 윤리와 관련된 것이다.

05 ③

근면에는 '외부로부터 강요당한 근면'과 '스스로 자진해서 하는 근면' 등 두 가지가 있다. ③번은 외부로부터 강요당한 근면이고, 나머지 세 개의 사례는 스스로 자진해서 하는 근면이다.

06 ②

직무 전념의 의무 위반이다. 사전에 승인을 받지 않고 근무 시간 중에 자리를 비우면 안 된다.

07 ④

회사 규정에 위배되는 선물을 받을 경우, 설사 모르고 받았다 하더라도 문제가 된다. 따라서 해당 선물을 바로 돌려주는 것이 가장 적합한 처리 방식이다. 당연히 거래처를 배려한 충분한 설명도 함께 말이다.

08 ③

제시된 사례는 성실, 근면, 정직 등에 대해 말하고 있다. ③번은 아주 친한 친구사이를 의미하므로, 이와 관련이 없다.

- 磨斧爲針(마부위침) : 도끼를 갈아 바늘을 만든다는 뜻으로, 열심히 노력함의 비유.
- 誠勤是寶(성근시보) : 성실과 근면이 곧 보배다.
- 肝膽相照(간담상조) : 간과 쓸개를 서로 내놓고 보인다는 뜻으로 서로 마음을 터놓고 허물없이 지내는 친구사이를 뜻한다.

보기 ④번은 리히텐베르히가 정직을 강조한 격언이다.

09 ③

피해자에는 채용 과정의 구직자도 포함된다.

10 ③

- ㅁ. 명함은 아랫사람이 윗사람에게 먼저 건넨다.
- ㅂ. 명함을 건네는 사람이 2인 이상일 경우 윗사람에게 먼저 건넨다.
- ㅅ. 명함을 받자마자 명함집에 넣는 것은 예의가 아니다.
- ㅇ. 어려운 한자가 있을 경우 그 자리에서 바로 묻도록 한다.
- ㅈ. 상대방에 대한 부가 정보는 상대방과의 만남이 끝난 후에 명함에 적는다.

11 ④

'리(理)'에 대한 의미이다. '륜(倫)'은 동료, 친구, 무리, 또래 등의 인간 집단 등을 뜻하기도 하고 길, 도리, 질서, 차례, 법 등을 뜻하기도 한다.

12 ①

'책임의식'은 직업에 대한 사회적 역할과 책무를 충실히 수행하고 책임을 다 하는 태도를 말한다. 책임의식 이외에도 직업 윤리의 덕목에는 일반적으로 다음의 것들이 제시된다.

- 소명의식 : 자신이 맡은 일은 하늘에 의해 맡겨진 일이라고 생각하는 태도
- 천직의식 : 자신의 일이 자신의 능력과 적성에 꼭 맞는다 여기고 그 일에 열성을 가지고 성실히 임하는 태도
- 직분의식 : 자신이 하고 있는 일이 사회나 기업을 위해 중요한 역할을 하고 있다고 믿고 자신의 활동을 수행하는 태도
- 전문가 의식 : 자신의 일이 누구나 할 수 있는 것이 아니라 해당 분야의 지식과 교육을 밑바탕으로 성실히 수행해야만 가능한 것이라 믿고 수행하는 태도
- 봉사의식 : 직업활동을 통해 다른 사람과 공동체에 대하여 봉사하는 정신을 갖추고 실천하는 태도

13 ①

네 가지 모두 '근면'과 관련된 것이다. 근면이란 게으르지 않고 부지런한 것을 말한다.

14 ②

이 사건은 직업인으로서 당연히 가져야 하는 '직업 윤리'를 망각한 사례이다. 따라서 ②번이 정답.

15 ③

두 사람은 '진실의 순간 (Moment of Truth, MOT)'에 대해 대화를 나누고 있다. 진실의 순간이라는 용어를 최초로 주창한 사람은 스웨덴의 경제학자 리차드노먼(Richard Norman)이며, 이 개념을 도입하여 성공을 거둔 사람은 스칸디나비아 에어라인시스템항공사(SAS)의 사장 얀 칼슨(Jan Carlzon)이다. 이들의 주장에 의하면 고객접점서비스란 고객과 서비스요원 사이의 15초 동안의 짧은 순간에서 이루어지는 서비스로서 이 순간을 진실의 순간(MOT : moment of truth) 또는 결정적 순간이다. 이 15초 동안에 고객접점에 있는 최일선 서비스요원이 책임과 권한을 가지고 우리 회사를 선택한 것이 가장 좋은 선택이었다는 사실을 고객에게 입증시켜야 한다는 것이다. 즉 "결정의 순간"이란 고객이 기업 조직의 어떤 한 측면과 접촉하는 사건이며, 그 서비스의 품질에 관하여 무언가 인상을 얻을 수 있는 사건이다.

16 ②

잘못된 내용을 바로잡는 방법 중 가장 적절한 방식은 해당 내용을 불필요하게 크게 만들지 않으면서 손쉽게 바로잡을 수 있는 경우, 이러한 방식을 선택하는 것이 좋다.

17 ①

고객님께서 앞에 계실 때는 아무리 짧은 내용이라 할 지라도 개인 용무의 전화는 절대로 해서는 안 된다.

18 ①

전화벨이 3~4번 울리기 전에 받아야 한다.

19 ①

상대방에 따라 인사법이 다르면 안 된다.

20 ④

성적인 내용의 정보를 유포하는 행위는 '언어적 행위'에 해당된다.

집 필 진

김덕원 • 現) 코리아리크루트 대표이사, 한국산업인력공단 NCS직업교육 표준개발위원
• 前) 노동부 일자리 창출 연구원, 산업통상부 리크루팅 플랫폼개발 연구기관 총괄 대표이사,
  코리아리크루트 리크루트 인사팀장 겸 인재은행 센터장, KBS 일자리 백만개 만듭시다 특별기획 프로그램(대통령 표창 수상)

최인형 • 現) 다솔커뮤니케이션 대표, 한국교통대학교 외래교수, 직업능력심사평가원 심사위원, 코리아리크루트 NCS전문위원,
  한국산업인력공단 NCS기업활용 컨설턴트
• 前) 한국산업인력공단 연구원 겸 직업훈련 기관 및 과정평가 심사위원
• 저서 : CS개론, CS전략론, 고객관리실무론 등 국가공인 CS Leaders 자격증 수험서적 외

김세준 • 現) (주)코리아리크루트 NCS인재연구소 소장, 국민대학교 겸임교수, 머니투데이 칼럼위원, 코리아리크루트 NCS전문위원
• 前) 금호아시아나항공 인사팀, 채용업무 총괄담당
• 저서 : 3Day 자기소개서, 뽑고싶어 안달나게 하는 자기소개서 작성법 등 취업 전문서적 20권 집필

박정호 • 現) 코리아리크루트 NCS전문위원, 한국경제신문 경제교육 자문위원, EBS한경 TESAT와 매경TEST 강의, 한경마이윙스 NCS객원교수

고석헌 • 現) 코리아리크루트 HR연구소장 겸 NCS전문위원
• 前) ㈜인재개발원 경영지원본부 인사채용 총괄본부장, 율곡 인성교육원 원장 겸 인성연구소장

이효상 • 現) 100만인 취업센터 대표   • 前) 코리아리크루트 취업센터장

문윤회 • 現) ㈜코리아리크루트 HR기획 실장 겸 NCS총괄 팀장, 산업통상부 리크루팅 플랫폼 개발 연구원
• 前) ㈜동양건설산업 경영지원본부 종합기획실

* **코리아리크루트 NCS교재편찬위원회**   www.korearecruit.com   T.02-454-9100   F.02-501-9109

NCS직업기초능력 10대 역량 이론 및 필기 (下)

발 행 일 : 2016년 3월 31일 초판 제 1쇄 발행
편 저 자 : 코리아리크루트 NCS교재편찬위원회
발 행 처 : 다솔커뮤니케이션
발 행 인 : 최인형
주   소 : 서울시 중구 퇴계로37길 14 기종빌딩 207호
전   화 : 02-2285-6922, 팩 스 : 02-2285-6920
홈페이지 : www.dasolco.com
등   록 : 2005년 8월 24일 제 2-4221호
          ISBN : 978-89-92631-55-6

〈값 19,800원〉